Qualitätsmanagement und Lehrentwicklung
an Musikhochschulen

Quality Management and Teaching Development in
German Higher Music Education

Bernd Clausen, Heinz Geuen (Hrsg.)

Qualitätsmanagement und Lehrentwicklung an Musikhochschulen

Konzepte – Projekte – Perspektiven

Quality Management and Teaching Development in German Higher Music Education

Concepts – Projects – Prospects

Waxmann 2017
Münster • New York

Für das Netzwerk für Qualitätsmanagement und Lehrentwicklung

GEFÖRDERT VOM

Bundesministerium
für Bildung
und Forschung

Bibliografische Informationen der Deutschen Nationalbibliothek
Die Deutsche Nationalbibliothek verzeichnet diese Publikation in der Deutschen Nationalbibliografie; detaillierte bibliografische Daten sind im Internet über http://dnb.dnb.de abrufbar.

Print-ISBN 978-3-8309-3595-7
E-Book-ISBN 978-3-8309-8595-2

Steinfurter Str. 555, 48159 Münster

www.waxmann.com
info@waxmann.com

Umschlaggestaltung: Inna Ponomareva, Jena

Gedruckt auf alterungsbeständigem Papier, säurefrei gemäß ISO 9706

Printed in Germany

Inhalt

Editorial

An Wissenschaftlichen Hochschulen und Fachhochschulen (Hochschulen für Angewandte Wissenschaften) ist Qualitätsmanagement als Querschnittsaufgabe für die institutionelle, curriculare und hochschuldidaktische Strategieentwicklung inzwischen breit etabliert. Zudem konnten in den letzten Jahrzehnten sowohl die Hochschulforschung als auch die Hochschuldidaktik an vielen Standorten institutionalisiert und im europäischen Diskurs verortet werden. Die Musikhochschulen als dritte Hochschulform in der deutschen Bildungslandschaft partizipierten aufgrund ihrer spezifischen Strukturen und Lehrformate bislang nur marginal an dieser Entwicklung. Ein hoch selektiver Auswahlprozess, eine die akademische Musikausbildung kennzeichnende Mischung aus handwerklicher Meisterlehre und intellektueller Durchdringung künstlerischer Produktion und Reproduktion, ein im Vergleich zu Wissenschaftlichen Hochschulen deutlich höherer Grad an Internationalität von Studierenden und Lehrenden sowie ein sehr ausdifferenziertes Fächerspektrum sind einige dieser Spezifika. Komplementär dazu haben sich Musikhochschulen, nicht zuletzt im Zuge der Studienreform (Bologna-Prozess), zunehmend an Organisationsformen der Wissenschaftlichen Hochschulen angenähert, bspw. im Bereich ihrer Gliederung in Fakultäten oder Institute und in Hinblick auf die Etablierung von Forschungsstrukturen in den affinen wissenschaftlichen Disziplinen, wie z.B. Musikpädagogik und Musikwissenschaften. Darüber hinaus sind Musikhochschulen durch ihre Aufgaben in der Lehrerbildung traditionsgemäß unmittelbar mit Wissenschaftlichen Hochschulen und den dortigen Lehrerbildungszentren verknüpft.

Um dem Desiderat eines musikhochschulspezifischen Qualitätsmanagements, zusammen mit einer systematischen Reflexion, Evaluation, Sicherung und Entwicklung von Lehre zu begegnen, haben sich 2012 zwölf Musikhochschulen in einem vom Bundesministerium für Bildung und Forschung über den *Qualitätspakt Lehre* finanzierten *Netzwerk Musikhochschulen für Qualitätsmanagement und Lehrentwicklung* zusammengeschlossen. Dieser kooperative Verbund unterstützt die teilnehmenden Hochschulen beim Auf- und Ausbau von Verfahren und Instrumenten zum lehrbezogenen Qualitätsmanagement sowie im Bereich der Lehrentwicklung und bietet Raum zum Austausch und zur wechselseitigen Beratung.

Am Ende der ersten Förderphase legt das Netzwerk diesen Sammelband vor, in dem die über vier Jahre gesammelten Erfahrungen im Bereich des Qualitätsmanagements und der Lehrentwicklung an Musikhochschulen dargestellt, reflektiert und mit Perspektiven für die kommende Förderphase ab 2017 angereichert werden. Das dafür gewählte Format soll verdeutlichen, dass es in den bisherigen Arbeitsprozessen nicht primär um die Generierung von Ergebnissen einer anwendungsorientierten Forschung gehen konnte. Vielmehr leisten die vorliegenden Beiträge eine kritisch reflektierende Zusammenschau von bisher entwickelten Konzepten und durchgeführten Projekten, wobei sie nicht allein auf die reine Deskription einer sich im Laufe der letzten Jahre entwickelten Praxis des Qualitätsmanagements abzielen, sondern in erster Linie auf die Herausarbeitung grundsätzlicher Fragestellungen und – soweit dies bereits möglich ist – deren wissenschaftlicher Kontextualisierung. Untersuchungen etwa in Bezug auf künstlerischen Einzel- oder Gruppenunterricht oder zu berufsfeldbezogenen Ausbildungsinhalten an Musikhochschulen finden bereits in der musikwissenschaftlichen und musikpädagogischen Forschung statt. Allerdings werden diese Facetten mit Blick auf Qualitätssicherung und Lehrentwicklung in der inzwischen bewilligten zweiten Förderphase (2017–2020) stärker voranzubringen zu sein.

In den drei Kapiteln *System Musikhochschule*, *Lehren und Lernen* und *Personalentwicklung* werden die Leitthemen der bisherigen Zusammenarbeit anhand von unterschiedlichen Aufsätzen fokussiert. Gerahmt wird diese Gliederung durch einen Eröffnungsbeitrag, der den Qualitätsbegriff unter einem institutionengeschichtlichen Blickwinkel diskurstheoretisch entwickelt sowie einem Schlussbeitrag, der sowohl den Aufbau des Netzwerks darstellt als auch vier Perspektiven für die weitere Zusammenarbeit des Verbundes skizziert.

Im ersten Kapitel erfolgen zunächst grundsätzliche Überlegungen zum Qualitätsmanagement im Kontext von Hochschulsteuerung, um im Anschluss die Konstituenten der Organisation Musikhochschule und ihres Potenzials für die Implementierung von Sicherungs- und Entwicklungsprozessen in den Blick zu nehmen. Weiterhin werden verschiedene Aspekte zur Datenerhebung entlang des Student-Life-Cycle, zur Institutionalisierung von Lehrevaluation sowie zur Wechselseitigen Begutachtung thematisiert.

Um einem komplexen und in Teilen von anderen Lehr-/Lerntraditionen differenten Feld für die Musikhochschulen gerecht zu werden, wird im zweiten Kapitel eine mit qualitativen Methoden entwickelte Bedarfs- und Machbarkeitsanalyse vorgestellt, an die sich eine Darstellung verschiedener Lehrformate und -strukturen (künstlerischer Einzelunterricht, Co- und Teamteaching, multimediales Lernen) anschließt. Eine Bezugnahme zum nachfolgenden Themenfeld Personalentwicklung erfolgt bereits hier, da der Aspekt Kommunikationskultur insbesondere in Bezug auf die künstlerische Lehre im Wesentlichen die Kompetenz zu interpersoneller Reflexion erfordert.

Dass Akteure in und Strukturen von Musikhochschulen einen vielschichtigen systemischen Zusammenhang darstellen und Personalentwicklung als übergreifendes Instrument zur Integration aller Elemente von Qualitätsmanagement dient, ist Tenor des dritten Kapitels. Die hier versammelten Beiträge thematisieren sowohl die Entwicklung der Führungskräfte als strategische Aufgabe und Personalentwicklung in der Lehre als auch das Berufungsverfahren als zentrales Element jeder Hochschulentwicklung.

Die Herausgeber danken allen Autorinnen und Autoren für ihre intensive Mitarbeit sowie Heide Reinhäckel für das sorgfältige Lektorat.

Für das *Netzwerk Musikhochschulen für Qualitätsmanagement und Lehrentwicklung*,
die Herausgeber

Köln und Würzburg, Februar 2017

Bernd Clausen

Musik, Staat, Institution – Musikhochschule

Zum Qualitätsdiskurs als Denkstil

Music, State, Institution **– Musikhochschule**

The Discourse on Quality as a Mode of Thinking

A look at the history of Musikhochschulen *reveals that the quality discourse has been going on since the early nineteenth century. On a descriptive level the political, educational and musical-aesthetic discourse was marked, on the one hand, by calls for a broad musical education as an expression of German nationalism (Fichte, 1807/08), and on the other, by the development of the Humboldt model of primary, secondary, and tertiary education. Taking an analytical perspective, this article argues that rather than a change of paradigm, the various quality assurance efforts in the twenty-first century represent a centuries-old mode of thinking (Fleck, 1935[9]/2012) that focuses on the quality of teaching and the musical praxis of the institution itself. However, the new stakeholders in the so-called third space are not only perpetuating this mode of thinking but also challenging it by questioning assumptions that have been taken for granted over the past decades.*

1 Einleitung

Im Handbuch der Musikerziehung, dem ersten und zugleich wichtigsten musikpädagogischen Fachkompendium nach den Kestenberg-Reformen (1922–1927), beginnt der Autor unterhalb der Überschrift „Das Werden der Musikhochschule“ seine Ausführungen wie folgt: „Der Begriff Musikhochschule als einer die musikpädagogische universitas umfassenden Anstalt ist neuen Datums“ (Braunfels, 1931, S. 309; Hervorhebung im Original). Dieser Satz überrascht aus heutiger Sicht. Denn maximal gesehen wird der Wortstamm einer anderen Hochschulform, der *universitas litterarum*, in Verbindung mit Musikpädagogik und der Institution Musikhochschule gebracht, mindestens aber wird der Anspruch von *Gesamtheit* formuliert. Im weiteren Verlauf wird dieses (neue) Profil vom Autor näher erläutert, wenngleich im spezifischen Sprachduktus der Weimarer Republik:[1]

---

1 Ruft der Sprachstil aus heutiger Perspektive hin und wieder Irritationen hervor, so ist es wichtig darauf hinzuweisen, dass dieser in einem kultur- und sprachwissenschaftlichen Gesamtzusammenhang zu sehen ist. Siehe dazu Schlosser (2003).

> „Die Musikhochschulen sollen nun immer mehr nicht nur das einzelne Individuum zur technischen und musikalischen Vollendung ausbilden, sie sollen jeden Studierenden mit breitesten Wurzeln in das organische Ganze des künstlerischen Lebens versenken, und indem sie Gemeinschaftsarbeit in der Kunst und das Gemeinschaftserleben durch die Kunst erschließen, zu einem Sammelpunkt werden, aus dem befruchtend Musik auf vielen Wegen in die Volksgesamtheit überfließt. Musik als Lebensausdruck also in vollkommenster Form zu verbreiten, wird nun das Ziel der höchsten Musiklehranstalt; sie wird zur Trägerin der Erziehung durch die Musik, nicht nur zur Musik." (Braunfels, 1931, S. 310)

Nicht ohne Grund wurde zu Beginn auf Leo Kestenberg verwiesen, findet doch das Postulat von Musik als Mittel zur Humanisierung, auf das der Schluss des obigen Zitats hinausläuft, auch bei Braunfels seinen Niederschlag. Der Autor vermeint „deutlich zu bemerken, wie aus der neuen umfassenden Musikerziehung ein Typus von Musikstudierenden sich heranbildet, der nicht mehr wie ehedem Einseitigkeit und Einzelleben als Vorbedingung des Wachstums der künstlerischen Phantasie erachtet, sondern eine Geisteshaltung fachlich fundierter Universalität zum Ausdruck bringt" (Braunfels, 1931, S. 316). Die Musikhochschule – und er hat vermutlich vor allem die *Staatliche akademische Hochschule für Musik* in Berlin vor Augen – wird als ein Ort beschrieben, der zwar die künstlerische Entwicklung in einem klaren Aufbau (Braunfels, 1931, S. 312–314) in den Mittelpunkt stellt, dies gleichwohl in einem menschenbildenden Sinne.

Nun mag man versucht sein, den *Handbuch*-Aufsatz von Braunfels als ein Abbild der Hochschullandschaft zur Zeit der Weimarer Republik, genauer gesagt der mit musikbezogener Lehre befassten Institutionen zu begreifen. Übersehen wird dabei einerseits die zu dieser Zeit festzustellende institutionelle Heterogenität solcher Einrichtungen in den jeweiligen Reichsgebieten. Andererseits verbergen sich in der zu Beginn des Zitats formulierten Sollensvorstellung altbekannte, komplexe Spannungsfelder: Bildung versus *Aus*bildung und Erziehung *durch* versus Erziehung *zur* Musik.

In seinem Beitrag „Unsere Konservatorien" (1895) hatte Hugo Riemann die deutschen musikbezogenen Bildungseinrichtungen in harscher Weise gegeißelt. 1900 präzisierte er diese Kritik angesichts der nach seiner Ansicht Vielzahl von schlechtem, d.h. allein auf Technik abzielendem Privatunterricht und schreibt, „es wird daher Zeit, dass die Konservatorien ihre Lehrpläne revidiren [sic!] und ihre Organisation derart verbessern, dass sie den Privatlehrer als Konkurrenten schlagen müssen" (Riemann, 1900, S. 17). Im gleichen Jahr goss Heinrich Ehrlich reichlich Häme über die von den Konservatorien produzierten „Shoddy-Musikmacher" und der von ihnen mitverursachten „Konzert-Influenza" (1895b, S. 92) aus. Und Hermann Kretzschmar nahm in seinen „Musikalischen Zeitfragen" (1903) sowohl zur Aus- als auch zur Fortbildung von Berufsmusikerinnen und -musikern ausführlich Stellung. Vor diesem und vor dem Hintergrund der Kunsterziehungsbewegung reformierte Kestenberg dann das Musikausbildungssystem auf zahlreichen Ebenen, gleichwohl bestanden Staatskonservatorien, private Konservatorien und Akademien sowie staatliche Musikhochschulen mit ihren jeweiligen regionalen Spezifika – und in den Augen der Zeitgenossen mit ihren unterschiedlichen Qualitäten – nebeneinander. Dazu resümiert Friedhelm Hufen: „Ein einheitlicher Status der heutigen Kunst- und Musikhochschulen wurde auch während der Weimarer Zeit weder im Hinblick auf die Aufgabenstellung noch auf die Absicherung der rechtlichen Eigenständigkeit gegenüber der staatlichen Kulturverwaltung erreicht“ (Hufen, 1982, S. 89).[2]

Der Beitrag von Braunfels darf darüber hinaus nicht über den Umstand hinwegtäuschen, dass es auch Kritik an Kestenbergs Auffassungen gab. Würde diese näher in Augenschein genommen werden, so ließe sich feststellen, dass der von ihm geforderte ganzheitliche musikbezogene Bildungsanspruch nicht unwidersprochen blieb, es mithin Stimmen gab, die das handwerkliche Moment in der Ausbildung von Musikerinnen und Musikern für weitaus bedeutsamer hielten.[3]

Je komplexer sich also die Beschreibung einer Entwicklungsgeschichte der deutschen Musikhochschulen darstellt, umso offensichtlicher wird, dass die nachfolgenden Ausführungen auf eine deskriptive Chronologie einer Institutionengeschichte verzichten müssen. Im Übrigen liegt sie für das 19. Jahrhundert überblicksartig mit der quellenreichen Studie von Sowa (1973) vor. Zahlreiche regionale Untersuchungen (Andreas & Döhl, 1993; Borris, 1964; Capitaine, 2009; Fischer-Defoy, 2001, 1988; Forner, 1993; Henzel, 2016, 2011; Henzel & Münch, 2016; Huschke, 2006; Jakoby, 1973; Janz, 1998; Kirsch, 1997; Kremer & Schmidt, 2007; Lang, 2007; Meierott & Stahmer, 1997; Olsen, 2006; Schenk, 2004; Schimming, 1969; Schmitt, 2005; Schroeder, 1969; Valentin, 1993; Musikhochschule des Saarlandes (Hg.), 1987; Musikhochschule Freiburg (Hg.), 1956)[4], zumeist durch die Institutionen selbst initiiert und die Zeitspannen sehr unterschiedlich akzentuierend, zeigen bei einem nur kursorischen Vergleich sowohl Schnittstellen als auch deutliche Unterschiede. Auch die mannigfachen Formate, von Monografien über Festschriften bis hin zu Ausstellungskatalogen, belegen diese Vereinzelung dokumentierender, mithin forscherischer Bemühungen.[5] Für systematische Analysen, z.B. unter Einbezug von übergeordneten Fragestellungen wie dem Einfluss von bildungspolitischen oder musikpädagogischen Diskursen insgesamt auf die standortspezifischen institutionellen Veränderungsprozesse, insbesondere in den Reformen der 1950er- und 1970er-Jahre, sind weitgehend Forschungsdesiderate festzustellen. Ausnahmen stellen Cantor (2015), Bomberger (1991) und Kingsbury (1988) dar, die unter aspektbezogenen Blickwinkeln sowohl institutionelle Geschichtsschreibung als auch

2 An der prinzipiellen Heterogenität von Ausbildungsstätten (Akademien, Konservatorien, Hochschulinstitute, Berufsfachschulen) hat sich, bis auf die gegenüber der ersten Hälfte des 20. Jahrhunderts deutlich höhere Zahl an Musikhochschulen, die im tertiären Bildungsbereich Abschlüsse auf Bachelor- und Masterebene verleihen, nicht viel geändert.

3 Für einen kleinen Ausschnitt, den sogenannten Tonwort-Streit, siehe dazu Clausen (2013). Raimund Heuler kritisiert z.B. den Erlebensbegriff Kestenbergs (Clausen, 2013, S. 272), steht damit allerdings nicht alleine. Diese Gegenstimmen sind bisher kaum untersucht.

4 Die Zeit des Nationalsozialismus ist bspw. an den deutschen Musikhochschulen und ihren historischen Vorläufern unterschiedlich dicht aufbereitet.

5 Bei den Monografien wäre noch die Unterscheidung zu treffen zwischen Monografien der Institution und jenen, die eine Persönlichkeit (Direktor, Rektor, Präsident) oder einzelne Lehrende zum Inhalt haben.

das Studium selbst fokussieren. Auch auf Hufen (1982), der unter verfassungsrechtlichen Perspektiven auf diese Hochschulform blickt, ist hier hinzuweisen.

Für diese Veröffentlichung, mit der sich zwölf Musikhochschulen in einem eng umgrenzten, ganz spezifischen Themenfeld erstmalig artikulieren, ist es angesichts dieses literaturanalytischen Befundes zielführender, eher einige der beobachteten Denkstile einer Institutionengeschichte herauszupräparieren, als die Chronologie einer deutschen Bildungseinrichtung zu skizzieren. Diese Unternehmung soll, so der Anspruch des Verfassers dieses Beitrages, nicht allein als akademische Pflichtübung in dem Sinne verstanden werden, dass die in diesem Band versammelten vielgestaltigen Beiträge zu Qualitätsmanagement und Lehrentwicklung eine Anreicherung durch historische Aperçus erfahren. Es wird vielmehr davon ausgegangen, dass diese historische Perspektive zwingend notwendig ist, weil jene im Folgenden darzulegenden Denkstile in die aktuellen Diskurse um Qualitätssicherung sichtbar und unsichtbar hineinragen, wenn es z.B. um Curriculumentwicklung oder gar um staatliche Einflussnahme geht. Für die mit Qualitätsmanagement an den jeweiligen Musikhochschulen befassten Mitarbeiterinnen und Mitarbeiter bleiben diese Denkstile in der Regel dann unsichtbar, wenn bei der Prozessbeobachtung und -modellierung die dahinterliegenden, historisch aufgeladenen Facetten nicht als solche wahrgenommen werden, obwohl ihre Kenntnis Bestehendes und Beobachtbares sowohl kontextualisieren als auch erklären könnte. Sichtbar, weil augenfälliger, werden sie vor allem im Vergleich mit Gegebenheiten an Wissenschaftlichen Hochschulen, wie etwa im Lehr-/Lernformat Einzelunterricht, im Lehrdeputat oder in den repräsentativen Funktionen der Musikhochschule. Sie werden nicht selten als Besonderheiten deklariert, jedoch nicht weiter hinterfragt, vor allem in ihren Erscheinungsformen nicht als der Geschichte der jeweiligen Institution spezifisch inhärent interpretiert. Weitaus spärlicher werden sie als Störfeuer, als engstirnige oder lästige Gegebenheiten wahrgenommen, als Gewohnheiten oder als Schlendrian entlarvt und mit Blick auf den Erfolg qualitätssichernder Bemühungen bewertet. Die Akteure, von denen sich einige in diesem Buch zu Wort melden, stoßen in ihrer Arbeit ständig auf Denkstile, fördern diese nicht selten durch ihr Tun gar erst ans Tageslicht. Wirkten sie bis dahin vielleicht verborgen als system- und institutionsimmanente Selbstverständlichkeiten, werden sie nun mit Blick auf Sicherung und Veränderung bestehender Verhältnisse aufgegriffen, angesprochen, mithin infrage gestellt. Dass dies, fern aller Bemühungen um die Herstellung von Qualitätskreisläufen und verlässlichen Prozessen in Studium, Lehre und Administration, zugleich eine aktive Auseinandersetzung mit Geschichte ist, wird darüber leichthin vergessen.

Dieser Beitrag wendet sich beispielhaft den in einer umfassenden Quellenanalyse sichtbar gemachten unterschiedlichen Denkstilen zu. Um aber ein transparentes und theoretisch gesichertes Beschreibungsinventar zur Verfügung zu haben, werden im zweiten Abschnitt dieses Beitrages zunächst die Prämissen für die nachfolgende Offenlegung von zentralen Aspekten der Institution Musikhochschule und ihrer Akteure dargestellt. Im dritten und vierten Abschnitt werden diese Denkstile so konturiert, dass sowohl die historischen Wurzeln derselben als auch die gegenwärtigen Erscheinungsformen in den Blick genommen werden. Der Aufsatz schließt mit einem Fazit.

2 Analytische Vorbemerkungen

2.1 Zwei Fallbeispiele

Georg Sowa (1973) berichtet in der bis heute umfassendsten Studie zur Institutionengeschichte über den ersten Gründungsversuch einer Musikhochschule in Berlin (1841) von den Verhandlungen mit Felix Mendelssohn-Bartholdy. Dieser sollte in der aufstrebenden Hauptstadt des Königreichs Preußen die seit den Reformen von Karl Friedrich Zelter bestehenden zwei staatlichen Musikinstitute vereinigen und durch Ausbildungsmöglichkeiten für Orchestermusiker ergänzen. Es waren für die Akademie der Künste vier Klassen geplant, wobei Mendelssohn die Rolle des Direktors der Abteilung Musik zugedacht war. Zugleich sollte er „die Funktion einer Aufsichtsperson über das gesamte geistliche und weltliche Musikleben in Preußen" (Sowa, 1973, S. 187) übernehmen. Mendelssohn indes reagierte zurückhaltend, wie der Korrespondenz zu entnehmen ist:

> [Leipzig, 7. Dezember 1840, an Paul Mendelssohn-Bartholdy]
>
> „Soll ich nämlich mich verpflichten in Berlin jährlich Concerte zu geben [...], so müßte ich zum Orchester in einem andern Verhältnisse stehen, als ich das als bloßer Director der musikalischen Classe könnte." (Mendelssohn-Bartholdy, 1870, S. 428)
>
> [Leipzig, 20. Dezember 1840, an Paul Mendelssohn-Bartholdy]
>
> „Ich machte ihm dann die Schwierigkeiten bemerklich, die einer wirklichen Direction der jetzigen Classe entgegenständen; und da er erwähnt hatte, dieselbe werde mir zwar jetzt sehr wenig zu thun geben, aber man erwarte auch, daß ich bei der künftigen Umbildung vermehrte Geschäfte übernehmen werde, so verlangte ich wenigstens die Grenzen dieser Umbildung und dieser Geschäfte zu kennen, da ich zwar gerne arbeiten, aber dennoch nicht unbestimmte Verpflichtungen dazu übernehmen wollte." (Mendelssohn-Bartholdy, 1870, S. 430)

Ein beamteter Komponist zu sein, schien ihm als Widerspruch zwischen der notwendigen Freiheit, schaffend tätig sein zu können und den reglementierten, administrativen Geschäften, die von ihm als Direktor erwartet würden. Dass sich Mendelssohn zeitgleich in Verhandlungen mit Leipzig befand, sich dafür auch letztendlich entschied und dass 1869 schließlich in Berlin der Plan mit Joseph Joachim und der *Königlichen akademischen Hochschule* verwirklicht wurde, ist hinlänglich bekannt, insofern Teil der Geschichte der beiden Institutionen. Was Mendelssohn jedoch als Bedenken anführt, bleibt in der Analyse nach über 175 Jahren aktuell, wenn auch anders gerahmt und etikettiert: die Spannung zwischen Kunst und Institution. Um diese noch ein wenig zu verdeutlichen und zu erweitern, sei ein weiteres Fallbeispiel, dieses Mal aus der Bildenden Kunst, herangezogen.

1979 ging eine Berufungsentscheidung aus dem Freistaat Bayern durch die bundesdeutsche Presse. Der damalige Kultusminister Hans Maier berief gegen die mehrheitliche Entscheidung der Kommission einen Studiendirektor und Referenten aus seinem Hause auf eine Professur an der *Akademie der Bildenden Künste* München. Während *Der Spiegel* in seinem Aufmacher ätzte: „Nur noch das Wapperl. Bayerns Kultusminister Maier hat einen seiner Beamten zum Malerei-Professor gemacht. Nächstes Mal den Portier?“ (Anonym, 1979), setzte sich in der *ZEIT* Helmut Schneider sehr differenziert mit den sich aus dieser Entscheidung ergebenen hochschulrechtlichen Fragen auseinander. Nach der Causa Joseph Beuys – Johannes Rau im Jahre 1972 war das hochschulpolitische Thema, inwieweit ein Staat seine Institutionen und ihre Akteure kunstrichterlich bestimmen darf, für diesen Zeitabschnitt offensichtlich virulent. Das ist kein Zufall, wurden doch seit den späten 1960er-Jahren einerseits nicht nur politische, sondern auch wirtschaftliche und kulturelle Systeme sowohl von der Bildenden Kunst als auch von der Musik radikal und provokant infrage gestellt. Ausdruck fand dies im kompositorischen Schaffen beider Künste. Andererseits wurden in den 1970er-Jahren auch für die Musik- und Kunsthochschulen bildungspolitische Entscheidungen mit einer Tragweite getroffen, deren Wirkungen über die der Studienreform von 1999 hinausreichen, gar zu Beginn des 21. Jahrhunderts erst bedeutsam wurden.[6] Maier überschritt unter dem Eindruck die Kunstfreiheit zu schützen (und zwar durch Ausschluss seines subjektiven Verständnisses von Nicht-Kunst) in den Augen der Protagonisten seine Kompetenzen. Daher ist dieser Vorgang – neben vielen anderen – ein Beispiel für eine weitere traditionsreiche Spannung, nämlich jener zwischen Künstler und Staat. Schneider merkt in seinem Zeitungsartikel zu den Vorgängen in München Folgendes an:

> „Eine Ordnung muß eben sein, auch in der Kunst, und die stellt man her durch selbstherrliches Handeln mit legalistischem Deckmäntelchen. Der frisch gebackene Professor ist ein (in diesem Sinn) ordentlicher Künstler, seine Kunst bietet jederzeit die Gewähr, das rechte Maß einer ‚Akademie für angepaßte Künste‘ (so ein studentischer Slogan) einzuhalten.“ (Schneider, 1979)

Zwischen diesen beiden Fallbeispielen liegen knapp 140 Jahre. Der Standpunkt Mendelssohns, d.i. die aus seiner Sicht bestehende Unvereinbarkeit zwischen individueller Kunstfreiheit und administrativer Unfreiheit sowie jener von Maier, d.i. den Werk- und Wirkbereich der Kunstfreiheit (Hufen, 1982, S. 115–148) staatlich zu beeinflussen, könnten nun als historische Stationen im Sinne einer institutionellen Entwicklungsgeschichte der deutschen Musik- und Kunsthochschule verstanden, gedeutet und beschrieben werden. Die Literaturanalyse zeigt jedoch, dass das chronologische Aufzeigen von Entwicklungslinien nur bedingt als Beschreibungsmodell hilfreich ist, und das nicht nur, weil Narrative des 19. und 20. Jahrhunderts mit Kontextwissen der Gegenwart ver-

6 Für einen kursorischen Überblick siehe Jacob (2007, S. 24–26), in Teilen auch Hufen (1982). Eine Studie, die auch die zahlreich zu beobachtenden Statuswechsel in den 1970er-Jahren in den Blick nimmt, bspw. also in ein größeres Umfeld bildungspolitischer Entwicklungen stellt, steht noch aus.

knüpft nicht selten zu konsonanten Leseerfahrungen werden: *das ist ja genauso wie heute, da hat sich ja nichts geändert.* Mit anderen Worten, spezifische Probleme und Herausforderungen der Vergangenheit manifestieren sich desgleichen in Denkstilen der Gegenwart, wie z.B. verlässliche Kontinuität in der künstlerischen Lehre, Balance zwischen dem pädagogischen und kunstpflegerischen Auftrag des Lehrpersonals, Prüfungsgestaltung und Leistungsbewertung etc. Will man sich nicht nur auf die Wiedergabe einer Chronologie von Hochschulgründungen bzw. Erhebungen von Vorläuferinstitutionen beschränken, entstünden in der Beschreibung also Redundanzen; der Erkenntnisgewinn wäre vergleichsweise gering, zumal das Zurückliegende, in einer Chronologie dargestellt, in seiner Historizität verbliebe.

Diese Feststellung hat zur Folge, dass anstelle einer Fortschreibung der institutionellen Narrative *Die deutschen Musikhochschulen* bei einer systematischen Betrachtung nun die Akteure ins Blickfeld zu rücken sind. Hier zeigen die beiden Fallbeispiele, dass das Beziehungsgefüge zwischen Staat, Kunst und Künstler/-in, wie es sich mit der verstärkten Gründung staatlicher Ausbildungsstätten für Musik seit ca. 1840 in diesen Institutionen bis in die Gegenwart hinein darstellt, konstitutiv für einen bildungspolitischen und gesellschaftlichen Mikrobereich ist, in dem sich Kultur als Aushandlung von Bedeutungen (Wimmer, 2005) spezifisch, d.h. mit Blick auf (Aus-)Bildung und Pflege, konstituiert. Auf das sich wandelnde Beziehungsgefüge der Akteure und ihrer Interessenslagen kann jedoch in mindestens zwei Weisen geblickt werden.

2.2 Zwei Beschreibungsmodelle

Für die in diesem Buch verhandelten Sachverhalte Qualitätsmanagement und Lehrentwicklung führt die Infragestellung chronologischer Ereignisgeschichte zu Überlegungen, auf die die Geschichtswissenschaft und in Teilen auch die Historische Musikpädagogik und Musikwissenschaft bereits Antworten bereithalten. So geht beispielsweise die postmoderne Geschichtstheorie nicht allein vom Ende großer Erzählungen aus, die zurückliegende Ereignisse in der Vergangenheit beließen. Vielmehr bestimmen „jeweils aktuelle gesellschaftliche Problemlagen [...] die Fragestellung und den Zugang zum Material. [...] Nur in der Gegenwart kann Vergangenes verstanden werden – immer vom jeweiligen Standpunkt des Betrachters abhängig und dialektisch verschränkt“ (Kolmer, 2008, S. 84). Erkenntnistheoretische Perspektivwechsel, wie z.B. der *linguistic turn*, werden in den Wissenschaften mit unterschiedlichen Termini belegt. Sie werden nicht nur als unterschiedliche *turns* (Bachmann-Medick, 2006; Günzel, 2009; Rorty, 1992 u.a.) oder Wenden bezeichnet, sondern ebenfalls als Krisen (Mergel, 2012; Koselleck, 1982) oder als Paradigmenwechsel (Kuhn, 1976). Eignet sich der Kuhnsche Paradigmabegriff und der damit verbundene Paradigmenwechsel auf alltagstheoretischer Ebene für die Beschreibung von Leitbildern und musterhaften Auffassungen sowie deren Veränderung, so ist er wissenschaftstheoretisch durchaus differenzierter und Gegenstand zahlreicher Kontroversen. Ohne zu sehr auf Details einzugehen, seien nachfolgend seine wesentlichen Facetten skizziert.

„Menschen“, so Kuhn, „deren Forschung auf gemeinsamen Paradigmata beruht, sind denselben Regeln und Normen für die wissenschaftliche Praxis verbunden“ (Kuhn 1976, S. 26). Dieser Konsens kann sich ebenfalls auf Theorien ausdehnen, vorausgesetzt sie setzen sich gegenüber anderen durch. Mit Kuhns Worten erlangen „Paradigmata [...] ihren Status, weil sie bei der Lösung einiger Probleme, welcher ein Kreis von Fachleuten als brennend anerkannt hat, erfolgreicher sind als die mit ihnen konkurrierenden“ (Kuhn, 1976, S. 37). Ein ganz wesentliches Merkmal des Kuhnschen Paradigma ist, dass der „fortlaufende Übergang von einem Paradigma zu einem anderen auf dem Wege der Revolution [...] das übliche Entwicklungsschema einer reifen Wissenschaft“ (Kuhn, 1976, S. 27) sei. Dieser Paradigmenwechsel, also die erfolgreiche Ablösung eines Paradigmas durch ein anderes, veranlasst „die Wissenschaftler tatsächlich, die Welt ihres Forschungsbereichs anders zu sehen“ (Kuhn, 1976, S. 123).[7]

Nun hat aber vor kurzem Hermann Josef Kaiser für die Musikpädagogik am Beispiel der Musischen Erziehung der 1950er-Jahre deutlich gemacht, dass ein Paradigmenwechsel im Sinne Kuhns für die Zeit zwischen den frühen 1950er- und den 1970er-Jahren kaum anwendbar sei, weil wesentliche Merkmale nicht erfüllt würden. So wurde bspw. das Paradigma mit seinen „zentralen Ebenen musischen Gedankenguts: *Gemeinschaft*, der *neue Mensch*, *Musik* sowie (*Jugend*)*Kultur*“ (Kaiser, 2015, S. 39, im Original kursiv) „nicht sofort durch ein anderes, neues Paradigma ersetzt“, und auch „mit großzügiger Interpretation des Begriffs *wissenschaftliche Revolution* lässt sich für die Zeit im Anschluss an Adorno und Warner keine wissenschaftliche *Revolution* erkennen“ (Kaiser, 2015, S. 39–40, im Original kursiv). Zwei der insgesamt sechs Kritikpunkte Kaisers an der Brauchbarkeit des Begriffs Paradigmenwechsel sind zum einen, dass bei genauer Sicht nicht ein Paradigma abgelöst wird, sondern „mehrere Stränge wissenschaftlicher Forschung, wissenschaftlichen Nachdenkens“ (Kaiser, 2015, S. 40) nebeneinander herlaufen. Zum anderen sei es möglich, „dass ein einzelnes Subjekt gleichzeitig an der Verfolgung mehrerer Stränge beteiligt ist“ (Kaiser, 2015, S. 41). Kaiser gelangt zu der Schlussfolgerung, dass es Paradigmen im Sinne Kuhns „in diskursiv verfahrenden, d.h. Sozial- und Kulturwissenschaften“ (Kaiser, 2015, S. 41), nicht gäbe. In „Reinform gibt es sie möglicherweise nur in den formalen (Mathematik) und experimentell organisierten Wissenschaften, in denen Fortschritt als eine angemessene Kategorie der Beschreibung innovativer Prozesse gedacht werden kann“ (Kaiser, 2015, S. 41).

Mit einem Paradigmenwechsel ließen sich augenscheinlich eher die Studien- und Hochschulreformen von 1925, 1965–1973 oder 1999 ebenso beschreiben wie der Aspekt Qualitätsmanagement an Musikhochschulen insgesamt. Und doch würde sofort offenbar, dass sich unterhalb des zuletzt genannten Beispiels zahlreiche thematische Facetten (Leitung und Governance, Personalentwicklung etc.) entfalten, die durch gegenläufige Bewegungen (nicht zuletzt die Entwicklungen in der DDR und der BRD nach 1949) sowie regionale Spezifika (aufgrund institutioneller Traditionen) determi-

7 Im Postskriptum zur Erstausgabe von 1969 präzisiert Kuhn in kritischer Haltung zu seinem vorangegangenen Text den Begriff Paradigma (Kuhn, 1976, S. 186).

niert sind, sodass sie kaum mehr unter ein Paradigma zu subsummieren sind. Das lässt sich im Übrigen an einem durchaus provokanten Gedanken illustrieren: Gälte tatsächlich Fortschritt als Maßstab für die Beschreibung einer Entwicklungsgeschichte der deutschen Musikhochschulen, dann wäre z.B. die mit dem Beschluss der Kultusministerkonferenz (KMK) vom 26.09.1967 und dem (gegenwärtig noch immer gültigen) Hochschulrahmengesetz (1976, 1999, 2007) faktisch bestehende Gleichstellung der Kunsthochschulen mit den Wissenschaftlichen Hochschulen nur auf den ersten Blick ein Paradigmenwechsel. Denn zugleich würden ebenfalls bestehende Auffassungen, die das Besondere der Kunsthochschulen betonen (und daraus Ausnahmen von den für alle Hochschulformen geltenden Regeln ableiten) oder eine Verwissenschaftlichung des künstlerischen Studiums beklagen, bei einer Zugrundelegung des Kuhnschen Modells verdeckt werden.

Kaiser stellt angesichts des Befundes zur Musischen Erziehung zunächst fest, dass „Nach-Denken“ sich als „soziale Tatsache“ (Kaiser, 2015, S. 41) darstelle. „Das will sagen, die Form des Nachdenkens und (weitgehend) die Gegenständlichkeit des Gedachten entstehen immer aus dem bereits Gedachten einer Denkgemeinschaft heraus. [...] Dass dieses Nach-Denken das bereits einmal Gedachte durch die ‚Wieder-Aufnahme‘ in Form und Inhaltlichkeit transformieren kann, ja notwendigerweise transformiert, dürfte außer Frage stellen“ (Kaiser, 2015, S. 41). In dem bereits 1935 erschienenen Text des Immunologen und Erkenntnistheoretikers Ludwik Fleck findet Kaiser den zentralen Gedanken wieder, der bei Kuhn zu fehlen scheint, nämlich in diesem Sinne Denken als soziale Angelegenheit zu verstehen und damit Fluidität und Gleichzeitigkeit von Auffassungen anzuerkennen. Fleck gebraucht dafür das Wort Denkstil und definiert ihn als „gerichtetes Wahrnehmen, mit entsprechendem gedanklichen und sachlichen Verarbeiten des Wahrgenommenen. Ihn charakterisieren gemeinsame Merkmale der Probleme, die ein Denkkollektiv interessieren; der Urteile, die es als evident betrachtet; der Methoden, die es als Erkenntnismittel anwendet“ (Fleck, 1935[9]/2012, S. 130). Beide Begriffe bedingen sich: „Den gemeinschaftlichen Träger des Denkstils nennen wir: das Denkkollektiv“ (Fleck, 1935[9]/2012, S. 135). Ein weiterer wichtiger Gedanke dieses Modells ist dem Hinweis von Fleck zu entnehmen, dass den Denkstil zweierlei kennzeichnet. Zum einen „bleibt etwas von jedem Denkstil. [...] kleine Gemeinden, die den alten Stil unverändert beibehalten“, zum anderen „finden sich in jedem Denkstil immer Spuren entwicklungsgeschichtlicher Abstammung vieler Elemente aus einem anderen vor“ (Fleck, 1935[9]/2012, S. 130).

Für das Einbringen einer historischen Perspektive in den Diskurs um Qualitätssicherung und Lehrentwicklung ergibt sich aus dem Gesagten für die nachfolgenden Ausführungen folgende Prämisse: Eine institutionelle Entwicklungsgeschichte der deutschen Musikhochschule ist nicht „der Reihe nach“ zu denken, sondern sie ist sowohl als Gleichzeitigkeit von unterschiedlichen Ereignissen als auch als Verknüpfung mit gegenwärtigen Denkstilen und -kollektiven zu begreifen (vgl. Kaiser, 2015, S. 47). Damit werden historische Gegebenheiten zugleich für die in diesem Band dargestellten Bemühungen aufbereitet.

3 Podium, Bühne und Unterricht als Korrektive musikbezogener Qualität

3.1 Podium und Bühne

Es sollte außer Frage stehen, dass nicht erst seit Frederick W. Taylor, Henry Ford, Walter A. Shewhart und schließlich dem viel zitierten William E. Deming der Begriff Qualität, zunächst als Qualitäts*kontrolle* und dann als Qualitäts*management* (mit *-sicherung* als seinem Bestandteil), im Fokus menschlicher Handlungen und gesellschaftlicher Organisation steht. Mag dies bei Sachgütern einleuchtend sein, so scheint bei immateriellen Leistungen, wie z.B. in Service- oder Informationsbereichen, der Deutungs- und Bewertungsrahmen von Qualität auf den ersten Blick ungleich größer. Qualität ist – das kann mittlerweile als Binsenweisheit gelesen werden – nicht nur vieldimensional, sondern ein soziales Konstrukt. Dies gilt in ganz besonderer Weise für Musik, weil sie das handelnde, mit Anderen (inter-)agierende Subjekt benötigt. Der oder die Anderen sind das Publikum, die Lehrerin oder der Lehrer oder Personen, die – im günstigsten Fall anhand von transparenten Kriterien – die Qualität der Spielweise, des Ausdrucks oder der Präsentationsform rückmelden und bewerten. Das alltagstheoretische Verständnis von Qualität an Musikhochschulen scheint sich zuerst auf die künstlerische und dann auf die pädagogische Güte zu beziehen, wobei das Erstgenannte kaum greifbar scheint, gar höchst subjektiv sein kann. Nun ist die soeben vorgenommene Trennung in gewisser Weise ebenso heuristisch wie das hier skizzierte Begriffsverständnis von Qualität. Für den Einbezug historischer Perspektiven ist diese jedoch notwendig und wird am Ende dieses Abschnittes wieder aufgegriffen.

In den qualitätssichernden Diskursen des 21. Jahrhunderts sehen sich die Musikhochschulen genötigt, zum Aspekt Qualität in einer Weise Stellung zu nehmen, die über das Verweisen auf den Namen einer Lehrer- oder Lehrerinnenpersönlichkeit oder einer Absolventin oder eines Absolventen hinaus Güte sichtbar und transparent macht sowie für deren Nachhaltigkeit sorgt; und dazu noch auf ganz unterschiedlichen Ebenen der Institution und ihrer Akteure. Die deutschen Musikhochschulen „praktizieren Systeme der Qualitätssicherung und der Evaluation“ (Hochschulrektorenkonferenz, 2011, S. 226). So steht es im gegenwärtigen strategischen Leitbild der *Rektorenkonferenz der deutschen Musikhochschulen* (RKM) und zwar als einer von fünf „Qualitätsstandards in den Hochschulstrukturen.“ Abgesehen von einem recht sonderbaren, weil diskursfernen Begriffsverständnis des Wortes *Qualitätsstandard* impliziert diese Formulierung, es gäbe an den Mitgliedshochschulen der RKM Mechanismen, Prozesse, Abläufe etc. zur Sicherung von Qualität. Nicht selten werden im oben genannten alltagstheoretischen Verständnis darunter zunächst Konzerte, Klassenstunden, Prüfungen und weitere Präsentationsformen verstanden, als ausreichende Belege dafür angeführt und erst dann die an vielen Standorten bereits implementierten Evaluationsformate.

Diese Auffassung, künstlerische Qualität zeige sich vor allem auf dem Podium oder der Bühne, also in der Aufführungssituation, ist ein Denkstil, der Musik als kultureller Praxis (Kramer, 1990) inhärent zu sein scheint. Dabei ist es zunächst unerheblich, ob in institutionellen Zusammenhängen der Erfolg einer Prüfung oder in der Karriere ein künstlerischer Durchbruch davon abhängen. Entscheidend für diesen Denkstil ist, dass er als performatives Kernelement musikkultureller Praxis im Laufe der Zeit Veränderungen erfuhr, die ganz wesentlich nicht nur mit den musikgeschichtlichen Entwicklungen im 19. Jahrhundert zu tun hatten und dem was David Gramit (2002) für diesen Zeitabschnitt emblematisch als *cultivating music* bezeichnet, sondern dass er seine Wirkungen auch in der Gegenwart entfaltet. Mehr noch, durch die Forderung nach klarer Formulierung von Lernergebnissen wird dieser nachfolgend noch auszudifferenzierende Denkstil in der Gegenwart auf eine im weitesten Sinne explizite Ebene gezwungen, mindestens aber von bildungsökonomisch geprägten Denkstilen herausgefordert.

Musik als immaterielles Kulturgut besetzt stets ganz unterschiedliche gesellschaftliche Bereiche, erfüllt verschiedene Aufgaben und adressiert unterschiedliche Menschen oder Menschengruppen. Das gilt aus ethnomusikologischer wie auch aus historisch musikwissenschaftlicher Perspektive. Qualität und Erfolg sind in Abhängigkeit ihrer Aufgaben und Anlässe zu sehen, seien diese z.B. unterhaltend, besinnend, therapeutisch, pädagogisch oder treten sie – um mit Seel zu sprechen – als Kunst oder ästhetische Praxis mit dem Ziel auf, „in Zustände und Prozesse einer vollzugsorientierten und selbstbezüglichen sinnengeleiteten Aufmerksamkeit" (Seel, 1993, S. 400) zu führen.

Der gesetzliche Auftrag der *Pflege der Künste* macht diese Hochschulform in ihrer Bewahrungs- und Repräsentationsfunktion also zu einem *cultural space*. Dies betrifft nicht nur die Wieder- und Weitergabe sowie Neuschaffung von Musik, sondern auch ihre Formen der Präsentation. Performanz wird vor diesem Hintergrund zur messbaren Oberflächenstruktur, bei der die Tiefenstruktur, also Handlungs- und Reflexionskompetenz, in spezifischer Weise sichtbar wird (Jank & Meyer, 2005, S. 147).

Anlässe musikbezogenen Tuns, vom Ritual über Unterhaltung bis zum Unterricht, haben Orte. Hier verdeutlicht der nur kursorische Blick in die europäische Musikgeschichte, dass für lange Zeit Hof und Kirche jene Orte (musik-)kulturellen Handelns gewesen sind, die mit Ensembles, Instrumentalisten und Komponisten als erfolgreich und qualitätsvoll von den Zeitgenossen wahrgenommen und beschrieben wurden. Seien es die Projekte eines J.B. Lully in Versailles, die Münchner oder Mannheimer Hofkapellen, D. Buxtehude in Lübeck und C.P.E. Bach in Hamburg oder die Ausbildung an der Leipziger Thomasschule oder der Regensburger Domschule usw., Musik, Musiker und Musikerinnen sowie Musikausbildung schienen zumindest bis ca. 1800 über einen klar erkennbaren Ort zu verfügen, Ausbildungszusammenhänge in den Familien oder den Zünften (z.B. Stadt- oder Kunstpfeifer) eingeschlossen. Aber nicht zuletzt durch den Reichsdeputationshauptschluss von 1803 gerieten Berufsmusiker und Berufsmusikerinnen in eine schwere Krise, die in eine „Dialektik von Privatisierung und Verstaatlichung" (Hufen, 1982, S. 80–82) mündete und ganz erheblich das Musik(er)leben des 19. Jahrhunderts prägte. Denn die durch die napoleonischen Kriege hervorgerufene „politische Neuordnung hatte schwerwiegende Folgen [...]. Die von kunstfreudigen Regenten unterhaltenen Musikkapellen wurden aufgelöst, der Musiker geriet in eine Situation existentieller Verunsicherung. Hatte er bislang vielfach Pensionsrecht, mußte er nun zusehen, wie er sich recht und schlecht durchs Leben schlug" (Sowa, 1973,

S. 20). Auf der einen Seite entstanden neue wirtschaftliche Abhängigkeiten (privates Mäzenatentum), wobei der sich in der Mitte des 19. Jahrhunderts verstärkende „l'art pour l'art-Gedanke und die Idealisierung des Bohème Daseins [...] in diesem Zusammenhang weniger Ausdruck künstlerischer Eigenständigkeit als notgedrungene Theoretisierung gesellschaftlicher Isolation und Not“ (Hufen, 1982, S. 81) waren. Auf der anderen Seite trat vermehrt der Musikdilettant auf den Plan, der nebenberuflich musizierte, „also auf regelmäßige Einnahmen durch seine Kunstausübung nicht angewiesen [war]. Er musizierte darüber hinaus aus Freude und Erbauung an der Musik und wurde ebenso für Unterhaltungsmusik wie auch für ernsthafte Aufgaben hinzugezogen. Sein Wirkungsbereich hatte sich gegenüber dem Berufsmusiker geweitet“ (Sowa, 1973, S. 21).[8] Darüber hinaus geht ab Mitte des 19. Jahrhunderts eine Gründungswelle von Bildungseinrichtungen für Musik durchs Land. „Um 1845 waren die Grenzen zwischen dem öffentlichen und dem privaten Sektor in etwa abgesteckt“, bemerkt Sowa (1973, S. 238). Allerdings schickten finanzstarke Eltern ihre Kinder eher zum meist wenig qualifizierten Privatlehrer, sodass Bernhard Adolf Marx (1855) für die Konservatorien, wie bei den angehenden Musikerinnen und Musikern, eine vollständige Ausbildung für Instrumentallehrerinnen und -lehrer forderte. Doch gegen Ende des 19. Jahrhunderts wird in Teilen der fachöffentlichen Meinung zum Teil scharfe Kritik an diesen Einrichtungen artikuliert, und es rückt ein weiterer Denkstil ins Blickfeld.

3.2 Unterricht

„Die heute fast allgemeine ausschließliche Dressur auf praktische Musikausübung ist eine traurige Errungenschaft der neuesten Zeit, und sie ist lediglich auf die Einrichtung der Konservatorien zurückzuführen“ (Riemann 1895, S. 25; Hervorhebung im Original) beklagt der Autor. Die schlechte Qualität der Musikerinnen und Musiker (von Ausnahmen abgesehen) läge nicht allein an den Lehrerinnen und Lehrern, die im Übrigen „nach wenigen Jahren [...] zu trockenen Pedanten, zu leicht gereizten galligen Griesgramen“ (Riemann, 1895, S. 27) werden, sondern vor allem am Unterricht: „Eine traurige Thatsache“, schreibt Riemann, „läßt sich indes leider nicht wegleugnen oder vertuschen: Die unsäglich einseitige Ausbildung vieler Musiker, die sich, mit dürren Worten gesagt, auf die allerunentbehrlichsten Fachkenntnisse beschränkt“ (Riemann, 1895, S. 23). In seinen Ausführungen bleibt kaum ein gutes Haar an dem, was *die* Konservatorien an Musikerinnen und Musikern auf den Markt bringen. Das bereits von zahlreichen Autoren vor Riemann monierte Überangebot an Klavierspiele-

8 Auf die sozialgeschichtlichen Aspekte der europäischen Musik kann hier nicht näher eingegangen werden. Die Rolle des aufkommenden Bildungsbürgers in den Forderungen nach musikbezogenen Bildungseinrichtungen soll daher nur erwähnt werden; siehe dazu bspw. Jungmann (2008, S. 11–111). Darüber hinaus sei auf die Untersuchung von Gramit (2002) hingewiesen, mit der der Autor zeigt, wie sich die Akteure einer musikkulturellen Praxis in Deutschland über verschiedene Handlungen (Presse, Konzert etc.) selbst konstruieren und bis zu einem gewissen Grade gegenüber anderen kulturellen Praxen abgrenzen.

rinnen, die „infolge unzureichenden Talents oder unzureichender Mittel die Anstalt verlassen", führe zu einer Flut von Musiklehrerinnen; „wo soll das auf die Dauer hinaus, wenn, schlecht gerechnet alle Jahre 500 neue hinzukommen" (Riemann, 1895, S. 28)?[9] Wie kurz nach ihm Kretzschmar macht sich Riemann aber vor allem Sorgen um die künstlerische Ausbildung, die zu stark auf die instrumentalen Fertigkeiten fokussiere: „Es soll den Musikanten verziehen werden, daß sie am politischen Leben keinen Anteil nehmen. [...] Zum mindesten sollte man aber doch von einem Musiker, der auf den Namen Künstler Anspruch macht, ein gewisses Vertrautsein mit der Geschichte seiner Kunst, mit ihrer historischen, theoretischen und ästhetischen Litteratur [sic!] voraussetzen! Wie wenige aber von diesen Gebieten auch nur einen annähernden Begriff haben, kann man leicht erfahren, wenn man unter Musikern nach der ungefähren Lebenszeit eines Orlandus Lassus, Palestrina, Heinrich Schütz, ja eines Bach, Händel, Gluck fragt" (Riemann, 1895, S. 24). Doch nicht nur hinsichtlich der Qualität bei den Ausbildungsinhalten, den Lehrerinnen und Lehrern, sondern auch beim Anspruch auf regelmäßigen Unterricht scheint es – zumindest in den Augen Riemanns – Schwierigkeiten zu geben. „Es ist", schreibt er, „mir nicht selten vorgekommen, daß Schüler einer berühmten Anstalt sich beschwerten, wochenlang die Stunden besucht zu haben, ohne ein einziges Mal zum Spielen gekommen zu sein; ich konnte ihnen nur raten, sich vorzudrängen und ihr Recht vom Lehrer zu fordern" (Riemann, 1895, S. 29).

Mit diesen Beurteilungen stand er nicht alleine. Zwischen 1850 und 1900 bemerkt Sowa (1973, S. 235–242) in der Zusammenschau der kritischen Stimmen sowohl fachliche als auch soziale Gesichtspunkte, die diese Kontroversen kennzeichnen. Dabei geht es nicht allein um die Frage, in welchen Fächern Einzel- oder Gruppenunterricht besser wäre oder die Feststellung von der gesellschaftlichen Belanglosigkeit solcher Bildungseinrichtungen (weil die breite Öffentlichkeit sie kaum wahrnimmt), sondern – ganz im Sinne der Genierhetorik des 19. Jahrhunderts – vor allem um die Frage nach der Qualität der Ausbildungsprogramme.[10] Ironisch stellt Riemann folgendes Bild in den Raum, um sein Hauptthema, die Diskrepanz zwischen Bildung und Ausbildung zu illustrieren:

> „Freilich, wenn im glänzend erleuchteten Konzertsaale der Musiker, schwarzbefrackt, mit sauberer Wäsche angethan, mit der schmalen Hand unter dem Vorwande, die unbändige blonde oder schwarze Mähne zu ordnen, dieselbe nur noch mehr aufrüttelt, wenn das Lampenfieber seinen Wangen Röte und seinen Augen Glanz giebt – dann ahnt man nicht, welche Ignoranz mit maßlosem Dünkel gepaart hinter dieser Stirne wohnt, und der ferner Stehende sieht in dem guten Dirigenten und geschickten Virtuosen zugleich einen Menschen von hoher geistiger Bedeutung, ein Genie!" (Riemann, 1895, S. 24–25)

9 Siehe dazu den Standpunkt von Marx (1855).

10 In institutionellen Zusammenhängen gebraucht Marx nicht das Wort Genie, sondern Persönlichkeit, wobei „der Einzelunterricht in jenem hochwichtigen Punkte der Erhaltung und Ausbildung der Persönlichkeit in grossem Vortheil" (Marx, 1855, S. 562) sei.

Die Frage nach der Qualität im Vortrag hängt bei Riemann mit der Qualität von Bildung zusammen. Unter letzterer versteht er Musikgeschichte, Analyse, Ästhetik sowie „allgemeine Bildung“ (Riemann, 1895, S. 32) und macht am Ende seines Artikels Vorschläge, wie er sich so eine Einrichtung vorstellt. Die Institutionen „müssen besser wissen als die den verschiedensten Berufsarten angehörigen Eltern der Schüler, was dem Musiker not thut, welche Nebenfächer sein Hauptstudium fördern und wie viel Zeit er auf seine außermusikalische Bildung verwenden kann“ (Riemann, 1895, S. 32).

Dies ist der zweite Denkstil, dessen Wurzeln einerseits im Denken eines Fichte, Pestalozzi, Humboldt u.a. liegen und andererseits Resultat eines durch den Musikjournalismus und die aufkommende Musikwissenschaft geformten Begriffes musikalischer Bildung ist. Er soll schlagwortartig wie folgt benannt sein: Musikalische Ausbildung meint Schaffung musikalischer Bildung.

4 Institution

Die von einzelnen Akteuren der Institution Musikhochschule zu manchen Gelegenheiten geäußerte Feststellung, *wir sind eine Kunsthochschule*, rekurriert in ihren Bedeutungen auf ein ganzes Bündel von Denkstilen, die wiederum Diskurse um das Besondere, um die Abgeschlossenheit der Musikhochschulen gegenüber anderen Bildungseinrichtungen, um das Exzellente und um künstlerische Hochleistungen etc. bestimmen. Zwei Denkstile wurden in den vorangegangenen Ausführungen freigelegt: die Fokussierung auf die künstlerische Performanz sowie die Notwendigkeit einer breiten musikalischen Bildung als Kontextualisierung. Doch ein Anlass für diese und ähnliche Aussagen sind nicht allein die (kontroversen) Verhandlungen von Lehr-/Lerninhalten in der Curriculumentwicklung, sondern vor allem die hin und wieder strittige Balance zwischen künstlerischen und wissenschaftlich-pädagogischen Studienanteilen. Der Verfassungsrechtler Hufen weist auf Folgendes hin:

> „Art. 5 III des Grundgesetzes (GG) gewährleistet die Wissenschaftsfreiheit und die Kunstfreiheit in nicht zufälliger Parallelität und Tradition gleichrangig und in einem Satz. Beide Grundrechte schützen im individualrechtlichen Sinne die in den Hochschulen tätigen Künstler und Wissenschaftler, haben aber auch eine institutionelle Komponente. Geschützt sind Eigenständigkeit und Selbstverwaltung – für die Hochschulkunst nicht weniger als für die Hochschulwissenschaft.“ (Hufen, 2002, S. 290)

Diese Ableitung berührt ebenfalls die mit der KMK-Empfehlung von 1967 faktisch in das Hochschulrahmengesetz aufgenommene Gleichwertigkeit der Institutionen. Unter Abschnitt I steht im vierten Absatz folgendes:

> „Die Lehre und die Fortentwicklung der Kunst durch Ausbildung künstlerischer Formen und Ausdrucksmittel sowie eine maßstabsetzende freie Kunstausübung stehen der Lehre und Forschung im geisteswissenschaftlichen und naturwissenschaftlich-technischen Bereich gleichwertig gegenüber.“ (KMK, 1967)

Wenn in gleicher Weise in der Musikhochschule Kunst und Wissenschaft sowohl geschützt als auch gleichwertig sind, schließt eine Feststellung wie die obige – sollte sie nicht lediglich als Reflex auf eine gefühlte Bedrohung verstanden werden – alle Akteure in gleicher Weise ein. Beide Grundrechte, jene der künstlerischen sowie jene der pädagogisch-wissenschaftlichen Akteure, werden in der Institution gewährleistet. Darüber hinaus ist diese Gleichwertigkeit statusrechtlich gesehen, d.h. bei den Zugriffsmöglichkeiten auf unterschiedliche staatliche Ressourcen, gesellschaftlich akzeptiert und wird von den Musikhochschulen eingefordert. Gleichzeitig ergeben sich daraus verschiedene Gegebenheiten, die die zugesicherten Freiheiten von Forschung, Lehre und Studium zusammen mit der Kunstfreiheit in spezifische Abhängigkeiten versetzen (Hufen, 1982). Die Einrichtung von qualitätssichernden Maßnahmen gehört dazu. Versteht man den Denkstil, Musik(aus)bildung sei staatliche Aufgabe, in seiner Wesenhaftigkeit als überzeitlich, so stellt man fest, dass seine Wurzeln in Qualitätsdiskursen zu finden sind, die Ende des 19. Jahrhunderts gerade die Frage nach Wissenschaft und Kunst beinhalten.

Denn mit den Schriften von Johann G. Fichte (*Reden an die deutsche Nation*, 1807/08), Friedrich D.E. Schleiermacher (*Grundzüge zur Erziehungskunst* et al., 1813/14, 1820/21, 1826)[11] und Wilhelm v. Humboldt (*Denkschrift über die äußere und innere Organisation der höheren wissenschaftlichen Anstalten in Berlin*, 1808/09)[12] einerseits und den Plänen Zelters (Berlin), Wittgensteins (Köln), Fröhlichs (Würzburg) sowie zahlreicher anderer Akteure andererseits, setzten sich (mit den damals bewunderten Institutionen in Paris und Italien vor Augen) allmählich zwei wesentliche Auffassungen durch: Zum einen sei Bildung ein allgemein menschliches Bedürfnis und Grundrecht, das darüber hinaus systematisch aufgebaut werden kann. Zum anderen habe dafür der Staat Sorge zu tragen. Vor diesem Hintergrund ist auch die Bildung von Konservatorien zu Beginn des 19. Jahrhunderts zu sehen, insbesondere nachdem die zuvor genannten Orte wie Kirche und Hof nicht mehr in dieser Weise zur Verfügung standen. Der früheste, in institutionellen Strukturen gedachte Vorschlag für eine solche Einrichtung von Johann Ernst Wagner (1806) trägt Züge einer pädagogischen Provinz, und der in der *Allgemeinen musikalischen Zeitung* (AMZ) von 1809/10 unter dem unbekannten Monogramm D.K. abgedruckte, skizziert einen höchst elaborierten Entwurf eines „musikalischen Conservatoriums“ (siehe Abbildung 1). Beides sind allerdings musikbezogene Bildungsanstalten, die Schülerinnen und Schüler vom 5. bis zum 16. Lebensjahr aufnehmen sollten. Eine Fortführung auf universitärer Ebene wird jedoch stets mitgedacht und gefordert. In zahlreichen Beiträgen, wie z.B. im Konzept von Adolf Bernhard Marx aus dem Jahre 1832, unterscheidet – so Sowa – der Autor „zwei Ausbildungswege: den für den Künstler und den für den Musikbeamten. Zu den Künstlern zählt er Komponisten, Sänger, Instrumentalisten, Kantoren und Privatmusiklehrer, zu den Musikbeamten Geistliche, Schullehrer und so genannte Aufseher. Die Ausbildung erfolgt an der Universität, die der anderen an eigens dafür zu errichtenden Musikinstituten“

11 Die Mitschriften zu den Berliner Vorlesungen wurden postum veröffentlicht (Brachmann & Winkler 2000).

12 Ebenfalls dazu gehört der 1792 geschriebene, aber erst 1851 veröffentlichte Beitrag „Ideen zu einem Versuch, die Grenzen des Staats zu bestimmen“ (Humboldt, 1962).

(Sowa, 1973, S. 74). Schon die uneinheitlichen Bezeichnungen als Musik*schule*, Fach*schule* oder *Konservatorium* zeigen, dass sich diese Initiativen an eine Organisationsform anlehnten, bei der zum einen die pädagogischen Theorien des frühen 19. Jahrhunderts, zum anderen das staatliche organisierte Erziehungswesen preußischer Provenienz, aber auch „Vorbilder institutioneller Musikerziehung im Ausland" (Sowa, 1973, S. 43) als Paten fungierten.

Der Ruf nach staatlicher Unterstützung in der Argumentationslinie von Fichte und Humboldt und die damit an einigen Orten einhergehenden Gründungen von Konservatorien ersetzten und ergänzten nun die bisherigen Orte (musik-)kulturellen Tuns. Qualität wurde nach wie vor am Erfolg gemessen, auch daran, welche im Musikleben herausragende Person für die Leitung einer solchen Einrichtung gewonnen werden konnte. Die Öffentlichkeit und hier ganz besonders der im 19. Jahrhundert sich verstärkende Musikjournalismus warfen nun auch ein kritisches Auge auf diese Bildungseinrichtungen, das zeigen nicht zuletzt die vielen Beiträge in der AMZ. Zugleich beginnt mit den Gesangbildungslehren von Michael T. Pfeiffer und Hans G. Nägeli (1810) eine die Musikerziehung systematisierende Ausbildung in der Tradition von Johann H. Pestalozzi. In diesem Bündel von pädagogischen, philosophischen, politischen und ästhetischen Geistesströmungen sind die Wurzeln eines Denkstils zu finden, die bis in die Gegenwart sowohl Auffassungen bestimmen als auch Konfliktlinien konturieren. Kretzschmar widmet der Problematik musikalischer Bildung in einer Zeit der allgemeinen Kritik am Singunterricht der Schulen und damit der Musiklandschaft generell in seinen *Musikalischen Zeitfragen* zwei Artikel. Sie sind betitelt mit „Die Musik als dienende Kunst" (Kretzschmar, 1903, S. 103–112) und „Die Musik als freie Kunst" (Kretzschmar, 1903, S. 113–127). Die Lektüre beider offenbart einen Zwiespalt, in den sich der Autor gebracht hat, nämlich einerseits der freien Kunst einen klaren Ort zuweisen zu können, und andererseits dies eben nicht ohne Bildung und Ausbildung tun zu können. Seinen Beitrag zur „Musik als dienende Kunst" beginnt Kretzschmar wie folgt:

> „Wer die Zukunft der Musik sichern will, muß für musikalische Volkserziehung, für guten Privatunterricht, für geordnete Weiterbildung und auskömmliche Existenz der Fachmusiker eintreten, das sind die Grundlagen, von denen das Gedeihen der Tonkunst zunächst abhängt, das sind immer die wichtigsten musikalischen Zeitfragen gewesen und werden es immer bleiben." (Kretzschmar, 1903, S. 103)

Er stellt fest, „was insbesondre die Musik als freie Kunst betrifft, so gibt es nur einen Platz, der ihr ganz gehört. Das ist das Lehr- und Studienzimmer", um sogleich anzumerken, dass es schwieriger sei, „in der Öffentlichkeit der Musik als freien Kunst die richtige Stellung zu wahren" (Kretzschmar, 1903, S. 113). Dafür habe der Staat allerdings „nur wenig getan, fast alles war das Werk reiner Kunstliebe der Musikfreunde" (Kretzschmar, 1903, S. 115). Dennoch oder gerade deswegen argumentiert er – eigentlich in Fortsetzung von Humboldt u.a. – unter der Überschrift „Stand oder Staat?" wie folgt:

ALLGEMEINE

MUSIKALISCHE ZEITUNG.

Den 19ten December. N°. 64. 1810.

Ueber die Errichtung musikalischer Conservatorien in Deutschland.

Wenn man auf der einen Seite eine so trübe, dürftige Zeit, als die unsrige, für untüchtig zu grossen Unternehmungen bey'm ersten Anblick halten sollte: so wird doch bey einigem Nachdenken diese anscheinende Besorgnis bald schwinden, wenn man dagegen auf der andern Seite überlegt, wie gerade diese nämliche Zeit auch Kraft-erregend und entwickelnd sey; wie ein Wetteifer, bald edler, bald unedler Art, die Menschen anreizt, nicht dahinten zu bleiben, sondern ihre Thatkraft zu zeigen vor ihren Mitbrüdern, die wahrlich keine ganz gemeine seyn darf, wenn sie jetzt gelten soll; wie endlich die Bessern von dem Eifer beseelt sind, das Grosse und Schöne aus diesem allgemeinen Conflict, dieser Crisis der menschlichen Totalkrankheit, nicht nur zu erretten, sondern es, wie durch Feuer geläutert, noch schöner hervorgehen zu lassen. So fodert also gerade der Geist der Zeit zu dergleichen Unternehmungen auch für die Kunst auf, und erfüllt uns mit um so grösserer Zuversicht dafür, da wir das Gelingen ähnlicher Unternehmungen für die Wissenschaft an mehrern Orten mit Freuden wahrnehmen.

Es kann nicht geleugnet werden, dass kein Theil der menschlichen Kunst gerade in Deutschland schlechter besorgt und für seine öffentliche Pflege und Weiterbildung, sowol theoretisch, als noch mehr practisch, weniger gethan werde, als für die Musik, was um so mehr befremden muss, da wir den Sinn für Musik so allgemein verbreitet sehen. Man erhält für die sogenannten redenden Künste Anweisungen auf Schulen und Universitäten; man findet für die bildenden Künste (worunter man aber immer nur Mahlerey, Bildhauerey und Baukunst begreift) in vielen Städten Museen, Academien und dergl.; nur hat man bis jetzt die musikalische Kunst noch nicht für würdig geachtet, sie zu gleicher Ehre gelangen zu lassen. Jeder, der zu derselben sich hingezogen fühlt, muss auf mühsamen Wege sich selbst bilden, wenn er die grossen Kosten für einen tüchtigen Meister nicht erschwingen kann, (und wohl ihm, wenn er dann noch lieber auf seinem eigenen, originellen Wege bleibt,) oder er fällt in die Hände von Pfuschern, die, wenn sie auch seine Originalität nicht vertilgen können, doch leider nur gar zu oft die practische Fertigkeit gleich in der ersten Anlage verderben. — Dass jene für die genannten Künste bereits bestehenden Anstalten vieles Gute schaffen, wird Niemand in Abrede seyn; aber auch eben so wenig, dass in ihrer Einrichtung Vieles überaus mangelhaft ist. Daher wir, wenn von ähnlichen Anstalten für die Musik die Rede seyn soll, hier wol nicht auf sie als Muster verweisen und weiter nichts verlangen möchten, als nach eben dem Plane auch *musikalische Museen, Academien etc.* zu errichten. Ja, wir glauben auch nicht anmaassend oder übertrieben zu sprechen, wenn wir von jenen uns gar wohl bekannten musikalischen Conservatorien in Paris und an mehrern Orten in Italien eben nicht viel mehr, als die Benennung, gebrauchen zu können behaupten. Dieselbe Idee,

12. Jahrg. 64

Abbildung 1: „Ueber die Errichtung musikalischer Conservatorien in Deutschland“

„Es hat sich untunlich erwiesen, die Musik den Musikern zu überlassen, und dabei wirds im wesentlichen auch in künftiger Zeit, selbst bei einem umsichtigeren Musikerstand bleiben. Es bedarf einer Instanz, die über ihm und über einseitigen Neigungen stehend, die Entwicklung der Tonkunst in Zusammenhang hält mit dem Gang der Kultur und des ganzen nationalen Lebens. Diese Instanz zu stellen ist die musikalische Aufgabe unserer Kultusministerien.“ (Kretzschmar, 1903, S. 135)

Das Zusammenhalten der „Tonkunst" mit „dem Gang der Kultur und des ganzen nationalen Lebens" ist eine Formel für staatliche Fürsorge, die den genannten Denkstil ganz wesentlich charakterisiert. Die Kestenberg-Reformen in der Weimarer Republik dokumentieren mit ihrer Systematisierung der unterschiedlichen Ausbildungsstätten, der formalisierten Eignungsprüfungen und der Grundlegung der Rahmenbedingungen für das Lehramt Musik jenen Grundgedanken. 1922 benennt sich die *Königliche akademische Hochschule für Musik* in Berlin in *Staatliche Hochschule* um, ebenso wie 1924 die Vorgängereinrichtungen in München und 1925 in Köln.

Nach 1945 spielen die Musikhochschulen in den dominanten bundesrepublikanischen Bildungsdiskursen fast keine Rolle. In den einschlägigen Publikationen, wie z.B. dem „Gutachten zur Hochschulreform" (1948) oder der in vielen Aspekten seiner Zeit weit voraus gewesenen *Denkschrift des Hofgeismarer Kreis* (1956) tauchen die Musikhochschulen bzw. ihre Vorgängerinstitutionen nicht auf. Das für die zukünftige Entwicklung der Hochschullandschaft der BRD wichtige Gutachten des *Studienausschuß für Hochschulreform* weist gar explizit darauf hin, dass die „Theologischen Hochschulen und die Kunst- und Musikhochschulen [...] die Kommission nicht in den Kreis ihrer Betrachtungen ziehen" (1948, S. 15) konnte.[13] Die Diskurse fanden woanders statt.

Einen recht guten Überblick über die Situation des Musiklebens in der jungen Bundesrepublik verschafft die Publikationsreihe *Musikalische Zeitfragen* des Deutschen Musikrats.[14] Als Zeitdokument ist sie äußerst aufschlussreich, weil sie nicht nur deutlich den Geist der musischen Erziehung atmet, sondern weil sehr gut beobachtet werden kann, wie sich dieser auch auf den unterschiedlichen Ebenen musikalischer Bildung niederschlägt. Fast symptomatisch für diese musische und musikerzieherische Durchdringung sind die Äußerungen von Walter Wiora im Auftaktband von 1956, in dem er auf die Spannungen hinweist, in denen sich „das deutsche Musikleben" nach dem „Zusammenbruch" befände:

> „Solche Spannungen sind diejenigen zwischen Breitenwirkung und Spitzenleistung. Es bleibt das Leitbild der hohen Meisterschaft auf Spezialgebieten: als Komponist oder Interpret oder Forscher. Aber ebenso wesentlich ist das andere Prinzip [...]: gemeinsame Bewältigung unserer Sorgen, das Gesetz in einem vertieften Sinne des Wortes ‚Zeitgenosse' zu sein und ‚situationsgerecht' zu handeln. Wir haben beiden zu dienen: dem Gesetz der Sache und dem Gesetz der Stunde." (Wiora, 1956, S. 18)

Diese Färbung zieht sich durch zahlreiche Beiträge. Neben vielen Aufsätzen, Entschließungen, Vereinbarungen und Informationen zur Gründung von Arbeitsgruppen sind

---

13 Der unmittelbar nachfolgende Satz bleibt in seiner Bedeutung vorerst dunkel: „Es sei noch darauf hingewiesen, daß es einige Einrichtungen in Deutschland gibt, die den Namen einer Hochschule tragen, bei denen es uns aber fraglich ist, ob sie ihn wirklich verdienen."

14 Am 13.06.1953 als *Deutsche Sektion des Internationalen Musikrats* gegründet; auf der 3. Generalversammlung (1955) wurden diesem Namen die Worte *Deutscher Musikrat* vorangesetzt.

dem Band IV die unterschiedlichen Ausbildungsinstitutionen zu entnehmen, die nachfolgend in einer Übersicht dargestellt sind (Tabelle 1).

Hochschule f. Musik	(Musik-)Akademie	Konservatorium	Institut
Berlin (West)	Detmold	Augsburg	Mainz
Frankfurt a.M.	Kassel	Berlin (West)	Trossingen
Freiburg	Lübeck	Düsseldorf	
Hamburg		Duisburg	
Köln		Karlsruhe	
München		Nürnberg	
Saarbrücken		Würzburg	
Stuttgart		Wuppertal-Elberfeld	
Hannover			
Heidelberg			
Mannheim			
11	3	8	2

Tabelle 1: Staatliche, kommunale und städtische Institutionen (Wiora, 1959, S. 40–41)

Demnach sind elf staatliche Hochschulen für Musik, acht Konservatorien, die sowohl staatlich als auch kommunal sein können, drei Akademien und zwei Institute zu identifizieren. In der DDR waren es die Hochschulen für Musik in Berlin-Ost, Dresden, Leipzig und Weimar. Dieser Zustand hat sich in den letzten knapp 60 Jahren deutlich verändert.

Allerdings partizipierten die Musikhochschulen und ihre Vorgängerinstitutionen an den Bildungsreformen in den 1970er-Jahren in verschiedener Weise. Zwar gibt es zu den Anlässen, Umständen und Folgen der Statuswechsel noch Forschungsbedarf, jedoch zeichnet sich ab, dass sich Ursachen und Beweggründe dazu regional unterscheiden. Die Denkkollektive, das sind sowohl Lobbys wie der Deutsche Musikrat als auch zahlreiche Standesvertretungen wie z.B. Berufsverbände, erhalten den Denkstil des fürsorgenden Staates in den ersten drei Jahrzehnten nach der Gründung der Bundesrepublik Deutschland vor allem über die Lehramtsausbildung am Leben, weil sich hier die Schnittstelle zwischen Staat und Institution am deutlichsten zeigt.[15] Künstlerische Ausbildungsgänge bleiben bis zum Inkrafttreten der Bologna-Vereinbarung davon offenbar relativ unberührt. Hufen weist allerdings im Zuge des Statements von Beuys in den Bitburger Gesprächen (1977/78) darauf hin, dass die von dem Künstler geforderte Befreiung des Schul- und Hochschulwesens „aus der staatlichen Umklammerung“ (Beuys, 1978, S. 135) und damit die Aspekte Selbstverwaltung und Autonomie für die Musikhochschulen spezifischer zu sehen sind. Obwohl Hufens Ausführungen vor 1999 erfolgen und er 1982 etwas als neu deklariert, was von heutigem Standpunkt aus gesehen als überholt gelten mag, sind seine Beobachtungen von hoher Aktualität. Die staatliche Regelbedürftigkeit, so der Autor, entfalte eine „starke Sogwirkung, die von der allgemeinen hochschulpolitischen Entwicklung auf die Kunst- und Musikhochschulen aus-

15 Siehe dazu beispielhaft Deutscher Musikrat (1959).

geht und die besonders durch Stichworte wie Praxisbezug, ‚numerus clausus', Regelstudienzeit und Effektivierung des Hochschulstudiums angedeutet werden kann" (Hufen, 1982, S. 464). Exemplarisch für einige Landesgesetzgebungen kann die im Bayerischen Hochschulgesetz (BayHschG) zu findende Formulierung, die „Hochschule entwickelt ein System zur Sicherung der Qualität ihrer Arbeit und soll hierzu in angemessenen zeitlichen Abständen auch externe Evaluationen durchführen lassen" (Art. 10 Abs. 2 Satz 1 BayHschG) als Beispiel genau dafür gesehen werden. Denkkollektive aus der (Bildungs-)Ökonomie sowie damit aus wissenschaftlichen Disziplinen verbundene Denkstile fordern nun jenes, spätestens seit Anfang des 20. Jahrhunderts für die Musikhochschulen eingeforderte und eingelöste Fürsorgeprinzip heraus.

5 Fazit

In dem von Geniekult, Virtuosentum und einem durch Periodika sowie ästhetischen, musikhistorischen, aber auch methodischen und didaktischen Schriften etc. hochgradig ausdifferenzierten Musikjournalismus des 19. Jahrhunderts zeigt sich der unter 3.1 beschriebene, die künstlerische Aufführungspraxis betonende Denkstil in spezifischer Weise. Musikerinnen und Musiker waren durch die Erhöhung der Frequenz und der Geschwindigkeit bei Medien und Verkehrsmitteln öffentlicher Kritik ausgesetzt, die in einer Wettbewerbssituation unmittelbar mit ihrer ökonomischen Sicherheit verbunden war. Mit dem Aufkommen privater und staatlicher Einrichtungen nach 1800, die als Kundschaft das aufstrebende Bürgertum mit Instrumentalunterricht ebenso bedienten wie die zahlreichen Privatmusiklehrerinnen und -lehrer verschränkt sich dieser Denkstil mit dem unter 3.2 Genannten: Die (Aus-)Bildung an den entsprechenden Einrichtungen gerät in das Blickfeld. In einem Umfeld, in dem Teile der Fachöffentlichkeit die Auffassung vertreten, ein Berufsmusiker habe musikalisch *ge-bildet* zu sein und in einer kulturellen Praxis, in der die künstlerische Qualität zwischen Virtuosentum und Dilettantentum aufgespannt ist, stellt sich angesichts der privat und institutionell zahlreich zur Verfügung stehenden Lehrer und Lehrerinnen die Frage, ob der Grad der Präsenz auf Podien und Bühnen für eine qualifizierte Lehre ausreichend ist. Sowa weist darauf hin, dass es „um 1900 [...] allein in Berlin 28 ‚Konservatorien', 18 ‚Musikinstitute', 11 Musikschulen, 2 ‚Akademien' und 6 Anstalten, die sich ‚Pädagogium', ‚Seminar' oder ‚Lehranstalt' nannten, [gab]. Es kamen hinzu: 540 männliche und 244 weibliche Privatmusiklehrer. Berlin zählte zu dieser Zeit rund 1,5 Mill. Einwohner. Mithin kamen auf je 1000 Einwohner 1 Musiklehrer" (1973, S. 247). Ehrlich hatte bereits 1895 ähnliches festgestellt: „Es bestehen in der deutschen Reichshauptstadt gegenwärtig 112, geschrieben Hundert und zwölf Musiklehranstalten, ‚Akademien', ‚Konservatorien' usw. mit den verschiedenartigsten Beinamen und Eigenschaftsworten" (1895a, S. 84).

Diese Gründungswelle in der Mitte des 19. Jahrhunderts hatte das „Gleichgewicht zwischen Nachfrage und Angebot" in eine „ernsthafte Krise gebracht. Nach späterer Anstellungs- und Beschäftigungsmöglichkeit der Absolventen wurde dabei nicht gefragt" (Sowa, 1973, S. 246). Für die Bildungseinrichtungen selbst bedeutete dies mit

Blick auf das Personal und das Unterrichtsangebot eine – mit heutigem Vokabular gesprochen – Profilbildung, für die Bildungslandschaft insgesamt eine Veränderung. Letztere lässt sich mit den Kestenberg-Reformen nach dem Ersten Weltkrieg zwar feststellen, die hier identifizierten Denkstile allerdings bleiben bis heute bestehen. Kretzschmars Diktum, das sowohl der *Stand*, gemeint sind weitgehend bürgerliche Initiativen wie Singvereine, Musikgesellschaften etc., als auch der *Staat* Fürsorge für das Musikleben zu garantieren habe, mehr noch, die mit Ausbildung befassten Einrichtungen in Kontakt mit kulturellen Entwicklungen zu bleiben haben, speist bis heute einen weiteren, ganz wesentlichen Denkstil. Das Denkkollektiv, das diese Denkstile bis in die Gegenwart lebendig hält, sind in der Musikhochschule vornehmlich die Akteure in der Lehre. Es wundert daher nicht, dass sich die heute aus anderen Denkkollektiven an diese Institution herangetragenen Qualitätsdebatten an diesen Denkstilen in gewisser Weise abarbeiten. Denn einerseits schließen sie sich in Hinsicht auf die Operationalisierungsmöglichkeiten einer „ästhetischen Qualität" (Jacob, 2007, S. 44) ab, andererseits verhandeln sie stets die Balance zwischen Ausbildung und Bildung. Es wird also deutlich, dass insbesondere Letzteres kein erst durch die letzte Studienreform (1999) bestehender Sachstand ist.

Das Moment der Schließung verdeutlicht auch der vielzitierte Beitrag von Stefan Gies. Seine im Umfeld von Qualitätssicherung und Akkreditierung gemachte Bemerkung, „ganz oben auf der Tagesordnung sollte aber auch die Diskussion der Frage bleiben, was Qualität in der Kunst ist und wie deren Nachweis erfolgt" (Gies, 2011, S. 109) katapultiert das richtige Anliegen einen Satz später wieder in den Bereich des Unsagbaren: „Es würde dem Wesen der Kunst widersprechen, auf die Findung endgültiger Antworten zu hoffen oder zu zielen" (Gies, 2011, S. 109). Qualitätsmanagement könne allerdings helfen, „diese Diskussion auf ein anderes Niveau zu heben und allein dadurch einen wertvollen Beitrag nicht nur zur Qualitätsentwicklung der Kunst und der sie pflegenden Institutionen zu leisten, sondern auch zur Legitimation des Daseins dieser Institutionen" (Gies, 2011, S. 110). Mag zwar der an den Musikhochschulen stattfindende Diskurs um Qualitätssicherung Impulse zur Auseinandersetzung mit bestehenden Denkstilen geben, so wird – freilich ohne nähere Erläuterung – im letzten Satz die institutionelle Legitimations- mit der Qualitätsfrage verknüpft. Auch Anna Katharina Jacob verweist lediglich auf eine andere, notwendige Sicht des Nutzens von Qualität (2007, S. 44) und stellt in einem an ihre Studie angelehnten Aufsatz fest, „Qualität der Lehre anhand der Entwicklung von Künstlerpersönlichkeiten zu evaluieren, bleibt ein sehr subjektives Unterfangen" (Jacob, 2009, S. 63).[16]

Der unter 2.1 gegebene Hinweis auf Andreas Wimmers Kulturbegriff geschah daher nicht beiläufig. Für Wimmer ist „Kultur als ein offener und reversibler Prozeß des Aushandelns von Bedeutungen zu definieren, der kognitiv kompetente Akteure in unterschiedlichen Interessenlagen zueinander in Beziehung setzt und bei einer Kompromißbildung zur sozialen Abschließung und entsprechenden kulturellen Grenzziehung führt" (Wimmer, 2005, S. 41). Wie bei dem in Teilen des hochschulbezogenen Qualitätsma-

16 Siehe dazu den Beitrag von Melanie Franz-Özdemir (2017) in diesem Band.

nagements prominenten Ansatz eines systemischen Denkens und Handelns ist die Weitergabe von musikkulturellem Erbe (das schließt Vermittlungsformen ein) nicht allein aus der Perspektive der Organisation zu verstehen. Es ist zu berücksichtigen, dass zum vielgestaltigen Umgang mit Musik in institutionellen Zusammenhängen gehört, sich gegenüber anderen, nicht nur institutionell organisierten musikbezogenen Praxen abzugrenzen. Das führt zu entsprechenden Grenzziehungen und zur Aushandlung von Bedeutungen, etwa mit Blick auf Stilistiken oder Präsentationsformen. Die Akteure aktualisieren die in diesem Beitrag herauspräparierten Denkstile in einer Gegenwart, in der sie sich Argumentationen und Anforderungen stellen müssen, die nur auf den ersten Blick dieser Hochschulform wesensfremd sind. Denn Qualität und zwar sowohl jene allgemeine, auf das gesamte Musikleben zielende als auch jene, auf die Ausbildung und Bildung ihrer Akteure gerichtete, war sowohl Anlass der Institutionalisierung musikkultureller Praxis in Deutschland als auch steter Ausgangspunkt für die Auseinandersetzung zwischen den Polen künstlerisch und wissenschaftlich.

Literatur

Andreas, H. & Döhl, F. (1993). *60 Jahre Musikhochschule Lübeck. 1933–1993* (=Festschrift zum 60. Jubiläum). Lübeck: Rektorat der Musikhochschule.

Anonym (1979). Nur noch das Wapperl. Bayerns Kultusminister Maier hat einen seiner Beamten zum Malerei-Professor gemacht. Nächstes Mal den Portier? *Der SPIEGEL* (3), 137–138.

Bachmann-Medick, D. (2006). *Cultural turns. Neuorientierungen in den Kulturwissenschaften.* Reinbek bei Hamburg: Rowohlt.

Beuys, J. (1978). Kunst und Staat. In Gesellschaft für Rechtspolitik (Hg.), *Bitburger Gespräche Jahrbuch 1977/78.* Trier: Volksfreund-Druckerei Nikolaus Koch.

Bomberger, E.D. (1991). *The German Musical Training of American Students, 1850–1900.* Dissertation, University of Maryland.

Borris, S. (1964). *Hochschule für Musik.* Berlin: Stapp Verlag.

Brachmann, J. & Winkler, M. (Hg.) (2000). *Friedrich Schleiermacher. Texte zur Pädagogik. Kommentierte Studienausgabe.* Frankfurt a.M.: Suhrkamp.

Braunfels, W. (1931). Die Hochschule für Musik. In E. Bücken (Hg.), *Handbuch der Musikerziehung* (S. 309–316). Potsdam: Akademische Verlagsgesellschaft Athenaion.

Cantor, A.J. (2015). *Our Conservatories? Music Education, Social Identities and Cultural Politics in Germany and Austria, 1840-1933.* Dissertation, University of Toronto. Verfügbar unter: https://tspace.library.utoronto.ca/handle/1807/70859 [30.08.2016].

Capitaine, D.V. (2009). *Conservatorium der Musik in Cöln. Zur Erinnerung an die wechselhafte Geschichte einer musikpädagogischen Einrichtung der Stadt Cöln.* Norderstedt: Books on Demand.

Clausen, B. (2013). Was heißt ‚musikpädagogisch provinziell'? Das Fallbeispiel Raimund Heuler. In C. Henzel (Hg.), *Provinz? Würzburger Musikkultur in der 1. Hälfte des 20. Jahrhunderts* (S. 241–281). Würzburg: Königshausen & Neumann.

Deutscher Musikrat (Hg.) (1959). *Musikerziehung in der Lehrerbildung. Entschließung und Denkschrift.* Hamburg: Deutscher Musikrat.

Ehrlich, H. (1895a). Das Musikerproletariat und die Konservatorien. In H. Ehrlich, *Modernes Musikleben* (S. 83–90). Berlin: Allgemeiner Verein für Deutsche Litteratur.

Ehrlich, H. (1895b). Konzert-Influenza und Shoddy-Musiker. In H. Ehrlich, *Modernes Musikleben* (S. 91–100). Berlin: Allgemeiner Verein für Deutsche Litteratur.

Fichte, J.G. (2005), Reden an die deutsche Nation (1807/1808). In J.G. Fichte, *Gesamtausgabe der Bayerischen Akademie der Wissenschaften* (Band 1,10: Werke 1808–1812) (S. 1–289). Stuttgart und Bad Cannstatt: Fromman-Holzboog.

Fischer-Defoy, C. (1988). *Kunst, Macht, Politik. Die Nazifizierung der Kunst- und Musikhochschule in Berlin.* Berlin: Elefanten Press Verlag.

Fischer-Defoy, C. (2001). *„Kunst, im Aufbau ein Stein". Die Westberliner Kunst- und Musikhochschulen im Spannungsfeld der Nachkriegszeit.* Berlin: Hochschule der Künste.

Fleck, L. (2012). *Entstehung und Entwicklung einer wissenschaftlichen Tatsache. Einführung in die Lehre von Denkstil und Denkkollektiv* (9. Auflage). Frankfurt a.M.: Suhrkamp.

Forner, J. (Hg.) (1993). *Hochschule für Musik und Theater Felix Mendelssohn Bartholdy, Leipzig. 150 Jahre Musikhochschule 1843–1993.* Leipzig: Verlag Kunst und Touristik.

Franz-Özdemir, M. (2017). Andere Lehre – andere Evaluation. Grundlagen, besondere Anforderungen und Methoden für die Lehrveranstaltungsevaluation an Musikhochschulen. In B. Clausen & H. Geuen (Hg.), *Qualitätsmanagement und Lehrentwicklung an Musikhochschulen. Konzepte – Projekte – Perspektiven* (S. 91–115). Münster: Waxmann.

Gies, S. (2011). Akkreditierung und Qualitätssicherung an Musikhochschulen. In Hochschulrektorenkonferenz (Hg.), *Die deutschen Musikhochschulen. Positionen und Dokumente* (=Beiträge zur Hochschulpolitik 3/2011) (S. 97–110). Bonn.

Gramit, D. (2002). *Cultivating Music. The Aspirations, Interests, and Limits of German Musical Culture, 1770-1848.* Berkeley: University of California Press.

Günzel, S. (Hg.) (2009). *Raumwissenschaften.* Frankfurt a.M.: Suhrkamp.

Henzel, C. (2011). „Politische Ziele verfolgte sie in den beiden Organisationen nicht...". In C. Henzel & S. Zeller (Hg.), *Der Würzburger Tonkünstlerverband. Geschichte-Gegenwart-Zukunft. Festschrift zum 100jährigen Bestehen* (S. 119–137). Würzburg: Königshausen & Neumann.

Henzel, C. (2016). *„... fühlen, was deutsche Musik ist ...". Das Staatskonservatorium in Würzburg 1930–1950.* Würzburg: Königshausen & Neumann.

Henzel, C. & Münch, T. (2016). Das Konservatorium in Würzburg. Studieren und Unterrichten aus Genderperspektive 1875 bis 1967. *Diskussion Musikpädagogik* (69), 10–15.

Hochschulrektorenkonferenz (Hg.) (2011). *Die deutschen Musikhochschulen. Positionen und Dokumente* (=Beiträge zur Hochschulpolitik 3/2011). Bonn.

Hofgeismarer Kreis (1956). *Gedanken zur Hochschulreform. Neugliederung des Lehrkörpers.* Göttingen: Verlag der Deutschen Universitätszeitung Ulrich Gembardt.

Hufen, F. (1982). *Die Freiheit der Kunst in staatlichen Institutionen. Dargestellt am Beispiel der Kunst- und Musikhochschulen.* Baden-Baden: Nomos Verlagsgesellschaft.

Hufen, F. (2002). Frei, schöpferisch und leistungsorientiert. Zum Status der Kunst- und Musikhochschulen. *Forschung und Lehre,* 290–294.

Humboldt, W. v. (1962). *Ideen zu einem Versuch, die Grenzen der Wirksamkeit des Staates zu bestimmen.* Leipzig: Reclam.

Huschke, W. (2006). *Zukunft Musik. Eine Geschichte der Hochschule für Musik Franz Liszt in Weimar.* Köln: Böhlau.

Jacob, A.K. (2007). *Qualitätsmanagement an Musikhochschulen in Zeiten sich wandelnder Studienstrukturen.* Hildesheim: Olms.

Jacob, A.K. (2009). Musikhochschule und Studienreform. Besonderheiten und Probleme. In Institut für Hochschulforschung an der Martin-Luther-Universität Halle-Wittenberg (Hg.), *Die Hochschule* (2), 59–70.

Jakoby, R. (1973). *Staatliche Hochschule für Musik und Theater Hannover. Struktur, Zielsetzungen, Geschichte.* Hannover: Madsack.

Jank, W. & Meyer, H. (2005). *Didaktische Modelle.* Berlin: Cornelsen Scriptor.

Janz, B. (1998). Von Vogler bis Fröhlich. Das Würzburger Julius-Spital als Zentrum der Musikausbildung in der zweiten Hälfte des 18. Jahrhunderts. In U. Konrad (Hg.), *Musikpflege und „Musikwissenschaft" in Würzburg um 1800* (S. 17–28). Tutzing: Hans Schneider.

Jungmann, I. (2008). *Sozialgeschichte der klassischen Musik. Bildungsbürgerliche Musikanschauung im 19. und 20. Jahrhundert.* Stuttgart: Metzler.

Kaiser, H.J. (2015). Paradigma versus Denkstil. Modi systematischer Historiographie in der Musikpädagogik. In A. Niessen & J. Knigge (Hg.), *Theoretische Rahmung und Theoriebildung in der musikpädagogischen Forschung* (S. 33–49). Münster: Waxmann.

Kingsbury, H. (1988). *Music, Talent, and Performance. A Conservatory Cultural System.* Philadelphia: Temple University Press.

Kirsch, D. (1997). Die Musikhochschule im Rosenbachpark. Ein Beitrag zur Würzburger Stadtplanungsgeschichte der Jahre 1938 bis 1940. *Würzburg-Heute* (*63*), 58–61.

KMK (1967). *Status der Kunsthochschulen. Beschluß der Kultusministerkonferenz (KMK) vom 26.9.1967.*

Koselleck, R. (1982). *Krise.* In O. Brunner, W. Conze & R. Koselleck (Hg.), *Geschichtliche Grundbegriffe. Historisches Lexikon zur politisch-sozialen Sprache in Deutschland. Band 3* (S. 617–650). Stuttgart: Klett-Cotta.

Kramer, L. (1990). *Music as Cultural Practice. 1800-1900.* Berkeley [u.a.]: University of California Press.

Kremer, J. & Schmidt, D. (2007). *Zwischen bürgerlicher Kultur und Akademie. Zur Professionalisierung der Musikausbildung in Stuttgart seit 1857.* Schliengen: Edition Argus.

Kretzschmar, H. (1903). *Musikalische Zeitfragen. Zehn Vorträge.* Leipzig: C.F. Peters.

Kolmer, L. (2008). *Geschichtstheorien.* Paderborn: Fink.

Kuhn, T.S. (1976). *Die Struktur wissenschaftlicher Revolutionen.* Frankfurt a.M.: Suhrkamp.

Lang, F.T. (2007). *150 Jahre Staatliche Hochschule für Musik und Darstellende Kunst Stuttgart. 1857–2007.* Stuttgart: Staatsanzeiger Verlag.

Marx, B.A. (1855). *Die Musik des 19. Jahrhunderts und ihre Pflege.* Leipzig: Breitkopf und Härtel.

Meierott, L. & Stahmer, K.H. (Hg.) (1997). *Musik und Hochschule. 200 Jahre akademische Musikausbildung Würzburg*. Würzburg: Königshausen & Neumann.

Mendelssohn-Bartholdy, P. (Hg.) (1870). *Briefe aus den Jahren 1830–1847 von Felix Mendelssohn-Bartholdy*. Leipzig: H. Mendelssohn.

Mergel, T. (Hg.) (2012). *Krisen verstehen. Historische und kulturwissenschaftliche Annäherungen*. Frankfurt a. M.: Campus Verlag.

Musikhochschule des Saarlandes (Hg.) (1987). *1947–1987. 40 Jahre Musikhochschule des Saarlandes*. Saarbrücken: Musikhochschule des Saarlandes.

Musikhochschule Freiburg, Breisgau (Hg.) (1956). *Zehn Jahre Musikhochschule Freiburg im Breisgau. 1946–1956*. Freiburg: Buchdruckerei Mors.

Olsen, A. (2006). *Im Zentrum: Musik. Die Hochschule für Künste Bremen in der Dechanatstrasse*. Bremen: Hauschild.

Riemann, H. (1895). Unsere Konservatorien. In H. Riemann, *Präludien und Studien. Gesammelte Aufsätze zur Ästhetik, Theorie und Geschichte der Musik, I. Band* (S. 22–33). Frankfurt a.M.: Bechhold.

Riemann, H. (1900). Musikunterricht sonst und jetzt. In H. Riemann, *Präludien und Studien. Gesammelte Aufsätze zur Ästhetik, Theorie und Geschichte der Musik. II. Band* (S. 1–32). Leipzig: Hermann Seemann Nachfolger.

Rorty, R. (1992). *The Linguistic turn: essays in philosophical method* (2. Auflage). Chicago: University of Chicago Press.

Schenk, D. (2004). *Die Hochschule für Musik zu Berlin. Preussens Konservatorium zwischen romantischem Klassizismus und neuer Musik*, 1869–1932/33. Stuttgart: F. Steiner.

Schimming, W. (1969). *Einhundert Jahre Musikhochschule. Von Joseph Joachim bis Boris Blacher*. Berlin: Presse- und Informationsamt.

Schlosser, H.D. (2003). *Das Deutsche Reich ist eine Republik. Beiträge zur Kommunikation und Sprache der Weimarer Zeit*. Frankfurt a. M. [u.a.]: P. Lang.

Schmitt, S. (Hg.) (2005). *Geschichte der Hochschule für Musik und Theater München von den Anfängen bis 1945*. Tutzing: H. Schneider.

Schneider, H. (1979). Kunst und Staat – wer gefährdet wen? Vom Übermut der Ämter. *Die ZEIT*, 19. Januar 1979.

Schroeder, R. (1969). *Das Dortmunder Konservatorium. Zur Geschichte einer Kulturinstitution*. Dortmund: Ruhfus.

Seel, M. (1993). Zur ästhetischen Praxis der Kunst. In W. Welsch (Hg.), *Die Aktualität des Ästhetischen* (S. 398–416). München: Fink.

Sowa, G. (1973). *Anfänge institutioneller Musikerziehung in Deutschland (1800–1843). Pläne, Realisierung und zeitgenössische Kritik. Mit Darstellung der Bedingungen und Beurteilung der Auswirkungen*. Regensburg: G. Bosse.

Studienausschuß für Hochschulreform (Hg.) (1948). *Gutachten zur Hochschulreform*. Hamburg.

Valentin, B. (Hg.) (1993). *Leipzig lebt Kultur. Jubiläumsjahr 1993. 300 Jahre Leipziger Oper, 250 Jahre Gewandhausorchester, 150 Jahre Musikhochschule*. Leipzig: Edition Leipzig.

Wimmer, A. (2005). *Kultur als Prozess. Zur Dynamik des Aushandelns von Bedeutungen*. Wiesbaden: VS-Verlag.

Wiora, W. (1956). Das deutsche Musikleben und die Situation der Zeit. In W. Wiora (Hg.), *Neue Zusammenarbeit im deutschen Musikleben. Vorträge und Entschließungen der Bonner Tagung 1955* (=Musikalische Zeitfragen, Bd. 1) (S. 9–18). Kassel und Basel: Bärenreiter.

Wiora, W. (Hg.) (1959). *Der Deutsche Musikrat 1953–1958* (=Musikalische Zeitfragen, Bd. IV). Kassel und Basel: Bärenreiter.

System Musikhochschule

Heinz Geuen

Qualitätsmanagement als integrale Dimension von Hochschulgovernance an Musikhochschulen

Quality Management as an Integral Dimension of Governance at Musikhochschulen

Successful governance at Musikhochschulen *is a multi-level steering process aimed at transparency and participation in which a wide variety of quality dimensions must be examined and related to one another. Whereas these important shifts in perceptions of organisation and management have already been intensively discussed by universities, such a discourse has yet to take place with respect to* Musikhochschulen. *This contribution therefore takes university concepts of governance as its starting point and on this basis outlines a series of governance aspects that may be relevant for* Musikhochschulen. *Institutional quality management has an important role to play here.*

Einleitung

Erfolgreiche Hochschulgovernance versteht sich als vielschichtiger, auf Transparenz und Partizipation abzielender Steuerungsprozess, in dem verschiedenste Qualitätsdimensionen in den Blick genommen und aufeinander bezogen werden müssen. Während diese wichtigen Verschiebungen im Organisations- und Leitungsverständnis für Universitäten bereits intensiv rezipiert wurden, fehlt ein solcher Diskurs noch für die deutschen Musikhochschulen. Der Beitrag setzt daher bei universitären Vorstellungen von Governance an und skizziert auf dieser Basis eine Reihe von Governance-Aspekten, die für Musikhochschulen relevant sein könnten. Dabei kommt dem institutionellen Qualitätsmanagement eine wichtige Rolle zu.

Die deutschen Musikhochschulen befinden sich seit zehn bis fünfzehn Jahren in einem intensiven Prozess des Wandels. Denn so wie Universitäten und Fachhochschulen sich seit dem Bologna-Prozess und den damit verbundenen politischen und strukturellen Umwälzungen institutionell neu aufstellen mussten, betraf dies nicht weniger umfassend auch die Musikhochschulen. Sie verkörpern einen Hochschultyp *sui generis*, zugleich werden sie in Bezug auf die institutionellen Herausforderungen, denen sie sich zu stellen haben, Universitäten immer ähnlicher. Dies betrifft vor allem Bundesländer, die ihren Hochschulen etwa über Globalhaushalte und Berufungshoheit ein hohes Maß an Autonomie einräumen wie beispielsweise Nordrhein-Westfalen, gleichwohl ist auch andernorts eine stetige Verlagerung von Verantwortung in die Musikhochschulen hinein zu beobachten.

Inhaltlich verdeutlicht sich der universitäre Charakter der Musikhochschule auch an der Programmatik, die dem Leitbild der Rektorenkonferenz der deutschen Musikhochschulen (RKM) zu entnehmen ist. Während im öffentlichen Bewusstsein eine Musikhochschule vor allem mit der Traditionslinie des Konservatoriums verbunden ist und Musikhochschulen in erster Linie mit künstlerischer Exzellenz und der Prominenz künstlerischer Protagonisten in der Professorenschaft identifiziert werden, stellen die Musikhochschulen in ihrem Selbstverständnis „Lehre, Forschung und künstlerische Praxis" als Einheit heraus und verweisen explizit auf die Bedeutung, die „musikwissenschaftliches und musiktheoretisches Wissen" und dessen enge Verflechtung mit künstlerischen und künstlerisch-pädagogischen Kompetenzfeldern in ihrem akademischen Selbstverständnis haben (RKM, 2009).

Freilich sollen in diesem Beitrag weder das (veränderte) Bildungsverständnis der Institution Musikhochschule noch die infolge des Bologna-Prozesses implementierten curricularen Neujustierungen und organisatorischen Formate dieses Hochschultyps thematisiert werden. Vielmehr richtet sich der Blick auf grundlegende Verschiebungen in den Leitungs-, Entscheidungs- und Partizipationsstrukturen der Musikhochschule – wobei diese Verschiebungen in einem Wechselverhältnis zu den veränderten institutionellen politischen Rahmenbedingungen stehen. In der Literatur ist die Governance-Thematik und deren Bezug zum Qualitätsmanagement in Bezug auf Musikhochschulen bislang noch kaum reflektiert worden. Im Folgenden soll daher zunächst knapp der Governance-Diskurs aufgegriffen werden wie er für Universitäten und Fachhochschulen geführt wird, um daran anschließend Gemeinsamkeiten und Unterschiede in Hinblick auf vorhandene oder wünschenswerte Governance-Strukturen an Musikhochschulen herauszuarbeiten. In einem zweiten Schritt wird die Bedeutung von Qualitätsmanagementprozessen für gelingende Governance, gerade auch an Musikhochschulen, herausgestellt.

Von der Hochschulleitung zur Hochschulgovernance

Der den Organisationswissenschaften entlehnte Begriff „Governance" spiegelt das im Zuge der Autonomisierung komplexer gewordene Gefüge von Entscheidungs- und Mitwirkungsstrukturen in Hochschulen wider (Zechlin, 2014). Governance ist kein Synonym für „Steuerung", sondern meint vielmehr „eine spezifische Betrachtungsweise institutioneller Abläufe und Entscheidungsfindungen" (Nickel, 2011, S. 127). Um den Wandel von Hochschulleitung zu Hochschulgovernance besser nachvollziehen zu können, bedarf es eines kurzen Blickes in die Institutionsgeschichte.

Hochschulen waren schon immer durch ein hohes Maß an Dezentralisierung und durch „polyzentrische Netzwerkstrukturen" (Nickel, 2011, S. 124) geprägt, wodurch ein Umgangs- und Leitungsstil befördert wurde, den man im angelsächsischen Raum mit „sensible foolishness" bezeichnet (Nickel, 2011, S. 128). Die *klassische* Universität Humboldt'scher Prägung konnte nie wie ein Unternehmen geführt werden, da ihre Identität wesentlich in den Garantien innerer und äußerer akademischer Freiheit fußt. Dieses hohe Maß an Freiheit steht im klassischen Universitätskonzept zugleich in starker Korrespondenz zur administrativen Anbindung an den Staat. Dabei tritt der Staat, in Gestalt der zuständigen Ministerien, als Dienst- und Rechtsaufsicht bzw. Geld- und Auftraggeber auf, fungiert aber auch als Schutzinstanz. Die Universität ist somit kein Unternehmen, sondern ein Expertennetzwerk, in dem die in aufwendigen Aushandlungsprozessen wichtigen, die Organisation als Ganze oder in Teilen betreffenden Entscheidungen kollegial getroffen werden müssen (Nickel, 2009, S. 49–57; Nickel, 2011, S. 132).

Die Grundlage akademischer Selbstverwaltung bildet die in Artikel 5 des Grundgesetzes garantierte Freiheit von Forschung und Lehre, aus der heraus sich die Selbstverantwortlichkeit von Professorinnen und Professoren sowie von Instituten und Fakultäten ableitet. Das so entstandene Konglomerat von „lose gekoppelten akademischen Gemeinschaften" (Nickel, 2011, S. 123) findet daher in der Universität klassischen Typs seine organisatorische Entsprechung in einem vom Kollegialitätsprinzip geprägten komplexen Selbstverwaltungssystem. Ein „Durchregieren" der Rektorate in dieses System hinein war schon vor dem Hintergrund der akademischen Autonomie in allen Bereichen niemals möglich, stand aber aus dem Selbstverständnis der Rektoren als auf Zeit gewählte *primi inter pares* auch nicht zur Debatte. Die in diesem System einer repräsentativen Selbstverwaltung verankerte prinzipielle Unregierbarkeit der Gesamtorganisation konnte und kann gleichwohl in den einzelnen Funktionsbereichen (Fakultäten, Institute, Lehrstühle) hohe Effizienz und Strahlkraft entfalten, womit sich im Falle eines breiten Exzellenzfeldes wiederum die Universität als Ganze identifiziert. Etwas zugespitzt lässt sich formulieren, dass Managementkonzepte aus der Unternehmensführung für die Leitungspositionen traditioneller Universitäten weder notwendig noch sinnvoll waren. Erforderlich waren vielmehr charismatische Persönlichkeiten, die mit und zwischen den Fachbiotopen und den Organen der Selbstverwaltung Kompromisse auszuhandeln hatten und mit entsprechendem Rückenwind aus dem Haus die Interessen ihrer akademischen Polis an der Schnittstelle zum Staat vertreten und nach Möglichkeit auch durchsetzen konnten.

Ende der 1980er-Jahre wandeln sich diese „bis dato lose gekoppelten Gemeinschaften zu korporativen Akteuren" (Nickel, 2011, S. 123). Hintergrund dieses Wandlungsprozesses sind gesellschaftliche Veränderungen, für die Sigrun Nickel vor allem „die Forderung nach einer stärkeren Orientierung der Wissensproduktion am gesellschaftlichen, wirtschaftlichen und kulturellen Kontext" (Nickel, 2011, S. 124) anführt. Diese mit einer zunehmenden Akademisierung der Arbeitswelt und einer daraus resultierenden höheren Nachfrage nach Hochschulbildung begleitete Veränderung der gesellschaftlichen und bildungspolitischen Rolle von Universitäten ging einher mit einer Tendenz zur staatlichen Deregulierung, die insbesondere in Hinblick auf die Ebene der Hochschulleitung ein grundsätzlich neues Rollen- und Aufgabenverständnis mit sich brachte. Paradigmatisch für diesen Wandel steht das von der seinerzeitigen schwarzgelben Regierungskoalition in Nordrhein-Westfalen 2006 verabschiedete sogenannte Hochschulfreiheitsgesetz, das die Rechtsstellung der Universitäten und Fachhochschulen zu weitgehend unabhängigen Körperschaften öffentlichen Rechts veränderte. Der bundesweit beachtete politische Streit um den Versuch der rot-grünen Landesregierung die Freiheit der Universitäten 2014 in einem Hochschulzukunftsgesetz zumindest partiell wieder einzufangen, ist Ausdruck des in Bezug auf den Deregulierungsprozess bestehenden Spannungsverhältnisses zwischen Staat und Hochschulen. Aufschlussreich ist, dass die Politik in Nordrhein-Westfalen sich in Hinblick auf Kunst- und Musikhochschulen für eine bemerkenswerte Zwitterlösung entschieden hat: Sie sind zugleich Körperschaften des öffentlichen Rechts und Einrichtungen des Landes.

Zur bundesrepublikanischen Bildungswirklichkeit gehört, dass der Prozess der Deregulierung von Hochschulen in Deutschland nicht linear verläuft, sondern je nach Bundesland unterschiedlich akzentuiert ist. Unabhängig von den durch den Bildungsföderalismus geprägten Unterschieden kann man aber doch von generellen Verschiebungen hin zu mehr Autonomie sprechen, die, organisationssoziologisch betrachtet, auch Verschiebungen im Rollenverständnis und Aufgabenspektrum auf Leitungsebene und in der Verwaltung nach sich ziehen, denn

> „die Folgen des Paradigmenwechsels zu der ‚autonomen Hochschule‘ machen sich [...] auch innerhalb der Hochschulen bemerkbar. Auch sie ‚dürfen‘ nämlich nicht nur mehr selbst entscheiden, sondern sie müssen dazu auch in der Lage sein, das auch ‚können‘“ (Zechlin, 2014, S. 3).

Die Herausforderung, dass die Universität „sich insgesamt (also in einer vertikal und horizontal integrierten Weise!) selbst steuert“ (Zechlin, 2011, S. 78) geht damit einher, dass die Leitungsebene in bis dahin nicht vorstellbarer Weise gestärkt wurde. Bei weitgehender Unabhä ngigkeit von den Gremien sind auf Hochschulleitungsebene nun zentrale Entscheidungskompetenzen etwa in Hinblick auf Stellenpläne, Berufungen oder Finanzen angesiedelt, die zuvor Aufgabe der administrativen Lenkung durch den Staat waren. Rektorate und Hochschulräte lösen in Bezug auf die politische Bedeutung daher vielfach die Rolle der Senate ab, die zunehmend kaum mehr als Foren für die hochschulinterne Selbstvergewisserung sind und nur noch in begrenzter und selektiver Weise Entscheidungen zu treffen haben.

Lothar Zechlin weist darauf hin, dass die Hierarchisierung der universitären Selbststeuerung „erhebliche Konsequenzen für die innere Ordnung der Universitäten“ hat (Zechlin, 2011, S. 79). Zwar sind sie immer noch dezentrale Expertenorganisationen, deren Selbstverständnis durch die verfassungsrechtlich garantierte Lehr- und Forschungsautonomie geprägt ist, ihre polyzentrische Verfasstheit gerät nun aber zunehmend unmittelbar in Konflikt mit der intern gewachsenen Macht der Leitungsebene. Rektorate und Präsidien repräsentieren nicht mehr in erster Linie die Universität, sondern übernehmen als Entscheider insbesondere für die Personal- und Finanzplanung, aber auch für die inhaltliche Ausrichtung der Hochschule unmittelbar Verantwortung, wobei das hier angesprochene Maß an Autonomie- und Hierarchiezuwachs zugleich mit machtpolitisch analog aufgestellten Organisationsstrukturen in Fakultäten oder Departments korrespondiert. Das Zusammenspiel von parallelen Führungszentren mit von fachlicher Autorität geprägten polyzentrischen Netzwerkstrukturen bedeutet aber, dass Hochschulleitungen sich auch und gerade in Zeiten, in denen ihre Entscheidungskompetenz gewachsen ist, von der Vorstellung einer umfassenden Steuerung der Universität verabschieden müssen. Vielmehr müssen sie im Sinne einer von Sigrun Nickel als „Partizipatives Management“ bezeichneten Führungshaltung dafür sorgen, dass sie „die Organisationsmitglieder aktiv und umfassend in die Entscheidungsprozesse einbeziehen“ (Nickel, 2011, S. 124).

„Institutionelle Governance“ (Nickel, 2011, S. 127–130) bedeutet daher organisationstheoretisch die Implementierung von Partizipationsinstrumenten, mit denen Entscheidungen transparent gemacht, Kommunikations- und Aushandlungsprozesse über gemeinsame Zielvorstellungen und Handlungsoptionen initiiert und somit im Ausgleich von polyzentrischer Selbstbestimmung und Mehrheitsentscheid ein Höchstmaß an Commitment mit der Institution Hochschule erreicht werden kann. Governance als eine die gesamte Organisation umfassende Leitungsphilosophie und Leitungskompetenz ist daher intensiv eingebettet in den Wettbewerb der Hochschule um gute Lehre und Forschung – ein Wettbewerb, der sich sowohl in die Hochschule hinein als auch auf die nationalen und internationalen Szenen richtet. Manfred Prisching fasst das Konzept Governance wie folgt zusammen:

> „Governance bedeutet: institutionelle Regeln der Handlungskoordination analysieren oder implementieren; eine Analyse von Steuerungsmechanismen in Gruppen und Organisationen vornehmen; formelle und informelle Prozesse einbeziehen; soziale Ordnungen analysieren, die der Bewältigung von Interdependenzen und Interaktionen zwischen Akteurinnen dienen; explizite und implizite Methoden der Handlungsabstimmung ausfindig machen; [...] gelingende und misslingende Interaktionen studieren.“ (Prisching, 2011, S. 20)

Es ist offensichtlich, dass eine Governance-Kultur, in der die Komplexität der Organisation Hochschule systematisch in den Blick genommen wird, nicht nur entsprechende Werthaltungen auf Leitungseben voraussetzen, sondern in einem umfassenden Sinn auf ein institutionalisiertes Qualitätsmanagement zurückgreifen muss. Dafür stellen z.B. Lehrevaluationen sowie Alumni- und Absolventenbefragungen einen wichtigen Baustein dar. Ein an Governance-Prinzipien orientiertes Qualitätsmanagement muss in einem integralen Sinn jedoch prinzipiell alle Entscheidungs- und Organisationsprozesse in den Blick nehmen.

Governance-Prozesse an Musikhochschulen im Kontext von Qualitätsmanagement

Auch Musikhochschulen zählen zu den „lose gekoppelte(n) Expertenorganisationen“, denn auch sie besitzen „mehrere, weitgehend selbständig agierende Entscheidungszentren, die im Alltag nur dürftig kommunizieren“ (Lion, 2014, S. 2). In der Tat erlebt man als Hochschulrektor gerade bei den künstlerischen *Exzellenzen* seines Hauses, wie einerseits ein hohes Commitment mit dem *Markenwert* der Hochschule als Entsprechung für (die eigene) künstlerische Qualität existiert. Damit einher geht allerdings zugleich oft eine zuweilen niederschmetternd geringe Identifikation mit der Hochschule als Institution. Jene wird häufig als schwerfällig und bürokratisch wahrgenommen, die Entscheidungsprozesse als langwierig und mühsam, die Verpflichtung auf Standards etwa in Bezug auf Studien- und Prüfungsleistungen als „kunstfern" oder als Eingriff in das autonome künstlerische Urteil, die Präsenzregelungen als kleinkariert und womöglich lebensfern.

In Bezug auf die künstlerisch Lehrenden, die ja die deutliche Mehrheit des Kollegiums an Musikhochschulen ausmacht, scheint die Einbindung in die Organisation Hochschule womöglich sogar schwieriger zu sein als für Wissenschaftlerinnen und Wissenschaftler. Denn bei aller akademischen Unabhängigkeit ist die nationale und internationale Reputation von forschungsorientiert Tätigen faktisch deutlicher mit einer Hochschulposition verbunden als die von Musikerinnen und Musikern. Dies illustriert schon die Tatsache, dass wissenschaftliche Professorinnen und Professoren sich auf Tagungen und Kongressen in aller Regel mit ihrer Hochschulzugehörigkeit präsentieren und auch in ihrer Community mit ihrer Hochschule identifiziert werden. Dass ausübende Künstlerinnen und Künstler bei Konzerten auf den internationalen Podien ihren Professorentitel nutzen, wäre hingegen vollkommen undenkbar, und selbst die Nennung ihrer akademischen Position in der Programmheft-Vita ist keinesfalls die Regel. Offenkundig unterscheiden sich die Berufsfelder Kunstausübung und Lehre stark, und künstlerisch tätige Hochschulangehörige identifizieren sich häufig primär mit ihrer künstlerischen Profession und ihrer Rolle auf dem hochkompetitiven internationalen Musikmarkt. Die Verdrängung der künstlerisch-pädagogischen Doppelrolle in der Öffentlichkeit darf allerdings keinesfalls pauschal mit einem mangelnden Engagement in der Lehre gleichgesetzt werden – viele außerhalb der Hochschule erfolgreiche Professorinnen und Professoren sind hier hoch engagiert und pflegen ein intensives Verhältnis zu ihrer Klasse. Gleichwohl wird häufig deutlich zwischen der eigenen Lehrtätigkeit und dem Commitment zum Gesamtorganismus Hochschule unterschieden, sodass die Hochschule nicht selten als außerhalb der eigenen Person liegendes Gebilde betrachtet wird, das für Bedarfe der Lehre *irgendwie* zuständig ist, ohne dass immer hinreichend klar ist, wie diese Institution sich im Sinne personeller Verantwortlichkeit konstituiert.

In Zeiten, in denen an Musikhochschulen, analog zu den Universitäten, Verantwortung und Aufgaben in der Selbstverwaltung steigen, und ein höheres Maß an Kommunikation – nicht zuletzt mit der stärker gewordenen Hochschulleitung – vonnöten ist, verstärkt sich dieses Dilemma. In Berufungsprozeduren wird es beispielsweise an den Kompromissen spürbar, die zwischen gewünschtem künstlerischem Renommee, Lehrkompetenz und „Organisationstauglichkeit" einschließlich Präsenzbereitschaft gefunden werden müssen. Welche Konsequenzen sich aus dieser spezifischen Personalkonstellation für Governance-Fragen ergeben, soll im Folgenden angesprochen werden.

Der Blick in die nach wie vor spärliche Literatur zum Qualitätsmanagement an (deutschen) Musikhochschulen hilft dabei jedoch kaum weiter, v.a. dann wenn es um die Governance-Thematik geht. So zeigt sich schon im Titel „Qualitätsverbesserung an Musikhochschulen" der Untersuchung von Matthias Koch (Koch, 2006), dass wir es hier mit einem defizitär orientierten Evaluierungsansatz zu tun haben, der Qualität ausschließlich aus der Dienstleistungsperspektive betrachtet (Studierendenerwartungen in Relation zum „Arbeitsmarkt“) und daher auch in „Handlungsempfehlungen“ mündet, die „verbindliche Normen“ für alle Hochschulangehörigen einfordern, um die „zahlreichen Kritikpunkte der Studenten und Arbeitgeber“ zu beseitigen (Koch, 2006, S. 256).

Anna Katharina Jacob konzentriert sich in ihrer insgesamt verdienstvollen Studie aus dem Jahr 2007 auf Fragen rund um die Implementierung des Bologna-Prozesses an Musikhochschulen und diskutiert dabei v.a. Sichtweisen auf die Studienreform durch Lehrende und Studierende. Eine explizite Darstellung von Governance-Aspekten an Musikhochschulen liegt offensichtlich noch nicht vor, sie kann im Folgenden auch nur auf der Basis der teilnehmenden Beobachtung eines amtierenden Musikhochschulrektors sowie von Analogieschlüssen aus dem universitären Diskurs knapp und selektiv skizziert werden.

Wie bereits angedeutet, sind Musikhochschulen Universitäten in vielerlei Hinsicht ähnlicher, als man es zunächst vermuten würde. Sie pflegen in ihren Fachgruppen und Fachbereichen ein hohes Maß an Eigenständigkeit – auch und gerade in Bezug auf ihr jeweiliges fachliches Selbstverständnis. Diese Heterogenität betrifft keineswegs nur die Pole Kunst und Wissenschaft. Vielmehr zeigt sich, dass auch die künstlerischen Fachidentitäten und die jeweiligen Orientierungsachsen in die professionelle Musikszene so verschieden sind wie das Musikleben selbst. Diese Diversität im Selbstbild wird beispielsweise an der Schwierigkeit deutlich, künstlerisch-pädagogische Querschnittsaufgaben wie etwa die Orchesterarbeit zu gestalten und dabei einen Konsens über Ziele und Arbeitsweisen (etwa zwischen Streichern und Bläsern) herzustellen. Auch die Tatsache, dass das Konzertleben einer Musikhochschule in der Regel strikt sparten- und genrebezogen ist und die Zuschauerklientel aus dem eigenen Haus sich zumeist in diese Szenen separiert, ist Symptom für diese generelle Unverbundenheit von Fächern und Personen. Partiell aufgefangen wird diese Diffusion durch die Fokussierung auf die Lehre als gemeinsame und in vieler Hinsicht kooperativ angelegte Kerntätigkeit. Hier entstehen bei aller Eigenständigkeit des Blickwinkels in fachbereichsübergreifenden Arbeitsgruppen und Prüfungskommissionen durchaus gemeinsame Handlungsmaximen. Zugleich ist an vielen Hochschulen ein erfreuliches Anwachsen gemeinsamer spartenübergreifender Projekte zu beobachten.

Andere universitätsähnliche Strukturelemente sind – je nach Bundesland verschieden – Globalhaushalt, Berufungshoheit und generell die Verantwortlichkeit für den Erhalt und die Entwicklung jeglicher Ressourcen. Diese grundlegenden Veränderungen im Aufgaben- und Kompetenzspektrum gehen auch in Musikhochschulen mit komplexeren Planungs- und Entscheidungserfordernissen einher, implizieren steilere Hierarchien insbesondere in Bezug auf die Befugnisse der Rektorate und führen zu einer veränderten Rolle der Senate, die weniger als Entscheider fungieren, sondern sich zu Instanzen für die gemeinsame Identitätsdefinition und für die Rückkoppelung von Leitungsentscheidungen in die Hochschulcommunity hinein entwickeln. Analog zu den Universitäten wirkt auch der gesellschaftliche und kulturelle Kontext immer stärker in die Musikhochschule hinein. So hinterfragen Politik und Öffentlichkeit die akademische

Musikausbildung zunehmend kritischer hinsichtlich beruflicher Perspektiven für Studierende oder auch ganz generell hinsichtlich ihres gesellschaftlichen Auftrags.

Auf fatale Weise geht diese hier nur angedeutete steigende Komplexität von Kommunikations- und Entscheidungswegen mit einer deutlich stärker gewordenen Zurückhaltung von Professorinnen und Professoren einher, sich in verantwortlichen Funktionen in der Selbstverwaltung zu organisieren, da sie sich dem zeitlich und inhaltlich immer weniger gewachsen fühlen. Zugleich zeigt sich, dass immer mehr Unterstützung von Leitungshandeln durch die Einrichtung sogenannter Third-Space-Positionen (Nickel, 2011, S. 125) erfolgt, also Arbeitsfelder zwischen Lehre und Verwaltung eingerichtet werden, in denen akademisch geschulte Personen verantwortlich Aufgaben etwa im Fachbereichs- und Projektmanagement, in der Hochschulplanung oder dem Qualitätsmanagement übernehmen. Probleme entstehen aber, wenn das Zusammentreffen beider Entwicklungen – einerseits die Tendenz der Lehre zum Rückzug aus der Selbstverwaltung, andererseits die Entwicklung eines akademischen Mittelbaus im Hochschulmanagement – unkontrolliert geschieht. Eine solche Entwicklung kann den Verlust von Commitment der Lehrenden zur Institution durchaus beschleunigen, auch wenn die Stärkung des Third Space genau dem entgegenwirken soll. Denn allzu leicht füllt diese neue, von ihrer Ausbildung her zumeist musikferne Expertengruppe zwischen Lehre und Verwaltung ein Vakuum, das qua Wissen zu einer schleichenden Entmachtung und Unattraktivität der stets wechselnden Leitungspositionen in den Fachbereichen führen kann. Der grundsätzlich sinnvolle und unverzichtbare Kompetenzaufbau im Bereich des Third Space bedarf daher einer intensiven und zugleich sensiblen kommunikativen Begleitung durch die Hochschulleitung.

In der knappen Zusammenschau der genannten Aspekte wird deutlich, dass Musikhochschulen nicht weniger als Universitäten komplexe Governance-Aufgaben zu meistern haben, wenngleich sie in der Regel über deutlich begrenztere personelle Ressourcen verfügen. Als Hochschulleitungsaufgabe bedeutet dies, dass verstärkt Transparenz in der Kommunikation und wirksame partizipative Strukturen auf informeller und formeller Ebene zu etablieren sind. Dazu bedarf es eines Qualitätsmanagements sowohl auf informeller Ebene als auch in formalisierter Weise durch das Aufsetzen systematischer Prozesse. Die Basis dafür bildet eine zwischen allen Ebenen von Leitung, Verwaltung, Lehrenden und Studierenden etablierte und institutionalisierte Feedbackkultur, die vor dem Hintergrund der besonderen Fach- und Personalstruktur an Musikhochschulen methodisch offener aufgestellt sein muss als in den zumeist schriftorientierten Formaten an Universitäten. Open-Space-Verfahren, formal niederschwellig angesiedelte temporäre Arbeitsgruppen zu konkreten Themen, eine intensive Face-to-Face-Kommunikation mit den Fachbereichsleitungen, kollegiale Präsenz der Hochschulleitung bei den Berufungsveranstaltungen sind hier beispielsweise zu nennen.

Im Wesentlichen bedeutet die Etablierung einer Governance-Kultur an Musikhochschulen die Herstellung einer verlässlichen und vertrauensvollen Dialogkultur auf den formellen und informellen Ebenen sowie die Ermöglichung einer weitgehenden Partizipation der Hochschulgemeinschaft an Leitungszielen und -entscheidungen, insbesondere dann, wenn diese Entscheidungen konfliktbeladen sind. Eine Motivation für Teilhabe kann jedoch nur gelingen, wenn spezifisch für Musikerinnen und Musiker ausgelegte Personalentwicklungskonzepte zur Verfügung stehen und Akzeptanz finden. Die Entwicklung von Organisations- und Leitungskompetenz ist aber gerade in dem lehrbetonten Umfeld einer Musikhochschule nicht ohne Blick auf die Qualität von Lehre und Studium zu denken. Die Einbettung von Instrumenten der Hochschuldidaktik, der Lehrevaluation und der Absolventenbefragung in die Hochschulkultur ist daher aus Governance-Perspektive unverzichtbar.

Literatur

Jacob, A.K. (2007). *Qualitätsmanagement an Musikhochschulen in Zeiten sich wandelnder Studienstrukturen.* Hildesheim: Olms.

Koch, M. (2006). *Qualitätsverbesserung an Musikhochschulen. Entwicklung eines Evaluierungsansatzes, empirische Anwendung und Ableitung von Handlungsempfehlungen.* Wiesbaden: DUV.

Lion, B. (2014). *„Wenn das Denken seine Richtung verändert". Systemische Anregungen für die Beratung an Musikhochschulen.* Vortrag im Rahmen der Jahrestagung des Netzwerks Musikhochschulen, 20./21.11.2014, Hochschule für Musik Detmold. Verfügbar unter http://www.netzwerk-musikhochschulen.de/images/Veranstaltungen/Jahrestagung_2014/Wenn_das_Denken.pdf [28.08.2016].

Nickel, S. (2009). *Partizipatives Management von Universitäten. Zielvereinbarungen, Leitungsstrukturen, Staatliche Steuerung* (2. Auflage). München und Mering: Rainer Hampp Verlag.

Nickel, S. (2011). Governance als institutionelle Aufgabe von Universitäten und Fachhochschulen. In Th. Brüsemeister & M. Heinrich (Hg.), *Autonomie und Verantwortung. Governance in Schule und Hochschule* (S. 123–143). Münster: Monsenstein und Vannerdat OHG.

Prisching, M. (2011). Governance zwischen Autonomie und Verantwortung. Was ist Bildungs-Governance? In Th. Brüsemeister & M. Heinrich (Hg.), *Autonomie und Verantwortung. Governance in Schule und Hochschule* (S. 15–44). Münster: Monsenstein und Vannerdat OHG.

RKM – Rektorenkonferenz der deutschen Musikhochschulen (2009). *Leitbild der deutschen Musikhochschulen.* Verfügbar unter http://www.die-deutschen-musikhochschulen.de/content/media/dokumente/Leitbild%20Beschlussfassung.pdf [29.08.2016].

Zechlin, L. (2011). Governance als Aufgabe der Hochschulpolitik. In Th. Brüsemeister & M. Heinrich (Hg.), *Autonomie und Verantwortung. Governance in Schule und Hochschule* (S. 65–88). Münster: Monsenstein und Vannerdat OHG.

Zechlin, L. (2014). *Was ist Hochschulgovernance?* Eröffnungsstatement für die Fachtagung „Zukunft der Hochschulen – Hochschulen der Zukunft" der Hans-Böckler-Stiftung und der Friedrich-Ebert-Stiftung am 21. Mai 2014 in Düsseldorf. Verfügbar unter: http://www.boeckler.de/pdf/v_2014_05_21_zechlin.pdf [29.08.2016].

Govinda Wroblewsky

Musikhochschulen organisieren und entwickeln

Fünf Thesen zur Qualitätsentwicklung

***The Organisation and Development of* Musikhochschulen**

Five Theses on Quality Enhancement

Using five theses the article looks at changes in the institutional framework, such as political steering models or the Bologna reform, and their potential consequences for the Musikhochschule *as an organisation. A central thesis is that actors at* Musikhochschulen *must have an understanding of their organisation if they are to participate in its further development. The article analyses sociological organisation concepts in research on higher education institutions and seeks to apply these to* Musikhochschulen. *It provides an insight into the framework conditions, questions and terminology of quality management and evaluation in general and at* Musikhochschulen *in particular. A further main assumption is that quality does not exist in isolation but must be agreed on in discussions between members of the* Musikhochschule. *Quality management and evaluation can be meaningfully used at* Musikhochschulen *if a collectively shared and supported understanding of these instruments and methods is developed that brings together the actors' expertise in their own field and knowledge about their organisation.*

Einleitung

Qualitätsmanagement und Qualitätssicherung sowie die entsprechenden (Evaluations-) Instrumente an Musikhochschulen erfordern eine Anpassung derselben an die speziellen Merkmale dieser Organisation und ihrer Strukturen und Inhalte. In diesem Sinne hat das *Netzwerk Musikhochschulen* als Projekt des Qualitätspakts Lehre (QPL) des *Bundesministeriums für Bildung und Forschung* (2012–2016) grundlegende Entwicklungsarbeit geleistet. Nachfolgend werden deshalb ausführlich fünf Thesen diskutiert, die sich aus der Entwicklung des Gesamtprojektes zum Thema Qualitätsmanagement und Hochschulentwicklung heraus ergaben und für die weitere Entwicklung der Bemühungen der Musikhochschulen von Interesse sein könnten. Dabei bietet der erste Teil des Beitrags einen Einblick in die Rahmenbedingungen, Fragestellungen und Begriffe des breiten Themas Qualitätsentwicklung und Evaluation im Allgemeinen und an Musikhochschulen im Speziellen, während der Schlussteil einen Ausblick auf die Möglichkeiten der Qualitätsentwicklung an Musikhochschulen gibt.

1 Institutioneller Wandel der Hochschulen

These 1: Der Wandel von institutionellen Rahmenbedingungen stellt für Musikhochschulen eine Herausforderung dar.

Historisch betrachtet haben deutsche Hochschulen[1] zahlreiche Änderungsprozesse durchlaufen. Ausgehend von der Humboldt'schen Universitätsreform werden von diesem oftmals als Ideal angesehenen Universitätstypus über die Ordinarienuniversität und die Gruppenuniversität bis hin zur Universität als Organisation mit diesen Bezeichnungen unterschiedliche Strukturierungsmerkmale betont (vgl. Hüter & Krücken, 2016, S. 17–62). Musikhochschulen dagegen haben eine eigene Entwicklung bis hin zu der im Hochschulrahmengesetz festgeschriebenen Gleichwertigkeit zu den Universitäten genommen (vgl. Clausen, 2017). Gleichwohl sind aktuell alle Hochschuleinrichtungen mit Veränderungen der institutionellen Rahmenbedingungen konfrontiert. Für Musikhochschulen gelten bisher, zumindest in einigen Bundesländern, spezielle Regelungen (bspw. die Ausnahme von der Akkreditierung einiger Studiengänge), jedoch ist unbestritten, dass auch Musikhochschulen diesem Veränderungsdruck ausgesetzt sind. So stellte der Vorsitzende der Rektorenkonferenz der deutschen Musikhochschulen (RKM) Martin Ullrich fest, dass die Umsetzung der Bologna-Reform und stetiger interner Druck durch knappe Budgetierungen und einen fehlenden Mittelbau zur Bewältigung der Aufgaben die aktuellen Herausforderungen der Musikhochschulen in Deutschland seien (vgl. Ullrich, 2014).

Neben den politischen Rahmenbedingungen kann in den relevanten Umwelten der Musikhochschulen, wie den Kultureinrichtungen (z.B. Orchestern und Theatern), und vielleicht ebenso in der gesellschaftlichen Wahrnehmung von Kultur insgesamt ein Wandel beobachtet werden. Dieser wird in den sich stetig verändernden Berufsbildern, neuen Formen von Karrierewegen und Einstellungschancen der Absolventen sichtbar (vgl. Gembris, 2014). Diese derzeitigen Veränderungs- bzw. Wandelprozesse der institutionellen Gegebenheiten können auf den drei Ebenen Gesellschaft, Governance und Identität veranschaulicht werden:

> (1) Gesellschaft: Drei allgemeine Trends sind inmitten der gesamtgesellschaftlichen Veränderungen zu identifizieren: Diese können mit den Schlagwörtern *Wissensgesellschaft*, *Entgrenzung* (auch Globalisierung) und *Audit Society* (zunehmender Vertrauensverlust in Professionsorganisationen[2], wodurch ein verstärkter Legitimationsbedarf entsteht) beschrieben werden (vgl. Hüter & Krücken, 2016, S. 47–61).

---

1 Hochschule wird hier als Oberbegriff von Universitäten und Musikhochschulen sowie Hochschulen für Angewandte Wissenschaften verstanden.

2 Dies meint Organisationen, deren operativer Kern durch Professionals (wie Ärzte, Lehrer, Professoren) geprägt ist, d.h. diese stellen qualitativ sowie quantitativ die Mehrzahl der Akteure (vgl. Hüter & Krücken, 2016, S. 181).

(2) Governance: Der öffentliche Sektor ist seit Jahren mit der Etablierung eines neuen Governance-Regimes[3] sowie den Reformbemühungen zur Einführung des *New Public-Managements*[4] (NPM) befasst. Die Hochschulen haben es durch die Initiierung und rechtliche Fixierung des Bologna-Prozesses sowohl mit Veränderungen in Studium als auch in der Lehre zu tun.
(3) Identität: Das traditionelle Verständnis von Hochschulangehörigen, primär definiert durch die fachliche oder künstlerische Identität, sekundär über die organisationale Identität, wird durch die politischen Reformen stärker in eine organisationalen Identität gefasst.

Diese drei Veränderungsprozesse haben Konsequenzen für die internen und externen organisatorischen Steuerungsmechanismen der Hochschulen. Diese Konsequenzen werden an der Verschiebung der folgenden Governance-Mechanismen (vgl. Schimank, 2009; 2014, S. 19–40; Kloke, 2014, S. 29–35) deutlich:

(1) Hierarchie: Die staatliche direkte Regulierung durch Gesetz, Verordnung und Einzelgenehmigung wird durch eine Außensteuerung (externe Steuerung) ersetzt, was als Deregulierung bezeichnet werden kann. Dies bedeutet für die Hochschulen eine verstärkte Autonomie (z.B. Personal, Globalhaushalt) und im Gegenzug die Nachweispflicht ihrer Leistungsfähigkeit gegenüber den Stakeholdern (bspw. Audits, Evaluation etc.).
(2) Marktmechanismus: Die Wettbewerbssituation führt internen und externen Konkurrenzdruck in das Hochschulsystem ein (bspw. die Bologna-Reform, W-Besoldung, Drittmittelfinanzierung statt Grundfinanzierung, Exzellenzinitiative, Qualitätspakt Lehre).

3 Governance beschreibt Modi der Handlungssteuerung und -koordination. Governance meint keine akteurszentrierte Intervention oder Handlungssteuerung, sondern eine Handlungssteuerung und -koordination über die Gesamtheit von institutionellen Regelungszusammenhängen. Die Governance-Perspektive kann als eine Umstellung der politischen Steuerung von einer direkten zu einer indirekten Steuerung verstanden werden. Als grundlegende Governance-Mechanismen werden a) Gemeinschaft, b) Verhandlung, c) Markt, d) Mehrheitsentscheidung, e) Hierarchie und f) Netzwerk definiert (Hüter & Krücken, 2016, S. 122–154; Blümel, 2015, S. 27–44).

4 Einen kleinen Einblick in das Thema Public Management bietet Martin Brüggemeiers Artikel „Public Management“ (2001), der drei Reformebenen unterscheidet: 1. Ein neues Rollenverständnis von Staat und Verwaltung (Abbau staatlicher Eigenproduktion bis hin zur Privatisierung, Etablierung von Public-Privat-Partnerships und Netzwerkstrukturen); 2. Externe Strukturreformen (Schaffung von Wettbewerbsbedingungen, Reduzierung von Dysfunktionalitäten der Finanzierung, Umstellung von Angebotsorientierung zur Nachfrageorientierung); 3. Binnenmodernisierung (interne und externe Zielvereinbarungen, Umstellung von der Input- zur Outputsteuerung, kontinuierliche Organisationsentwicklung, strategisches Management, neues Rechnungswesen, Controlling, Personalentwicklung etc.).

(3) Management: Durch die Stärkung der Leitungsebenen wird der Mechanismus der hierarchischen Steuerung innerhalb der Organisation gestärkt, derweil die akademische Selbstorganisation abgebaut wird.

Dass diese Reformen Wirkung zeigen, lässt sich an Strategieentwicklungsprozessen in Hochschulen, an der Entwicklung von Leitbildern, den gesetzlichen Fixierungen gestärkter Leitungsfunktionen bzw. einer Differenzierung der Zuständigkeiten sowie der Abschwächung des Prinzips der *Kollegialität der Stände* beobachten. Ebenso an dem Entstehen eines neuen Berufsbilds, dem der Hochschulprofessionellen, und demnach einer Professionalisierung des Hochschulmanagements durch eine weitere Mitarbeitergruppe (Third Space). Hochschulen erhalten den Status rechtsfähiger Personen des öffentlichen Rechts, d.h. sie können in Teilen als eigene Rechtspersönlichkeiten agieren.[5]

All diese Aspekte manifestieren sich schließlich in einem veränderten Rechtsstatus und führen im Bereich von Personal- und Ressourcenverwendung zu einer verstärkten Autonomie der Organisation. Im Gegenzug zu dieser Autonomie entsteht mit den eingeführten Governance-Mechanismen – aufgrund von Zielvereinbarungen (zwischen den Landesministerien und den Hochschulen und teilweise in den Hochschulen zwischen Leitungen und Teilbereichen der Hochschule, z.B. Fakultäten) – ein Legitimierungsbedarf der erbrachten Leistungen. Diese Legitimität muss durch Akkreditierungen, Evaluationen und im Allgemeinen durch die Messbarkeit der Leistungen hergestellt werden. In der Hochschulforschung werden diese Veränderungen als Indizien für die Konstruktion von Hochschulen als „agentenhafte Organisation" (Blümel, 2015, S. 68–69) oder als „vollständige Organisation" (Blümel, 2015, S. 69–72) angesehen, d.h. Hochschulen entwickeln sich zu Organisationen mit strategischen Zielen, formalen Entscheidungsstrukturen und Managementrollen.[6]

Dass dieser Wandel von der traditionell verstandenen Organisation Hochschule hin zu einer agentenhaften oder vollständigen Organisation für Musikhochschulen eine Herausforderung ist, scheint unbestritten. Die empirische Aufarbeitung dieses Wandels, und damit einhergehend die Frage, welche konkreten Maßnahmen auf den unterschiedlichen Ebenen eingesetzt werden und zum Erfolg führen, ist indes noch offen. Insgesamt fehlen in Bezug auf die Musikhochschulen empirische Analysen, wie diese Herausforderungen der sich ändernden politischen als auch kulturellen Rahmenbedingungen konkret bewältigt werden können.[7] Darüber hinaus fehlt es an Forschungsarbeiten

5 Für die Musikhochschulen gestaltet sich dies sehr unterschiedlich. In einigen Bundesländern haben sie den Status von rechtsfähigen Körperschaften inne (bspw. Hamburg), in anderen (NRW, Bayern) jedoch nicht. Vgl. dazu die einzelnen Landesgesetze (siehe Landeshochschulgesetz NRW § 2; Hamburg § 2; Baden-Württemberg § 8(1), Bayern Abschnitt I, Art. 11 und 12).

6 Der Begriff „vollständige Organisation" bezieht sich ursprünglich auf Brunsson und Salin-Andersson (2000).

7 Die Umstellungen auf Bachelor und Master wurde bereits für die Musikhochschulen durch Clausen (2010) dokumentiert. In diesem Kontext kann bspw. auch die Veränderung

zu der Frage, ob und wie Musikhochschulen ihre internen Organisationsstrukturen neu ausrichten oder umbauen können, um die beschriebenen Anforderungen zu bewältigen. Um diesen Wandel aktiv mitzugestalten und auf die veränderten Rahmenbedingungen adäquat zu reagieren, kann ein gemeinsames Qualitätsmanagement in der Musikhochschule eine passende Reaktion darstellen.

2 Qualitätsentwicklung als partizipativer Prozess

These 2: Qualitätsentwicklung ist ein kontinuierlicher Prozess, der mit den konkreten Erfahrungen und Möglichkeiten der Mitglieder einer Organisation beginnt und mit den Bewertungen und Zielvereinbarungen dieser Menschen untereinander endet.

Musikhochschulen stehen vor der Herausforderung, ihre Qualität(en) und ihre Leistungsfähigkeit unter Beweis zu stellen, wie es an den politisch gesetzten Themen Qualitätsentwicklung, Evaluation oder Akkreditierung deutlich wird. Dazu werden in den Hochschulen Organisationsbereiche und Verantwortliche für Qualitätsmanagement oder Qualitätsentwicklung eingeführt oder benannt. Wird das Qualitätsmanagement einer Hochschule als Organisationsbereich verstanden, wird dieser vor die Herausforderung gestellt, Sicherung und Entwicklung von Qualität in einer Organisation zu initiieren und zu steuern, ggf. Qualität zu definieren. So sieht bspw. Stockmann die Aufgabe des Qualitätsmanagements darin, „den Nutzen eines Produkts/einer Dienstleistung festzulegen, zu gestalten und ständig zu verbessern sowie eine weitgehende Fehlerfreiheit zu gewährleisten" (Stockmann, 2006, S. 24). Qualitätsmanagement umfasse die Bereiche Qualitätsplanung, -lenkung, -sicherung, -verbesserung und werde in dieser Gesamtheit als Qualitätsmanagementsystem bezeichnet (Stockmann, 2006, S. 24–26). Die erste Herausforderung eines Qualitätsmanagements besteht darin, den Nutzen eines Produktes oder einer Dienstleistung festzulegen, denn Qualität ist inhaltlich ein unbestimmter Begriff.[8] Stockmann nutzt in seiner Eingrenzung des Qualitätsbegriffs die Definition der ISO Norm. Demnach sei die Qualität einer Sache durch „die Gesamtheit von Merkmalen bezüglich ihrer Eignung, festgelegte und vorausgesetzte Erfordernisse zu erfüllen" (DIN EN ISO 8402, zitiert nach Stockmann, 2006, S. 23) definiert. Stockmann weist darauf hin, dass der Qualitätsbegriff überaus häufig verwendet werde, eine griffige, allgemein verbindliche Spezifikation jedoch fehle (Stockmann, 2006, S. 22). Schmidt (2010, S. 10) bezieht sich in seinem Definitionsversuch auf eine neuere ISO Norm (ISO 2005). Hier wird Qualität als der Grad bzw. das Maß der Erfüllung eines Produktes oder einer Dienstleistung an bestehende Anforderungen verstanden. Dabei soll diese Erfüllung objektiv messbar sein.

---

der Orchesterlandschaft in Deutschland (Schließung, Fusion, Privatisierung etc.) verortet werden, auf die die Deutsche Orchestervereinigung hinweist (MIZ, 2016).

8 Siehe auch Carstensen und Hofmann (2004): Hier wird der Frage nachgegangen, was Qualität ist, und einige Konzepte dazu werden vorgestellt.

Zur Messung der Qualität können entsprechende sozialwissenschaftlich erprobte Instrumente und Verfahren wie Evaluationen genutzt werden. Bemüht man den DeGEval-Standard, wird Evaluation definiert als „die systematische Untersuchung des Nutzens oder Wertes eines Gegenstandes" (DeGEval, 2008, S. 15). Das bedeutet, Evaluationen können nur auf Basis von definierten Maßstäben bzw. Werten oder der Güte eines Gegenstands erfolgreich durchgeführt werden. Diese Werte eines Gegenstands werden als Qualität bezeichnet und implizieren damit ein normatives Verständnis von Qualität. Für die Messung von Qualität schlägt Schmidt (2010) fünf Zugänge vor:

(1) Qualität als relationaler Begriff (Vergleich mit anderen Projekten, Programmen und Institutionen (z.B. Exzellenz – keine Exzellenz)
(2) Soll-Ist-Vergleich (angestrebtes Ziel und erreichtes Ziel)
(3) Abgleich von unterschiedlichen (Mess-)Zeitpunkten
(4) Normative Qualitätsstandards (z.B. Mindestwerte bei der Gleichstellung)
(5) Vergleiche zwischen theoretischen Modellen und empirischer Beobachtung

Aus den langjährigen Erfahrungen der Universitäten mit Qualitätsentwicklung und Evaluation kann festgehalten werden, dass im Bereich Studienqualität nur sehr eingeschränkt von einer Messung kausaler Effekte gesprochen werden kann, da „entsprechende messtheoretische Voraussetzungen nicht gegeben sind" (Pohlenz, 2009, S. 24). Es wird daher empfohlen, die Qualität eines Sachverhaltes aus unterschiedlichen Perspektiven einzuschätzen und die Ergebnisse mit den zwischen den Verantwortlichen ausgehandelten Zielen zu kontrastieren (Pohlenz, 2009, S. 24). Aus diesem Grund schlage ich vor, weniger den Begriff *messen* zu verwenden, da dieser eine Kausalität impliziert, die in wissenschaftlichen Evaluationen mit entsprechenden Kontrollgruppen und theoretischen Konzepten gegeben sein mag, jedoch für die Anwendung in der praktischen Hochschulentwicklung ungeeignet scheint. Vielmehr stehen die Evaluationsfunktionen des Lernens, der Legitimation und der Kontrolle, je nach Fragestellung, stärker im Vordergrund, als der reine Wissenserwerb.[9] Da die Qualität eines Produkts oder einer Leistung zu Beginn einer Qualitätsentwicklungsmaßnahme nicht spezifiziert ist, muss dies von den Akteuren selbst geleistet werden. Es sind mehrere Schritte erforderlich, um das Maß der Erfüllung einer Leistung beschreibbar zu machen:

(1) Das Produkt/die Leistung muss genau beschrieben sein.
(2) Es muss ein entsprechendes Instrument/Verfahren zur Messung[10] vorliegen.
(3) Es muss ein Maß, Grad der Zielerreichung festgelegt sein.

Zur Beschreibung und inhaltlichen Ausgestaltung des Produkts bzw. der Leistung lassen sich unterschiedliche wissenschaftliche Modelle, Dokumente oder empirische Er-

---

9 Vgl. zu den Zielen der Evaluation Stockmann (2004).

10 Hier sollte sich an den Standards der sozialwissenschaftlichen Methoden orientiert werden, z.B. Bortz & Döring (2016) für qualitative Verfahren und Flick (2016) für quantitative Herangehensweisen.

fahrungen anderer heranziehen. Beispielsweise kann auf Organisations- und Evaluationsmodelle (vgl. Nickel, 2007; 2008; Stockmann, 2006; Bisschop Boele, 2007), Modelle des Lehrens und Lernens aus der Didaktik, Prozess- und Verfahrensbeschreibungen aus der Organisationswissenschaft, Modul- und Studiengangbeschreibungen aus der Praxis in den Hochschulen oder auf normative Rahmensetzungen rekurriert werden. Ebenso können diskursive Verfahren (Runde Tische, Werkstätten, Foren etc.) zur Generierung und Einholung eines Meinungsbildes genutzt werden. Das heißt, bei der Entwicklung eines Instruments der Qualitätsermittlung können entsprechenden Personen einbezogen werden,[11] um später bei der Diskussion der Ergebnisse eine breite Partizipation und ein Verständnis der Inhalte zu gewährleisten.

Die bisherigen Aktivitäten des *Netzwerk Musikhochschulen* hatten die Aufgabe, grundlegende Entwicklungsarbeit für musikhochschulspezifische Verfahren und Instrumente zu leisten, d.h. bezugnehmend auf die oben genannte Definition von Qualitätsmanagement auch den Nutzen und die Leistung der Produkte mitzubestimmen. Für die Themenbereiche Lehre und Lernen und deren Rahmenbedingungen, Kommunikation und Zusammenarbeit der Mitarbeiter sowie Berufsübergang und erforderliche Berufskompetenzen konnten adäquate Evaluationsinstrumente (formative wie summative sowie qualitative und quantitative) Instrumente entwickelt und die Meinung der Akteure eingeholt werden.

Wie bereits dargelegt, hat der Qualitätsbegriff einerseits eine normative Seite (der Wert oder die Güte einer Sache) und andererseits gleichzeitig eine konstruktivistische Dimension, denn Qualität muss gemeinsam geteilt und demnach ausgehandelt werden. So steht Qualitätsmanagement oder Qualitätsentwicklung immer in einem Spannungsverhältnis zwischen externen Anforderungen, Normativität und Konstruktion von Realität. Die Funktion könnte dann darin gesehen werden, diese drei Ebenen zu integrieren bzw. zwischen diesen Ebenen einen Vermittlungs- und Entscheidungsprozess zu initiieren.

Werden Qualitätsmanagement und Qualitätsentwicklung als soziale Prozesse verstanden, in welchem objektive und individuelle Wertmaßstäbe zur Diskussion stehen, sind insbesondere Strukturen und Gremien aufzubauen, die die Mitglieder zu Partizipation und Förderung von Qualität motivieren. Mit anderen Worten: Qualitätsentwicklung beginnt mit den Erfahrungen und Möglichkeiten der Mitglieder einer Organisation und führt diese zu Bewertungen, mit denen Ergebnisse und Zielvereinbarungen beschlossen werden können. Qualitätsmanagement und Evaluation kann als ein Kompetenzbereich verstanden werden, der Entscheidungsfindungen und Entwicklungsprozesse initiieren und begleiten kann.

11 Stockmann (2004, S. 13) gibt die Empfehlung, Evaluation als partizipativen Ansatz anzulegen, um die Validität der Bewertung von Maßnahmen und Ergebnissen sicherzustellen. Dies entspricht dem hier vorgeschlagenen Vorgehen.

3 Strukturmerkmale von Organisationen

These 3: Ein Verständnis von bzw. Wissen über Organisationen erleichtert die Organisationsentwicklung.

Stefan Kühl stellt hinsichtlich des Organisationsgrades des modernen Lebens folgendes fest:

> „Unser Leben wird maßgeblich von Organisationen bestimmt – ohne dass wir aber jemals dafür ausgebildet wurden, wie wir mit diesen zurechtkommen sollen. [...] So lernen wir häufig lediglich nebenbei, wie Organisationen wirken und wie man sich in ihnen zu verhalten hat.“ (Kühl, 2011, S. 9)

Um dieses „nebenbei“ ein wenig zu erläutern, soll für einen Augenblick der Frage nachgegangen werden, was Organisationen als solche kennzeichnet. Eine Organisation kann als eine von individuellen Akteuren auf Basis von bindenden Vereinbarungen getragene Ressourcenzusammenlegung ideeller oder materieller Art beschrieben werden, die sich zum Ziel die Herstellung einer gemeinsamen Handlungsfähigkeit gesetzt hat. Dieser Zusammenschluss wird aus akteurstheoretischer Sicht als „Ressourcenpool“ oder als „korporativer Akteur“ bezeichnet (Kieser & Kubicek, 1992, S. 1–2; Schimank, 2007, S. 306–322; Preisendörfer, 2016, S. 21–23). Korporativer Akteur meint, dass einzelne Akteure definierte Möglichkeiten, Entscheidungen zu treffen, an die Organisation abgeben. So können Organisationen „kollektive Entscheidungen fällen und in bestimmten Handlungskontexten wie Individuen agieren“ (Abraham & Büschges, 2009, S. 82). Diese Handlungsfähigkeit zeigt sich z.B. am Status als juristische Person. Musikhochschulen können demnach wie auch alle anderen Organisationen als korporativer Akteur bezeichnet werden. Die Besonderheit der Organisation Musikhochschule kann im ideellen Zusammenschluss und der Ressourcenzusammenlegung von musikinteressierten Akteuren verstanden werden, wobei materielle oder finanzielle Aspekte, neben der künstlerischen Aktivität, auch eine Rolle spielen, jedoch immer in Bezug auf die Kernaktivität Musikpraktizieren. Neben der sehr allgemeinen Definition von Organisation als korporativer Akteur können, ungeachtet aller theoretischen Differenzen, aus der einschlägigen Literatur weitere Merkmale von Organisationen benannt werden (vgl. Kieser & Kubicek, 1992, S. 4–25; Endruweit, 2004, S. 17–25; Kühl, 2011):
Organisationen

- sind zum Zweck spezieller Zielerreichung eingerichtet,
- orientieren ihre Aktivitäten auf Ziele bzw. Zweckgebundenheit hin,
- sind langfristige bzw. dauerhafte Einrichtung,
- haben eine formale Struktur,[12]

12 Angemerkt sei hier jedoch auch, dass die Organisationsforschung auch informelle Strukturen in Organisationen untersucht.

- sind durch Mitgliedschaftsregeln definiert,
- haben Verantwortungs- und Machtdifferenzen bzw. Kontrollinstanzen,
- sind arbeitsteilig aufgebaut.

Aus einer systemtheoretischen Perspektive unterscheiden sich Organisationen gegenüber anderen sozialen Systemen (bspw. Familie oder Politik) durch die drei Merkmale Mitgliedschaft, Zwecke und Hierarchien. Denn Organisationen sind insbesondere durch formale Mitgliedschaftsregeln, Personalrekrutierung, Festlegung von Rollenspezifika und definierte Kommunikationswege gekennzeichnet. Von zentraler systemtheoretischer Bedeutung ist, dass Organisationen über ihre Zwecke, Hierarchien und Mitgliedschaften selbst entscheiden können (Kühl, 2011, S. 21). Dieser Ansatz betont des Weiteren, dass Organisationen durch die Kommunikation von Entscheidungen Unsicherheit absorbieren, aber gleichzeitig mit jeder Entscheidung neue Entscheidungsmöglichkeiten eröffnen. Dies steht im Gegensatz zu einem zweckrationalen Verständnis von Organisation.

In Anlehnung an ein Modell von R.W. Scott (zitiert nach Hüter & Krücken, 2016, S. 158–164 sowie Preisendörfer, 2016, S. 59–69) werden fünf Bestandteile einer Organisation unterschieden: Sozialstruktur, Beteiligte und Mitglieder, Ziele, Technologien[13] und die Umwelt. Dabei umfasst die Sozialstruktur die erwarteten Relationen der Akteure, die sich auf Normen, Werte und Rollenerwartungen beziehen und die faktischen Relationen, d.h. das tatsächliche Verhalten der Akteure. Für Organisationen erscheint es als wesentlich, dass „Teile der normativen Struktur als formale Verhaltenserwartung festgelegt werden, die unabhängig von den jeweiligen Personen sind" (Hüter & Krücken, 2016, S. 160). Durch diese stabilen Verhaltenserwartungen kann die Organisation bei Ein- oder Austritten von Mitgliedern eine relativ stabile Struktur für das Handeln der Akteure bereitstellen. Neben dieser organisationsinternen Sicht sind weitere externe Akteure (Konzertbesucher, Lieferanten, Politiker) und Umwelten[14] (Orchester, Musikschulen, Politik) bspw. für die Organisation Musikhochschule wichtig, da sie an der Zielerreichung mitwirken. Der Ansatz des „Neo-Institutionalismus" betont besonders, dass die Handlungen und Entscheidungen in Organisationen nicht unabhängig von ihren Umwelten stattfinden, d.h. ohne Bezug zu den gesellschaftlichen Erwartungen nicht existieren könnten (vgl. Hüter & Krücken, 2016, S. 164–172).

---

13 Technologie meint über den Einsatz von Maschinen hinaus die genutzten Mittel zur Herstellung eines Produkts (vgl. Hüter & Krücken, 2016, S. 162–163). Dies kann im Kontext Musikhochschule ein Musikinstrument zur Herstellung von Klang oder eine Unterrichtsstunde zur Vermittlung von Wissen sein.

14 Hüter und Krücken beschreiben die Umwelten in Anlehnung an Scott noch allgemeiner: „Mit Umwelten sind dabei die äußeren physikalischen, technologischen, kulturellen und sozialen Bedingungen einer Organisation gemeint" (Hüter & Krücken, 2016, S. 163–164).

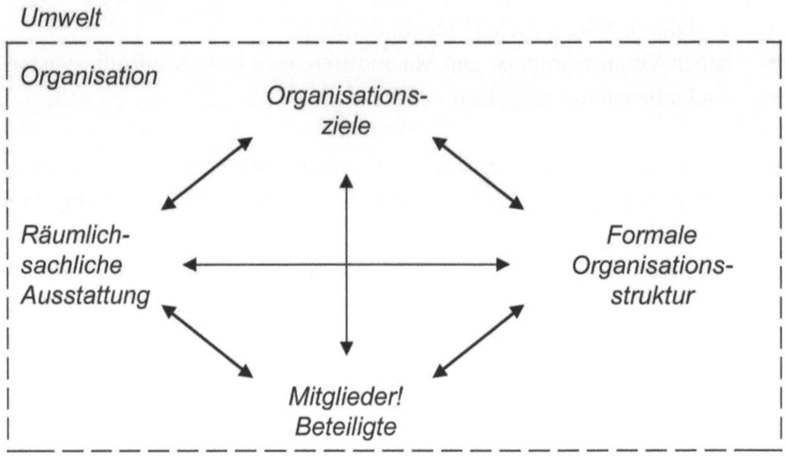

Abbildung 1: Kernelemente von Organisationen (Preisendörfer, 2016, S. 60)

Diese fünf Kernelemente der Organisation (inklusive Umwelt) können als Heuristik für eine Qualitätsentwicklung genutzt werden und müssten an die zu untersuchenden Teilbereiche oder Prozesse angepasst bzw. durch die konkreten Inhalte ausgestaltet werden. Die Anpassung der fünf Kernelemente kann unter Berücksichtigung spezifischer Erfahrungen und Modelle aus den Bereichen Didaktik, Lehren und Lernen, Management, Curricula, Recht etc. geschehen. Weitere anwendungsorientierte Heuristiken aus der Evaluationsforschung bringen deutlicher die Prozesse der Leistungserstellung, den Outcome (z.B. Employability) oder den Impact (Wirkung in der Gesellschaft), in den Diskurs. Eine vielfach zitierte Unterscheidung zur Erfassung von Dienstleistungsqualität ist die von Donabedian (vgl. Stockmann 2006, S. 168–169) in Strukturqualität bzw. Input (z.B. Gebäude, Personal, Ausstattung), Prozessqualität (d.i. Leistungserstellung wie Lehre und Lernen) und Ergebnisqualität bzw. Output. Für die Musikhochschulen hat die *Association Européenne des Conservatoires, Académies de Musique et Musikhochschulen* (AEC) ein Modell[15] vorgeschlagen, das jedoch nicht über die multiplen Ansätze der Evaluations- und Organisationsforschung hinausgeht.[16]

Zusammenfassend sind Organisationen ein vielfältiges Konstrukt, sie können als (formale) Organisationen, die ihre Aktivitäten auf das Erreichen vorher bestimmter Ziele ausrichten und sich dazu formale Strukturen wie Hierarchien, Mitgliedschaftsregeln sowie Arbeitsteilung geben, beschrieben werden. Gleichzeitig soll hier die These vertreten werden, dass die Organisation Musikhochschule aufgrund ihrer spezifischen Inhalte und Lehrformen sowie ihrer Historie besondere informelle Strukturen herausgebildet hat, welche die Organisation (formell, informell oder kulturell) als soziales System gegenüber anderen Organisationen differenziert.

15 Vgl. Bisschop Boele (2007).

16 Des Weiteren kann eine Evaluation die Wirkungen, die gesellschaftliche Relevanz oder die politische Qualität in den Blick nehmen (Stockmann, 2006, S. 146–175).

Insgesamt steht für das Qualitätsmanagement und die unterschiedlichen Evaluationsprojekte an Musikhochschulen ein vielfältiges Instrumentarium zur Analyse der Organisation, deren Elemente und Spezifika sowie Strukturen und Prozesse zur Verfügung. Ein Wissen über die Modelle sowie der rechtlichen und sozialen Gegebenheiten und Umwelten sind für Organisationsentwicklerinnen und Organisationsentwickler für die Anpassung und Weiterentwicklung der Instrumente eine grundlegende Vorrausetzung. Theoretische Modelle sind ein sehr hilfreiches Werkzeug, um die vorangestellte These, dass ein Verständnis bzw. Wissen über die Organisation, die Organisationsentwicklung erleichtert, zu fördern.

4 Besondere Strukturmerkmale der Organisation Musikhochschule

These 4: Qualitätsentwicklung in der Organisation Musikhochschule bezieht sich auf konkrete und spezifische Strukturen, Personen und Umwelten. Kenntnisse über die tatsächlichen inneren Entscheidungs- und Aushandlungsstrukturen der eigenen Organisation fördern die Qualitätsentwicklung in den Musikhochschulen.

Nachfolgend werden die oben vorgestellten fünf Kernelemente einer Organisation auf die Besonderheiten der Organisation Musikhochschule appliziert. Gleichzeitig wird der Blick auf die Erkenntnisse der spezifischen Organisationsforschung für Hochschulen erweitert und auf die Musikhochschulen übertragen.

Bildungseinrichtungen handeln wie andere Organisationen auch in unterschiedlichen gesellschaftlichen Kontexten. Wirtschaftsunternehmen und Hochschulen unterscheiden sich aufgrund ihrer internen Zieldefinitionen und damit einhergehend durch eine eigene Interpretation der jeweils relevanten Kontexte. Wirtschaftsunternehmen orientieren sich an Märkten, an Konkurrenten in ähnlichen und gleichen Segmenten sowie den gegebenen rechtlichen und politischen Rahmenbedingungen. Für Wirtschaftsunternehmen sei „primäres Einzelziel die Erwirtschaftung von Gewinn" (Krücken & Wild, 2010, S. 58). Bei Bildungseinrichtungen, wie z.B. Hochschulen, stellt sich dies anders dar, denn sie sind *Multifunktionseinrichtungen*, die mit den Bereichen Forschung und Lehre zwei nicht hierarchisierbare Hauptziele gleichzeitig verfolgen (Krücken & Wild, 2010). Für die Musikhochschulen muss jedoch von einer Erweiterung der Ziele gesprochen werden: Neben Lehre und Forschung ist die künstlerische Praxis als ein wesentliches und dominantes Hauptziel zu nennen, dies entspricht dem Doppelauftrag von (Aus-)Bildung und Pflege der Künste.

Eine systemtheoretisch ausgerichtete Betrachtung von Hochschule nach Niklas Luhmann geht von einer funktional differenzierten Gesellschaft aus, wobei die einzelnen Teilbereiche oder Systeme „operativ geschlossen" (autopoietisch) sind und nach eigenen Funktionslogiken (Codes) operieren, jedoch besteht kein hierarchisches Verhältnis zwischen diesen Systemen. Autopoietisch geschlossenes System meint, dass die Systeme (Wissenschaft, Recht etc.) sich nur aus den eigenen Operationen reproduzieren können. Umwelten können nur indirekt durch Irritation auf ein System Bezug nehmen, jedoch wird die Umwelt in der internen Logik des Systems (Codierung) interpretiert oder verarbeitet (Luhmann, 1984). Systemtheoretisch betrachtet sind Hochschulen nicht primär einem Funktionssystem oder Gesellschaftsbereich wie Wissenschaft, Politik, Wirtschaft oder Erziehung zuzuordnen. Denn die besondere Aufgabe dieser Bildungseinrichtung besteht in der (strukturellen) Kopplung zwischen Erziehungs- und Wissenschaftssystem. Der Begriff „strukturelle Kopplung“ wird in der Systemtheorie Luhmanns verwendet, um die „autopoietisch geschlossenen System“ in einer Umwelt existieren lassen zu können. So sind soziale Systeme immer an bestimmte Umwelten angepasst, innerhalb derer sie einen Möglichkeitsspielraum haben, ihre autonomen Operationen zu vollziehen (Baraldi, Corsi & Esposito, 1997, S. 186–189). Mit Lehre und Forschung habe die Hochschule zwei Kernbereiche ausdifferenziert, die jeweils den Funktionslogiken des Erziehungs- oder des Wissenschaftssystems folgen. Der Bereich Lehre beziehe sich auf das Subsystem Erziehung mit dem Code „gute und schlechte Zensuren“ und dem Ziel „soziale Selektionsentscheidungen zu treffen“ (Luhmann, 1987, S. 190). Der Bereich Forschung beziehe sich indessen auf das gesellschaftliche Subsystem Wissenschaft mit seinem Code, Wahres von Unwahrem zu unterscheiden und Erkenntnis zu generieren.[17] Für die Verwaltung wird indes das geltende Recht als Bezugssystem angesehen. Damit hat die Verwaltung die Funktion, auf die rechtskonforme Umsetzung von Regelungen und Ordnungen zu achten und ihre Ausführung fachlich zu gewährleisten (Nickel, 2012, S. 280). In diesen systemtheoretischen Formulierungen werden die Mehrdeutigkeit der Ziele der Organisation Hochschule sowie ihre Orientierung an den entsprechenden gesellschaftlichen Teilsystemen deutlich.

Spezifische Ansätze der Organisationsforschung beschreiben insbesondere Hochschulen als *lose Kopplung* von Elementen. Diese Metapher geht auf einen Ansatz von Weick (1976) zurück und kann als eine Art Gegenentwurf zu dem Bürokratiemodell von Max Weber verstanden werden (vgl. Hüter & Krücken, 2016, S. 174), das eine enge Verbindung von Zweck und Mittel, daher auch rationales Modell genannt, herstellt.[18] In Universitäten ergibt sich diese *lose Kopplung* von Teilbereichen aus der Spezialisierung der einzelnen Disziplinen heraus, die relativ unabhängig voneinander ihr Wissen entwickeln. Diese lose miteinander verbundenen Systeme zeichnen sich durch die Abwesenheit zentraler Koordinations- und Regulationsmechanismen sowie durch das Fehlen eines Kontrollsystems aus (Kloke, 2014, S. 36). *Lose Kopplungen* haben bspw. den besonderen Vorteil, dass sie sich Umweltänderungen besser anpassen können als festgekoppelte Organisationen. Ein weiterer Ansatz, der auf Mintzberg (1979) zurückgeht, nimmt die Schwierigkeit in den Blick, Experten bzw. Professionelle als Organisationsmitglieder zu managen. Hier wird deutlich gemacht, dass Hochschulen als Profi- oder Expertenorganisationen sehr stark von der Leistungserbringung der Experten abhängig sind, diese somit über eine hohe Autonomie verfügen, was zu einer starken Dezentralisierung der Organisation beitrage (vgl. Kloke, 2014, S. 36–37; Hüter & Krücken, 2016,

17 Zum Wissenschaftssystem aus systemtheoretischer Perspektive bietet der Artikel „Wissenschaft als gesellschaftliches Teilsystem“ von Schimank (2012) einen guten Überblick.

18 Zur Konzeption von Organisationen als rationalen Systemen vgl. auch Preisendörfer (2016, S. 103–125).

S. 182–186). Aufgrund der Vielfältigkeit der Organisationsziele, der diffusen Technologien (Forschung und Lehre sind keine standardisierten Verfahren, in welchen das Ergebnis durch definierte Inputs und Prozesse herstellbar ist), und der fluktuierenden Zusammensetzung der Entscheidungsgremien bezeichnet ein weiterer Ansatz (Cohen et al., 1972) Hochschule als „organisierte Anarchie". Dies meint, dass „Entscheidungsprozesse in vielen Fällen keinem rationalen Abwägen von alternativen Problemlösungen entsprechen, sondern eher einem zufälligen Zusammentreffen von Problemen und Lösungen, aber auch Entscheidungsteilnehmern und Entscheidungssituationen (Garbage-Can-Modell)" (Hüter & Krücken, 2016, S. 186).

Aufbauend auf der Typisierung von Organisationen als Arbeits- und Interessenorganisation (Schimank, 2007, S. 310–322) kann Hochschule als eine Mischform dieser Typen beschrieben werden (Schimank, 2008, S. 160–161; Zechlin, 2012, S. 43–44). Der Prototyp von Arbeitsorganisationen sind Unternehmen oder staatliche Verwaltungen. Diese erbringen Leistungen für externe Interessenträger (Kunden, Bürger, Handel) damit „fremdnützig" (Zechlin, 2012, S. 43) und bedienen Eigentümer- oder Staatsinteressen. Die Zugehörigkeit zu dieser Organisation beruht auf Mitgliedschaft per Vertrag, die Dispositionsverfügung über die eigene Arbeitskraft wird an den Arbeitgeber übertragen, und Entscheidungen werden hierarchisch gefällt. Demgegenüber werden Interessenorganisationen (Parteien, Verbände etc.) als ein freiwilliger Zusammenschluss von Akteuren beschrieben, die ein gemeinschaftliches Anliegen verfolgen, wobei diese Anliegen gegenüber anderen gesellschaftlichen Teilbereichen (Politik, Wirtschaft) vertreten werden. Interessenorganisationen agieren damit „eigennützig", und die Entscheidungsbildung geschieht „von unten" (Schimank, 2008, S. 160; Zechlin, 2012, S. 43–44; Nickel, 2012, S. 281). Der wissenschaftliche Bereich ähnelt stärker einer Interessenorganisation, denn nicht die Organisationsgrenzen, sondern die akademische Interessengemeinschaft oder die *scientific community* und das Erkenntnisinteresse dienen als Referenzrahmen. Forschung ist eher in flachen Hierarchien organisiert, und Führungskräfte haben eine geringe Entscheidungskompetenz. Der Lehre wird eine Position zwischen Interessen- und Arbeitsorganisation eingeräumt (Nickel, 2012, S. 282). Sie sei durch strukturelle curriculare Rahmenbedingungen formalisierbar und somit stärker planbar. So kann die Lehre, im Gegensatz zur Forschung oder der künstlerischen Ausbildung, durch einen übergeordneten Auftrag (Ministerien) und insbesondere durch eine stärkere Zielorientierung charakterisiert werden. Die Grenze der Sichtweise der Lehre als Arbeitsorganisation liegt in ihrer gesetzlich verankerten Freiheit der Ausübung im Artikel 5 des Grundgesetzes. Die Verwaltung wird dagegen ausschließlich als hierarchisch gegliederte, hoch formalisierte und nach klaren Arbeitsstrukturen und Abläufen organisierte Arbeitsorganisation mit dem Steuerungsmodus Hierarchie (über Kanzler, Rektor, ministeriale Anordnung) angesehen. Diese Typisierung sollte verdeutlichen, dass die Organisationsbereiche Verwaltung, Forschung und Lehre – und für Musikhochschulen müsste darüber hinaus die Kunstausübung inklusive einer entsprechenden „Verwaltungseinheit" wie einem künstlerischen Betriebsbüro genannt werden – sehr unterschiedlichen, scheinbar divergierenden Logiken folgen.

Auch Musikhochschulen können in diesem Sinne als Multifunktionseinrichtungen, die ihre Ziele an diversen Umwelterwartungen ausrichten müssen, verstanden werden. Aufgrund ihrer vielfachen Umweltbezüge stellt sich ihre interne Organisationsgliederung in Forschung, Lehre, Verwaltung und künstlerische Praxis wie folgt dar:

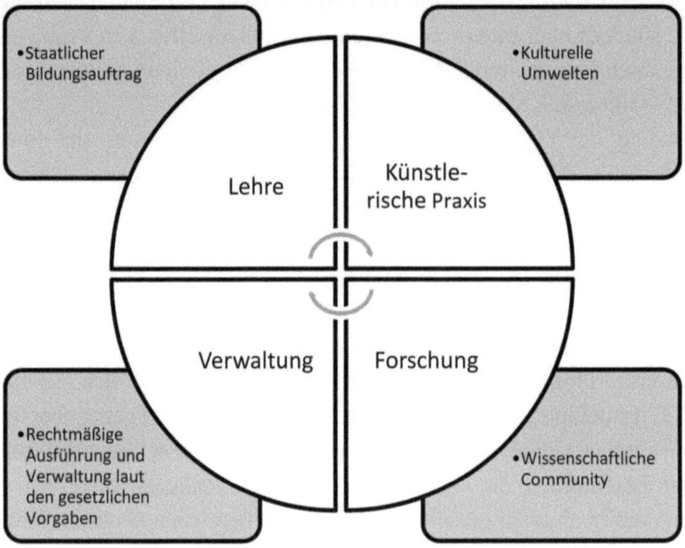

Abbildung 2: Mehrteiligkeit der Musikhochschulorganisation und deren Umwelten

Die konkreten Ziele der Musikhochschulen können aus drei Ebenen hergeleitet werden:

(1) ihre Aufgaben/ihr Auftrag qua Gesetz,
(2) ihre Darstellung durch die Interessenvertretung der RKM,
(3) aus den Leitbildern der einzelnen Hochschulen.

Allgemein formuliert haben die Musikhochschulen die Aufgabe, einerseits kulturelle Praxis an die Studierenden weiterzugeben (Lernen und Lehren) sowie kulturelle Praxen von Lehrenden und Studierenden erarbeiten und entwickeln zu lassen (Neuschaffung: z.B. Komponieren), andererseits ist jede Musikhochschule mit ihren vielfältigen Konzertangeboten selbst ein Kulturträger und -vermittler (Re-/Präsentation). Um diesen Auftrag der Musikhochschulen zu spezifizieren, kann auf das Leitbild der Vertretung der Musikhochschulen, der Rektorenkonferenz der deutschen Musikhochschulen, verwiesen werden (RKM, 2009)[19]. Dort wird Folgendes genannt: Die Musikhochschulen

19 Zum Auftrag der Musikhochschulen siehe auch die Thesenpapiere der RKM (1999) sowie (2011).

- erkennen künstlerische Potenziale, fördern Talente und entwickeln Persönlichkeiten,
- entwickeln, vermitteln und lehren musikwissenschaftliches und musiktheoretisches Wissen,
- lehren künstlerische und künstlerisch-pädagogische Kenntnisse und Fertigkeiten,
- forschen in den wissenschaftlichen Disziplinen und künstlerischen Entwicklungsvorhaben,
- begleiten Studierende beim Erwerb der künstlerischen Praxis.

Vertiefend kann der §2 des Landeshochschulgesetz (LHG) Baden-Württemberg zitiert werden:

> „[D]en Kunsthochschulen obliegt vor allem die Pflege der Künste auf den Gebieten der Musik, der darstellenden und der bildenden Kunst, die Entwicklung künstlerischer Formen und Ausdrucksmittel und die Vermittlung künstlerischer Kenntnisse und Fähigkeiten; sie bereiten insbesondere auf kulturbezogene und künstlerische Berufe sowie auf diejenigen kunstpädagogischen Berufe vor, deren Ausübung besondere künstlerische Fähigkeiten erfordert; im Rahmen dieser Aufgaben betreiben sie Forschung" (Gesetz über die Hochschulen in Baden-Württemberg) (LHG, 2005).

Auch andere Landesgesetze[20] beschreiben die wesentlichen Aufgaben mit Pflege, Vermittlung und Entwicklung der Künste, mit dem Ziel der Berufsbefähigung und betonen darüber hinaus, dass diese genannten Kernaufgaben durch Forschung, Lehre, Weiterbildung und Studium erreicht werden sollen und sich auf einen freiheitlichen, demokratischen und sozialen Rechtsstaat beziehen. Damit werden die Methoden zur Erreichung der Ziele und der gesellschaftliche Kontext deutlich benannt.

So wie es die Kernaufgaben nahelegen, fokussieren sich die Curricula an den Musikhochschulen auf die künstlerische Ausbildung (mit den Zielen des Solisten, des Orchester- oder freiberuflichen Musikers) und auf eine künstlerisch-pädagogische Ausbildung, des Weiteren auf die Ausbildung für Schulmusik sowie musikwissenschaftliche Studiengänge. An einigen Standorten umfasst das Studiengangsportfolio auch technische Berufe sowie Schauspiel und Tanz.

Die Beschreibung der Organisation Musikhochschule als Arbeits- und Interessenorganisation verdeutlicht, dass diese interne Gliederung in Teilbereiche sehr unterschiedlichen Steuerungslogiken folgt. So mag die Orientierung der Forschung am Wissenschaftssystem sowie die der pädagogischen Studiengänge am Erziehungssystem notwendig sein und der formale Abschluss Voraussetzung zur Weiterbeschäftigung (z.B. in Schulen oder Wissenschaft). Dagegen stehen in der künstlerischen Praxis nicht selten Berufserfolge außerhalb formaler Lernzusammenhäng bzw. vor dem Erzielen des formalen Abschlusses; denn dieser hat in den kulturellen Einrichtungen und den kulturel-

---

20 Siehe das Bayerische Hochschulgesetz (BayHSchG) (2006) oder das Hamburgische Hochschulgesetz (HmbHG) (2001).

len Beschäftigungsfeldern eine eher sekundäre Bedeutung. So werden die im Laufe des Studiums angenommenen Aushilfstätigkeiten in Orchestern und Ensembles sowie erworbene Preise und kommerzielle Erfolge als besondere Berufserfolge gewertet.

Ein besonderes Merkmal sind die im Vergleich zu Wissenschaftlichen Hochschulen kleinen Studierendenzahlen der Musikhochschulen. Sie bewegen sich zwischen ca. 300 und ca. 1500.[21] Bisher ist ungeklärt, ob dieses Merkmal der personellen Größe Auswirkung auf das Management und die Organisationsgestaltung und -zusammensetzung hat. Einige Beobachtungen sprechen für diese Interdependenz: Die Organisation Musikhochschule scheint aus eher wenigen Hierarchieebenen zu bestehen, was einerseits die Aufgabenvielfalt für die Leitungen erhöht, andererseits aus Organisationssicht einen geringen internen Differenzierungsgrad vermuten lässt. Auch wenn Aufgabenbereiche unterschieden werden, werden diese nicht selten von einer einzigen Person übernommen. Gleichzeitig scheint es so zu sein, dass ein stärker informelles Abspracheverhalten genutzt wird und die Entscheidungsabsprachen sich also auf wenige Personen beschränken. Für Lehrende an Musikhochschulen, insbesondere Lehrbeauftragte[22] und künstlerische Lehrende, besteht der Kontakt zur Organisation entweder sehr dezentral (künstlerischer Einzelunterricht)[23] oder für den Großteil der Lehrbeauftragten in einem besonderen Status, der keiner formellen Mitgliedschaft entspricht. Die vom Deutschen Musikinformationszentrum (MIZ) veröffentlichten Daten legen die besondere Personalstruktur offen. Circa 30 Prozent des wissenschaftlichen und künstlerischen Personals sind in Studiengängen für Musikberufe hauptberuflich angestellt, die verbleibenden ca. 70 Prozent nebenberuflich (MIZ, 2015a).

Ein weiteres Spezifikum der Musikhochschulen ist die Eignungsprüfung. In dieser müssen die Studierenden den formellen Status der Mitgliedschaft durch den Nachweis künstlerischer Befähigung erst erwerben. Auch die Zusammensetzung der Studierenden ist eine weitere strukturelle Besonderheit. Bis knapp an die 60 Prozent (WS 2014/2015) der Studierenden in den künstlerischen Fächern (insbesondere Instrumentalmusik/Orchestermusik) sind internationaler Provenienz (MIZ, 2015b). Dies stellt die Musikhochschulen, insbesondere in den wissenschaftlichen Bereichen, vor die Aufgabe sprachliche und kulturelle Unterschiede aufzufangen. Somit kann der Kontakt zu der Gruppe der Lehrbeauftragen, künstlerisch Lehrenden sowie internationalen Studierenden für die Organisation Hochschule eine besondere Herausforderung darstellen, wenn es bspw. um die Realisierung von organisationsübergreifenden Zielen wie Evaluationen oder Leitbildentwicklung geht.

---

21 Vgl. die Angaben des MIZ (2015c). Für die Anzahl an Lehrenden konnten keine Angaben recherchiert werden, da genaue Zahlen über die Anzahl an Lehrbeauftragten nicht vorliegen.

22 Der genaue Status ist durch die Ländergesetze definiert. Einige Bundesländer gewähren einen besonderen Mitgliedschaftsstatus, andere keine formelle Mitgliedschaft.

23 Der Einzelunterricht ist die zentrale Lehr-Lernform für den Instrumentalunterricht. Nachfolgend wird auf diesen Aspekt eingegangen, der auch in verschiedenen Beiträgen dieses Bandes thematisiert wird.

Auch in Hinsicht auf Techniken des Lehrens und Lernens haben Musikhochschulen besondere Formate entwickelt. In der künstlerischen Ausbildung sind es das Schüler-Meister-Modell oder neuerdings auch Co- oder Teamteaching-Formate.[24] Des Weiteren werden Unterrichtsformate in Projektform (Ensemble, Orchester) gewählt, die je nach Instrument und Studiengang zwischen eher informellen bis hin zu hochformellen Strukturen variieren können. Als Prüfungsarten können neben Klausur und Hausarbeit besonders die praxisorientierten Formate – das Vorspiel auf dem Instrument oder ein Konzert mit Ensemble oder Orchester – hervorgehoben werden. Insgesamt nimmt das Selbststudium in Form des Übens am Instrument einen sehr hohen Zeitanteil ein. Damit ist das Studium aufgrund des Einzelunterrichts, der kleinen Gruppengröße und des Selbstlernens stark individualisiert und differenziert. Diese Formate, mit Personengrößen von Einzelpersonen bis zu kleinen Gruppen, sind in Bezug auf Evaluationsformen eine Herausforderung.

Zusammenfassend bleibt festzuhalten, dass die dargestellten Merkmale der Organisation Hochschule auch auf die Musikhochschulen zutreffen. Darüber hinaus haben es Musikhochschulen mit einer besonderen künstlerisch-kulturellen Umwelt zu tun, welche durch ihre eigenen Anforderungen in die Musikhochschulen hineinwirkt. Diese Spannung zwischen der Anwendung von kultureller Praxis und der wissenschaftlichen sowie pädagogischen Reflexion mag eine Herausforderung für die Musikhochschulen sein, gleichzeitig kann diese Triade als Qualitäts- oder Alleinstellungsmerkmal von Musikhochschulen begriffen werden.

5 Qualitätsentwickung an Musikhochschulen – ein Fazit

These 5: Qualitätsmanagement und Evaluation sind geeignete Instrumente zur Qualitätsentwicklung an Musikhochschulen.

Zu Beginn dieses Artikels wurde dargelegt, welchen derzeitigen Veränderungsprozessen der institutionellen Rahmenbedingungen die Organisation Hochschule in den Bereichen Gesellschaft, Governance und Identität unterliegt. Für Hochschulen, und insbesondere für Musikhochschulen, führen die veränderten Rahmenbedingungen im Zusammenspiel mit dem entsprechenden Governance-Regime zu einer stärkeren Kopplung der Organisationsteile, wodurch sie stärker als korporativer Akteur in Erscheinung treten müssen. Dies scheint im Gegensatz zu den klassischen Ansätzen der Hochschulforschung (*loosly coupled* und *organized anarchy*) zu stehen, sowie zumindest eine deutliche Irritation für die Hochschulmitglieder zu sein, da Hochschulen stärker als Wertegemeinschaft der einzelnen Fach-Communities, denn als eine strategisch agierende Organisation mit Managementrollen verstanden wurden und werden (These 1).

---

24 Vgl. Wroblewsky (2016) zum Einzelunterricht sowie den Beitrag von Saulich (2017) in diesem Band.

Mit der Darstellung von Organisationskonzepten wurde anschließend insbesondere der formelle Aspekt von Hochschulen beschrieben, der als Heuristik diente, Strukturen und Prozesse für die Qualitätsentwicklung beschreibbar zu machen. Neben den formellen Aspekten wurde auf die informellen oder kulturellen Besonderheiten der Organisation Hochschule verwiesen. Kenntnisse beider Aspekte, der formellen und der informellen Seite der Organisation, sollten als Rahmen zur Qualitätsentwicklung genutzt werden. Die Konzepte von Hochschule und Qualität haben, neben den normativen und als objektiv wahrgenommenen Aspekten, gleichzeitig einen konstruktivistischen Aspekt, der darin besteht, Hochschule und Qualität als einen Diskurs zu begreifen, der Aushandlungsprozesse bedarf (These 2 und 3).

Mit der Beschreibung von Musikhochschulen als spezieller Organisationsform (These 4) konnten besondere Strukturen dargelegt werden, die mit Anwendung und Vermittlung kultureller Praktiken sowie Forschung, Lehre und Verwaltung eine große Zieldiversität aufweisen. Insbesondere in der Anwendungsorientierung von kultureller Praxis (Konzerte, Aufführungen etc.) scheint sich die Musikhochschule von Universitäten und Fachhochschulen zu unterscheiden, ebenso in der Lehre durch ihre spezialisierten Lehr- und Lernformate. So handelt sich die Organisation Musikhochschule zwei Merkmale ein, die als Herausstellungsmerkmal gelten können: 1) Theorie und Praxis musikalischer Praktiken sind in einer Organisation integriert, aber nicht zwangsläufig verbunden; 2) insbesondere der hoch individualisierte Einzelunterricht am Instrument sowie in Teilen der projektartige Unterricht (Orchester, Ensemble) stellen bisher die Kernmerkmale der Ausbildung dar. Beide Merkmale stellen eine Herausforderung für die Organisation als strategisch agierende Hochschule dar. Denn aus ihnen resultieren eine sehr lose gekoppelte Organisation und eine sehr hohe Dezentralität in Studium und Lehre. Des Weiteren unterliegen große Teile ihrer Mitglieder (Lehrende und Studierende) und mitarbeitenden Dozentinnen und Dozenten besonderen Strukturbedingungen, in Bezug auf die formalen Ebenen der Organisation scheint es sehr wenige Hierarchieebenen zu geben.

Inwieweit sich die beschriebene Organisationswerdung der Hochschulen konkret in den Musikhochschulen ausgestaltet, hängt von dem Verständnis der eigenen Organisation (Ziele, Strukturen, Mitgliedschaftsrollen und auch des informellen Verständnisses) und vom Aufbau adäquater Qualitätsmanagementstrukturen sowie dem Einsatz der passenden Evaluationsverfahren für die spezifischen Strukturen der Musikhochschulen ab.

Qualitätsmanagement und Qualität selbst wurden nicht als vordefinierte Kategorien beschrieben, sondern als von den Akteurinnen und Akteuren zu definierende und zu entwickelnde Bezugsgrößen. Dies bedeutet, die konkrete Ausgestaltung der Instrumente obliegt den Akteuren selbst. Evaluatorinnen und Evaluatoren helfen bei der Entwicklung der Instrumente und begleiten die Entwicklung und Umsetzung sowie die Kontrolle der Maßnahmen. Die Hochschulleitungen unterstützen durch Initiierung der Qualitätsentwicklung und das Bereitstellen geeigneter Formate und formeller Strukturen zur Partizipation der Hochschulmitglieder.

Die Rolle des Qualitätsmanagements oder der Qualitätsentwicklung kann darin bestehen, zwischen dem Spannungsverhältnis externer Anforderungen, Normativitätserwartungen und Konstruktion von neuen Erwartungen in der Organisation zu vermitteln. Es wurde vorgeschlagen, die Funktion des Qualitätsmanagements als eine vermittelnde zu sehen, welche diese drei Ebenen integriert bzw. zwischen diesen Ebenen einen Vermittlungs- und Entscheidungsprozess initiiert. Möglicherweise wird bei einem gelingenden Qualitätsdiskurs eine andere Identität der Hochschule wahrnehmbar, als sie bisher gelebt wurde. Qualitätsmanagement und Evaluation sind aufgrund ihrer dialogfördernden Eigenschaft geeignete Verfahren, um als Instrument zur Qualitätsentwicklung genutzt zu werden, denn sie sind vom Konzept her offen und damit nicht inhaltlich determiniert. Notwendige Anwendungsvoraussetzungen sind Kenntnisse der Organisation und ein Verständnis von Qualitätsmanagement als partizipativem Prozess.

Die in diesem Beitrag dargelegten Besonderheiten der Organisation Musikhochschule laden dazu ein, sie genauer zu erforschen, um die Organisation Musikhochschule weiterzuentwickeln. Es könnte bspw. untersucht werden, ob die personelle Größe der Hochschulen ein eher *informelles Management* begünstigt und welche Konsequenzen dies hat. Die Wirkungen und Folgen der starken Kopplung der Musikhochschulen an sehr spezifische Umwelten sind ein weiteres diskussionswürdiges Thema der Qualitätsentwicklung, wie auch die Frage, wie sich organisationsbezogene Maßnahmen, insbesondere in der Lehre (Co-Teaching) und dem Zusammenspiel von künstlerischer Praxis und Theorie, auf die Studierenden selbst, aber auch auf die Verwaltungsprozesse auswirken und diese verändern.

Literatur

Abrahm, M. & Büschges, G. (2009). *Einführung in die Organisationssoziologie* (4. Auflage). Wiesbaden: VS Verlag für Sozialwissenschaften.

Baraldi, C., Corsi, G. & Esposito, E. (1997). *GLU. Glossar zu Niklas Luhmann.* Frankfurt a.M.: Suhrkamp.

Bayerisches Hochschulgesetz (BayHSchG) vom 23. Mai 2006. Artikel 2. Aufgaben. Verfügbar unter: http://www.gesetze-bayern.de/Content/Document/BayHSchG-2 [03.11.2016].

Bisschop Boele, E. (2007). *Handbuch interne Qualitätssicherung in der höheren Musikausbildung.* Verfügbar unter: http://www.aec-music.eu/userfiles/File/customfiles/aec-handbook-interne-qualittssicherung-in-der-hheren-musikausbildung-de_20160229133759.pdf [24.08.2016].

Blümel, A. (2015). *Von der Hochschulverwaltung zum Hochschulmanagement. Wandel der Hochschulorganisation am Beispiel der Verwaltungsleitung.* Wiesbaden: Springer VS.

Bortz, J. & Döring, N. (2016). *Forschungsmethoden und Evaluation in den Sozial- und Humanwissenschaften.* Berlin und Heidelberg: Springer.

Brüggemeier, M. (2001). Public Management. In A. Hanft (Hg.), *Grundbegriffe des Hochschulmanagements* (S. 377–383). Neuwied: Luchterhand.

Brunsson, N. & Salin-Andersson, K. (2000). Constructing Organisations: The Example of Puplic Sector Reforms. *Organizational Studies* 21 (4), 721–746.

Carstensen, C. & Hofmann, S. (2004). Qualität in Lehre und Lehre: Begriffe und Objekte. In W. Benz, J. Kohler & K. Landfried (Hg.), *Handbuch Qualität in Studium und Lehre* (C1.1, S. 2). Stuttgart: Raabe Verlag.

Clausen, B. (2010). Bachelor und Master in der Musikausbildung. Hrsg. vom MIZ – Deutsches Musikinformationszentrum. Verfügbar unter: http://www.deutsche-digitale-bibliothek.de/binary/UWEU2HVD24RIHJ2BMNZR7QN6ZW56LZ7Q/full/1.pdf [05.08.2016].

Clausen, B. (2017). Musik, Staat, Institution – Musikhochschule. Zum Qualitätsdiskurs als Denkstil. In B. Clausen & H. Geuen (Hg.), *Qualitätsmanagement und Lehrentwicklung an Musikhochschulen. Konzepte – Projekte – Perspektiven* (S. 11–36). Münster: Waxmann.

Cohen, M.D., March, J.G. & Olsen, J. (1972). A Garbage Can Modell of Organizational Choice. *Administrative Science Quarterly* (17), 1–25.

DeGEval – Gesellschaft für Evaluation e.V. (2008) (Hg.). *Standards für Evaluation* (4. unveränderte Auflage). Mainz. Verfügbar unter: http://www.degeval.de/fileadmin/user_upload/Sonstiges/STANDARDS_2008-12.pdf [22.08.2016].

Endruweit, G. (2004). *Organisationssoziologie* (2., überarbeitete und erweiterte Auflage). Stuttgart: UTB.

Flick, U. (2016). *Qualitative Sozialforschung: Eine Einführung* (7. Auflage). Reinbek bei Hamburg: Rowohlt.

Gembris, H. (2014). *Berufsaussichten und Anforderungen an die Ausbildung.* Vortrag zur Zukunftskonferenz Musikhochschulen, Mannheim, 15.02.2014. Verfügbar unter: https://mwk.baden-wuerttemberg.de/fileadmin/redaktion/m-mwk/intern/dateien/pdf/Hochschulen/Zukunftskonferenz_Musikhochschulen/Zukunftskonferenz_1_Vortrag_Gembris.pdf [08.11.2016].

Hamburgisches Hochschulgesetz (HmbHG) vom 18. Juli 2001. Verfügbar unter: http://www.landesrecht-hamburg.de/jportal/portal/page/bshaprod.psml?nid=5&showdoccase=1&doc.id=jlr-HSchulGHAV28P3&st=null [03.11.2016].

Hüter, O. & Krücken, G. (2016). *Hochschulen. Fragestellungen, Ergebnisse und Perspektiven der sozialwissenschaftlichen Hochschulforschung.* Wiesbaden: Springer VS.

Kieser, A. & Kubicek, H. (1992). *Organisation* (3. völlig neubearbeitete Auflage). Berlin und New York: De Gruyter.

Kloke, K. (2014). *Qualitätsentwicklung an deutschen Hochschulen. Professionstheoretische Untersuchung eines neuen Tätigkeitsfeldes.* Wiesbaden: Springer VS.

Krücken, G. & Wild, E. (2010). Zielkonflikte – Herausforderungen für Hochschulforschung und Hochschulmanagement. *Hochschulmanagement* (2), 58–62.

Kühl, S. (2011). *Organisationen – Eine kurze Einführung.* Wiesbaden: VS Verlag für Sozialwissenschaften.

LHG – Landeshochschulgesetz Baden-Württemberg (2005). Verfügbar unter: http://www.landesrecht-bw.de/jportal/portal/t/2wj/page/bsbawueprod.psml/action/portlets.jw.MainAction?p1=4&eventSubmit_doNavigate=searchInSubtreeTOC&showdoccase=1&doc.hl=0&doc.id=jlr-HSchulGBWV22P2&doc.part=S&toc.poskey=#focuspoint [10.08.2016].

Luhmann, N. (1984). *Soziale Systeme. Grundriss einer allgemeinen Theorie*. Frankfurt a.M.: Suhrkamp.

Luhmann, N. (1987). Codierung und Programmierung. Bildung und Selektion im Erziehungssystem. In N. Luhmann, *Soziologische Aufklärung 4. Beiträge zur funktionalen Differenzierung der Gesellschaft* (S. 187–201). Opladen: Westdeutscher Verlag.

Mintzberg, H. (1979). *The Structuring of Organizations: A Synthesis of the Research*. Englewood Cliffs: Prentice-Hall.

MIZ – Deutsches Musikinformationszentrum (2015a). *Wissenschaftliches und künstlerisches Personal in Studiengängen für Musikberufe*. Verfügbar unter: http://www.miz.org/intern/uploads/statistik12.pdf [24.08.2016].

MIZ – Deutsches Musikinformationszentrum (2015b). *Studierende in Studiengängen für Musikberufe – nach Frauen und Ausländern*. Verfügbar unter: http://www.miz.org/intern/uploads/statistik10.pdf [24.08.2016].

MIZ – Deutsches Musikinformationszentrum (2015c). *Studierende an Hochschulen für Musik und Theater*. Verfügbar unter: http://www.miz.org/downloads/statistik/11/statistik11.pdf [24.08.2016].

MIZ – Deutsches Musikinformationszentrum (2016). *Rechts- und Betriebsformänderungen, Auflösungen und Fusionen deutscher Kulturorchester seit der Wiedervereinigung. Erstellt von der Deutschen Orchestervereinigung*. Verfügbar unter: http://www.miz.org/downloads/statistik/95/95_Strukturveraenderungen_Orchesterlandschaft_2016.pdf [24.08. 2016].

Nickel, S. (2007). *Institutionelle QM-Systeme in Universitäten und Fachhochschulen*. Arbeitspapier Nr. 94. Gütersloh: CHE.

Nickel, S. (2008). Qualitätsmanagementsysteme an Universitäten und Fachhochschulen: Ein kritischer Überblick. *Beiträge zur Hochschulforschung* 30 (1), 16–38.

Nickel, S. (2012). Engere Kopplung von Wissenschaft und Verwaltung und ihre Folgen für die Ausübung professioneller Rollen in Hochschulen. In U. Wilkesmann & C.J. Schmid (Hg.), *Hochschule als Organisation* (S. 279–291). Wiesbaden: Springer VS.

Pohlenz, P. (2009). *Datenqualität als Schlüsselfrage der Qualitätssicherung in Studium und Lehre*. Bielefeld: UVW UniversitätsVerlagWebler.

Preisendörfer, P. (2016). *Organisationssoziologie* (4., überarbeitete Auflage). Wiesbaden: Springer VS.

RKM – Rektorenkonferenz der deutschen Musikhochschulen in der Hochschulrektorenkonferenz (1999). *Musikhochschulen an der Schwelle des 21 Jahrhunderts*. Thesenpapier der Rektorenkonferenz der Musikhochschulen in der Bundesrepublik Deutschland – Mitgliedergruppe Musikhochschulen in der HRK – vom 18. November 1999. Verfügbar unter: http://www.hrk.de/positionen/gesamtliste-beschluesse/position/convention/musikhochschulen-an-der-schwelle-des-21-jahrhunderts-thesenpapier-der-rektorenkonferenz-der-musikh/ [03.11.2016].

RKM – Rektorenkonferenz der deutschen Musikhochschulen in der Hochschulrektorenkonferenz (2009). *Leitbild der deutschen Musikhochschulen*. Verfügbar unter: http://www.die-deutschen-musikhochschulen.de/ueber-uns/leitbild/ [03.11.2016].

RKM – Rektorenkonferenz der deutschen Musikhochschulen in der Hochschulrektorenkonferenz (2011). *Die deutschen Musikhochschulen. Positionen und Dokumente. Beiträge zur Hochschulpolitik 3/2011*. Verfügbar unter: https://www.hrk.de/fileadmin/redaktion/hrk/02-Dokumente/02-10-Publikationsdatenbank/Beitr-2011-03_Die_deutschen_Musikhochschulen.pdf [03.11.2016].

Saulich, M. (2017). Neue Lehr-/Lernperspektiven durch effektives Co- und Teamteaching an Musikhochschulen. Leitlinien anhand von Praxisbeispielen im Netzwerk Musikhochschulen. In B. Clausen & H. Geuen (Hg.), *Qualitätsmanagement und Lehrentwicklung an Musikhochschulen. Konzepte – Projekte – Perspektiven* (S. 207–233). Münster: Waxmann.

Schimank, U. (2007). *Handeln und Strukturen. Einführung in die akteurstheoretische Soziologie* (3. Auflage).Weinheim und München: Juventa.

Schimank, U. (2008). Hochschule als Institution: Gussform, Arena und Akteur. In K. Zimmermann, M. Kamphans & S. Metz-Göckel (Hg.), *Perspektiven der Hochschulforschung* (S. 157–163). Wiesbaden: VS Verlag für Sozialwissenschaften.

Schimank, U. (2009). Governance-Reformen nationaler Hochschulsysteme. Deutschland in internationaler Perspektive. In J. Bogumil & R.G. Heinze (Hg.), *Neue Steuerung von Hochschulen. Eine Zwischenbilanz* (S. 123–137). Berlin: Edition Sigma.

Schimank, U. (2012). Wissenschaft als gesellschaftliches Teilsystem. In S. Maasen, M. Kaiser, M. Reinhart & B. Sutter (Hg.), *Handbuch der Wissenschaftssoziologie* (S. 113–123). Wiesbaden: Springer VS.

Schimank, U. (2014). Der Wandel der „Regelstrukturen" des Hochschulsystems und die Folgen für die wissenschaftliche Forschung. Zur Entwicklung der Governance-Perspektive. In A. Bora, A. Henkel & C. Reinhard (Hg.), *Wissensregulierung und Regulierungswissen* (S. 19–40). Weilerswist: Velbrück Wissenschaft.

Schmidt, U. (2010). Wie wird Qualität definiert. In M. Winde (Hg.), *Von der Qualitätsmessung zum Qualitätsmanagement. Praxisbeispiele an Hochschulen* (S. 10–17). Essen: Edition Stifterverband.

Stockmann, R. (2004). *Was ist eine gute Evaluation* (CEval-Arbeitspapiere 9). Saarbrücken: Centrum für Evaluation.

Stockmann, R. (2006). *Evaluation und Qualitätsentwicklung. Eine Grundlage für wirkungsorientiertes Qualitätsmanagement.* Münster: Waxmann.

Ullrich, M. (2014). Wie viele Musikhochschulen braucht das Land? Zur aktuellen Situation von Musikhochschulen in Deutschland. *Musikforum* 1 (14), 8–9.

Weick, K. (1976). Educational organizations as loosely coupled systems. *Administrative Science Quarterly* 21 (1), 1–19.

Wroblewsky, G. (2016). Die Konzeption von Evaluation des Einzelunterrichts an Musikhochschulen. *Qualität in der Wissenschaft (QIW)* (1), 28–36.

Zechlin, L. (2012). Zwischen Interessenorganisation und Arbeitsorganisation? Wissenschaftsfreiheit, Hierarchie und Partizipation in der ‚unternehmerischen Hochschule'. In U. Wilkesmann & C.J. Schmid (Hg.), *Hochschule als Organisation* (S. 41–69). Wiesbaden: Springer VS.

Frederic Neuß

Von der Zwischenbilanz über die Studienabschlussbefragung zur Alumnibefragung

Zum Einsatz von Befragungen entlang des Student-Life-Cycle an Musikhochschulen

From Interim Evaluations to Graduate and Alumni Surveys

The Use of Surveys during the Student Life Cycle at Musikhochschulen

Conducting surveys at various points in the student life cycle including surveys of freshers, mid-term students and graduates has been a standard component of quality management at higher education institutions for many years now. More recently, Musikhochschulen *have likewise begun using these quantitative surveys, even though student numbers at* Musikhochschulen *are much smaller than those at universities. The article addresses the question of how surveys during the student life cycle at* Musikhochschulen *can be used most effectively.*

Starting with basic information about the use of such surveys and about the challenges they present and the conditions for their success, the article discusses the problems that Musikhochschulen *may face if they choose to use these kinds of surveys for themselves, i.e. for their own curricula and institutional quality and strategy enhancement. Using the results of surveys of graduates, mid-term students and alumni by the* Netzwerk Musikhochschulen, *the article shows how the* Musikhochschulen *responded to these challenges.* Musikhochschulen *can benefit most effectively from such surveys if they are very meticulously prepared and conducted and integrated in a concept for evaluating the findings. Such a concept requires an awareness among heads of department and the directors of* Musikhochschulen *of the potential and limitations of such surveys as well as the existence of a goal and utilisation concept based on the survey findings.*

1 Einleitung

Befragungen entlang des Student-Life-Cycle wie Studierendenbefragungen zu Beginn oder während des Studiums und Absolventenbefragungen gehören bereits seit einigen Jahren zum Standardrepertoire des Qualitätsmanagements an Fachhochschulen und Universitäten. Inzwischen setzen auch Musikhochschulen diese auf große Teilnehmerzahlen angelegten quantitativen Befragungen ein, obwohl sie traditionell meist relativ kleine Studierendenzahlen aufweisen. Dieser Artikel geht daher der Frage nach, wie

Befragungen entlang des Student-Life-Cycle in Form von quantitativen Erhebungen auch an Musikhochschulen sinnvoll eingesetzt werden können.

Ausgehend von allgemeinen Erkenntnissen zum Einsatz, den Herausforderungen sowie den Gelingensbedingungen solcher Befragungen entlang des Student-Life-Cycle wird dabei herausgearbeitet, vor welchen Problemen Musikhochschulen stehen, wenn sie diese Art der Befragung für sich, d.h. für die eigene curriculare und institutionelle Qualitäts- bzw. Strategieentwicklung nutzen möchten. Anhand der Studienabschlussbefragung, der Zwischenbilanz und der Alumnibefragung des *Netzwerk Musikhochschulen für Qualitätsmanagement und Lehrentwicklung*[1] wird gezeigt, wie auf diese Herausforderungen bereits reagiert wurde und welche Problemlagen weiterhin bestehen.

Dem Beitrag liegt die These zugrunde, dass auch an Musikhochschulen quantitative Befragungen sinnvoll eingesetzt werden können, sofern diese sehr sorgfältig entwickelt und durchgeführt werden sowie in ein Ergebnisverwertungskonzept eingebunden sind. Unter einem solchen Konzept wird hier verstanden, dass von einer klaren Zielstellung für den Einsatz der Befragung abhängige Regeln und Strukturen existieren, wie mit den Ergebnissen umgegangen wird, d.h. wo sie wann und mit welcher Zielrichtung diskutiert werden und wer für die Ableitung und Umsetzung von Maßnahmen zuständig ist. Dafür ist allerdings auch ein Bewusstsein für die Möglichkeiten und Grenzen solcher Befragungen (vor allem auch für die Aussagefähigkeit ihrer Ergebnisse) bei den Fachverantwortlichen und in der Hochschulleitung erforderlich.

2 Befragungen entlang des Student-Life-Cycle: Befragungen, Befragungssysteme und Erfolgsfaktoren

Neben studentischen Veranstaltungsbewertungen, meist als Lehrveranstaltungsevaluation bezeichnet, wird im Qualitätsmanagement an Hochschulen auch auf weitere, meist quantitative Befragungen zurückgegriffen, die sich am Student-Life-Cycle orientieren. Hierzu zählen vor allem Bewerberinnen- und Bewerberbefragungen, Studieneingangsbefragungen, Studierendenbefragungen während des Studiums, Studienabschlussbefragungen und Alumnibefragungen. Ziel dieser Befragungen ist es, Einschätzungen zu Aspekten von Studium und Lehre aus den verschiedenen Perspektiven zu erhalten, die z.B. zur Qualitätsentwicklung im Rahmen des hochschulweiten Qualitätsmanagements, in der Studiengangsentwicklung oder der Weiterentwicklung von Serviceeinrichtungen und des Hochschulmarketings genutzt werden können. Werden alle oder mehrere dieser Befragungen eingesetzt, kann von einem Befragungssystem gesprochen werden. Auf diese Weise ist es möglich, den gesamten Studienzyklus der Studierenden abzudecken, und die Befragungen können im Zusammenspiel ein umfassendes Bild der Studien- und Lehrqualität an einer Hochschule zeichnen.[2] Sind diese Befragungen zudem effektiv in

1 Im Folgenden nur noch *Netzwerk Musikhochschulen.*

2 Aktuell wird im Qualitätsmanagement zahlreicher Universitäten und Hochschulen nach diesem Prinzip gearbeitet, wenn sich auch Anzahl und Art der Befragungen im jeweili-

entsprechende Regelkreisläufe des Qualitätsmanagementsystems eingebunden, können fundierte Lern- und Entwicklungsprozesse in der Hochschule stattfinden. So ist z.B. auf der Homepage der TU Kaiserslautern zu lesen:

> „Die Sammlung und Bewertung von Informationen z.B. über die Studienzufriedenheit oder die Struktur von Leistungs- und Prüfungsanforderungen sind demnach kein Selbstzweck, sondern dienen der Analyse von Stärken und Schwächen des Studienangebots der TU Kaiserslautern und der Fundierung entsprechender daraus ableitbarer Entscheidungen. Die im Rahmen der Qualitätssicherung durchgeführten Befragungen sollen Verbesserungspotentiale identifizieren und zur Entwicklung adäquater Lösungen bzw. Maßnahmen beitragen und damit letztlich Innovationspotenziale [sic!] in Studium und Lehre erschließen.“ (TU Kaiserslautern, 2016)

Verzichten Hochschulen auf die Etablierung eines Befragungssystems, so führen sie i.d.R. mindestens eine Absolventinnen- und Absolventenstudie durch. Die Befragung von ehemaligen Studierenden wird in Deutschland fast flächendeckend von den Hochschulen durchgeführt, da Akkreditierungs- und Ländervorgaben diese häufig vorschreiben (Arnold, 2007). Absolventenstudien gehören damit zu den am weitesten verbreiteten und akzeptierten Instrumenten des Qualitätsmanagements an Hochschulen (Janson, 2014, S. 40–42; HRK, 2010; Nickel, 2007). Entsprechend gibt es zu diesem Befragungstyp einerseits ein großes Angebot von Dienstleistern, die Standardinstrumente anbieten[3] (und zu deren Einsatz die Hochschulen mitunter durch Landesvorgaben gezwungen sind), andererseits auch eine Vielzahl von Publikationen, die sich mit den Befragungen als solchen oder mit deren Ergebnissen auseinandersetzen (z.B. Janson, 2014; Jaeger & Kerst, 2010; Alberding & Janson, 2007). Zu den Voraussetzungen eines auf Handlungswirksamkeit und Nachhaltigkeit ausgelegten Einsatzes von Instrumenten des Qualitätsmanagements zählen nach Jaeger und Kerst (2010):

- die Einbeziehung der Akteurinnen und Akteure auf den unterschiedlichen Ebenen der Hochschule (insbesondere in den Fachbereichen/Fakultäten) in den gesamten Prozess von der Konzipierung und Entwicklung über die Durchführung bis hin zur Ergebniskommunikation und -verwertung,
- die systematische Verknüpfung von Instrumenten, um Überschneidungen und Parallelaufwand zu vermeiden,
- die Kommunikation von Folgemaßnahmen, die den Nutzen der Instrumente deutlichen werden lassen und auch
- die methodische Qualität der Instrumente (Jaeger & Kerst, 2010, S. 11).

---

gem Befragungssystem unterscheiden, siehe z.B. an der Universität Tübingen, der TU Kaiserslautern, der Universität Hannover, der Hochschule Mainz, der Hochschule Trier usw.

3 So z.B. das INCHER-Kassel mit dem KOAB-Projekt, die Absolventenbefragung des DZHW, die Absolventenstudie des Bayerischen Staatsinstituts für Hochschulforschung und Hochschulplanung IHF, das Sächsische Absolventenpanel oder der Hochschulevaluierungsverbund in Rheinland-Pfalz.

Für die produktive Nutzung von Absolventenstudien, so Jaeger und Kerst (2010, S. 12–14), sind mehrere Schritte erforderlich, die so auch auf weitere Befragungen im Student-Life-Cycle übertragbar sind: Zunächst ist eine Zielklärung vorzunehmen, die sich aus dem aktuellen oder angestrebten Profil der Hochschule herleiten sollte, denn „[n]ur wenn klar ist, welche Erkenntnisinteressen die Hochschule und die beteiligten organisatorischen Einheiten [...] mit einer Absolventenbefragung konkret verfolgen, lassen sich eine effiziente Gestaltung des Instruments und eine stringente Kommunikation in der Hochschule sicherstellen" (Jaeger & Kerst, 2010, S. 12). Danach sind Fragen der Methodik zu klären, etwa ob hochschulweit oder dezentral befragt, ob die Befragung selbst entwickelt und durchgeführt werden soll oder ob man sich an einem hochschulübergreifenden Befragungsprojekt (für Absolventenstudien z.B. INCHER, DZHW, Bayerisches Absolventenpanel) beteiligen möchte. Schließlich ist zu klären, welche Akteurinnen und Akteure beteiligt werden müssen, in welchen Prozessschritten welche Beteiligung sinnvoll ist und wer jeweils die Verantwortung trägt. Darüber hinaus weisen Jaeger und Kerst (2010, S. 13) darauf hin, dass die nachhaltige Unterstützung durch die Hochschulleitung zentrale Voraussetzung für eine Nutzbarmachung der Erkenntnisse solcher Befragungen ist, da diese für die erforderliche Kontinuität der Aktivitäten sorgen und die Thematik in den relevanten hochschulinternen Kommunikationsabläufen platzieren kann.

Diese basalen Gelingensfaktoren hat Janson (2014) in ihrer empirischen Arbeit zu Absolventenstudien bestätigt, allerdings auch darüber hinausgehende Erkenntnisse geliefert. So konnte sie zeigen, „dass die persönliche Ansprache und Involvierung der Hochschulangehörigen, die öffentliche Unterstützung der Hochschulleitung gekoppelt mit geringer Steuerung und Kontrolle sowie die Anzahl und Intensität der Disseminationen sich positiv auf die Bekanntheit und die Verwendung der Ergebnisse an der Hochschule auswirkten" (Janson, 2014, S. 282). Als konkrete Handlungsempfehlungen heißt das u.a.:

- dass potenzielle Nutzergruppen der Befragung persönlich angesprochen werden sollten,
- dass Ergebnisse für unterschiedliche Nutzergruppen auf unterschiedlichen Ebenen (Hochschulleitung, Fakultäten/Fachbereiche, Serviceeinrichtungen, Studierende) adäquat aufbereitet und ergänzend in Gremien präsentiert werden sollten,
- dass die Ergebnisberichte mit Interpretationen und Handlungsempfehlungen versehen werden sollten, die einerseits die Nutzenorientierung erhöhen und andererseits die Auseinandersetzung mit den Ergebnissen provozieren,
- dass zwar eine zentrale Durchführung, aber auch eine dezentrale Partizipation bei der inhaltlichen Gestaltung der Befragung angestrebt werden sollte, um dem Status der Hochschule als Expertenorganisation und der starken Rolle der Fachkulturen Rechnung zu tragen,
- dass es Verantwortliche für die Befragung auf den unterschiedlichen Hochschulebenen gibt,

- und dass die durchführende Qualitätsmanagementstelle sowie die für die Verwertung verantwortlichen Stellen mit den entsprechenden Ressourcen ausgestattet sind (vgl. Janson, 2014, S. 288–289).

Daneben weist Janson darauf hin, dass Absolventenstudien „ein langsames Instrument“ (2014, S. 284) sind, da sie in der Entwicklung und in der Durchführung viel Zeit benötigen; so sind etwa die Zeitspannen zwischen Erhebung und vorliegenden Berichten erfahrungsgemäß lang. Darüber hinaus bedarf es aber auch viel Zeit, bis sich die Akzeptanz und ein Verständnis für die produktive Nutzung der Ergebnisse bei den Hochschulangehörigen einstellen.

Vor dem Hintergrund dieser allgemeinen Erkenntnisse über Befragungen entlang des Student-Life-Cycle sollen im Folgenden einige Besonderheiten von Musikhochschulen aufgezeigt werden, die mitunter erschwerend für die Durchführung entsprechender Befragungen an diesen Institutionen sind.

3 Herausforderungen für den Einsatz von Befragungen an Musikhochschulen

3.1 Strukturelle Besonderheiten von Musikhochschulen

Musikhochschulen zeichnen sich durch zahlreiche strukturelle Besonderheiten aus, die sie von anderen Hochschulformen unterscheiden und die als spezielle Herausforderungen beim Einsatz quantitativer Befragungen betrachtet werden können (vgl. Clausen, 2017; Wroblewsky, 2017; Franz-Özdemir, 2017). Diese werden im Folgenden kurz erläutert:

Diversität des Studienangebots: Zum Teil bieten Musikhochschulen nicht ausschließlich eine musikalische Ausbildung an, sondern auch Tanz, Schauspiel, freie Kunst, Design etc. Selbst Musikhochschulen mit einem nur auf Musik bezogenen Portfolio offerieren sowohl künstlerische als auch künstlerisch-pädagogische und wissenschaftliche Studiengänge (Jacob, 2007, S. 59–64). Die Fach- und Unterrichtskulturen in diesen Bereichen unterscheiden sich häufig enorm und stellen unterschiedliche Anforderungen an die Organisation der Lehre und der Hochschule allgemein. Befragungen, die auf Qualitätseinschätzungen bezüglich Studium und Lehre bzw. der Hochschulorganisation allgemein abzielen, müssen hier einen Spagat zwischen den Ansprüchen und Belangen dieser diversen Studienangebote schaffen. Sie laufen so Gefahr, entweder auf dem kleinsten gemeinsamen Nenner und damit in bedeutungslosen Aussagen stehenzubleiben oder sich in komplexen Verästelungen zu verstricken, bei denen das Problem der kleinen Fallzahl zum Tragen kommt.

Kleine Fallzahlen: Musikhochschulen sind – verglichen mit Universitäten und Fachhochschulen – klein. Die Studierendenzahl liegt bei den 24 deutschen Musikhochschulen zwischen etwa 370 und 1400 (vgl. MIZ, 2015). Die Studierenden verteilen sich, wie oben beschrieben, auf die unterschiedlichsten Studiengänge, Studienschwerpunkte, Instrumente und Künste. Musikhochschulen haben insgesamt oft weniger Studierende als Universitäten in einem einzigen (kleinen) Studiengang. Daher sind Studiengänge mit kleinen zweistelligen Studierendenzahlen keine Seltenheit. Diese Zahlen machen die hohe Qualität der Ausbildung an den deutschen Musikhochschulen aus und begründen, weshalb hier von Exzellenz gesprochen wird (RKM, 2011, S. 36–38). Für die Durchführung von Befragungen stellen die kleinen Fallzahlen jedoch ein Problem dar, denn nicht nur ist die Grundgesamtheit oft sehr klein und erfordert eine relative hohe Beteiligung der Befragten, sondern auch die Gruppen, die üblicherweise für nach Gruppen differenzierte Auswertungen in Frage kommen, sind i.d.R. sehr klein.

Anonymität: Kleine Fallzahlen mit nicht selten einmaligen Merkmalskombinationen (Studierender, 3. Fachsemester im Studiengang x mit dem Instrument y) führen dazu, dass Fragen der Anonymisierung und Aggregierung von Antworten viel stärker in den Mittelpunkt rücken als bei Befragungen mit Grundgesamtheiten mit mehreren hundert oder gar tausend Personen. Hinzu kommt das oft sehr enge, fast freundschaftliche, manchmal auch familiäre Verhältnis zwischen Studierenden und ihren Lehrenden, insbesondere mit den Lehrenden im Haupt- oder Kernfach, das sich aus der die Musikhochschulen definierenden Unterrichtsform, dem Einzelunterricht, ergibt (RKM, 2011, S. 20; Allert & Allert, 2012). Studierende, die zur Teilnahme an einer Befragung eingeladen werden, haben oft die Sorge, dass ihre Aussagen sehr leicht anhand ihrer Merkmalskombinationen auf sie zurückgeführt werden könnten, was zur Zurückhaltung bei der Teilnahme bzw. bei der Offenheit im Antwortverhalten führen kann.

Diversität der Studierenden: Musikhochschulen sind international. Studierende wie Lehrende kommen aus den unterschiedlichsten Teilen der Welt; etwa 50 Nationalitäten kommen an einer Musikhochschule zusammen (DAAD, 2015, ii). Die offizielle Unterrichtssprache ist Deutsch, zur Immatrikulation muss in der Regel mindestens das B1-Niveau nachgewiesen werden. Dennoch schränken die realiter oft geringen Sprachfähigkeiten gerade in den sprachintensiveren Lehranteilen des Studiums die Lehrqualität und den zügigen Lernfortschritt ein. Die Sprachkenntnisse sind sehr heterogen, was mitunter auch dem Verstehen sprachlicher Feinheiten in schriftlichen Befragungen im Wege steht. Hinzu kommt die kulturelle Vielfalt, die teilweise mit einem unterschiedlichen Umgang mit Kritik einhergeht und so zu Verzerrungen in den erhobenen Befragungsdaten führen kann.

Doch nicht nur die Zahlen der Studierenden und damit der potenziell Befragten sind relativ klein, sondern z.B. auch die Service- und Beratungseinrichtungen. Karrierezentren, Studienberatung und ähnliche Angebote werden oft von nur einer Person betreut. Werden solche Einrichtungen in der Befragung in den Blick genommen und geben die Befragten eine kritische Rückmeldung, steht hier nicht eine Abteilung mit mehreren Mitarbeiterinnen und Mitarbeitern, sondern eine konkrete Person in der Kritik. Dies erfordert besondere und intensive Partizipation der Betroffenen und eine hohe Sensibilität bei der Ergebnisdarstellung.

3.2 Zum Qualitätsmanagement an Musikhochschulen

Musikhochschulen in Deutschland zeichnen sich seit jeher durch ein ausgeprägtes Qualitätsbewusstsein aus:

> „‚Qualität', insbesondere künstlerische bzw. musikalische Qualität, ist von Anfang an das wohl wichtigste Anliegen der Musikhochschulausbildung gewesen. Musikalische Qualität steht meist für ein Ideal, das niemals vollkommen erreichbar ist, das aber kontinuierlich angestrebt wird. Sie kann von unterschiedlicher Form und Gestalt sein und lässt sich oft unmittelbar erkennen, jedoch schwer in Worte fassen." (Bisschop Boele, 2007, S. 8)

Mit diesem Qualitätsbewusstsein geht auch eine den Musikhochschulen eigene Qualitätssicherung einher – auch wenn sie nicht immer unter diesem Namen verhandelt wird (vgl. RKM, 2011, S. 42–43):

> „Die übliche Art und Weise sicherzustellen, dass die höchstmögliche musikalische Qualität erbracht wird, besteht darin, die Qualität durch als hervorragend anerkannte Musiker, durch ebenbürtige Kollegen und durch die Gesellschaft im Allgemeinen testen und bestätigen zu lassen. Da musikalische Qualität ein so schwer zu fassender Begriff ist und unterschiedliche Form und Gestalt annehmen kann, ist die Bewertung von musikalischer Qualität nicht nur einem, sondern mehreren herausragenden Musikern gleichzeitig anvertraut. Ein Komitee bzw. eine Jury berät sich frei und zwanglos und versucht zu einem Urteil zu kommen, mit dem sich alle identifizieren können. Musikalische Qualität wird daher in bzw. durch eine ‚intersubjektive Debatte' formuliert." (Gies, 2011, S. 103)

Neben der Berufungspraxis sind die gängigen Qualitätssicherungsinstrumente an Musikhochschulen:

- Zulassung zum Studium nur bei nachgewiesener und in einer Aufnahmeprüfung belegter künstlerischer Eignung;
- durch den Einzelunterricht bedingte regelmäßige persönliche Zusammenarbeit von Lehrenden und Studierenden und damit eine individuelle Studienberatung durch ständige gegenseitige Information über die Qualität der Lehre und den Ausbildungsstand;
- Vorstellung der Ausbildungsergebnisse innerhalb der Klasse;
- Nachweis der Ausbildungsergebnisse durch in der Regel jährlich mehrere Vortragsabende vor externem Publikum;
- Dokumentation des Ausbildungsstandes durch das obligatorische Mitwirken im Hochschulorchester einschließlich der öffentlichen Konzerte, bei Opernproduktionen und anderen öffentlichen Auftritten (RKM, 2011, S. 42).

Diese traditionellen Qualitätssicherungsinstrumente dokumentieren zwar den Ausbildungsstand und die Entwicklung von Studierenden, sie beinhalten jedoch keine systematischen Bewertungen des Lehr-/Lernprozesses oder von Studien- und Hochschulstrukturen. Als Verfahren der Evaluation oder des systematischen Qualitätsmanagements können sie daher nur eingeschränkt betrachtet werden (vgl. Franz-Özdemir, 2017). Neben diese traditionelle Qualitätssicherung der Musikhochschulen über eine intensive Bestenauslese, Teilnahme am Konzertbetrieb und die Bewertung durch (Fach-) Publikum tritt daher in den letzten Jahren und befördert durch die Studienreformen nach Bologna (vgl. Olbertz, Pasternack & Kreckel, 2001) verstärkt auch eine *moderne* Form des Qualitätsmanagements (vgl. Jacob, 2007). Mit dieser neuen Form der Qualitätsbeurteilung und -kontrolle tun sich die Musikhochschulen aus unterschiedlichen Gründen schwer (vgl. Bisschop Boele, 2007, Kapitel 2; Gies, 2011). So zeigen sich viele Lehrende skeptisch, ob über die traditionellen Methoden zur Qualitätsbestimmung von musikalischen Darbietungen und dem regelmäßigen direkten Kontakt zwischen Lehrenden und Studierenden weitere Methoden zur Einschätzung bzw. Weiterentwicklung der Lehrqualität (insbesondere Evaluationen) notwendig und sinnvoll sind.

Das moderne Qualitätsmanagement wird hier verstanden als Zusammenspiel organisatorischer Maßnahmen zur Bestimmung, Entwicklung und Bewertung von Qualität(en), die aus einer „aktive[n] Steuerungsfunktion im Sinne des Managements“ (Jacob, 2007, S. 46) hervorgehen. Darunter fallen sowohl diverse, idealerweise miteinander konzeptionell verbundene Einzelmaßnahmen wie Runde Tische, Leitfäden, Evaluationen, Prozessanalysen, Benchmarking, Lehrentwicklungsangebote etc. als auch großformatige Verfahren wie Akkreditierungen, Audits usw.

Das *Netzwerk Musikhochschulen* wurde mit dem Anspruch gegründet, dieses moderne Verständnis von Qualitätsmanagement in den zwölf Mitgliedshochschulen voranzutreiben, wobei zunächst Möglichkeiten, Nutzen, Grundlagen und passende Verfahren zu eruieren bzw. zu entwickeln waren. Auf der Basis dieser Erfahrungen wird im Folgenden dargestellt, welche Lehren speziell aus der Anwendung von Evaluationen bzw. großen quantitativen Befragungen an Musikhochschulen gezogen werden können und inwiefern diese eine sinnvolle Ergänzung zu den oben skizzierten traditionellen Verfahren der Qualitätssicherung an Musikhochschulen sind.

4 Erfahrungen aus dem Einsatz von Befragungen entlang des Student-Life-Cycle im *Netzwerk Musikhochschulen*

4.1 Überblick über die im *Netzwerk Musikhochschulen* entwickelten Befragungen

Im *Netzwerk Musikhochschulen* wurden in den letzten Jahren drei Befragungen entwickelt und durchgeführt, die sich auf bestimmte Abschnitte im Student-Life-Cycle konzentrieren. Dabei handelt es sich um eine Studienabschlussbefragung, eine Alumnibefragung und eine Zwischenbilanz. Die Studienabschlussbefragung und die Alumnibefragung fallen unter die Kategorie Absolventenstudie, die wie folgt definiert werden kann:

> „Absolventenstudie ist der Oberbegriff für eine Befragung (schriftlich, mündlich) von Hochschulabsolventen (oder auch Exmatrikulierten) zu einem beliebigen Zeitpunkt nach ihrer Graduierung (1-3-5 Jahre). Inhalte der Befragung können vielfältig sein. Typisch sind Fragen zum Berufsübergang, Berufseinstieg, Berufsverlauf, Nutzung von erworbenen Kompetenzen und aktueller Tätigkeit sowie zur Hochschulbildung." (Janson, 2014, S. 36)

Die erste im *Netzwerk Musikhochschulen* entwickelte Befragung ist die Studienabschlussbefragung. Hierbei handelt es sich um eine Befragung, bei der Absolventinnen und Absolventen unmittelbar, d.h. spätestens ein Jahr nach dem Erreichen des Abschlusses befragt werden. In den Blick genommen werden verschiedene Aspekte aus Studium und Lehre, die von den Befragten rückblickend bewertet werden, darunter der Hauptfachunterricht, die Organisation von Lehrveranstaltungen sowie das Beratungs-, Informations- und Serviceangebot.

Zusätzlich wurde eine Alumnibefragung entwickelt, die (zunächst) auf die Zielgruppe der Absolventinnen und Absolventen in Studiengängen für das Lehramt Musik zugeschnitten ist. Die Erhebung wurde im Jahr 2016 erstmals durchgeführt. Zur Teilnahme eingeladen wurden Absolventinnen und Absolventen, die ausgehend vom Befragungsstart vor drei bis fünf Jahren ihren Abschluss gemacht haben. Der Fragebogen ist inhaltlich zweigeteilt und kann im ersten Teil als Verbleibstudie bezeichnet werden und konzentriert sich im zweiten Teil auf die im Studium vermittelten Kompetenzen und deren Passung mit den im Beruf benötigten Anforderungen. Damit orientiert sich die Befragung an den nach Janson (2014, S. 36) leitenden zwei Erkenntnisinteressen von Absolventenstudien: Zum ersten ein Interesse an der Frage, wie und wo die ehemaligen Studierenden in den Beruf eingetreten sind und zum zweiten ein Interesse an der Frage nach dem Verhältnis von Studieninhalten zu den Anforderungen auf dem Arbeitsmarkt bzw. in konkreten Tätigkeitsfeldern.

Im Gegensatz dazu interessiert sich die dritte im *Netzwerk Musikhochschulen* entwickelte Befragung, die Zwischenbilanz, für die Erfahrungen und Einschätzungen zu Studium und Lehre von aktuell Studierenden. Hier werden – äquivalent zur Studienabschlussbefragung und mit vielen inhaltlichen Verknüpfungen – die verschiedenen Studienbereiche (z.B. Unterricht im Hauptinstrument, Unterricht in weiteren Instrumenten, weitere Fächer wie Musiktheorie oder Musikwissenschaft), aber auch Aspekte der Studienorganisation sowie Beratungs-, Informations- und Serviceangebote in den Blick genommen.

Die drei Befragungen wurden von Mitarbeiterinnen und Mitarbeitern des *Netzwerk Musikhochschulen* entwickelt und an mehreren Netzwerkhochschulen durchgeführt.[4] Die ergiebigsten Erfahrungen konnten mit der Studienabschlussbefragung gesammelt werden, da diese bereits 2013 erstmals eingesetzt und seitdem nicht nur mehrfach durchgeführt, sondern auch weiterentwickelt bzw. ergänzt wurde.

4.2 Gelingensbedingungen für die Implementierung von Student-Life-Cycle-Befragungen an Musikhochschulen

Im Folgenden werden einige Gelingensfaktoren diskutiert, die sich im *Netzwerk Musikhochschulen* für Student-Life-Cycle-Befragungen herauskristallisiert haben. Dabei wird zunächst der Zielsetzungs- und Entwicklungsprozess betrachtet, anschließend entscheidende Aspekte in der Durchführung und schließlich wird erörtert, durch welche Faktoren eine Ergebnisnutzung der Befragungen gefördert werden kann.

4.2.1 Zielsetzung und Entwicklung der Student-Life-Cycle-Befragungen im *Netzwerk Musikhochschulen*

Eines der Ziele des *Netzwerk Musikhochschulen* ist, Befragungen entlang des Student-Life-Cycle zu entwickeln, die an allen zwölf Mitgliedshochschulen Anwendung finden können und deren Daten ggf. auch für hochschulübergreifende Auswertungen und Vergleiche zusammengelegt werden können. Vor diesem Hintergrund hat die Zieldefinition für Befragungen im *Netzwerk Musikhochschulen* immer eine doppelte Orientierung: Auf der einen Seite stehen die Interessen der einzelnen Hochschulen, die sich als heterogen darstellen, auf der anderen die übergeordneten netzwerkweiten Interessen. Diese Ausgangslage macht die ohnehin heikle Zieldefinition für Befragungen in der Praxis schwierig, denn die Befragungen können nicht ausgehend von einer ganz konkreten Zielsetzung einer Einrichtung maßgefertigt werden, sondern müssen möglichst viele oder zumindest eine Reihe von möglichen Interessen und Zielsetzungen abdecken. Die Befragungen entlang des Student-Life-Cycle der Musikhochschulen im Netzwerk sind deshalb vergleichbar mit Instrumenten wie dem des INCHER, müssen also verstanden werden als (teil-)standardisierte Instrumente, die entsprechend der eigenen Zielsetzung seitens der Hochschulen eingesetzt und – soweit wie möglich[5] – angepasst oder wegen der fehlenden Passung zur eigenen Zielsetzung nicht eingesetzt werden können.

---

4 Die Zwischenbilanz wurde erst 2016 entwickelt, weshalb sie erst im Wintersemester 2016/17 einsatzbereit ist und entsprechend in diesem Artikel nur bis zur Entwicklungsphase einbezogen werden kann, da noch keine Erfahrungen zur Durchführung vorliegen.

5 Anpassungen sind z.T. schon aufgrund des unterschiedlichen Sprachgebrauchs und der unterschiedlichen Hochschulstrukturen notwendig, etwa die Bezeichnungen für relevante Service-Einrichtungen. Solche Anpassungen sind i.d.R. problemlos möglich, wobei sich auch hier Schwierigkeiten ergeben können, wenn z.B. Vergleiche in genau diesen Bereichen angestellt werden sollen.

Begegnet wurde dieser Schwierigkeit der diffusen Zielstellung im *Netzwerk Musikhochschulen* zum einen strukturell, indem die Befragungen in Teams entwickelt wurden, in denen Personen aus zwei bis fünf Netzwerkhochschulen zusammengearbeitet haben. So sollte sichergestellt werden, dass in die Befragung mehrere Hochschulperspektiven und -interessen einfließen, gleichzeitig aber auch eine arbeitsfähige Gruppe für eine professionelle und zielgerichtete Entwicklungsarbeit verantwortlich ist. Arbeitsstände und fertige Befragungen wurden zudem innerhalb des *Netzwerk Musikhochschulen* im sogenannten Handlungsfeld Qualitätsmanagement[6] abgestimmt und verabschiedet (vgl. Clausen & Geuen, 2017). Darüber hinaus wurde der Schwierigkeit zum anderen auch inhaltlich im Rahmen der Entwicklung begegnet, indem seitens der mit der Befragungsentwicklung beauftragten Gruppe immer wieder Expertenmeinungen eingeholt wurden. Konzepte, Fragen und Fragenblöcke wurden mit Lehrenden, Studierenden und Verwaltungsmitarbeiterinnen und -mitarbeitern rückgekoppelt und entsprechend angepasst. Doch auch durch die sorgfältige Entwicklung der Befragung in einer Gruppe, in der mehrere Hochschulperspektiven zusammenkommen, können nicht alle strukturellen Unterschiede und Besonderheiten[7] von zwölf Musikhochschulen antizipiert und bedacht werden. Aus diesem Grund wurde mit der Alumnibefragung und der Zwischenbilanz auf ein Baukastenprinzip umgestellt, d.h. es wurden umfassende Fragebögen entwickelt, die für verschiedene Bereiche Fragengruppen mit diversen Fragen enthalten. Dabei wird jedoch nicht vorgeschrieben, welche Fragen oder Fragenblöcke genutzt werden müssen. Vielmehr können sich die Hochschulen aus diesem Angebot einen Fragebogen entsprechend der eigenen aktuellen Interessen und Bedarfe zusammenstellen. So werden einerseits die Gemeinsamkeit und die durch das interhochschulische Teamwork gewonnene Qualität erhalten, andererseits sind die Instrumente ausreichend flexibel, um von den Hochschulen individuell eingesetzt werden zu können. Die fertigen Fragebögen inklusive Konzept und Verfahrensbeschreibungen wurden allen zwölf Hochschulen zur Verfügung gestellt, i.d.R. mit der Möglichkeit, sowohl vor der ersten Durchführung der Befragung als auch im Nachgang ein Feedback zu geben und Änderungswünsche einzubringen. Diese Feedbackschleife soll gewährleisten, dass die Interessen und Fragestellungen der Hochschulen in die Konzipierung der Befragung und die Fragebogengestaltung einfließen können.

Bei allen bisher im *Netzwerk Musikhochschulen* entwickelten Student-Life-Cycle-Befragungen handelt es sich um Neuentwicklungen, d.h. es wurden keine Standardinstrumente übernommen. Die Unterschiede zwischen den Befragungen des *Netzwerk Musikhochschulen* und Befragungen anderer Einrichtungen werden in der Operationali-

6 Das Handlungsfeld Qualitätsmanagement im *Netzwerk Musikhochschulen* setzt sich aus den Mitarbeiterinnen und Mitarbeitern im Bereich Qualitätsmanagement und je einer/m Vertreterin/Vertreter der Hochschulleitung aus den vier Netzwerkhochschulen HfK Bremen, HfM Detmold, HfMT Hamburg und RSH Düsseldorf zusammen und ist eine Art Steuerungsgruppe innerhalb des Netzwerks für den Bereich Befragungen und Evaluation.

7 Hier ist z.B. an die oben dargestellte unterschiedliche Ausrichtung der Musikhochschulen zu denken, die z.T. eben nicht nur Musik, sondern auch bildende Kunst, Tanz, Theater etc. abdecken. Zumindest in diesen Fällen kann die Befragung für den entsprechenden Fachbereich/die entsprechende Fakultät eingesetzt werden.

sierung der verschiedenen Aspekte deutlich, die in den Blick genommen werden, und ergeben sich aus den besonderen Strukturen, die Studium und Lehre an Musikhochschulen prägen. So muss etwa dem Einzelunterricht Rechnung getragen werden, der einen großen Anteil am Musikstudium hat sowie auch der künstlerisch-persönlichen Entwicklung, die im Zentrum der (Aus-)Bildung an den Musikhochschulen steht. In der Studienabschlussbefragung etwa werden Qualitätsaspekte bezüglich der Lehre u.a. für die Bereiche Hauptfachunterricht und Nebenfächer differenziert erfasst. Dabei gibt es z.B. einen Abschnitt, in dem Studierende ihre künstlerisch-persönliche Entwicklung reflektieren und auch Aussagen dazu treffen können, was ihnen im Studium geholfen und was gefehlt hat.

Die Implementierung von (nahezu) unveränderten Standardinstrumenten ist an Musikhochschulen deshalb kaum möglich, da sie die qualitätsrelevanten Spezifika nicht erfassen und somit kaum brauchbare Ergebnisse versprechen. Hinzu kommt die oben dargestellte Skepsis an Musikhochschulen, die Qualität des Studiums, der Lehre oder bestimmter Servicebereiche an diesen Institutionen mit Befragungs- und Evaluationsinstrumenten messen zu können oder überhaupt zu müssen. Dieser Skepsis kann, wie bereits weiter oben angeführt, vor allem mit Sorgfalt und Spezifik bei der Befragungsentwicklung und Kommunikation mit den Betroffenen begegnet werden.

Zudem hat sich eine Offenheit der Befragung in den ersten Durchläufen als gewinnbringend herausgestellt. So wurde schon in der Studienabschlussbefragung die Notwendigkeit zur Überarbeitung und Weiterentwicklung der Befragung zur weiteren Spezifizierung und Präzisierung von vornherein bedacht und in der Befragung angelegt. An einigen Stellen der Befragung wurde auf geschlossene Fragen mit vorgegebenen Antworten und Quantifizierungen bewusst zugunsten von offenen (und damit schwieriger bzw. aufwendiger auszuwertenden) Fragen verzichtet, um Datenmaterial zu generieren, das eine qualitative Klärung von bis dahin vage bekannten Studienbedingungen und Qualitätsansprüchen ermöglicht. Gerade diese Offenheit in den ersten Durchläufen der Befragung hat dazu beigetragen, dass die Befragung in Überarbeitungen genauer und adäquater geworden ist und somit nicht nur für die Bereiche Studium und Lehre Lernzyklen ermöglicht, sondern auch für die Erstellung und Durchführung von Befragungen.

4.2.2 Durchführung der Student-Life-Cycle-Befragungen im *Netzwerk Musikhochschulen*

Zur Durchführung einer Befragung an einer Hochschule werden in der Regel Beschlüsse der zuständigen Gremien – je nach Zielrichtung und -gruppe der Befragung z.B. des Rektorats oder Präsidiums, des Senats oder des Fachbereichs bzw. der Fakultät – benötigt, sofern sie nicht durch Evaluationsordnungen vorgeschrieben sind. Der Durchführung einer Befragung geht daher nicht nur Entwicklungs-, sondern meist auch intensive Vermittlungsarbeit voraus. Dabei werden Ziele, Möglichkeiten und Grenzen der Befragung aufgezeigt, diskutiert und beschlossen. Idealerweise erfolgt diese Arbeit bereits vor der Befragungsentwicklung und im persönlichen Gespräch mit den Gremien oder Arbeitsgruppen.

Auch im *Netzwerk Musikhochschulen* hat sich gezeigt, dass dieses Vorgehen entscheidend für die Akzeptanz und damit letztlich für den produktiven Einsatz von Befragungsinstrumenten ist. Hochschulen, die diesen Prozess frühzeitig eingeleitet haben, konnten sich die zur Verfügung gestellten Befragungen oft besser zu eigen machen als jene, die den Prozess erst kurz vor dem geplanten Befragungsstart begonnen haben. Durch eine rechtzeitige Auseinandersetzung mit der geplanten Befragung können sich Hochschulen bzw. Hochschulleitungen besser mit den Befragungen und deren Zielen identifizieren, relevante Fragestellungen und Inhalte definieren und ggf. Anpassungen des Fragebogens entsprechend der hochschulindividuellen Interessen vornehmen – oder auch Abstand von der Durchführung der Befragung nehmen, sofern sie nicht mit den Interessen der Hochschule in Übereinstimmung zu bringen ist.

Dass Befragungen entlang des Student-Life-Cycle in der Durchführung eher langsame Instrumente sind, wurde hier bereits erörtert. Daneben erfordert, zumindest in der Phase des erstmaligen Aufbaus solcher Instrumente des Qualitätsmanagements, auch schon die Schaffung der notwendigen Voraussetzungen einige Zeit. Mitunter müssen die nötigen Ordnungsmittel erstellt und verabschiedet und Fragen des Datenschutzes geklärt werden (vgl. Reimann, 2017). Die operative Durchführung liegt hier bei den zuständigen Qualitätsmanagement- bzw. Evaluationsstellen. Die Hochschulleitung hat dabei aber eine maßgebliche strategische und treibende Rolle. Sie sollte sich aktiv mit ihren Interessen einbringen, sich offensiv gegenüber der Hochschulöffentlichkeit zu entsprechenden Maßnahmen bekennen und diese an den Prozessen auch teilhaben lassen.

Zusätzlich zu den Hochschulleitungen und den Gremien sind auch die Studierenden selbst wichtige Unterstützer für Befragungsinstrumente. Gerade an Musikhochschulen, die noch nicht so sehr unter „Evaluitis“ (Frey, 2007) leiden wie etwa Universitäten und Fachhochschulen und deren Studierende der Befragungen noch nicht überdrüssig sind, haben Studierende erfahrungsgemäß ein Interesse daran, sich zu ihrem Studium und den Studienbedingungen äußern zu können. Sind sie also in die Entscheidungsfindung und in die Entwicklung eingebunden, werden sie den Prozess insgesamt befördern. Beispielsweise können sie über die studentischen Netzwerke ihre Kommilitoninnen und Kommilitonen sowohl von der Bedeutung der Befragungen als solche als auch einer Teilnahme überzeugen und sich für die Thematisierung der Befragung in den Gremien einsetzen.

Angesichts der oben beschriebenen kleinen Fallzahlen ist eine solche Unterstützung insbesondere im Bereich der Werbung für die Befragung enorm wichtig. Gemeinhin gelten für anonyme (Online-)Befragungen Rücklaufquoten von 10–20 Prozent als gut, in absoluten Zahlen kommen Musikhochschulen bei einer Studienabschlussbefragung, wie sie oben vorgestellt wurde, allerdings oft nur auf 20–30 Fälle. Gruppenbezogene Auswertungen sind in diesem Kontext nur in Ausnahmefällen möglich und auch eine Auswertung über alle Fälle hinweg ist z.B. wegen des hohen Einflusses von Ausreißern mit großer Vorsicht zu interpretieren.

Im *Netzwerk Musikhochschulen* wurde daher versucht, mit unterschiedlichen Methoden eine möglichst hohe Beteiligung zu generieren. Frühzeitige Werbung unter Einbezug aller Lehrenden, eine direkte Ansprache der Absolventinnen und Absolventen durch die Hochschulleitung (z.B. im Rahmen von Absolventenfeiern), schriftliche Einladungen, teils mit Werbepostkarten und mehrmaligem, konsequentem Erinnern an die Teilnahme (bis zu vier Kontakte inkl. der ersten Einladung) sowie mindestens einmaliges Nachrecherchieren von fehlenden bzw. falschen Adressen haben sich als effektive Maßnahmen erwiesen und konnten die Rücklaufquote z.T. auf über 40 Prozent bei der Studienabschlussbefragung steigern. Auch bei der Alumnibefragung konnten an einigen Hochschulen ähnlich hohe Werte erreicht werden.

Bei der Kontaktaufnahme mit den zu befragenden Personen hat sich eine möglichst persönliche bzw. personalisierte Ansprache als sinnvoll erwiesen, die das persönliche Verhältnis, das während des Studiums unter Studierenden, Lehrenden und Verwaltung häufig gepflegt wird, aufgreift bzw. (im Falle der Studienabschluss- und Alumnibefragung) weiterführt. Im Anschreiben mit der Bitte um Teilnahme sind zudem der deutliche Hinweis und einige Erläuterungen zur Anonymität wichtig. Hierzu gab es seitens der Befragten immer wieder Rückfragen und Skepsis, da befürchtet wurde, dass einzelne Studierende über die angegebenen personenbezogenen Daten identifiziert werden oder (Hauptfach-)Lehrende Einblick in die individuellen Antworten bekommen könnten. Die deutliche Positionierung zugunsten der Anonymität der Befragten, zur wissenschaftlichen Basierung der Auswertung und einer vollständig anonymisierten Ergebnisdarstellung hatte bei allen durchgeführten Befragungen große Relevanz.

Sensibilität bezüglich der Anonymität ist auch im Hinblick auf die von der Befragung betroffenen Abteilungen und Personen wichtig. Nicht nur in der Lehre, sondern auch in der administrativen Betreuung und in der Beratung wird an Musikhochschulen auf einer sehr persönlichen Ebene gearbeitet und manche Abteilungen oder Einrichtungen werden tatsächlich nur von einer Person betreut. Damit in der Befragung geäußerte Kritik dennoch akzeptiert und konstruktiv aufgenommen wird, hilft die frühzeitige Partizipation der Betroffenen, sodass sie sich mit ihren Interessen und Fragen in die Befragungsentwicklung einbringen können. Auch eine sensible Aufbereitung der Ergebnisse, die z.B. in der Detailauswertung für die betroffene Abteilung oder Person deutlicher ausfallen können als z.B. im allgemeinen, hochschulweit zugänglichen Bericht, ist unabdingbar.

4.2.3 Ergebnisnutzung der Student-Life-Cycle-Befragungen

Befragungen entlang des Student-Life-Cycle sind zunächst nur Instrumente zur Informationsgewinnung. Sie sollen mit unterschiedlichen Foki Einschätzungen der Studierenden zum Studium, den Studienbedingungen und dem Output oder Outcome des Studiums einholen. Ihre Entwicklung und Durchführung ist, wie bereits gezeigt wurde, aufwendig und voraussetzungsvoll. Ein großes Risiko, das in der Durchführung von Befragungen in diesem Format liegt, ist die Nicht-Nutzung der Ergebnisse. Aller Aufwand zur Entwicklung, Bewerbung und Durchführung von Befragungen ist hinfällig, wenn nicht von vornherein bedacht wird, von wem und wozu die Befragung bzw. deren Ergebnisse und Erkenntnisse genutzt werden sollen.

Es wurde bereits darauf hingewiesen, dass Befragungen ohne eine Zielstellung schon bei der Entwicklung Schwierigkeiten verursachen, spätestens aber an der Ergebnisverwertung scheitern. Im Idealfall geht also der Entwicklung und Durchführung einer großen Befragung eine Beschäftigung in der Hochschule bzw. den zuständigen Gremien voraus: was Qualitätsmanagement an der Musikhochschule eigentlich leisten soll, welche Instrumente dafür infrage kommen, wer jeweils zuständig ist[8] und – um den Regelkreislauf zu schließen – wie etwaige Maßnahmen in den Hochschulbetrieb eingebracht werden und deren Erfolg anschließend überprüft wird. Für diese Diskussion kann die Neuentwicklung bzw. Überarbeitung der Evaluationsordnungen einen Anker bilden.

Grundsätzlich sind hinsichtlich eines Nutzungskonzeptes mindestens zwei Varianten (und natürlich Mischformen) denkbar: Zum einen können Befragungen entlang des Student-Life-Cycle als Monitoring-Instrument genutzt werden. Diese Variante ist verhältnismäßig simpel und ohne große Selbstverpflichtungen seitens der Hochschule umzusetzen. Die Befragung(en) werden routinemäßig, d.h. regelmäßig und möglichst automatisiert durchgeführt. Zu bestimmten Erhebungszeitpunkten erfolgt die Auswertung und Aufbereitung (ggf. auch mit Zeitreihenvergleichen) der Ergebnisse, die einem definierten Gremium, etwa dem Rektorat oder dem Präsidium, dem Senat oder einer dafür eingesetzten Kommission vorgelegt werden. Bei Auffälligkeiten (z.B. der Über- oder Unterschreitung von Grenzwerten) können diese Gremien auf Grundlage der Daten aktiv werden.

Zum anderen können die Befragungsergebnisse in konkrete Evaluationen und/oder weitere Qualitätssicherungsverfahren eingespeist werden. Infrage kommen hier vor allem Studiengangsevaluationen, Evaluationen von Fachbereichen/Fakultäten oder Evaluationen von Service- und Beratungseinrichtungen der Hochschule. Im Rahmen von (System-)Akkreditierungen sind solche Verfahren sogar erforderlich und die Befragungen können nachhaltig eingebunden werden. Dieses Vorgehen erfordert jedoch viel stärker als in der Monitoring-Variante nutzerspezifische, zielgerichtete Auswertungen, die mitunter zwar knapp im Umfang sind, aber dafür tiefer ins Detail gehen.

Beide Varianten sind im *Netzwerk Musikhochschulen* vorzufinden, es hat sich jedoch – wie auch aufgrund der oben vorgestellten Forschung zu erwarten war – gezeigt, dass die produktive Auseinandersetzung mit den Ergebnissen, die über eine reine Kenntnisnahme hinausgeht, voraussetzungsvoll ist und viel Engagement seitens der dafür operativ verantwortlichen Stelle erfordert. Selbst dort, wo geregelt ist, wer für die Diskussion der Ergebnisse und die Entwicklung von Follow-up-Maßnahmen verantwortlich ist, braucht es viel Nachdruck und Ausdauer, bis den Ergebnissen verbindliche Worte und Taten folgen.

8 Im Gegensatz zu Lehrveranstaltungsevaluationen (Franz-Özdemir, 2017) ist hier der/die (primäre) Adressat/in der Ergebnisse nicht so offensichtlich, weshalb geregelt werden sollte, wer sich den Befragungsergebnissen annimmt und daraus Schlüsse zieht.

Angesichts dieser Aufwendungen ist zu fragen, wie viel Nutzen der Einsatz einer und wie viel Mehrwert der Einsatz mehrerer Befragungen dieser Art an Musikhochschulen hat. Tatsächlich sind die Befragungsergebnisse erfahrungsgemäß jedoch sehr aufschlussreich und bieten sinnvolle Anknüpfungspunkte für die Hochschul-, Studiengangs- und Lehrentwicklung. Dies nicht zuletzt, weil es grundsätzlich relativ wenig empirische Erkenntnisse über das Studium und die Lehre an Musikhochschulen gibt. So können die Befragungsergebnisse Ahnungen belegen bzw. widerlegen und so die Diskussion versachlichen bzw. Anlass bieten, aktiv zu werden. Anhand der Studienabschlussbefragung an der *Hochschule für Musik Detmold* lassen sich z.B. sehr deutlich die hohe Zufriedenheit mit dem Unterricht im Hauptinstrument, gleichzeitig aber auch bekannte Probleme nachweisen und Aufschluss über Bekanntheit und Nutzungsgrad von Serviceeinrichtungen gewinnen.

Es ist zu erwarten, dass sich die Aussagekraft von Befragungen entlang des Student-Life-Cycle noch steigern lässt, wenn sie nicht nur als nebeneinanderstehende Befragungen konzipiert und eingesetzt, sondern miteinander verknüpft werden und sich gegenseitig ergänzen können. Hierzu ist mindestens eine inhaltliche Vernetzung der Befragungen notwendig, d.h., dass gleiche Aspekte aus unterschiedlichen Perspektiven betrachtet werden, gleichzeitig aber auch jeweils unterschiedliche Aspekte in den Blick genommen werden, die nur von einer der Gruppen (Studienanfängerinnen und Studienanfänger, Studierende, Absolventinnen und Absolventen, Ehemalige) eingeschätzt werden können. So können z.B. auch bei niedrigen Fallzahlen zudem Trends in den Ergebnissen der unterschiedlichen Befragungen wechselseitig verifiziert werden.[9] Eine Steigerung der Datendichte ließe sich darüber hinaus durch Panelbefragungen erreichen, in denen Einzelfälle über den Zeitverlauf hinweg verfolgt werden, was angesichts der hohen Fixierung auf die individuelle Entwicklung während des Studiums interessant und angesichts der kleinen Fallzahlen vom Aufwand her möglicherweise überschaubar wäre. Diese Entwicklungsstufen sind allerdings nur gerechtfertigt, wenn ein solches Befragungssystem möglichst professionell und ohne großen Aufwand betrieben werden kann, die erhobenen Daten vor dem Hintergrund konkreter Fragestellungen in befragungsübergreifenden Berichten zusammengeführt werden und sich die jeweilige Hochschule dazu entschließt, die Daten intensiv und produktiv zu nutzen.

Im *Netzwerk Musikhochschulen* ist dieser Punkt noch nicht realisiert, mit Beginn der Entwicklung der Zwischenbilanz wurde aber begonnen, auf die inhaltliche Verknüpfung der verschiedenen Befragungen im Student-Life-Cycle hinzuwirken, indem die Zwischenbilanz mit der Studienabschlussbefragung verzahnt wurde.

---

9 Wobei hier zu beachten ist, dass die Einschätzungen zu unterschiedlichen Punkten im Student-Life-Cycle unterschiedlich ausfallen können. So haben Studierende z.B. am Studienende einen besseren Überblick über Zusammenhänge, die ihnen zu Beginn des Studiums noch fehlten, was Einfluss auf Qualitätseinschätzungen haben kann.

5 Fazit und Ausblick

Ausgangspunkt dieses Artikels war die Frage, wie Befragungen entlang des Student-Life-Cycle auch in Form von quantitativen Erhebungen an Musikhochschulen sinnvoll eingesetzt werden können. Dabei wurde die These verfolgt, dass auch an Musikhochschulen quantitative Befragungsinstrumente sinnvoll eingesetzt werden können. Die Voraussetzungen dafür sind, dass sie entsprechend der spezifischen Besonderheiten und Fragestellungen der Musikhochschulen entwickelt, im Sinne möglichst klar definierter Zielsetzungen und Fragestellungen der Hochschule implementiert werden und ein Nutzungskonzept existiert, das auch gelebt wird. Letzteres heißt, dass, möglichst differenziert nach Hochschulebenen, verantwortliche Personen oder Gremien definiert werden, die sich zu geregelten Zeitpunkten ernsthaft mit den Ergebnissen auseinandersetzen und Maßnahmen ableiten und diese im Anschluss auch durchsetzen.

Musikhochschulen sind damit beim Einsatz von Befragungen entlang des Student-Life-Cycle weitgehend vor die gleichen Herausforderungen und Probleme gestellt wie Fachhochschulen und Universitäten. Insbesondere durch die Kleinheit der Musikhochschulen und den damit verbundenen kleinen Fallzahlen potenzieren sich manche Herausforderungen jedoch. So scheint es, als sei die Identifizierung der Hochschulleitung und letztlich auch sämtlicher Hochschulangehöriger mit der Befragung (oder den Befragungen) noch wesentlich wichtiger als an großen Hochschulen. Es müssen überproportional viele Personen zur Mitwirkung (an der Konzeption, Entwicklung, Implementierung und Ergebnisanalyse) und zur Teilnahme an der Befragung motiviert werden, um aussagekräftige Ergebnisse zu erhalten und eine produktive Ergebnisnutzung zu ermöglichen.

Sofern sich die Hochschulen ausgehend von ihren Zielen und Fragestellungen für die Durchführung einer oder mehrerer Befragungen entlang des Student-Life-Cycle entscheiden und diese auch aktiv in die Befragungs(weiter)entwicklung einbringen, ist der Einsatz sinnvoll und erkenntnisversprechend. Gegenüber von Eigenentwicklungen haben die Befragungen des Netzwerks dabei den Vorteil, dass hier flexibel einsetzbare, teilstandardisierte Instrumente entstehen, die neben einer musikhochschulspezifischen Ausrichtung und kontinuierlichen, feedbackgestützten Verbesserungen auch Vergleichbarkeit ermöglichen.

Es ist jedoch auch festzuhalten, dass die Befragungen des *Netzwerk Musikhochschulen* sich im Aufbau befinden, d.h. als Neuentwicklungen noch nicht so präzise in der Erfassung der Besonderheiten sind, wie es wünschenswert wäre und untereinander noch stärker verzahnt werden müssen. Gerade im Verbund lassen sich diese Weiterentwicklungen aber durch die Bündelung von Kompetenzen und Perspektiven produktiv erbringen.

Literatur

Alberding, R. & Janson, K. (Red.) (2007). *Potentiale von Absolventenstudien für die Hochschulentwicklung.* Dokumentation einer Veranstaltung der HRK in Kooperation mit dem INCHER-Kassel und dem Arbeitsbereich Absolventenforschung der FU Berlin am 18. und 19. Mai 2006 an der Universität Kassel (=Beiträge zur Hochschulpolitik 4/2007). Hrsg. von der Hochschulrektorenkonferenz. Bonn: HRK.

Allert, C. & Allert, T. (2012). Das Arkanum der Institution. Die Musikhochschule als Ort der Professionalitätsschulung. *Musik & Ästhetik* 4, 5–21.

Arnold, J. (2007). Stellenwert für die Akkreditierung. In: HRK (Hg.), *Potentiale von Absolventenstudien für die Hochschulentwicklung* (=Beiträge zur Hochschulpolitik 4/2007) (S. 127–133). Bonn: HRK.

Bisschop Boele, E. (2007). *Handbuch Interne Qualitätssicherung in der höheren Musikausbildung.* Utrecht: AEC.

Clausen, B. (2017). Musik, Staat, Institution – Musikhochschule. Zum Qualitätsdiskurs als Denkstil. In B. Clausen & H. Geuen (Hg.), *Qualitätsmanagement und Lehrentwicklung an Musikhochschulen. Konzepte – Projekte – Perspektiven* (S. 11–36). Münster: Waxmann.

Clausen, B. & Geuen, H. (2017). Qualitätsmanagement und Lehrentwicklung an Musikhochschulen. Ausblicke und Perspektiven. In B. Clausen & H. Geuen (Hg.), *Qualitätsmanagement und Lehrentwicklung an Musikhochschulen. Konzepte – Projekte – Perspektiven* (S. 305–324). Münster: Waxmann.

DAAD (Hg.) (2015). *Internationalität an deutschen Hochschulen. Sechste Erhebung von Profildaten 2015.* Bonn: DAAD.

Franz-Özdemir, M. (2017). Andere Lehre – andere Evaluation: Grundlagen, besondere Anforderungen und Methoden für die Lehrveranstaltungsevaluation an Musikhochschulen. In B. Clausen & H. Geuen (Hg.), *Qualitätsmanagement und Lehrentwicklung an Musikhochschulen. Konzepte – Projekte – Perspektiven* (S. 91–115). Münster: Waxmann.

Frey, B.S. (2007). Evaluierungen, Evaluierungen … Evaluitis. *Perspektiven der Wirtschaftspolitik* 8, 207–220.

Gies, S. (2011). Akkreditierung und Qualitätssicherung an Musikhochschulen. In: HRK (Hg.), *Beiträge zur Hochschulpolitik 3/2011* (S. 97–110). Bonn: HRK.

HRK (2010). Wegweiser 2010. Qualitätssicherung an Hochschulen. Projekt Qualitätsmanagement. In HRK (Hg.), *Beiträge zur Hochschulpolitik 8/2010.* Bonn: HRK.

Jacob, A.K. (2007). *Qualitätsmanagement an Musikhochschulen in Zeiten sich wandelnder Studienstrukturen* (=Folkwang Studien, Bd. 5). Hildesheim: Olms.

Jaeger, M. & Kerst, C. (2010). Potentiale und Nutzen von Absolventenbefragungen für das Hochschulmanagement. *Beiträge zur Hochschulforschung* 32(4), 8–23.

Janson, K. (2014). *Absolventenstudien. Ihre Bedeutung für die Hochschulentwicklung. Eine empirische Betrachtung* (=Internationale Hochschulschriften, Bd. 607). Münster: Waxmann.

MIZ – Deutsches Musikinformationszentrum (2015). *Studierende an Hochschulen für Musik und Theater.* Verfügbar unter: http://www.miz.org/downloads/statistik/11/statistik11.pdf [05.09.2016].

Nickel, S. (2007). *Institutionelle QM-Systeme in Universitäten und Fachhochschulen. Konzepte – Instrumente – Umsetzung* (=CHE Arbeitspapier No. 94). Gütersloh: CHE – Gemeinnütziges Centrum für Hochschulentwicklung gGmbH.

Olbertz, J.-H., Pasternack, P. & Kreckel, R. (Hg.) (2001). *Qualität – Schlüsselfrage der Hochschulreform*. Weinheim [u.a.]: Beltz Verlag.

Reimann, J. (2017). Lob der dritten Sache. Evaluationsordnungen als Teil von Qualitätsmanagement und Qualitätskultur. In B. Clausen & H. Geuen (Hg.), *Qualitätsmanagement und Lehrentwicklung an Musikhochschulen. Konzepte – Projekte – Perspektiven* (S. 117–132). Münster: Waxmann.

RKM (2011). Die Positionierung der RKM in Bildung und Kultur. Musikstudium in Deutschland. Positionspapier der Rektorenkonferenz der deutschen Musikhochschulen in der HRK (RKM). In HRK (Hg.), *Beiträge zur Hochschulpolitik 3/2011* (S. 17–48), Bonn: HRK.

TU Kaiserslautern (2016). *Referat Qualität in Studium und Lehre. Befragungen.* Verfügbar unter: http://www.uni-kl.de/universitaet/verwaltung/refls/befragungen/ [02.09.2016].

Wroblewsky, G. (2017). Musikhochschule organisieren und entwickeln. Fünf Thesen zur Qualitätsentwicklung. In B. Clausen & H. Geuen (Hg.), *Qualitätsmanagement und Lehrentwicklung an Musikhochschulen. Konzepte – Projekte – Perspektiven* (S. 49–70). Münster: Waxmann.

Melanie Franz-Özdemir

Andere Lehre – andere Evaluation

Grundlagen, besondere Anforderungen und Methoden für die Lehrveranstaltungsevaluation an Musikhochschulen

Different Teaching – Different Evaluation

Fundamentals, the Particular Requirements for and Methods of Course Evaluation at Musikhochschulen

Course evaluation is by far the most widely used method of quality enhancement at German universities and enjoys broad acceptance among teaching staff, students and university administrations. German Musikhochschulen *have been using this evaluation format for some time now, albeit not as extensively as the major universities. This article explores which methods are best suited for evaluating teaching at* Musikhochschulen *with all their specific features.*

Taking as its starting point recent findings of evaluation research, the article outlines the special characteristics of education at Musikhochschulen. *It then goes on to show how these have been taken into account in three evaluation formats developed by the* Netzwerk Musikhochschulen *and what the experience has been with these forms of evaluation. It transpires that for all course evaluations formative approaches with dialogue and development functions are more promising than summative control evaluations. The process and results of one-to-one instrumental teaching can only be evaluated using dialogue-oriented, formative methods, in order to take account not only of the individual student and teacher but also of the musical content of the teaching as well as the individual level of proficiency. The article also presents a new, competence-oriented method designed for the evaluation of ensemble teaching.*

Experience with the various forms of evaluation reveals resistance and problems, such as insufficient institutional anchoring and insufficient use of the evaluation results.

Einleitung

Der vorliegende Aufsatz widmet sich der Frage, wie die Lehre an Musikhochschulen adäquat evaluiert werden kann, wobei sich *adäquat* in zweierlei Hinsicht versteht. Einerseits sollen die Verfahren den methodischen, organisatorischen und inhaltlichen Anforderungen gerecht werden, die sich aus den Spezifika der Lehre an Musikhochschulen ergeben. Andererseits sollen sich die Verfahren auf aktuelle Erkenntnisse der Evaluationsforschung sowie der empirischen Forschung beziehen.

Der Beitrag geht dieser Frage in drei Schritten nach, wobei zunächst die theoretischen Grundlagen dargestellt werden. Ausgehend von einem Überblick, der den Bologna-Prozess sowie aktuelle Entwicklungen im Feld des Qualitätsmanagements und der Evaluationen an Hochschulen und Musikhochschulen als Gesamtkontext vorstellt, wird der *State of the Art* von Lehrveranstaltungsevaluationen beschrieben. Dabei werden neben einer Begriffsbestimmung die verschiedenen Funktionen, Methoden und Inhalte sowie Faktoren für die Wirksamkeit dieser Evaluationsform erläutert. Zudem werden die Besonderheiten einer Musikhochschulausbildung auf den drei Ebenen Lehrende, Studierende und Curricula umfassend dargestellt.

Im zweiten Teil erfolgt eine Vorstellung der drei Verfahren für die Lehrveranstaltungsevaluation, die im *Netzwerk Musikhochschulen* entwickelt wurden. Sie umfassen eine fragebogenbasierte Evaluation für theoretisch-wissenschaftliche Seminare, Empfehlungen für eine Evaluation des künstlerischen Einzelunterrichts sowie eine kompetenzorientierte Evaluation für den Ensembleunterricht. Anhand dieser Verfahren wird gezeigt, wie Besonderheiten des Musikhochschulstudiums sowie aktuelle Forschungserkenntnisse in Lehrveranstaltungsevaluationen angemessen berücksichtigt werden können und welche Erfahrungen mit diesen bislang im *Netzwerk Musikhochschulen* gemacht wurden. Die Ausführungen enden mit einem Fazit sowie einem Ausblick über zukünftige Herausforderungen und weitere Potenziale von Lehrveranstaltungsevaluationen an Musikhochschulen.

1 Theoretischer Hintergrund

1.1 Überblick

Im Zuge des Bologna-Prozesses gewinnt die Qualität der Hochschullehre in den letzten Jahren zunehmend an Bedeutung. Schlagwörter wie Studierbarkeit, Kompetenzerwerb, Employability u.ä. rücken ins Zentrum der Aufmerksamkeit von Bildungspolitik und Hochschulen. Durch die Einführung der Akkreditierung und die damit verbundenen Regelungen, wie beispielsweise die länderübergreifenden Strukturvorgaben für die Akkreditierung von Bachelor- und Masterstudiengängen (KMK, 2010), erhöht sich seit den 1990er-Jahren die rechtliche Verbindlichkeit von Qualitätssicherungsverfahren, wobei die Verankerung in Landesgesetzen unterschiedlich geregelt ist (vgl. Schmidt, 2009, S. 136). Oft versuchen Hochschulen diesen rechtlichen Anforderungen mit der Evaluation der Lehre gerecht zu werden (vgl. Nowakowski, Vervecken, Braun & Hannover, 2012, S. 254), sodass diese „in Deutschland inzwischen flächendeckend verbreitet und Bestandteil eines umfassenderen Qualitätssicherungsparadigmas geworden" ist (Großmann & Wolbring, 2016, S. 3). Neben einem Zuwachs an standardisierten Verfahren der Qualitätssicherung an deutschen Hochschulen lässt sich zudem eine verstärkte Institutionalisierung und Professionalisierung der Evaluation beobachten. Sie zeigt sich u.a. in einem Stellenzuwachs in diesem Bereich sowie in der Integration einer neuen akademischen Profession in die Hochschuladministration, des sogenannten *third space* (vgl. Großmann & Wolbring, 2016, S. 6–7).

Indes gibt es über die aktuelle Verbreitung der verschiedenen Verfahren zur Sicherung, Bewertung und Entwicklung der Qualität von Studium und Lehre für die deutsche Hochschullandschaft kaum aussagekräftiges Datenmaterial (vgl. Großmann & Wolbring, 2016, S. 6). Großmann und Wolbring (2016) führen eine von der HRK 2010 durchgeführte Online-Befragung von Hochschulleitungen und Fachbereichen deutscher Universitäten und Fachhochschulen an, die diesem Interesse am ehesten gerecht werde. Darin wird dokumentiert, dass das mit Abstand am stärksten verbreitete Verfahren mit 96,5 % die studentische Lehrveranstaltungsbewertung ist, gefolgt von Programmakkreditierungen (85,9 %), Erstsemesterbefragungen (75,5 %), Absolventenstudien (74,7 %), Evaluationen von Studiengängen (57,5 %), von Infrastruktur (51,6 %) sowie von Modulen (49,6 %) (vgl. HRK, 2010, S. 26–27). Insgesamt zeigt die Studie, dass eine Vielzahl von Evaluationsverfahren an deutschen Hochschulen angewendet wird und dabei verschiedene Befragungsformen wie z.B. die Befragung von Absolventinnen und Absolventen oder die Lehrveranstaltungsevaluationen eine große Rolle spielen; ebenso messen nach Großmann und Wolbring (2016, S. 6) die entsprechenden universitären Instanzen diesen Verfahren eine hohe Bedeutung bei.

Für die deutschen Musikhochschulen zeigt sich indes ein etwas anderes Bild. So ging die Entwicklung und Anwendung von Maßnahmen des Qualitätsmanagements und die damit verbundene systematische Verbesserung der hochschulischen Ausbildung zunächst an ihnen vorbei (vgl. Koch, 2006, S. 1). Als häufigstes Argument firmierte dabei die Aussage, Musikhochschulen seien nicht mit Universitäten vergleichbar, so beispielsweise im Grundsatzpapier „Musikhochschulen an der Schwelle zum 21. Jahrhundert“, das die Rektorenkonferenz der deutschen Musikhochschulen 1999 verabschiedete (vgl. RKM, 1999). Darüber hinaus wehrten sich die Musikhochschulen gegen die Bologna-Reform und erachteten Evaluationen als ungeeignet für ihre Bedürfnisse (vgl. RKM, 1999; Heinrichs, 2011, S. 9). Zudem betonten sie, dass sich künstlerisch tätige Institutionen nicht mit Kennzahlen beschreiben ließen (vgl. RKM, 1999; Koch, 2006, S. 1; Heinrichs, 2011, S. 9). Allerdings machten es aktuelle Entwicklungen in den folgenden Jahren doch notwendig, dass sich die Musikhochschulen mit der Qualität ihrer Lehre auseinandersetzten. So verschlechterte sich die Arbeitsmarktsituation für Musikerinnen und Musiker, und führende Arbeitgeber und Pädagogen kritisierten die Qualität der Musikhochschulausbildung (vgl. Koch, 2006, S. 2). Im Zuge dieser Entwicklungen erwiesen sich die Thesen des besagten Grundsatzpapieres der RKM nach wenigen Jahren als überholt. In der Folge verabschiedete die RKM 2011 ein neues Positionspapier, in dem sie ihre ursprüngliche Haltung revidierte (vgl. RKM, 2011, S. 17–48). Darin verweist sie zwar darauf, dass Qualitätssicherung seit jeher an Musikhochschulen von großer Bedeutung sei, wenngleich sie auch in anderen als den in Publikationen benannten Formen stattfinde. Gleichzeitig stellt sie aber klar, dass sie sich darüberhinausgehenden Evaluationen nicht verschließe. Einschränkend fügt sie jedoch hinzu, dass sie die an Universitäten und Fachhochschulen gängigen Evaluationsverfahren für „nur bedingt auf Musikhochschulen übertragbar“ (RKM, 2011, S. 43) halte. Ebenfalls 2011 konstatiert Heinrichs: „Inzwischen haben alle Musikhochschulen die Bologna-Reform nahezu vollständig umgesetzt, praktizieren Evaluationen und gehen mit großer Selbstverständlichkeit mit Kennzahlen um“ (Heinrichs, 2011, S. 9). Dieser Auffassung folgen auch die Ausführungen im aktuellen – zuletzt 2010 aktualisiertem – Leitbild der „Deutschen Musikhochschulen“, in dem festgestellt wird, dass die Musikhochschulen Systeme der Qualitätssicherung und der Evaluation praktizieren und dass sie gemeinsam Qualitätsstandards verabschieden und diese regelmäßig aktualisieren (vgl. RKM, 2011, S. 224). Leider fehlen auch an dieser Stelle fundierte aktuelle Daten, die zuverlässige Aussagen über die Art, Verbreitung und Anwendung von Evaluationsverfahren an Musikhochschulen erlauben. Grundsätzlich ist aber anzunehmen, dass es auch außerhalb des *Netzwerk Musikhochschulen* Einzelbestrebungen an den verschiedenen Musikhochschulen gibt, zumal viele Hochschulgesetze Evaluationen verpflichtend vorschreiben.

1.2 Lehrveranstaltungsevaluationen – State of the Art

1.2.1 Begriffsbestimmung, Funktion und Wirksamkeit

Unter den verschiedenen Evaluationsverfahren in Hochschulen ist die Lehrveranstaltungsevaluation „besonders prominent im Sinne einer häufigen Anwendung und umfangreichen Forschung dazu“ (Rindermann, 2016, S. 228). Ihre Anfänge reichen zurück bis in die 1960er-Jahre, wo sie als „Vorlesungsrezensionen“ eine kritische und politisch-antiautoritäre Auseinandersetzung der 68er mit der Wissenschaft darstellte (vgl. Rindermann, 2016, S. 228). Im Laufe der 1970er-Jahre verschwanden sie wieder, tauchten aber in den 1990er-Jahren aufgrund von politischem und öffentlichem Interesse wieder auf und werden seitdem an Hochschulen im deutschsprachigen Raum praktiziert (vgl. Stefer, 2013, S. 32–34; Rindermann, 2009, S. 29–36; Rindermann, 2016, S. 228).

In Lehrveranstaltungsevaluationen werden Studierende zu verschiedenen Aspekten der von ihnen besuchten Lehrveranstaltungen befragt (vgl. Nowakowski, Vervecken, Braun & Hannover, 2012, S. 254). Damit bezieht sich der Begriff sowohl auf Veranstaltungen als auch auf Lehrende und meint ausschließlich die Evaluation von einzelnen Lehrveranstaltungen wie Vorlesungen oder Seminaren (vgl. Rindermann, 2009, S. 25). Darüber hinaus gibt es eine Vielzahl von Begriffen, die teilweise synonym, teilweise in Abgrenzung zueinander verwendet werden, wie bspw. „Lehrkritik“, „Veranstaltungsbewertung“, „studentische Beurteilung von Lehrveranstaltungen“, „Lehrveranstaltungsbeurteilung“ oder „studentische Lehrevaluation“ (Schmidt & Loßnitzer, 2010, S. 51). Hinter diesen verschiedenen Termini verbergen sich unterschiedliche Ziele bzw. Funktionen, die mit Evaluationen verfolgt werden können. Sie reichen von Forschungs- und Erkenntnisinteressen, über Kontroll-, Steuerungs- und Legitimationsintentionen bis hin zu Entwicklungs-, Dialog- und Lernfunktionen (vgl. Kromrey, 2006, S. 236–237; Stockmann, 2006, S. 20). Obwohl diese verschiedenen Funktionen nicht trennscharf sind, sondern in engem Zusammenhang zueinander stehen, spielt es für die Ausrichtung einer Evaluation, ihr Design sowie die ausgewählten Methoden eine zentrale Rolle, welche Zielsetzung tatsächlich im Vordergrund steht (vgl. Stockmann, 2006, S. 20). So steht bei der Erkenntnisfunktion die Sammlung von entscheidungsrelevanten Daten z.B. zur Akzeptanz eines Programms im Vordergrund, um diese Informationen dann für Steuerungsentscheidungen zu nutzen (vgl. Stockmann, 2006, S. 20).

Mit Evaluationen ist meist direkt oder indirekt auch eine Form von Kontrolle verbunden, da man oftmals auch Informationen darüber erhält, „ob alle Beteiligten ihre Aufgaben erfüllen, den eingegangenen Verpflichtungen nachkommen sind etc." (Stockmann, 2006, S. 20). Darüber hinaus kann sie auch als eine Art Erfolgskontrolle eingesetzt werden, wobei die Erfolgskriterien jeweils vom Informationsbedarf der programmdurchführenden Instanz abhängen (vgl. Kromrey, 2006, S. 237). Die Legitimierungsfunktion nutzt die erhobenen Daten, um nachzuweisen, mit welchem Input welcher Output und welche Wirkungen erzielt wurden. Damit können z.B. Mittelgeber und Durchführungsorganisationen belegen, wie effizient sie mit Finanzmitteln umgegangen sind und wie wirkungsvoll ihre Projekte waren (vgl. Stockmann, 2006, S. 20). Verfolgt eine Evaluation hingegen die „Dialog-, Lern- bzw. Entwicklungsfunktion", so stellt sie Informationen bereit, „die den Dialog zwischen verschiedenen Stakeholdern [...] auf eine solide Grundlage stellen" (Stockmann, 2006, S. 20). Auf Basis der Ergebnisse kann dann gemeinsam und transparent bilanziert werden, „wie erfolgreich die Zusammenarbeit verlief und wo Defizite auftraten, um daraus Konsequenzen für die Gestaltung der weiteren Zusammenarbeit zu ziehen. Dadurch werden wichtige Voraussetzungen für gemeinsames Lernen geschaffen" (Stockmann, 2006, S. 20). Wird die Evaluation dabei formativ, also als kontinuierliches Element durchgeführt, zielt sie neben dem Dialog auch auf eine prozessbegleitende Entwicklung ab. Nach Kromrey ist diese prozessbegleitende Funktion als „Entwicklungsparadigma [...] von seiner ganzen Konzeption her auf Innovationsprozesse zugeschnitten" (Kromrey, 2006, S. 243) und daher für die Qualitätsentwicklung in einzelnen Lehrveranstaltungen anwendbar. In Bezug auf diese verschiedenen Funktionen weisen Großmann und Wolbring (vgl. 2016, S. 4) darauf hin, dass Evaluationen in den Hochschulen als Impuls- und Informationsgeberin für die qualitative Entwicklung von Studienangeboten weitgehend akzeptiert seien, während ihre Funktion als Steuerungs- und Kontrollinstrument auf Vorbehalte bis hin zur vollständigen Ablehnung stoße. Auch auf methodischer Ebene bestehen erhebliche Bedenken, Lehrveranstaltungsevaluationen zu Kontroll- oder Steuerungszwecken zu nutzen. So stellt Wolbring dar (vgl. 2013, S. 1012), dass ein Teil der Bewertung durch Studierende von lehrunabhängigen Aspekten wie beispielsweise der Vergabe von Noten vor der Evaluation beeinflusst bzw. verzerrt wird. Oftmals wird also mehr als die tatsächliche Lehrleistung der Lehrenden gemessen. Dies bedeutet nun aber nicht, dass Lehrveranstaltungsevaluationen nicht informativ wären, da Validierungsstudien sehr wohl Zusammenhänge mit anderen Maßen der Lehrqualität dokumentieren und somit einen Mehrwert von studentischen Urteilen belegen (vgl. Wolbring, 2013, S. 1013). Die Erkenntnisse legen aber „einen auf Leitungsebene zurückhaltenden Umgang" (Wolbring, 2013, S. 1013) mit den Ergebnissen, z.B. bei Berufungsverhandlungen, nahe. Wolbring plädiert vor diesem Hintergrund gegen eine Nutzung von Lehrveranstaltungsevaluationen als Steuerungsinstrument und stattdessen für formative Evaluationsverfahren, die mit Feedbackprozessen und Weiterbildungsmöglichkeiten den Lehrprozess begleiten.

Die Akzeptanz von Lehrveranstaltungsevaluationen als Dialog-, Lern- bzw. Entwicklungsinstrument zeigt sich auch in verschiedenen Begriffsdefinitionen. So konstatiert Rindermann, dass das grundsätzliche Ziel von Lehrveranstaltungsevaluationen sei, einen Beitrag zur Verbesserung der Lehre zu leisten (Rindermann, 2003, S. 241). Oftmals werden die Evaluationen in den Kontext eines Qualitätsmanagements eingebunden und sollen in diesem Zusammenhang „einen Beitrag zur Feststellung, Erhöhung und/oder Sicherung der Güte universitärer Lehre leisten" (Stefer, 2013, S. 29). Seit einiger Zeit rückt in diesem Zusammenhang die Verknüpfung von Evaluationen und Maßnahmen der Qualitätsentwicklung ins Zentrum der Betrachtung. Die vorrangige Funktion einer solchen, in einen Entwicklungsprozess integrierten Evaluation liegt „in ihren Beiträgen zur Weiterentwicklung von Veranstaltungskonzepten, zur Optimierung des Lehrverhaltens und zum Auf- und Ausbau lehrbezogener Kompetenzen seitens der Lehrenden" (Schmidt & Loßnitzer, 2010, S. 69). Ihre Ergebnisse dienen damit nicht einem Forschungs- oder Kontrollinteresse, „sondern sollen der Lehrkraft selbst bei der Verbesserung der eigenen Didaktik und Veranstaltungsgestaltung helfen" (Rindermann, 2001, S. 79). Damit dies gelingen kann, sind einige Faktoren zu beachten. Bisherige Studien zeigen, dass eine bloße Durchführung von Lehrevaluation zu keiner nachweisbaren Qualitätsentwicklung führt: „Alles andere wäre auch unwahrscheinlich [...]: Umweltbedingungen blieben stabil, Routinen sind nur durch Information nicht aufbrechbar, Evaluation stellt zunächst Messung dar, noch keine Intervention" (Rindermann, 2003, S. 241). Erst durch die Ergänzung von zusätzlichen Maßnahmen wie mündliche Erläuterungen sowie Beratung und Trainings zeigten sich positive Effekte auf die Lehrqualität (vgl. Rindermann, 2016, S. 227, 236; Rindermann, 2003, S. 241). Rindermann sieht sowohl funktionale als auch ethische Gründe, die gegen einen Ansatz sprechen, Evaluationen durchzuführen ohne den Personen zu ermöglichen, Qualität zu verbessern (vgl. Rindermann, 2016, S. 237). Funktionale Gründe seien, dass die Evaluation Kosten verursache, Unterrichtszeit beanspruche und zudem ohne Effekte zu Vermeidung und Frustration führe. Aus ethischer Sicht sei es ungerechtfertigt, Personen rückzumelden, wie schwach sie seien, wenn die Institution dafür mitverantwortlich ist und dann nicht die notwendigen Unterstützungsmaßnahmen zu ergreifen. „Dies ist Standard der Evaluationsforschung [...], aber nicht der Praxis" (Rindermann, 2016, S. 237).

Welche Maßnahmen können Hochschulen nun ergreifen, um das Potenzial von Lehrveranstaltungsevaluationen auszuschöpfen und damit Verbesserungen in der Lehre zu erreichen? Die zentralste Rolle spielt dabei der Umgang mit den Evaluationsergebnissen bzw. eine gezielte Verknüpfung dieser mit verschiedenen Entwicklungsmaßnahmen, das sogenannte „follow-up". Dies können beispielsweise Dialoge zwischen Lehrenden und Studierenden über die Evaluationsergebnisse, kollegiale Beratungen oder hochschuldidaktische Angebote wie Lehrcoachings, -trainings u.Ä. sein (vgl. Schmidt & Loßnitzer, 2010, S. 67–68). In diesem Zusammenhang plädiert Wolbring für einen Einsatz von Lehrveranstaltungsevaluationen als formatives Instrument, „das bereits früher als bisher üblich im Semester eingesetzt wird und das – ergänzt durch zeitnahes Feedback und Fortbildungsmöglichkeiten – den Lehrprozess begleitet" (Wolbring, 2013, S. 1013). Eine weitere Follow-up-Maßnahme ist die Förderung der Selbstreflexionsfähigkeit von Lehrenden beispielsweise durch eine zu der Studierendenbefragung analog aufgebaute Selbsteinschätzung oder einen Beobachtungsbogen für kollegiale Hospitationen und Feedbacks (vgl. Schmidt & Loßnitzer, 2010, S. 68). Neben diesen „follow-ups" kann aber auch bereits bei der Evaluation selbst weiteres Potenzial ausgeschöpft werden, indem die typischerweise geschlossenen Fragestellungen im Fragebogen um offene ergänzt werden. Diese freien Formulierungsoptionen werden von Lehrenden oftmals als besonders wertvoll empfunden (vgl. Schmidt & Loßnitzer, 2010, S. 68) und können gute Impulse für eine Weiterentwicklung geben.

1.2.2 Methoden und Inhalte der Lehrveranstaltungsevaluation

Insgesamt gibt es immer wieder methodische Kritik an standardisierten Verfahren der Lehrveranstaltungsevaluation, da diese Verzerrungseffekte von lehrunabhängigen Einflüssen aufweisen können. Verschiedene Studien haben insbesondere folgende Variablen als verzerrend identifiziert: Kursgröße, Vorinteresse der Studierenden, Thema der Veranstaltung, physische Attraktivität der Lehrperson sowie die Häufigkeit der Anwesenheit (vgl. Metje & Kelle, 2016, S. 267). Darüber hinaus zweifeln Kritiker oft die Urteilskompetenz der Studierenden an und befürchten, „Studierende würden nur nach Beliebtheit des Dozenten oder des Themas eindimensional urteilen" (Rindermann, 2003, S. 237). Dagegen konnten empirische Untersuchungen belegen, dass die bestehenden Zweifel unbegründet sind bzw. methodisch angemessen berücksichtigt werden können (vgl. Rindermann, 2009, S. 79–208; Schmidt & Loßnitzer, 2010, S. 52). Insgesamt sprechen die verschiedenen Untersuchungsansätze somit für die Brauchbarkeit von Lehrveranstaltungsevaluationen (vgl. Rindermann, 2003, S. 238–239).

Aktuell werden Lehrveranstaltungsevaluationen in der Regel mittels standardisierter Fragebogenerhebungen summativ, also am Ende des Semesters, durchgeführt. Die Fragebögen enthalten zum großen Teil geschlossene Fragen, denen die Studierenden auf mehrstufigen Antwortskalen zustimmen oder aber ihre Zufriedenheit mit bestimmten Aspekten angeben können. Zudem gibt es oftmals eine kleine Anzahl offener Fragen, in denen die Studierende Freitexte verfassen können. Neben der Durchführung in Paper-Pencil-Form haben sich sukzessive auch Online-Befragungen durchgesetzt. Zu erwähnen ist hierbei, dass es in Abhängigkeit des gewählten Verfahrens erhebliche Unterschiede im Rücklauf gibt. So berichtet Rindermann (vgl. 2016, S. 235) von einer 2010 durchgeführten Untersuchung von Meinefeld, in der die Rückläufe bei der Online-Variante 38 % betrugen, während bei der Paper-Pencil-Befragung 81 % erreicht werden konnten.

Inhaltlich kommen bei der Evaluation von Lehrveranstaltungen drei Betrachtungsebenen infrage: Prozess-, Struktur- und Ergebnisebene (vgl. Braun & Flacke, 2014, S. 50). Auf Prozessebene wird der Erfolg der Lehrveranstaltung an der Gestaltung eben dieser durch die Lehrenden gemessen, z.B. mit dem Item „Der/die Dozent/in kann Kompliziertes verständlich machen" (Rindermann, 2009, S. 385). Auf Strukturebene wird die personelle und materielle Ausstattung eines Studiengangs überprüft (Beispiel-Item: „Diese Lehrveranstaltung ist überfüllt.") (vgl. Braun & Flacke, 2014, S. 50). Auf Ebene der Ergebnisse wird der Ausbildungserfolg in Form von erworbenen Kompetenzen der Studierenden gemessen, z.B. mit dem Item „Ich kann durch diese Lehrveranstaltung effektiver nach Informationen suchen" (Braun & Flacke, 2014, S. 52).

Vorhandene Instrumente für Lehrveranstaltungsevaluationen fokussieren in erster Linie die Erfassung von Prozessmerkmalen in Form von Zufriedenheitsurteilen der Studierenden, während strukturelle Aspekte nur kaum und Ergebnismerkmale so gut wie gar nicht ermittelt werden (vgl. Schaper, Reis, Wildt, Horvath & Bender, 2012, S. 76; Braun, Gusy, Leidner & Hannover, 2008, S. 32). Während in diesem traditionellen Verständnis Lehrqualität primär über Lehrendenverhalten operationalisiert wird, hat sich seit ca. Mitte der 2000er-Jahre das Verständnis durchgesetzt, dass pädagogische Maßnahmen zukünftig am Erfolg – in Form von Kompetenzen – evaluiert werden sollten (vgl. Braun et al., 2008, S. 31). Dazu stehen unterschiedliche Verfahren wie Selbsteinschätzungsverfahren, Fragebögen zur Erfassung und Bewertung von kompetenzorientieren Lernaktivitäten (National Survey of Student Engagement, NSSE-Ansatz) und objektive Kompetenztests zur Verfügung (vgl. Schaper et al., 2012, S. 76). Die weitverbreitetste Methode sind die Selbsteinschätzungsverfahren, da sie im Gegensatz zu aufwendigen Testkonstruktionen mit relativ geringem Erhebungsaufwand breit einsetzbare Verfahren darstellen wie beispielsweise das Berliner Evaluationsinstrument für selbsteingeschätzte studentische Kompetenzen (BEvaKomp) von Braun, Gusy, Leidner und Hannover (2008). Zwar sind Selbsteinschätzungsverfahren hinsichtlich ihrer Validität umstritten, grundsätzlich sind sie aber geeignet um einen Trend in Bezug auf den Lernzuwachs zu erhalten (vgl. Schaper et al., 2012, S. 77). Zudem zeigen erste Erfahrungen mit kompetenzorientierten Evaluationsinstrumenten, dass durch kompetenzorientierte Rückmeldungen die Studierendenfokussierung bei Lehrenden gefördert wird, was wiederum zu einem stärkeren Kompetenzzuwachs bei den Studierenden führt (vgl. Nowakowski et al., 2012). Zudem folgen sie damit Anforderungen der Bologna-Reform, wonach Hochschulen den Nachweis erbringen müssen, dass ihre Absolventinnen und Absolventen tatsächlich die zuvor formulierten Kompetenzen erworben haben (vgl. Nowakowski et al., 2012, S. 254).

Zusammenfassend lässt sich festhalten, dass Lehrveranstaltungsevaluationen verschiedenste Funktionen besitzen können: Als Kontroll- und Steuerungsinstrumente werden sie im Hochschulbereich eher abgelehnt, während sie als Impuls- und Informationsgeberinnen für die Weiterentwicklung der Lehre weitestgehend akzeptiert sind. Insbesondere formative Verfahren weisen hier großes Potenzial auf, da sie einen prozessbegleitenden Dialog ermöglichen. Die Wirksamkeit von Lehrveranstaltungsevaluationen hängt davon ab, inwieweit sie mit Follow-up-Maßnahmen verknüpft werden. Großes Potenzial birgt hier die Besprechung der Evaluationsergebnisse zwischen Lehrenden und Studierenden, mit anderen Lehrpersonen sowie hochschuldidaktische Fort- und Beratungsangebote. Inhaltlich fokussiert ein Großteil der Lehrveranstaltungsevaluationen die Prozessebene und folgt dabei einem traditionellen lehrendenzentrierten Verständnis von Lehrqualität. Neuere Instrumente richten das Augenmerk zunehmend auf den Ausbildungserfolg in Form von Kompetenzen, wobei Selbsteinschätzungsverfahren am weitesten verbreitet sind. Insgesamt ist der Einsatz dieser Verfahren in Hochschulen allerdings noch relativ selten. Die kompetenzorientierte Evaluation bietet die Möglichkeit, das Lehrverhalten eher studierendenzentriert auszurichten und damit den Kompetenzzuwachs zu verstärken. Trotz methodischer Kritik an standardisierten Verfahren ist die Brauchbarkeit von Lehrveranstaltungsevaluationen empirisch belegt.

1.3 „Wir sind anders" – Besonderheiten einer Musikhochschulausbildung

Anknüpfend an die Feststellung der RKM aus dem Jahr 2011, dass sich die gängigen Evaluationsverfahren nur bedingt auf Musikhochschulen übertragen lassen, hat sich das *Netzwerk Musikhochschulen* zum Ziel gesetzt, Evaluationsverfahren zu entwickeln, die die Besonderheiten von Musikhochschulen berücksichtigen bzw. auf ihre speziellen Bedürfnisse zugeschnitten sind. Doch was sind nun diese Spezifika von Musikhochschulen, und wie müssen diese bei der Entwicklung und Durchführung von Lehrveranstaltungsevaluationen berücksichtigt werden?

Die Besonderheiten einer Musikhochschulausbildung zeigen sich in den drei Bereichen Lehrende, Studierende sowie im Fächerkanon bzw. in den Curricula. So kommen Professorinnen und Professoren an Musikhochschulen in der Regel aus der Praxis und werden oftmals aus renommierten Orchestern und Theatern für die Lehre akquiriert. Häufig sind sie neben ihrer Lehrtätigkeit weiterhin künstlerisch aktiv (vgl. Koch, 2006, S. 24–25). Möglich wird dies insbesondere dadurch, dass ihre Stellen oftmals als Teilzeitprofessuren ausgestaltet sind. Eine weitere Besonderheit des Lehrkörpers an Musikhochschulen ist der hohe Anteil an Lehrbeauftragten, deren Anteil am Gesamtvolumen des Lehrangebots nach Angaben der KMK sich im Durchschnitt zwischen 30 und 50 % bewegt (vgl. KMK, 2013/14, S. 6). Traditionell kommt ihnen eine große Bedeutung zu, insbesondere für seltene Instrumente (z.B. Viola da Gamba, Harfe), die einer geringen oder schwankenden Nachfrage unterliegen (vgl. KMK, 2013/14, S. 2). Darüber hinaus unterrichten sie auch in nicht professoralen Ergänzungsfächern wie beispielsweise im Professionalisierungsbereich (vgl. KMK, 2013/14, S. 2). Ein weiteres Spezifikum des Lehrkörpers ist der hohe Anteil an Lehrenden aus dem Ausland (vgl. Jacob, 2007, S. 68). Dieses Bild zeigt sich auch in der Studierendenschaft, die im Gegensatz zu Universitäten einen sehr hohen Anteil ausländischer Studierender aufweist (Jacob, 2007, S. 68; Spelsberg, 2013, S. 18). Dies führt im Hochschulalltag zu einer kulturellen und sprachlichen Heterogenität mit all ihren Vor- und Nachteilen. In der Literatur finden sich weitere Besonderheiten von Musikhochschulstudierenden wie das hohe Niveau ihrer musikalischen Fertigkeiten bereits vor dem Studium (vgl. AEC, 2010, S. 21) sowie „eine starke intrinsische Motivation fürs Fach" (Jacob, 2007, S. 69). Beide Merkmale sind aber für die Entwicklung von Lehrveranstaltungsevaluationen weniger relevant.

Von weit größerer Bedeutung für die Evaluationen sind hingegen die Besonderheiten in den verschiedenen Curricula. Sie sind geprägt von einer kontinuierlichen Praxisorientierung, einer hohen Spezialisierung auf einem Hauptinstrument oder der Stimme sowie von einer starken Individualisierung (vgl. Jacob, 2007, S. 65–67). Dabei weisen die Studienpläne eine große Diversität an Fächern und Unterrichtsformaten auf:

> „Studium und Lehre werden geprägt durch das Miteinander *des künstlerischen Einzelunterrichtes im Hauptfach und der Fächer des Hauptfachmoduls, des Projektunterrichts in größeren und kleineren künstlerischen Ensembles* sowie des Unterrichts in *musikwissenschaftlichen, musiktheoretischen, musikpädagogischen und musikpraktischen Modulen.* Ergänzt wird das Studium durch *berufsvorbereitende und berufsbegleitende Qualifikationen.* Ein *Studium generale* oder Elemente davon weiten den Blick." (RKM, 2011, S. 20, Hervorhebungen durch die Autorin)

Eine Besonderheit nahezu aller Lehrveranstaltungen ist die Gruppengröße. So unterrichten die Lehrkräfte „im Normalfall nur zwischen einem und einigen Dutzend Studenten gleichzeitig" (Rosenberger, 2002, S. 56, zitiert nach Koch, 2006, S. 24).

Die größte Besonderheit und zugleich das wohl wesentlichste Merkmal des Studiums an einer Musikhochschule ist „die künstlerische Ausbildung in Form des Einzelunterrichts bzw. in einer kleinen Gruppe (Klasse) in enger Beziehung zu einer bestimmten Hochschullehrerin bzw. einem bestimmten Hochschullehrer" (KMK, 2013/14, S. 164). Dieser Unterricht im künstlerischen Hauptfach steht im Zentrum des gesamten Lernprozesses der Musikhochschulausbildung und ist von allergrößter Bedeutung für die persönliche und künstlerische Entwicklung der Studierenden (AEC, 2010, S. 22). Er unterscheidet sich in vielerlei Hinsicht von klassischen Universitätsformaten wie Vorlesungen und Seminaren. So steht im Zentrum des Einzelunterrichts die Arbeit der Studierenden mit ihren Lehrenden am musikalischen Werk[1] mit dem eigenen Instrument bzw. der eigenen Stimme. Studierende sollen ihr Instrument bzw. ihre Stimme auf einem sehr hohen Niveau beherrschen. Zum einen betrifft dies technische Parameter wie Spielgeschwindigkeit, Klangvolumen oder Spielkraft und -ausdauer, zum anderen musikalisch-künstlerische Fähigkeiten wie die Interpretation, Stilkenntnis oder den künstlerischen Ausdruck (vgl. Kamper, 2014, S. 251–252). Dem Ganzen liegt eine Vorstellung von Expertise im Sinne meisterlichen Könnens zugrunde. Dieses umfasst sowohl das *Handeln-Können*, d.h. Musizieren komplexer Literatur, als auch das *(Be-)Urteilen-Können* musikalischer Interpretation hinsichtlich ihrer Qualität, stilistischer Herkunft oder handwerklicher Umsetzung (vgl. Kamper, 2014, S. 252).[2] Insgesamt sollen die Studie-

1 Unter ‚Arbeit am musikalischen Werk' wird hier die gesamte Spannbreite der interpretatorischen, improvisierenden und freien musikalischen Auseinandersetzung und Realisierung mit Instrument oder Stimme verstanden. Eine Ausnahme bilden hierbei ggf. Studiengänge aus dem Bereich Komposition. Darin steht zwar auch die Arbeit am musikalischen Werk im Vordergrund, das Instrument oder die Stimme spielen dagegen eine untergeordnete Rolle.

2 Kamper (2014) bezieht sich bei ihren Ausführungen auf den Begriff des „impliziten Wissens" aus der Erkenntnis- und Wissenstheorie von Polanyi (1962).

renden in die Lage versetzt werden, nach ihrem Studium selbstständig – ohne Unterstützung von Lehrenden – weiter an ihrem Können zu arbeiten, um dadurch eine eigene künstlerische Stimme zu entwickeln (vgl. Kamper, 2014, S. 252). Eine weitere Besonderheit und damit ein wichtiges Unterscheidungsmerkmal zur universitären Lehrveranstaltung ist, dass der Einzelunterricht kontinuierlich über das gesamte Studium hinweg in jedem Semester als 1:1-Unterricht angelegt ist. Aus dieser Konstellation resultiert nicht selten eine enge Bindung zwischen Lehrenden und Studierenden, „die oftmals weit über die Unterrichtsituation hinausgeht und oft Auswirkungen auf ästhetische wie sogar weltanschauliche Einstellungen hat" (Jacob, 2007, S. 67). Begleitend zum Einzelunterricht ist ein sehr hoher Anteil an selbstständiger Übezeit über das gesamte Studium vorgesehen. Ein Verhältnis von 1:20 zwischen Präsenzzeit und häuslicher Vorbereitungszeit ist durchaus realistisch, während in wissenschaftlichen Fächern eine Relation von 1:3 als extrem hoch bewertet wird (vgl. Gies, 2011, S. 106). Insgesamt ermöglicht das Format des Einzelunterrichts eine an den Bedürfnissen der jeweiligen Studierenden orientierte Unterrichtsgestaltung und steht damit im Zentrum einer hoch individualisierten Ausbildung und Förderung der einzelnen Studierenden. Linowitzki weist in diesem Zusammenhang darauf hin, dass die Erfüllung bzw. Umsetzung von im Vorfeld definierten Lernzielen im Hauptfach sehr vom Entwicklungsstand der/des jeweiligen Studierenden abhängt (vgl. Linowitzki, 2011, S. 78).

Neben dem Einzelunterricht ist der von der RKM als Unterrichtsformat genannte Projektunterricht in größeren und kleineren künstlerischen Ensembles „für alle Musiker/innen wichtig, wobei es für Jazz- und Popmusiker/innen von vergleichbarer Bedeutung ist wie das Hauptfach in der klassischen Musikausbildung" (AEC, 2010, S. 58). Studierende sollen darin lernen, in Ensembles, die in Größe und Stil variieren können zu interagieren und im zweiten Studienzyklus eine führende Rolle einzunehmen (vgl. AEC, 2010, S. 60). Sie sind als Praxisveranstaltungen angelegt, in deren Verlauf die Gruppe gemeinsam ein Werk erarbeitet und enden in der Regel mit einer Aufführung bzw. einem Konzert. Wissenschaftliche bzw. eher theoretisch orientierte Lehrveranstaltungen aus den Bereichen Musikwissenschaft, Musiktheorie, Musikpädagogik, Berufsvorbereitung etc. finden häufig in Seminarform statt und sind am ehesten mit Lehrveranstaltungen an Universitäten vergleichbar.

Zusammenfassend lässt sich feststellen, dass die Lehre an Musikhochschulen sehr individuell und praxisorientiert stattfindet und sich dabei spezifischer Unterrichtsformate wie dem Einzel- oder Ensembleunterricht bedient. Sowohl der Lehrkörper als auch die Studierendenschaft sind kulturell bzw. sprachlich heterogen zusammengesetzt. Die Lehrenden haben zum Großteil Teilzeitprofessuren inne und sind selbst künstlerisch aktiv. Zudem wird ein Großteil der Lehre an Musikhochschulen von Lehrbeauftragten erbracht.

Was bedeuten diese Besonderheiten nun für die Evaluation von Lehreveranstaltungen an Musikhochschulen und wie können diese methodisch und organisatorisch berücksichtigt werden? Neben den Konzepten, Verfahren und Instrumenten werden in den folgenden Kapiteln auch die Erfahrungen mit diesen Instrumenten sowie Weiterentwicklungsmöglichkeiten dargestellt.

2 Andere Lehre, andere Evaluation – Lehrveranstaltungsevaluationen an Musikhochschulen

Da an Universitäten der größte Teil der Lehrveranstaltungen in Form von Seminaren und Vorlesungen stattfindet, wird hier oftmals ein Großteil der Veranstaltungen mit demselben Verfahren und demselben Erhebungsinstrument evaluiert. Wie oben ausgeführt gestaltet sich die Lehre an Musikhochschulen im Hinblick auf Unterrichtsformate und Fächer heterogener, woraus sich die Notwendigkeit jeweils eigener Evaluationsverfahren für jede Veranstaltungsform ergibt, um so eine Gegenstandsangemessenheit zu gewährleisten.

Im *Netzwerk Musikhochschulen* wurden verschiedene Verfahren und Empfehlungen für die Evaluation von Lehrveranstaltungen an Musikhochschulen entwickelt. Dies sind im Einzelnen eine fragebogenbasierte Evaluation für theoretisch-wissenschaftliche Seminare, Empfehlungen für eine Evaluation des Einzelunterrichts sowie eine kompetenzorientierte Evaluation für Gruppenveranstaltungen der künstlerischen Praxis, wie z.B. Ensembles, Chor oder Hochschulorchester.[3] Nachfolgend werden die unterschiedlichen Instrumente und Empfehlungen vorgestellt. Im Fokus steht dabei die Frage, wie auf die spezifischen Anforderungen der Musikhochschulausbildung sowie auf aktuelle Erkenntnisse der Evaluationsforschung Bezug genommen wurde bzw. wird. Allerdings kommen nicht alle Spezifika in allen Verfahren gleichermaßen zum Tragen. So spielen die Besonderheiten von Lehrkörper und Studierendenschaft eher auf der organisatorischen Ebene bei der Initiierung und Durchführung von Evaluationen eine Rolle, während die curricularen Besonderheiten für die methodische Ausrichtung der Verfahren von Relevanz sind. Die Erfahrungen mit der Entwicklung und dem Einsatz dieser Verfahren werden in dem anschließenden Kapitel „Lessons learned" dargestellt.

2.1 Formative Evaluation von theoretisch-wissenschaftlichen Seminaren

Im Lehrformat „Seminar" werden an Musikhochschulen hauptsächlich Inhalte aus den Disziplinen Musikwissenschaft, Musiktheorie, Musikpädagogik sowie der Professionalisierung unterrichtet, die im Folgenden als theoretisch-wissenschaftliche Lehrveranstaltungen bezeichnet werden. Da sie in der Regel eine hohe Teilnehmendenzahl aufweisen, bietet sich in diesen Veranstaltungen die Evaluation mittels standardisierter oder teilstandardisierter Fragebögen an.

Zu Beginn der Entwicklungsarbeit wurde zunächst die Zielsetzung der Evaluation festgelegt. Vor dem Hintergrund der aktuellen Erkenntnisse der Evaluationsforschung, wonach Lehrveranstaltungsevaluationen als Kontroll- und Steuerungsinstrument weitestgehend abgelehnt werden, wurde diese Evaluation als Dialog und Entwicklungsinstrument konzipiert, mit dem Ziel, Lehr- und Lernprozesse evidenzbasiert zu reflek-

3 Letztere befindet sich derzeit noch in der Entwicklung, sodass lediglich über den bisherigen Entwicklungsstand berichtet werden kann.

tieren und zu verbessern. Mit dieser Zielsetzung wurde sie als formative Evaluation angelegt, da nur diese Evaluationsform einen prozessbegleitenden Dialog zwischen Lehrenden und Studierenden und damit gemeinsame Vereinbarungen für die weitere Gestaltung der Lehrveranstaltung ermöglicht. Wie bereits dargestellt, hängt die Wirksamkeit von Evaluationen maßgeblich vom Umgang mit den Ergebnissen ab, wobei der Dialog über die Ergebnisse eine wirksame Follow-up-Maßnahme darstellt. Als Ergebnis der dialogorientierten formativen Konzeption ziehen die befragten Studierenden einen direkten Nutzen für die noch laufende Lehrveranstaltung, was bei summativen Evaluationen per se ausgeschlossen ist.

Vor dem Hintergrund dieser Konzeption umfasst die Lehrveranstaltungsevaluation für theoretisch-wissenschaftliche Seminare zwei Phasen. In einer ersten Phase werden die Studierenden zur Mitte des Semesters mithilfe eines Fragebogens befragt. Dieser basiert auf einem Baukasten aus 64 Items aus den drei Betrachtungsebenen Input (Rahmenbedingungen, Lehrmaterialien, Veranstaltungskonzept), Prozess (Lehrendenverhalten, Studierendenengagement, Interaktion) und Output (Kompetenzerwerb, Motivation, Berufsbezug). Diesen geschlossenen Fragen können die Studierenden auf einer vierstufigen Skala von *trifft völlig zu* bis *trifft nicht zu* zustimmen. Zudem besteht jeweils die Möglichkeit keine Antwort zu geben. Die Entwicklung der Items folgte dabei einem theoretischen und synkretistischen Vorgehen (vgl. Rindermann, 2009, S. 57) und der Bezugnahme auf das Modell von Schmidt und Loßnitzer (2010, S. 55 unter Bezugnahme auf Green, 1994). Die Items werden durch drei offene Fragen nach Lob, Kritik sowie Verbesserungsvorschlägen ergänzt, da sich diese oftmals als sehr wertvoll für Lehrende herausgestellt haben. Alle Items sind in Deutsch und Englisch verfügbar, um der sprachlichen Heterogenität der Lehrenden- und Studierendenschaft zumindest ein wenig gerecht zu werden. Aus dem Baukasten kann sich jede der Netzwerkhochschulen mehrere Fragebögen individuell, je nach eigener Schwerpunktsetzung zusammenstellen.

Die Auswertung der Fragebögen erhalten die Lehrenden in der Regel innerhalb von ein bis zwei Wochen. Sie enthält eine numerische und eine grafische Darstellung von Mittelwerten und Standardabweichungen. Diese Ergebnisse dienen als Grundlage für die zweite Phase der Evaluation, einem Gespräch zwischen der/dem jeweiligen Lehrenden und den Studierenden. Ziel dieses Dialogs ist es, sich über die Ergebnisse auszutauschen, sie zu fundieren und ggf. gemeinsame Vereinbarungen für den weiteren Verlauf der Lehrveranstaltung zu treffen. Zur Vorbereitung erhalten die Lehrenden einen Interpretations- und Gesprächsleitfaden sowie bei Bedarf Beratung durch die jeweiligen Evaluationsbeauftragten. Optional kann die Evaluation um eine dritte Phase, ein Abschlussgespräch mit den Studierenden am Ende des Semesters, ergänzt werden. Darin können dann die Vereinbarungen aus dem ersten Gespräch reflektiert und ihre Umsetzung eingeschätzt werden. Um die Evaluation mit weiteren Entwicklungsmaßnahmen zu verknüpfen, besteht an den meisten Hochschulen des Netzwerks die Möglichkeit eine didaktische Beratung in Form von Lehrcoachings u.ä. in Anspruch zu nehmen. Insgesamt betrachtet bietet die Lehrveranstaltungsevaluation den Lehrenden eine gute Möglichkeit, um auf Grundlage von strukturierten Ergebnissen ein Feedback zu ihrer

Lehre zu erhalten und diese gemeinsam mit ihren Studierenden zu reflektieren und ggf. weiterzuentwickeln.

2.2 Empfehlungen zu einer Evaluation des Einzelunterrichts

Wie in Kapitel 1.3 dargestellt, nimmt der künstlerische Einzelunterricht den größten Stellenwert im Musikhochschulstudium ein. Er ist geprägt vom instrumentalen bzw. vokalen Lerninhalt, einer engen Zusammenarbeit zwischen der/dem jeweiligen Lehrenden und der/dem Studierenden und findet kontinuierlich über das gesamte Studium hinweg statt. Auch an dieser Stelle bietet es sich an, die Evaluation mit dem Ziel des Dialogs und der Weiterentwicklung der Lehre durchzuführen. Allerdings ist beim Einzelunterricht je nach Betrachtungsebene (Prozess, Struktur, Ergebnis) zu unterscheiden, welcher Methodik man sich bedient. So bietet es sich beispielsweise an, einzelunterrichtsspezifische Strukturmerkmale übergreifend für alle Studierenden mithilfe eines Fragebogens zu evaluieren, da sie den größten Teil aller Studierenden einer Musikhochschule betreffen. Dies wären zum Beispiel die Zuverlässigkeit der Erteilung des Unterrichts, die Frage, ob der Unterricht in der Hochschule stattfindet und vom zuständigen Professor bzw. der zuständigen Professorin persönlich erteilt wird oder ob der Unterricht tatsächlich als Einzelunterricht und nicht als Klassenunterricht stattfindet. Auch die Frage nach Pünktlichkeit und Ansprechbarkeit der Lehrenden oder ihre Verantwortungsübernahme bei Prüfungen – im Hinblick auf Prüfungsvorbereitung oder Anwesenheit bei Prüfungen – können zu den strukturellen Rahmenbedingungen zählen.

Für Aspekte der Prozess- und Ergebnisebene einer Lehrveranstaltung bietet sich eine solche standardisierte Erhebung dagegen nicht an, da sich aufgrund der Spezifika des Einzelunterrichts Probleme bei der Anonymität sowie bei der Auswertbarkeit und Aussagekraft der erhobenen Daten ergeben. Ein weiterer Aspekt, der gegen eine standardisierte Erhebung spricht, ist ein Mangel an Forschungsdaten zur Lehrqualität im Einzelunterricht auf Prozess- und Ergebnisebene. Während es für theoretisch-wissenschaftliche Lehrveranstaltungen eine Vielzahl von Modellen für die Lehrqualität gibt (vgl. z.B. Rindermann, 2016, S. 230), lassen sich in der Literatur keine umfassenden und empirisch getesteten Modelle für die Lehrqualität im künstlerischen Einzelunterricht finden. Dementsprechend fehlen derzeit fundierte Indikatoren für guten Einzelunterricht und Ausbildungserfolg, die sich in standardisierten Items operationalisieren ließen. Vor diesem Hintergrund ergibt sich nun für die Evaluation von Prozess- und Ergebnismerkmalen des Einzelunterrichts, dass diese nur unabhängig von validen Indikatoren stattfinden kann. Was bedeutet dies nun auf methodischer Ebene? Auskunft über die Qualität des Unterrichts können nur die beteiligten Personen geben, d.h. die/der jeweilige Studierende und die/der jeweilige Lehrende. Dabei bewegt sich die Einschätzung, was optimale Lernergebnisse sind und ob der Prozess adäquat gestaltet wird, im Spannungsfeld zwischen den Erwartungen und dem Entwicklungsstand des/der Studierenden und der Expertise und den Anforderungen des/der Lehrenden. Die Einschätzungen sind damit höchst individuell und variieren vermutlich von Fall zu Fall. Für eine

Evaluation bedeutet dies, dass sie genau diesen Einzelfall jeweils berücksichtigen muss. Verfahren, die dies ermöglichen, sind üblicherweise im Bereich der qualitativen Methoden zu finden. Beispiele hierfür sind Interviews, qualitative Fragebögen mit offenen Fragestellungen oder andere dialogische Verfahren.

Kennzeichnend für diese Verfahren ist, dass sie die in Musikhochschulen oft geforderte Anonymität in Evaluationen (vgl. z.B. Gies, 2011, S. 102) zugunsten eines offenen Austausches aufgeben. Welche Aspekte in den Evaluationen dann konkret bewertet bzw. reflektiert werden sollen, muss letztlich individuell festgelegt werden. Bezugnehmend auf Beschreibungen von Einzelunterricht in der Literatur könnten technische Fähigkeiten (z.B. Spielgeschwindigkeit oder Klangvolumen) sowie musikalisch-künstlerische Fähigkeiten (z.B. Stilkenntnisse oder Interpretationsvermögen) mögliche Aspekte sein. Auch die Frage von Kenntnissen und Beherrschung von Übemethoden könnte in die Evaluation einfließen. Diese spielen allein schon wegen des hohen Anteils an selbstständiger Übezeit im Studium eine große Rolle. Zudem sind sie eine wichtige Grundlage dafür, dass Studierende nach dem Studium die Fähigkeit besitzen, alleine an ihrem Können weiterzuarbeiten.

Ein anderer Aspekt, der ebenso methodisch zu berücksichtigen wäre, ist die Kontinuität des Einzelunterrichts über das gesamte Studium hinweg. Dies bedeutet für Evaluationen, dass sie immer formativ und damit prozesssteuernd ist. Insofern muss der Prozess des Austauschs zwischen Lehrenden und Studierenden auch in der Evaluation Berücksichtigung finden. Empfehlenswert erscheinen daher zweistufige Verfahren. Diese sollten zuerst eine Einschätzung von Studierenden und Lehrenden im Hinblick auf den Entwicklungsstand des Studierenden als auch die gegenseitigen Erwartungen an den Unterricht und die weitere Entwicklung erheben, um anschließend in einem Austauschprozess zwischen beiden Parteien zu münden, mit dem Ziel, Vereinbarungen für den weiteren Unterricht zu treffen. Möglichkeiten für eine Erhebung der Einschätzungen sind bspw. kurze, strukturierte, aber offen gehaltene Frage- bzw. Reflexionsbogen oder gemeinsam erarbeitete Semester- bzw. Jahresplanungen von Lehrendem und Studierendem zu Anfang eines Semesters oder Jahres. Die darin festgelegten Ziele könnten am Ende eines jeden Semesters gemeinsam reflektiert werden, um daraus Konsequenzen für den weiteren Unterricht abzuleiten. Eine wichtige Voraussetzung für das Gelingen solcher offenen, dialogorientierten Verfahren ist neben einer wertschätzenden und angstfreien Arbeitsatmosphäre auch die Kommunikations-, Feedbackfähigkeit und Reflexionsfähigkeit von Lehrenden und Studierenden. Falls notwendig, müssen die Hochschulen hier Unterstützung in Form einer Begleitung von außen gewähren, um diese Fähigkeiten zu schulen.

Zusammenfassend lässt sich sagen, dass Strukturmerkmale mit standardisierten Verfahren erhoben werden können, während eine Evaluation des Lehr-Lernprozesses bzw. der Ergebnisebene auf dialogorientierte, qualitative Verfahren zurückgreifen muss. Nur diese Verfahren erlauben gleichzeitig den Einzelfallbezug sowie eine Prozessbegleitung. Hier gilt es die Potenziale eines nicht anonymen Dialogs über den Lehr- und Lernprozess zwischen den Beteiligten zu erkennen und nutzbar zu machen.

2.3 Kompetenzorientierte Evaluation von Ensembleunterricht

Unter Ensembleunterricht wird im Folgenden „Projektunterricht in größeren und kleineren künstlerischen Ensembles“ (RKM, 2011, S. 20) verstanden. Er umfasst verschiedenste Kammermusikformationen, aber auch Großprojekte wie das Hochschulorchester oder hochschulinterne Opernprojekte. Wie oben dargestellt, sollen Studierende darin lernen, in Ensembles zu interagieren und im zweiten Studienzyklus eine führende Rolle einzunehmen. Im Verlauf der Lehrveranstaltung erarbeitet die Gruppe unter Anleitung von Lehrenden ein oder mehrere Werke, die in der Regel am Ende des Semesters oder der Lehrveranstaltung zur Aufführung gebracht werden. Dabei finden insbesondere Großprojekte oft *en bloc* und nicht kontinuierlich über das gesamte Semester statt.

Beim Musizieren in Gruppen handelt es sich um eines der zentralen Betätigungsfelder von Berufsmusikerinnen und -musikern. Während ihres Studiums erlernen die Studierenden in verschiedenen Ensembleformationen die dafür erforderlichen Kompetenzen. Aufgrund dieser zentralen Rolle und vor dem Hintergrund einer zunehmenden Forderung nach Kompetenzorientierung in Studium und Lehre erscheint es sinnvoll, zu evaluieren, ob die angestrebten Kompetenzen tatsächlich erworben werden. Daher wurde im *Netzwerk Musikhochschulen* eine kompetenzorientierte Evaluation von Ensembleunterricht entwickelt. Am Anfang der Entwicklung stand eine Bestimmung der Kompetenzen bzw. der Kompetenzanforderungen, die in Ensembleunterrichten erworben werden sollen. Diese Bestimmung folgte verschiedenen Analyseschritten wie sie auch für die kompetenzorientierte Studiengangsentwicklung von Schaper et al. (2012, S. 40–41) in einem Fachgutachten für die HRK empfohlen werden. So wurden in einem ersten Schritt Qualifikationsziele für Musikstudiengänge in übergeordneten Rahmenvorgaben analysiert. Eines der zentralen Dokumente ist hier die AEC-Publikation „Bezugspunkte für eine Gestaltung und Ausführung von Musikstudiengängen“. Ziel dieser Publikation war es, die Musikhochschulausbildung auf den Qualifikationsrahmen für den Europäischen Hochschulraum zu beziehen und dabei ausdrücklich Bezüge zur künstlerischen Entwicklung herzustellen sowie einen stärken Schwerpunkt auf praktische Leistungen zu legen. Im Ergebnis finden sich darin die sogenannten Polifonia-Dublin-Deskriptoren – als eine auf musikalische Lehr- und Lernzusammenhänge bezogene Version der original Dublin-Deskriptoren (Referenzniveaus der Bologna-Studienzyklen) – sowie die Polifonia-Lernergebnisse (vgl. AEC, 2010, S. 51–66).

Die Lernergebnisse wurden als an europäischen Musikhochschulen gemeinsam vereinbarter Standard für den ersten, zweiten und dritten Studienzyklus entwickelt. Für das Ensemblespiel finden sich als Lernziel für den ersten Zyklus die Fähigkeit „in der Lage [zu] sein, in Ensembles zu interagieren, die in Größe und Stil variieren können“ sowie für den zweiten Zyklus „in der Lage [zu] sein, eine führende Rolle in einem Ensemble zu übernehmen“ (AEC, 2010, S. 60). Weitere Lernziele, die zwar nicht direkt unter dem Begriff Ensembleunterricht subsummiert werden, aber dennoch für diesen von Relevanz sind, betreffen künstlerischen Ausdruck, Repertoire, Aufführungsstile, Übe- und Probentechniken, Fähigkeiten im Vom-Blatt-lesen, Hör- und Improvisationsfertigkeiten sowie weitere Kompetenzen im Hinblick auf den öffentlichen Auftritt oder die verbale Ausdrucksfähigkeit (vgl. AEC, 2010, S. 60–64). Als Ergebnis der Analyse konnte zwar eine gewisse Anzahl von Qualifikationszielen identifiziert werden, sie konnten aber nicht ohne Weiteres für die Entwicklung eines Evaluationsinstrumentes übernommen werden. So sind die Ziele relativ offen und eher als Metakompetenzen denn als konkrete Lernziele formuliert und bieten daher viel Interpretationsspielraum. Beispielsweise handelt es sich bei der „Interaktion in einem Ensemble" vermutlich um ein mehrdimensionales Konstrukt, das für eine Evaluation weiter ausdifferenziert bzw. operationalisiert werden muss.

Daher wurde in einem zweiten Schritt eine qualitative Befragung von Lehrenden durchgeführt, die Ensembleunterrichte an Musikhochschulen erteilen. Die Befragung war als Online-Erhebung konzipiert und wurde an 253 Lehrende aus 10 Musikhochschulen des Netzwerks im Februar 2016 versandt. Der Rücklauf betrug 76, nach einer Datensatzbereinigung gingen 73 Fälle in die Auswertung mit ein. Damit beträgt die Rücklaufquote 30,04 %. Die Befragung enthielt vier offene Fragen: (1) Welche Kompetenzen setzen Sie bei den Studierenden mindestens voraus, damit diese im Projekt bzw. in der Lehrveranstaltung mitarbeiten können? (2) Welche Kompetenzen sollen die Studierenden aus Ihrer Sicht in der Lehrveranstaltung neu erwerben oder vertiefen? (3) Wie müssen Lehrende und Studierende zusammenarbeiten, damit die Studierenden die von Ihnen anvisierten Kompetenzen erwerben können? (4) Woran merken Sie, dass das Konzert oder die Aufführung am Ende der Lehrveranstaltung gut gelungen ist?

Die Auswertung folgte einer Reihe von verschiedenen Schritten, die im Folgenden nur kurz umrissen werden. Zu Beginn wurden alle Fälle einer hermeneutisch-interpretativen Textarbeit unterzogen, um ein Gesamtverständnis des Textes auf Basis der Forschungsfragen zu entwickeln (vgl. Kuckartz, 2016, S. 56–57). Anschließend wurde für jeden Fall ein Memo erstellt, um erste Hypothesen oder Ideen zu formulieren, die ggf. später für die Bildung von Auswertungskategorien genutzt werden können (vgl. Kuckartz, 2016, S. 57–58). In einem dritten Schritt wurden dann für alle Fälle „Case Summaries" (Fallzusammenfassungen) verfasst, bei denen es sich um eine „systematisch ordnende, zusammenfassende Darstellung der Charakteristika" dieser Einzelfälle (Kuckartz, 2016, S. 58) handelt. Der Nutzen von Fallzusammenfassungen zeigt sich insbesondere bei Forschungsteams, da sie einen guten Überblick über das gesamte Material ermöglichen, ohne dass alle Beteiligten die gesamten Originaldaten lesen müssen. Zudem können sie zur analytischen Differenzierung der Einzelfälle beitragen und bei der Hypothesen- bzw. Kategoriengenerierung helfen (vgl. Kuckartz, 2016, S. 62). Den vierten Auswertungsschritt bildete die Kodierung, die mithilfe der „induktiven Kategorienbildung", einer Technik der „Qualitativen Inhaltsanalyse" (vgl. Mayring, 2016, S. 115–117) durchgeführt wurde. Diese Technik wurde aufgrund der wenig differenzierten theoretischen Grundlage gewählt und sollte zudem einen möglichst offenen Umgang mit dem Datenmaterial gewährleisten, der alle relevanten Aspekte berücksichtigt. Die Kategorienbildung wurde mithilfe der Software QCAmap durchgeführt und folgte dem dafür vorgesehenen Ablaufmodell (vgl. Mayring, 2016, S. 116). Im Folgenden sollen Ausschnitte aus den Ergebnissen skizziert werden, die sich aus Frage (2) der

Online-Befragung ergeben und damit die Kompetenzen betreffen, die die Lehrenden in ihren Lehrveranstaltungen vermitteln bzw. vertiefen möchten. Ein Großteil der Kodierungen entfiel auf die Kategorie „Musikalische Kompetenzen", die beispielsweise Fähigkeiten in Bezug auf „Technik, Intonation, Ausdruck, Interpretation, Improvisation, Interaktion" etc. umfasste. Darüber hinaus konnten Kategorien in den Feldern „Repertoire, Übe- und Probenmethodik, Organisation, Professionalität" sowie diverser „Soft Skills" gebildet werden. Zudem wurden weitere Kompetenzen benannt, die für bestimmte Lehrveranstaltungen spezifisch sind, so beispielsweise Fragen des Timings im Jazz, neue Darstellungstechniken in der Neuen Musik, musikalisch-darstellerische Fähigkeiten im Bereich der Opernprojekte sowie Chor- bzw. gesangsspezifische Kompetenzen wie Stimmbildungskenntnisse. Um den Rahmen dieses Beitrages nicht zu sprengen, werden im Folgenden exemplarisch die Einzelkompetenzen der Kategorie „Interaktion" aus der Oberkategorie „Musikalische Kompetenzen" dargestellt.

Musikalische Kompetenzen – Interaktion
Mit anderen (unter einem Dirigenten) zusammenspielen
Ohne Dirigent zusammenspielen
Während des Spiels aufeinander reagieren
Während des Spiels aufeinander hören
Während des Spiels mit den Mitspielenden musikalisch kommunizieren
Eigene Intonation an Mitspielenden ausrichten
Kennen von Rollen und Aufgaben im Ensemble
Sich flexibel anpassen
Sich in das Ensemble einfügen
Die eigene Rolle im Zusammenklang finden
Solistische Rolle im Kollektiv spielen
Die eigene Rolle im Ensemble zwischen Aktion und Reaktion schnell wechseln
Im Ensemble eine führende Rolle einnehmen
Sich im Ensemble führen lassen
Gemeinsames Einstudieren im Ensemble
Schnelles Auffassen von künstlerischen Veränderungen und Anforderungen
Mit den Mitspielenden organisatorisch abstimmen

Tabelle 1: Kompetenzen, die Lehrende in ihren Ensembleveranstaltungen vermitteln möchten aus der Kategorie „Interaktion" aus der Oberkategorie „Musikalische Kompetenzen"

Ähnlich differenziert zeigen sich die Ergebnisse in den anderen Kategorien, deren Veröffentlichung in Zukunft an anderer Stelle geplant ist. Nach Auswertung aller Ergebnisse sollen diese mit den theoretisch erarbeiteten Kategorien abgeglichen werden, um dann für die Entwicklung von Fragebogenitems genutzt zu werden. Diese Items sollen anschließend in einem umfassenden Fragebogen bzw. Itempool münden, der eine Selbsteinschätzung der Studierenden in Bezug auf den subjektiven Kompetenzzuwachs aufgrund einer bestimmten Lehrveranstaltung ermöglicht. Daher werden die Studierenden gebeten, nach der Lehrveranstaltung ihr Kompetenzniveau zweimal – erstens retrospektiv vor der Lehrveranstaltung und zweitens zum Zeitpunkt nach dieser – einzuschätzen. Dazu steht jeweils eine 10-stufige Skala zwischen den Polen 0 = *keine Fähigkeiten* und 10 = *exzellente Fähigkeiten* zur Verfügung. Ziel dieser zweifachen Bewertung ist es, die Reflexion über den Kompetenzzuwachs anzuregen, der dann in der Differenz zwischen den beiden Werten deutlich wird. Nach ersten Pretests in den Musikhochschulen soll das Instrument hinsichtlich der Gütekriterien der klassischen Testtheorie überprüft werden, um erstmalig ein qualifiziertes Messinstrument für den Kompetenzzuwachs in Ensembleveranstaltungen zu erhalten.

2.4 Lessons Learned

In der Forschungsliteratur lassen sich Hinweise auf Probleme und Widerstände bei der Etablierung von Evaluationen im Hochschulbereich finden. Sie betreffen insbesondere strukturelle Aspekte wie die Frage von Zuständigkeiten sowie der Berücksichtigung von heterogenen Stakeholder-Interessen und ihren Ansprüchen sowie die Frage nach einer grundsätzlichen institutionellen Verankerung in den Hochschulen (vgl. Stefer, 2013, S. 44–45; Schmidt, 2009, S. 167). Darüber hinaus zeigen sich methodische Probleme wie eine mangelnde theoretische Fundierung der Instrumente, Anreizverzerrungen durch Evaluationen sowie eine unzureichende Nutzung von Evaluationsergebnissen (vgl. Stefer, 2013, S. 46–51). Auch das grundsätzliche Infragestellen von Evaluationen ist ein Hindernis, das im Hochschulbereich bekannt ist. Es reicht von methodischen Sorgen, dass Evaluationsgegenstände nicht angemessen erfasst werden können bis hin zu Mutmaßungen, Evaluationen seien Kontrolltechnologien mit subtilen Machteffekten (vgl. Stefer, 2013, S. 48).

Ähnliche Widerstände und Probleme konnten an den verschiedenen Hochschulen des *Netzwerk Musikhochschulen* beobachtet werden. Zunächst zeigte sich, dass die Hochschulen über sehr unterschiedliche Anfangsvoraussetzungen im Hinblick auf Umfang, Regelmäßigkeit und Konsequenzen von Evaluationen verfügten. Während einige wenige beispielsweise regelmäßige Lehrveranstaltungsevaluationen durchführten, hatten andere Hochschulen bis dato nur wenige Verfahren angewendet, die eher Pilotcharakter besaßen. Teilweise verfügten die Hochschulen über keine Evaluationsordnungen oder diese wurden gerade erst entwickelt. Auch Prozesse der Datenschutzüberprüfung waren nicht flächendeckend geregelt. Im Großen und Ganzen lassen sich die Erfahrungen mit Evaluationen der Musikhochschulen im Netzwerk eher als punktuell und anlassbezogen bezeichnen. Von einem institutionalisierten Regelbetrieb konnte bislang nicht die Rede sein. Vor diesem Hintergrund war die Akzeptanz von Evaluationen längst nicht so ausgereift wie beispielsweise an Universitäten. So konnte ein grundsätzliches Infragestellen von Evaluationen auch hier beobachtet werden, wenn auch mit einer etwas anderen Ausrichtung der Kritik. So wird immer wieder darauf hingewiesen, dass gerade Musikhochschulen über eine lange Tradition des Qualitätsmanagements verfügen. Verfahren dafür seien die Aufnahmeprüfungen, die Bereitstellung von Bewährungssituationen sowie eine permanente Überprüfung des Leistungsstandes (vgl. Gies, 2011, S. 103). Daraus ergibt sich die Schlussfolgerung, dass es keiner weiteren Verfahren bedarf, um die Qualität der Lehre sicherzustellen. Außer Acht gelassen wird hier indes, dass Bewährungssituationen wie Vorspiele und Konzerte sowie permanente Überprüfungen des jeweiligen Leistungsstandes kein Spezifikum eines Musikhochschulstudiums darstellen, sondern mit anderen Prüfungsformen wie Klausuren gleichzusetzen sind. Sie stellen keine Evaluation des Lehr-, Lernprozesses oder von Strukturen dar, sondern überprüfen gewisse Kriterien der vermittelten Inhalte. Daher sind sie auch nicht als Verfahren der Evaluation oder gar des Qualitätsmanagements zu klassifizieren.

Auch das Problem der divergenten Stakeholder-Interessen zeigte sich bei der Entwicklung und Durchführung der verschiedenen Evaluationen. Dies wurde zusätzlich dadurch verstärkt, dass insgesamt zwölf Hochschulen ihre Ansprüche an die Verfahren einbrachten und zudem in jeder Hochschule selbst weitere divergente Interessenlagen herrschten. Diese betrafen neben Zielsetzungen der Evaluationen auch ihre methodische Ausrichtung sowie Fragen der Itemformulierung. Ein Versuch, auf diese unterschiedlichen Interessen einzugehen ist die oben beschriebene Anlage als Itempool bei der Evaluation von theoretisch-wissenschaftlichen Veranstaltungen, aus der sich die Hochschulen individuelle Fragebögen zusammenstellen können. Grundsätzlich lässt sich aber eine stetig steigende Akzeptanz der Verfahren beobachten, erkennbar auch an der positiven Entwicklung der Teilnahmezahlen von Hochschulen und einzelnen Lehrenden.

Auf Ebene der einzelnen Hochschulen zeigten sich Hürden, die durch die Besonderheiten im Lehrkörper und Studierendenschaft verursacht wurden. So führen beispielsweise der hohe Anteil an Lehrbeauftragten und die Teilzeitprofessuren dazu, dass Lehrveranstaltungen oftmals als Blockunterricht an nur wenigen Terminen im Semester stattfinden. Dies hat teilweise aufwendige organisatorische Absprachen für die Durchführung von Lehrveranstaltungsevaluationen zufolge bzw. formative Verfahren werden *ad absurdum* geführt. Zudem führt die kulturelle Heterogenität von Studierenden zu Problemen beim Lesen und Ausfüllen von Fragebögen, auch englische Übersetzungen sind nicht immer eine Lösung. Teilweise müssen daher schriftliche Befragungen persönlich begleitet werden, um Verständnisfragen zu beantworten. All dies vergrößert den Aufwand für Evaluationen erheblich.

Ein weiteres Problem ist die unzureichende Nutzung von Evaluationsergebnissen. Nur selten werden diese systematisch für die Weiterentwicklung von Curricula oder Verwaltungsabläufen genutzt. Dies hat negative Folgen für die Akzeptanz von Evaluationen. Zudem wird auf diese Weise das Potenzial von Evaluationen nicht umfassend bzw. gar nicht ausgeschöpft.

3 Fazit und Ausblick

Im Zentrum dieses Beitrages stand die Frage, wie die Lehre an Musikhochschulen adäquat evaluiert werden kann. Dabei wurde neben den Anforderungen der Evaluationsforschung und der empirischen Forschung insbesondere erläutert, welche methodischen, organisatorischen und inhaltlichen Anforderungen sich aus den Spezifika der Lehre an Musikhochschulen für Lehrveranstaltungsevaluation ergeben.

Es konnte gezeigt werden, dass die Besonderheiten eines Musikhochschulstudiums – wie die Praxisorientierung, die große Fächerdiversität sowie die starke Individualisierung und Spezialisierung – bestimmte Anforderungen an Evaluationsverfahren stellen. So bedarf es für die sehr unterschiedlichen Unterrichtsformate und -inhalte gesonderter Verfahren, die wiederum jeweils weitere differenzierte Parameter berücksichtigen müssen. Besonders deutlich wird dies beim künstlerischen Einzelunterricht mit seinen Besonderheiten in Bezug auf Unterrichtsformat, -inhalt und Kontinuität. Je nach Evaluationsgegenstand sind somit unterschiedliche methodische Herangehensweisen erforderlich. So ist die quantitative Befragung von Studierenden mithilfe von Fragebögen nur bei der Erhebung von Strukturmerkmalen sinnvoll, da diese Merkmale nicht einzelfallbezogen sind, sondern einen Großteil aller Studierenden betreffen. Betrachtet man hingegen die Prozess- und Ergebnisebene des Einzelunterrichts müssen dialogorientierte, qualitative Verfahren zum Einsatz kommen, die den Einzelfall berücksichtigen und den Dialog zwischen Lehrenden und Studierenden über Unterrichtsprozesse und Erlerntes in den Fokus stellen. Die Voraussetzung für ein Gelingen solcher Verfahren ist neben einer offenen und wertschätzenden Atmosphäre auch die Kommunikations-, Feedback- und Reflexionsfähigkeit der Beteiligten. Anonymität, wie sie für quantitative Verfahren stets gefordert wird, kann es in diesem Fall nicht geben. Sie wird zugunsten eines offenen Austausches aufgegeben.

Auch für den Ensembleunterricht als weiteres Spezifikum des Musikstudiums, der besonders für den Kompetenzerwerb zukünftiger Berufsmusikerinnen und -musiker zentral ist, wurde die Entwicklung eines kompetenzorientierten Evaluationsverfahrens dargestellt. Diese basierte zunächst auf einer theoretischen Analyse von Qualifikationszielen in den Rahmenvorgaben der AEC und wurde ergänzt bzw. differenziert durch eine schriftliche qualitative Befragung von Lehrenden. Die Antworten der Lehrenden wurden mithilfe der induktiven Kategorienbildung als Technik der Qualitativen Inhaltsanalyse ausgewertet. Im Ergebnis konnten einerseits die zuvor theoretisch gewonnenen Kompetenzen sehr viel weiter ausdifferenziert werden, andererseits konnten neben übergreifenden Lernzielen auch fachspezifische identifiziert werden. Nach Abschluss der Auswertung sollen die Ergebnisse für die Itementwicklung genutzt werden. Das angestrebte Evaluationsinstrument ist ein standardisierter Fragebogen, der eine Selbsteinschätzung der Studierenden in Bezug auf ihren subjektiven Kompetenzzuwach aufgrund einer bestimmten Lehrveranstaltung ermöglicht.

Für theoretisch-wissenschaftliche Seminare konnte gezeigt werden, dass sie aufgrund von Gruppengröße und Inhalt am ehesten mit universitärer Lehre vergleichbar sind und daher auch mit standardisierten Verfahren evaluiert werden können. Bezugnehmend auf Erkenntnisse der Evaluationsforschung wurde die Evaluation dieser Veranstaltungen als zweiphasiges formatives Instrument angelegt, bestehend aus einem Fragebogen und einem Gespräch zwischen Lehrenden und Studierenden.

Die Erfahrungen mit Evaluationsverfahren im Netzwerk zeigen unterschiedliche Hindernisse, die mit denen in der Forschungsliteratur berichteten vergleichbar sind. So konnten neben unterschiedlichen Anfangsvoraussetzungen der einzelnen Netzwerkhochschulen auch das grundsätzliche Infragestellen von Evaluationen, divergente Stakeholder-Interessen sowie die mangelnde Verwertung von Ergebnissen als problematisch identifiziert werden. Zudem führen Besonderheiten von Lehrkörper und Studierendenschaft zu einem erhöhten organisatorischen Aufwand bei der Durchführung von Evaluationen.

Für die Zukunft stellen sich für die Lehrveranstaltungsevaluation verschiedene Herausforderungen. An erster Stelle steht dabei die Einbettung der einzelnen Evaluationen in ein Gesamtsystem, das dem Namen Qualitätsmanagement gerecht wird. Idealerweise kommen hier multimethodische Ansätze zum Einsatz, die neben den verschiedenen Formen von Evaluationen (auch auf Ebene von Modulen und Studiengängen) weitere Faktoren und Verfahren wie Kennzahlen, Prozessbeschreibungen, Leitfäden u.Ä. in die Betrachtung miteinbeziehen. Erst dies ermöglicht einen ganzheitlichen Blick auf das System Hochschule und ihre Lehre sowie eine weitere Validierung bzw. Differenzierung von Evaluationsergebnissen. In Bezug auf die Nachhaltigkeit bzw. Wirksamkeit der entwickelten Lehrveranstaltungsevaluationen stellt sich zukünftig die Frage, wie wirkungsvoll die Verfahren und die damit verbundenen Folgeprozesse sind. Vor diesem Hintergrund ist nochmal gesondertes Augenmerk auf die Systematisierung und Institutionalisierung von Ergebnisverwertungsprozessen sowie die Verknüpfung von Lehrveranstaltungsevaluationen mit hochschuldidaktischen bzw. lehrentwickelnden Angeboten zu legen.

Literatur

AEC – Association Européenne des Conservatoires, Académies de Musique et Musikhochschulen (2010). *Bezugspunkte für die Gestaltung und Ausführung von MUSIKstudiengängen.* Bilbao: Publicaciones de la Universidad de Deusto (Tuning educational structures in Europe).

Braun, E. & Flacke, L.B. (2014). 6. Lehr- und Kompetenzorientierung: Was nützen Rückmeldungen von Lernenden? In A. Hanft, A. Wolter, A. Pellert & E. Cendon (Hg.), *Lernwege gestalten: Studienformate an der Schnittstelle von Theorie und Praxis* (S. 49–59). Berlin: Wissenschaftliche Begleitung „Aufstieg durch Bildung: offene Hochschulen". Verfügbar unter: http://docplayer.org/11809586-Lernwege-gestalten-studienformate-an-der-schnittstelle-von-theorie-und-praxis.html [03.08.2016].

Braun, E., Gusy, B., Leidner, B. & Hannover, B. (2008). Das Berliner Evaluationsinstrument für selbsteingeschätzte, studentische Kompetenzen (BEvaKomp). *Diagnostica* 54 (1), 30–42.

Gies, S. (2011). Akkreditierung und Qualitätssicherung an Musikhochschulen. In HRK (Hg.), *Die deutschen Musikhochschulen. Positionen und Dokumente* (S. 97–110). Verfügbar unter: https://www.hrk.de/fileadmin/redaktion/hrk/02-Dokumente/02-10-Publikationsdatenbank/Beitr-2011-03_Die_deutschen_Musikhochschulen.pdf [03.08.2016].

Green, D.M. (1994). What is quality in higher education. In D.M. Green (Hg.), *What is quality in higher education?* (S. 3–20). Buckingham und Bristol: Society for Research into Higher Education & Open University Press.

Großmann, D. & Wolbring, T. (2016). Stand und Herausforderungen der Evaluation an deutschen Hochschulen. In D. Großmann & T. Wolbring (Hg.), *Evaluation von Studium und Lehre. Grundlagen, methodische Herausforderungen und Lösungsansätze* (S. 3–25). Wiesbaden: Springer VS.

Heinrichs, W. (2011). Einleitung. In HRK (Hg.), *Die deutschen Musikhochschulen. Positionen und Dokumente* (S. 9–16). Verfügbar unter: https://www.hrk.de/fileadmin/redaktion/hrk/02-Dokumente/02-10-Publikationsdatenbank/Beitr-2011-03_Die_deutschen_Musikhochschulen.pdf [03.08.2016].

HRK (2010). *Wegweiser 2010. Qualitätssicherung an Hochschulen; Projekt Qualitätsmanagement.* Unter Mitarbeit von Benedict Kaufmann. Bonn: HRK (=Beiträge zur Hochschulpolitik). Verfügbar unter: http://www.ehea.info/Uploads /SubmitedFiles/11_2010/135501.pdf [23.08.2016].

Jacob, A.K. (2007). *Qualitätsmanagement an Musikhochschulen in Zeiten sich wandelnder Studienstrukturen* (=Folkwang-Studien Bd. 5). Hildesheim: Olms.

Kamper, M. (2014). Videoannotation im künstlerischen Hauptfachunterricht an Musikhochschulen. Annotierte (Selbst-)reflexionen Musikstudierender. In Ch. Moritz (Hg.), *Transkription von Video- und Filmdaten in der qualitativen Sozialforschung. Multidisziplinäre Annäherungen an einen komplexen Datentypus* (S. 251–269). Wiesbaden: Springer VS.

KMK (2010). *Ländergemeinsame Strukturvorgaben für die Akkreditierung von Bachelor- und Masterstudiengängen. Beschluss der Kultusministerkonferenz vom 10.10.2003 i.d.F. vom 04.02.2010.* Verfügbar unter: http://www.akkreditierungsrat.de/fileadmin/Seiteninhalte/KMK/Vorgaben/KMK_Laendergemeinsame_Strukturvorgaben_aktuell.pdf [23.08.2016].

KMK (2013/2014). *Das Bildungswesen in der Bundesrepublik Deutschland 2013/14. Darstellung der Kompetenzen, Strukturen und bildungspolitischen Entwicklungen für den Informationsaustausch in* Europa – Auszug. Verfügbar unter: https://www.kmk.org/fileadmin/Dateien/pdf/Eurydice/Bildungswesen-dt-pdfs/tertiaerer_bereich.pdf [19.08.2016].

Koch, M. (2006). *Qualitätsverbesserung an Musikhochschulen. Entwicklung eines Evaluierungsansatzes, empirische Anwendung und Ableitung von Handlungsempfehlungen* (=Gabler-Edition Wissenschaft: NPO-Management). Wiesbaden: Deutscher Universitäts-Verlag.

Kromrey, H. (2006). Qualität und Evaluation im System Hochschule. In R. Stockmann (Hg.), *Evaluationsforschung. Grundlagen und ausgewählte Forschungsfelder* (S. 234–259). Münster: Waxmann.

Kuckartz, U. (2016). *Qualitative Inhaltsanalyse. Methoden, Praxis, Computerunterstützung* (3. Auflage) (=Grundlagentexte Methoden). Weinheim und Basel: Beltz Juventa.

Linowitzki, J. (2011). Studienangelegenheiten. Die Bologna-Reform an deutschen Musikhochschulen. In (HRK) Hochschulrektorenkonferenz (Hg.), *Die deutschen Musikhochschulen. Positionen und Dokumente* (S. 76–87). Verfügbar unter: https://www.hrk.de/fileadmin/redaktion/hrk/02-Dokumente/02-10-Publikationsdatenbank/Beitr-2011-03_Die_deutschen_Musikhochschulen.pdf [03.08.2016].

Mayring, P. (2016). *Einführung in die qualitative Sozialforschung* (6. Auflage). Weinheim und Basel: Beltz Juventa.

Meinefeld, W. (2010). Online-Befragungen im Kontext von Lehrevaluationen – praktisch und unzuverlässig. *Kölner Zeitschrift für Soziologie und Sozialpsychologie* 62 (2), 297–315.

Metje, B. & Kelle, U. (2016). Konstruktvaliditätsprobleme von Lehrevaluationen und die Potentiale einer Methodenintegration zur Entwicklung von Befragungsinstrumenten – eine Mixed-Methods-Studie. In D. Großmann & T. Wolbring (Hg.), *Evaluation von Studium und Lehre. Grundlagen, methodische Herausforderungen und Lösungsansätze* (S. 263–287). Wiesbaden: Springer VS.

Nowakowski, A., Vervecken, D., Braun, E. & Hannover, B. (2012). Was Hochschuldozierende aus Lehrevaluations-Rückmeldungen lernen können. Der differenzielle Einfluss prozess- versus ergebnisorientierten Feedbacks auf Lehrorientierungen. *Zeitschrift für Erziehungswissenschaft* 15 (2), 253–271.

Polanyi, M. (1962). *Personal knowledge. Towards a post-critical philosophy* (Corrected edition). London und New York: Routledge & Kegan Paul.

Rindermann, H. (2001). Die studentische Beurteilung von Lehrveranstaltungen – Forschungsstand und Implikationen. In Ch. Spiel (Hg.), *Evaluation universitärer Lehre – Zwischen Qualitätsmanagement und Selbstzweck* (S. 61–88). Münster: Waxmann.

Rindermann, H. (2003). Lehrevaluation an Hochschulen: Schlussfolgerungen aus Forschung und Anwendung für Hochschulunterricht und seine Evaluation. *Zeitschrift für Evaluation (ZfEv)* (2), 233–256.

Rindermann, H. (2009). *Lehrevaluation. Einführung und Überblick zu Forschung und Praxis der Lehrveranstaltungsevaluation an Hochschulen mit einem Beitrag zur Evaluation computerbasierten Unterrichts* (2. Auflage) (=Psychologie: Bd. 42). Landau: Verlag Empirische Pädagogik.

Rindermann, H. (2016). Lehrveranstaltungsevaluation an Hochschulen. Der Einfluss der Rahmenbedingungen auf Qualität von Lehre und Ergebnisse von Lehrevaluation. In D. Großmann & T. Wolbring (Hg.), *Evaluation von Studium und Lehre. Grundlagen, methodische Herausforderungen und Lösungsansätze* (S. 227–262). Wiesbaden: Springer VS.

RKM – Rektorenkonferenz der Musikhochschulen in der Bundesrepublik Deutschland – Mitgliedergruppe Musikhochschulen in der HRK (1999). *Musikhochschulen an der Schwelle des 21. Jahrhunderts. Thesenpapier der Rektorenkonferenz der Musikhochschulen der Bundesrepublik Deutschland.* Verfügbar unter: https://www.hrk.de/positionen/gesamtliste-beschluesse/position/convention/musikhochschulen-an-der-schwelle-des-21-jahrhunderts-thesenpapier-der-rektorenkonferenz-der-musikh/ [02.08.2016].

RKM – Rektorenkonferenz der deutschen Musikhochschulen in der HRK (2011). Musikstudium in Deutschland. Positionspapier der Rektorenkonferenz der deutschen Musikhochschulen in der HRK – Beschluss der Mitgliederversammlung vom 16. Januar 2011. In HRK (Hg.), *Die deutschen Musikhochschulen. Positionen und Dokumente* (S. 17–48). Verfügbar unter: https://www.hrk.de/positionen/gesamtliste-beschluesse/position/convention/musikhochschulen-an-der-schwelle-des-21-jahrhunderts-thesenpapier-der-rektorenkonferenz-der-musikh/ [02.08.2016].

Rosenberger, F. (2002). *Institutionalisierte Musikausbildung – Musikhochschulen zwischen Anspruch und Wirklichkeit. Interne Untersuchung an der HfMDK, Frankfurt am Main.* Frankfurt a.M.

Schaper, N., Reis, O., Wildt, J., Horvath, E. & Bender, E. (2012). *Fachgutachten zur Kompetenzorientierung in Studium und Lehre.* Bonn: HRK. Verfügbar unter: https:// www.

hrk-nexus.de/fileadmin/redaktion/hrk-nexus/07-Downloads/07-02-Publikationen/fachgut achten_kompetenzorientierung.pdf [02.08.2016].

Schmidt, B. & Loßnitzer, T. (2010). Lehrveranstaltungsevaluation: State of the Art, ein Definitionsvorschlag und Entwicklungslinien. *Zeitschrift für Evaluation (ZfEv)* 9 (1), 49–72.

Schmidt, U. (2009). Evaluation an deutschen Hochschulen – Entwicklung, Stand und Perspektiven. In Th. Widmer, W. Beywl & C. Fabian (Hg.), *Evaluation. Ein systematisches Handbuch* (S. 163–169). Wiesbaden: VS Verlag für Sozialwissenschaften.

Spelsberg, K. (2013). *Diversität als Leitmotiv. Handlungsempfehlungen für eine diversitäts- und kompetenzorientierte Didaktik; eine explorative Studie im Kontext einer Kunst- und Musikhochschule* (=Internationale Hochschulschriften, Bd. 591). Münster: Waxmann.

Stefer, C. (2013). *Die Gegenstandsangemessenheit empirischer Datenerhebungsmethoden im Kontext von Lehrevaluationen an Hochschulen.* Marburg, Philipps-Universität Marburg, Dissertation 2013. Marburg. Verfügbar unter: http://archiv.ub.uni-marburg. de/diss /z2013/0727/pdf/dcs.pdf [26.08.2016].

Stockmann, R. (2006). Evaluation in Deutschland. In R. Stockmann (Hg.), *Evaluationsforschung. Grundlagen und ausgewählte Forschungsfelder* (S. 15–46). Münster: Waxmann.

Wolbring, T. (2013). Fallstricke der Lehrevaluation. Ein Plädoyer für einen sachgemäßen Umgang mit studentischen Lehrveranstaltungsbewertungen. *Forschung und Lehre* 20 (12), 1012–1013. Verfügbar unter: http://www.forschung-und-lehre.de/wordpress/ Archiv/2013/ful_12-2013.pdf [19.08.2016].

Jürgen Reimann

Lob der dritten Sache

Evaluationsordnungen als Teil von Qualitätsmanagement und Qualitätskultur

Praise for the Third Thing

Evaluation Systems as a Component of Quality Management and a Culture of Quality

This contribution reflects on the discussion about evaluation regulations at the first QM workshop of the Netzwerk Musikhochschulen *held in Würzburg in May 2013, on the constant creation and revision of evaluation regulations including the question of an adequate understanding of quality. It draws on the systematisation for the design and review of evaluation systems developed in 2013 and further differentiated for this article and the practical experience of evaluation systems of recent years. This is supplemented by a perspective on evaluation regulations based on the ideas of Oswald Neuberger that takes account of micro-politics and a definition-based approach to the notion of a culture of quality. Quality management and quality commitment are clearly distinguished and their respective principal function highlighted via a further descriptive understanding of a culture of quality. Given that micro-political fuzziness cannot be ruled out, a central role in compliance can be ascribed to quality commitment, which is thus given precedence over quality management as a closed regulatory cycle. Evaluation regulations in* Musikhochschulen *are thus placed in the context of an ongoing discourse, which in aiming for commitment in the best case simultaneously generates it and hence constitutes a necessary condition for the value and use of evaluation systems.*

1 Einleitung

Die nachfolgenden Ausführungen nehmen ihren Ausgang beim ersten QM-Workshop des *Netzwerk Musikhochschulen*, der unter der Überschrift *Qualitätsentwicklung in Musikhochschulen – Viel Aufwand und (k)ein Gewinn?* (Mai 2013, Würzburg) stand. Dafür wurden vorab die Evaluationsordnungen mehrerer Musikhochschulen einer systematisierenden und synoptischen Betrachtung unterzogen. Von den Workshopteilnehmerinnen und -teilnehmern wurden anschließend erste Leitlinien entwickelt, worauf bei der Erstellung und Erneuerung von Evaluationsordnungen zu achten ist. In den darauf folgenden dreieinhalb Jahren, also bis zum Ende der ersten Förderperiode, haben viele Netzwerkhochschulen unter Rückgriff auf eine im Netzwerk zur Verfügung gestellte Übersicht, die Dokumentation des Workshops und die kontinuierlich von den

Netzwerkhochschulen zur Verfügung gestellten (erneuerten) Evaluationsordnungen ihre eigenen Ordnungen überarbeitet oder erstellt.[1] In diesem Artikel können und sollen allerdings weder diese je Bundesland und Hochschule sehr individuellen Prozesse, noch die aktuellen Ordnungen der Hochschulen verglichen oder bewertet werden. Vielmehr soll mittels der hier getätigten Überlegungen eine für die jeweilige Hochschule passende Gestaltung ihrer Evaluationsordnung weiterführend unterstützt und befördert werden. Dazu wird zurückgegriffen auf die in Würzburg vorgestellte Systematisierung, die in den vergangenen Jahren mit Evaluationsordnungen gemachten praktischen Erfahrungen sowie eine an Mikropolitik orientierte Perspektive auf Ordnungen (Neuberger, 2006) und den Begriff der Qualitätskultur (Kohler, 2004).

2 Evaluationsordnungen als Ausdruck regulierter Selbstregulierung

2.1 Gewährleistungsverwaltungsrecht

Evaluationsordnungen sind Teil und Ausdruck dessen, was das sogenannte „Gewährleistungsverwaltungsrecht“ (Voßkuhle, 2004, S. 21–31), in dem die staatliche Lenkung und Kontrolle öffentlicher Aufgaben auf private Akteure übertragen wird, als seinen zentralen Inhalt versteht. Im Bereich von Hochschulbildung werden Bedingungen und Inhalte der Gewährleistung neben den periodisch angelegten Zielvereinbarungen zwischen Ländern und Hochschulen in den immer wieder aktualisierten und nach politischer Richtung und Vorgabe jeweils novellierten Landeshochschulgesetzen ausformuliert. In diesen wird den Hochschulen auch die Erstellung eigener Ordnungen zur Kontrolle ihrer Leistungsziele im Bereich von Lehre, Forschung und Verwaltung übertragen. Da den deutschen Musikhochschulen Hochschulautonomie und der Rang wissenschaftlicher Hochschulen analog den Universitäten zugebilligt wird, haben auch sie „ein eigenständiges Satzungsrecht und regeln ihre Angelegenheiten über eigene Ordnungen“ und „praktizieren Systeme der Qualitätssicherung und der Evaluation“ (Heinrichs, Meyer-Dörpinghaus & Löllgen, 2011, S. 226). So wurde es 2009 im „Leitbild der deutschen Musikhochschulen“ (HRK, 2009, vgl. Heinrichs, Meyer-Dörpinghaus & Löllgen, 2011, S. 223) festgehalten. Das Prinzip einer „regulierten Selbstregulierung“ (Voßkuhle, 2004, S. 8), als unter staatlichen Vorgaben durchzuführende Selbstregulation der Hochschulen, findet insofern auch für Musikhochschulen hinsichtlich der Qualität von Lehre, Forschung und Verwaltung seinen Niederschlag in den konkreten Ausführungen und Formulierungen von Evaluationsordnungen.

---

1 Der in diesem Artikel verwendete Begriff *Evaluationsordnung* bezeichnet diejenigen Ordnungsmittel, in denen Hochschulen aufgrund ihrer jeweiligen ministerialen Landesvorgaben ihre Qualitätssicherungs- und -entwicklungsmaßnahmen und die dazugehörigen Instrumente im Bereich von Lehre, Forschung und lehrnahem Verwaltungshandeln beschreiben und veröffentlichen.

2.2 Evaluationsordnung – Not-wendig!?

Unter dem Titel *Evaluationsordnung – Not-wendig!?* wurden 2013 in Würzburg die Erkenntnisse sowohl zu Spannungsfeldern als auch zu Gestaltungsspielräumen der gesichteten Evaluationsordnungen beschrieben und die gewonnenen Erkenntnisse in die unten abgebildete Grafik (Abbildung 1) überführt. Anlage und Gestaltung der Evaluationsordnungen lassen sich, verbunden mit einem Blick in das jeweils zugrundeliegende Hochschulgesetz, auf zwei Ebenen darstellen: Die horizontale Achse der Grafik gibt den Grad der durch das jeweilige Hochschulgesetz vorgegebenen Verpflichtung an, Evaluationsordnungen zu verfassen und bestimmte Aspekte dort zu behandeln. Die vertikale Achse beschreibt sowohl für Hochschulgesetze als auch für Evaluationsordnungen, inwieweit Inhalte, Vorhaben, Aufträge etc. jeweils eher *frei, offen und wendig* formuliert sind bzw. *konkret, geschlossen und geregelt.*

Mit Blick auf das jeweilig zugehörige Hochschulgesetz können anhand dieses Schemas auf der horizontalen Achse die Inhalte von Evaluationsordnungen im Spannungsfeld dessen, was durch das Hochschulgesetz pflichtmäßig abgehandelt werden muss (bzw. sollte) und dem, was die Hochschule eigenständig, als *Kür*, in ihre Ordnung aufgenommen hat, betrachtet werden. Der vertikalen Achse folgend können die Inhalte zugleich hinsichtlich des Konkretisierungsgrades der verwendeten Formulierungen, Maßnahmen und Vorhaben differenziert werden.

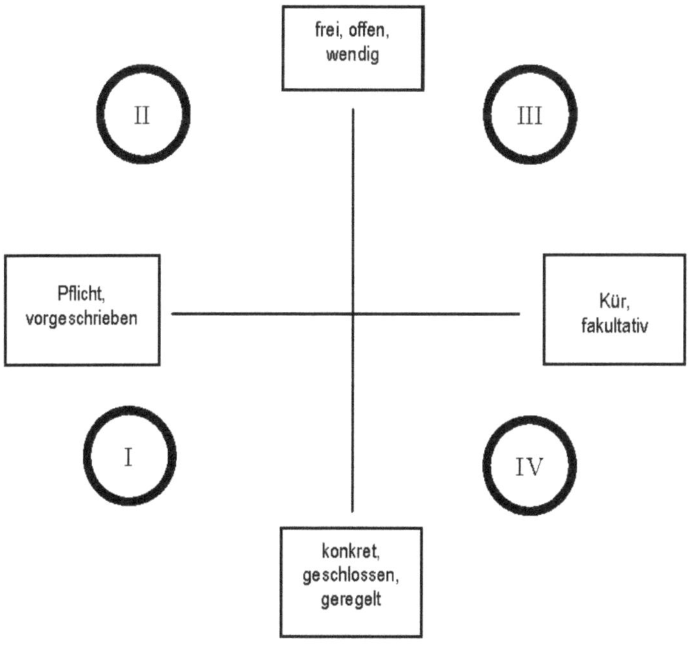

Abbildung 1: Systematisierung der Gestaltung von Evaluationsordnungen

Hieraus lassen sich wiederum vier Quadranten ableiten, in denen jeweils ein bestimmter Aspekt fokussiert wird:

I. *Pflichtquadrant:* Durch das Hochschulgesetz vorgeschriebene konkrete und von daher auch konkret zu formulierende Inhalte, die in einer Evaluationsordnung vorkommen müssen (sollten).
II. *Gestaltungsquadrant:* Durch das Hochschulgesetz vorgeschriebene Topoi, Themen oder Inhalte, allerdings so offen formuliert, dass die Hochschule hinsichtlich Konkretisierungs- und Regelungsgrad ihrer Maßnahmen und der gewählten Formulierungen Gestaltungsfreiheit besitzt.
III. *Beliebigkeitsquadrant:* Inhalte in Evaluationsordnungen und/oder Hochschulgesetzen, die sowohl fakultativ als auch offen formuliert sind und damit hinsichtlich ihres Verpflichtungsgrades wie ihrer Konkretisierung nur eine geringe Ausprägung haben.
IV. *Profilierungsquadrant:* Konkrete Regelungen und/oder geschlossene Formulierungen in Evaluationsordnungen, ohne, dass eine derartige Konkretisierung und/oder (Selbst-)Verpflichtung durch das Hochschulgesetz vorgegeben ist und damit Anlass zu entsprechender Selbstregulation gäbe.

Mithilfe der obigen Matrix können Hochschulen ihre Evaluationsordnungen auf verschiedene Aspekte hin überprüfen. Mögliche Fragstellungen sind:

- Kommen die im Hochschulgesetz konkret formulierten Inhalte in der Evaluationsordnung angemessen vor? Oder wurden (bewusst) Auslassungen, Abweichungen im Konkretisierungsgrad etc. vorgenommen?
- Dient der gewählte Konkretisierungsgrad bei durch das Hochschulgesetz vorgeschriebenen, aber zugleich dort sehr offen formulierten Inhalten dem, was für das aktuelle Qualitätsmanagement benötigt wird sowie für die Qualitätskultur zutreffend und förderlich ist? Oder sollte offener formuliert werden, um den per Hochschulgesetz gewährten Spielraum zu nutzen?
- Wird in der Evaluationsordnung etwas sowohl unkonkret als auch ohne Veranlassung durch das Hochschulgesetz benannt? Kann auf diese Inhalte vielleicht sogar gänzlich verzichtet oder sollten sie eher konkretisiert werden?
- Was ist in der Evaluationsordnung ohne Veranlassung oder Vorgabe durch das Hochschulgesetz sehr konkret formuliert worden? Was soll durch diese Konkretisierung befördert werden? Wem oder was dient dies?

Beim Verfassen und der Überarbeitung von Evaluationsordnungen können Hochschulen anhand dieser Systematik ihre Ordnungen im Dienst einer strategischen Schärfung ihrer „regulierten Selbstregulierung“ (Voßkuhle, 2004, S. 8) überprüfen, sich selbstständig zwischen einer per Hochschulgesetz verordneten *Not* und dennoch möglicher *Wendigkeit* positionieren und zumindest selbstgemachte Not in diesem Bereich abwenden.

2.3 Evaluationsordnungen als relativer Text und die Kontingenz von Regeln

Es sollte deutlich geworden sein, dass es in der Erstellung von Evaluationsordnungen sowohl Gestaltungsspielraum gibt, der von den Hochschulen genutzt werden kann, als auch, dass Hochschulgesetze wie Evaluationsordnungen trotz ihres moralisch-normativen Charakters (sie formulieren ein *Sollen*) keine absolute Geltung beanspruchen können, sondern jeweils als „relativer Text“ (Marquard, 2010, S. 20) anzusehen sind, der verschiedensten Lesarten und pluralen Rezeptionsmöglichkeiten ausgesetzt ist. Evaluationsordnungen teilen damit das Schicksal aller Regeln[2], d.h. in Abhängigkeit (Kontingenz) ganz verschiedener Regulatoren stehend bis zu einem gewissen Grad interpretierbar zu sein. Die Ebene einer *verordneten Ordnung* und der dort mögliche Gestaltungsspielraum ist dabei nur einer von mehreren Faktoren. Um Evaluationsordnungen als Instrumente der „regulierten Selbstregulierung“ (Voßkuhle, 2004, S. 8) näher bestimmen zu können und von dieser Bestimmung her Orientierung zu schaffen, ist es daher unerlässlich, zumindest zwei weitere im Sinne der *Selbstregulation* einer Hochschule wichtige *Regulatoren* (Abbildung 2) zu betrachten.

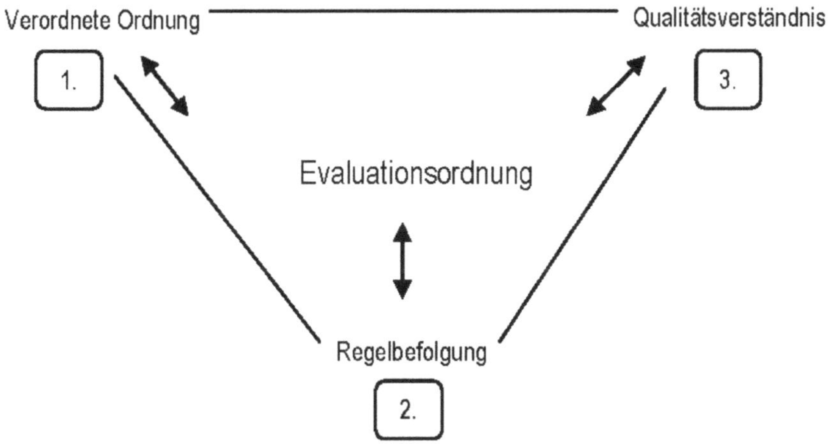

Abbildung 2: Drei Regulatoren von Evaluationsordnungen

Wie in Kapitel 3 zu zeigen sein wird, ist als zweiter Aspekt die Regelbefolgung, also das regelkonforme oder zumindest regelorientierte Verhalten und Handeln entsprechend der Evaluationsordnung als Regulator von Evaluationsordnungen anzusehen, mit ande-

2 Im Folgenden wird der Begriff der *Ordnung* verstanden und verwendet als *mit einem Handlungsbezug versehen und in einem Dokument schriftlich niedergelegt.* Diese Definition trifft ebenso auf die hier nicht verwendeten Bezeichnungen *Richtlinie* und *Vorschrift* zu. Der Begriff der *Regel* bezeichnet das in einer *Ordnung* schriftlich niedergelegte und wird daher mit *Ordnung* weitgehend gleichgesetzt und synonym verwendet. Eine Verwendung der abgeschwächten Form der *Leitlinie* wird in diesem Artikel vermieden. Der Begriff der *Regelung* wird verwendet für nicht notwendigerweise schriftlich festgehaltene Regeln.

ren Worten: Regeln setzen ihre Einhaltung voraus. Allerdings führen auch noch so geschickt und treffend gewählte Formulierungen in Evaluationsordnungen nicht zwangsläufig zu deren Einhaltung. Auf die Institution bezogen wird insofern zu zeigen sein, dass das Einhalten von Regeln in Evaluationsordnungen weder hinreichende noch notwendige Bedingung für gute musikalische Bildung und Ausbildung an Musikhochschulen sein kann. Als drittes verdient das der Evaluationsordnung zugrunde liegende Qualitätsverständnis Beachtung, von dem aus sich die in Evaluationsordnungen niedergelegten Inhalte, Formulierungen und Zielsetzungen herleiten bzw. zu denen sie zumindest nicht im Widerspruch stehen sollten. Da der Aspekt der Regelbefolgung für das Qualitätsverständnis einige wichtige Gesichtspunkte liefert, soll dieser folgend zuerst behandelt werden.

3 Regelbefolgung als Regelhandhabungskompetenz

Orientiert an dem Ansatz von Oswald Neuberger sollen im Folgenden die Grenzen von Regelbefolgung betrachtet werden. Neuberger (2006, S. 471) beschreibt Regelbefolgung als einen nicht trivialen, voraussetzungsvollen Prozess, der über eine bloße Exekution von Handlungsanweisungen weit hinausgeht. Eine kluge Regelnutzungs- und Regelabweichungskompetenz wird von ihm als legitim angesehen und insofern als „Regelhandhabungskompetenz" (Neuberger, 2006, S. 477) und notwendige Bedingungen im Umgang mit Regeln (vgl. Neuberger, 2006, S. 488–491). Er versteht damit auch Regelabweichung nicht als unbedingt schädliches Verhalten. Auch diese muss darum jenseits der Dichotomie „Regeltreue" versus „Regelverletzung" (Neuberger, 2006, S. 484) noch einmal neu (ein-)geordnet werden.

3.1 Wem oder was dienen Regeln?

Regeln sind Energiesparer, sie entheben der ständigen Begründungs- und Überzeugungsarbeit (Neuberger, 2006, S. 482). Mit Verweis auf die Geltung von Regeln können von diesen Regeln in ihrem Handeln abhängige (bzw. profitierende) Personen und Einheiten, (wieder) konzentriert(er) und vor allem in Ruhe ihrem (Kern-)Geschäft nachgehen. Für die Erstellung und die Inkraftsetzung von Evaluationsordnungen in Musikhochschulen trifft diese Erleichterung insbesondere auf zwei Gruppen zu: Hochschulleitungen und mit Qualitätsmanagement befasste Stellen. Diese müssen vornehmlich die Qualitätssicherung mittels Evaluation als „regulierte Selbstregulierung" (Voßkuhle, 2004, S. 8) ordnungsgemäß verantworten und durchführen. Mit der Erstellung bzw. Erneuerung einer Evaluationsordnung steht diesen ein passgenau(er)es Werkzeug zur Verfügung, um ihrer jeweiligen Aufgabe nachzukommen. Evaluationsordnungen sind insofern vorweggenommene Entscheidungen zu intendiertem Handeln (Neuberger, 2006, S. 467). Über diese Entscheidungen, einmal gefällt, muss nun nicht mehr diskutiert werden.

3.2 Unvermeidbare Unschärfen in der Regelreproduktion

Regeln und Regelsetzende gehen generell und notwendigerweise, um vor sich und anderen glaubwürdig zu bleiben, von dem Ideal aus: *Wenn sich alle immer an alle Regeln halten würden, gelänge auch Verhaltenskoordination* (Neuberger, 2006, S. 481). Reproduktion von Regeln im Handeln ist allerdings nicht 1:1 umsetzbar. Zum einen können wir nicht *nicht* handeln bzw. – das Leben ist kurz – erst handeln, wenn in Hinsicht auf die Befolgung einer Regel alles ganz klar ist (Neuberger, 2006, S. 552). Zum anderen erfordert jede Regelbefolgung unausweichlich „eine Zu-Tat, eine Ergänzung, die in der Regel selbst nicht vollständig expliziert sein kann" (Neuberger, 2006, S. 479). Wer auch immer eine Regel befolgt, interpretiert sie, „in dem Sinne, wie ein Musiker eine Partitur interpretiert" (Neuberger, 2006, S. 479). Improvisation, eigenständige Regelauslegung und situationsgemäße Interpretation sind der Regelbefolgung eingeschrieben und stellen insofern keine Regelabweichung dar. Zudem wollen wir manchmal durchaus gerne regelkonform handeln, können dies allerdings aufgrund der herrschenden Verhältnisse oder der besonderen Umstände nicht. Die in Regeln geltende Entscheidungs- und die Handlungsrationalität klaffen auseinander (Neuberger, 2006, S. 468).

Als Beispiel sei hier der Umgang mit der in vielen Hochschulgesetzen benannten *Mitwirkungspflicht aller Hochschulangehörigen und -mitglieder an Evaluationen* genannt. Von der schon in den Hochschulgesetzen unscharfen Formulierung, über die Aufnahme dieses Passus in die jeweiligen Evaluationsordnungen der Institutionen zusammen mit der dort vorgenommenen Bedeutungszuweisung, der Umsetzung in einzelne Evaluationsformaten (mit teilweise explizitem Hinweis: *Ihre Teilnahme ist freiwillig*), bis hin zum tatsächlichen Beteiligungsverhalten, geht diese Regel in der Praxis einen langen Weg. Sie ist mit den Bedingungen ihrer Anwendung kreiskausal verbunden (Neuberger, 2006, S. 469).

Evaluationsordnungen erfahren somit eine direkt mit dem Zeitpunkt ihrer Verabschiedung einsetzende Relativierung und Abnutzung. Sie verlieren in der Praxis schnell den Glanz der puren Entscheidungsrationalität und *veralten* in dem Moment, in dem sie das erste Mal in konkreten Situationen Anwendung finden und mit Handlungsrationalität konfrontiert werden. Allerdings können und sollen sie selbstverständlich nicht sofort wieder erneuert werden.

3.3 Regeltreue versus Regelverletzung: Situationsbedingte Kontingenz von Regeln

Über die situationsgerechte, um Regeltreue bemühte Interpretation und Anwendung von Regeln hinaus und ggf. nur graduell davon unterschieden, soll nun auch kurz auf die Steigerungsform, die Regelverletzung, eingegangen werden. In ihrer extremen Gestalt erscheint sie als das absichtsvolle Ignorieren von Regeln, Regelungen und Ordnung(en). Die folgende Grafik veranschaulicht auf ihrer ersten Ebene die dichotome Unterscheidung von *Regeltreue* und *Regelverletzung*. Auf der zweiten Ebene wird dies nach den möglichen Realisierungsmotiven *Vorschrift, Sache, Organisation* und *Person* ausdifferenziert und auf der dritten Ebene noch einmal heruntergebrochen auf eine generalisierte Bewertung von Realisierungsmotiven (*Unbedingte Verlässlichkeit* versus *Blinder Gehorsam* etc.) Damit wird die Bewertung *Regeltreue ist immer gut* und *Regelverletzung ist immer schlecht* in Beziehung zu weiteren Bewertungsebenen gesetzt und relativiert.

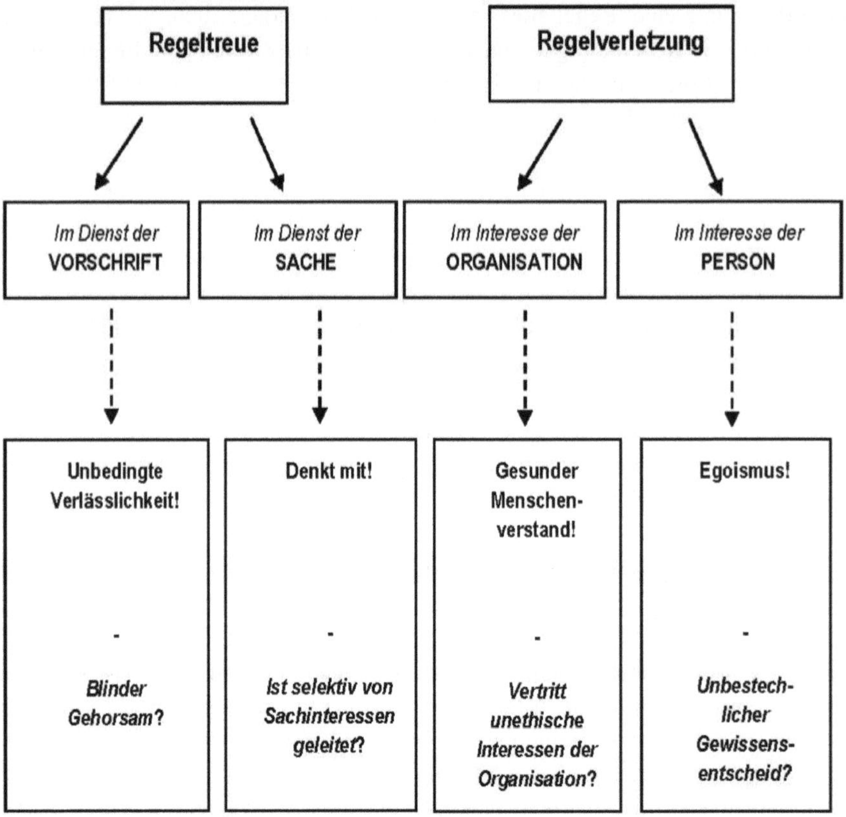

Abbildung 3: Regeltreue versus Regelverletzung (nach Neuberger, 2006, S. 484)

Die Beurteilung des realen Verhaltens handelnder, d.h. Handlungsrationalität unterworfener Menschen im Dienst der Sicherung und Entwicklung von Qualität in einer Organisation angesichts einzuhaltender Ordnungen und Regeln ist nach Kenntnisnahme dieser Ausdifferenzierung wahrscheinlich nicht (mehr) so leicht und schnell dichotom zu vollziehen. Vielmehr entsteht eine Reihe von Fragen: Meint Regeltreue im Dienst der Vorschrift positiv bewertet *unbedingte Verlässlichkeit* oder *blinden Gehorsam*? Ist eine Regelverletzung im Interesse der Person *Egoismus* oder *unbestechlicher Gewissensentscheid*? Und welches Handeln befördert bzw. entwickelt tatsächlich die zu sichernde Qualität? Hinzu kommt zum einen die Beobachtung, dass diese generellen, auf mehr oder minder stabile Eigenschaften von Personen zielenden Bewertungen den konkreten Situationsbezug außer Acht lassen. Zum anderen werden je nach Situation einzelne Personen anders entscheiden (müssen), und ihr Verhalten wird wiederum eine andere (generalisierte) Bewertung erfahren. Insofern geht es im Kontext von Handlungsrationalität immer auch um „die Beachtung von Kontextbedingungen, [...] Aufmerksamkeit auf die Erfordernisse des Einzelfalls sowie [...] ein Bewusstsein des Eingebundenseins aller Optionen in ihr Problemfeld“ (Welsch, 1996, S. 787) sowie eine „Anerkennung der Praxis, die von uns die *Anpassung* des Handelns an die Erfordernisse bestimmter Situationen verlangt“ (Welsch, 1996, S. 787).

Für Musikhochschulen können Situationsabhängigkeit wie Praxisbezug vielleicht am besten am Format des künstlerischen Einzelunterrichts festgemacht werden, einem höchst individualisierten Entscheidungsraum vornehmlich zweier Personen. In diesem besonderen Setting kann die komplexe Fragestellung, was in didaktischer, beziehungsgestaltender, technischer usw. Hinsicht insgesamt eine hohe Qualität (in) der Vermittlung und Aneignung von Musik ausmacht (bisher) nicht generalisierend beantwortet und damit auch nicht auf verbindliche Regeln und Regelungen zurückgeführt werden. Zu fällende Handlungsentscheidungen werden in hohem Maß am individuellen Situationsbezug festgemacht und fußen auf Erfahrung aller am Unterricht Beteiligten.

Ein bloßes Befolgen von Evaluationsordnungen ist, wie hier zumindest kurz angedeutet werden konnte, nicht möglich. Zudem verbieten sich bezogen auf Qualitätssicherung und -entwicklung schnelle und plakative Urteile, inwieweit regelkonformes Verhalten per se qualitätsdienlich und regelverletzendes Verhalten unbedingt qualitätsgefährdend ist. Bezüglich der Geltung von Evaluationsordnungen müssen allerdings Bewertungsentscheidungen für das konkrete Handeln in Situationen gefällt werden und auf die in der Ordnung angestrebte Qualität (und deren Sicherung wie deren Management) bezogen werden.

3.4 Dringend gesucht: Ein Bewertungsrahmen

Will man die gewährte „regulierte Selbstregulierung“ (Voßkuhle, 2004, S. 8) nicht ad absurdum führen und folglich weder eine absolut(istisch)e Gut-achterin respektive einen Gut-achter einsetzen (und wer sollte das sein?), noch einer gänzlichen Individualisierung und Relativierung von Ordnung(en) und Verhalten (und damit auch einer qualitätsfernen Beliebigkeit oder Willkür z.B. in Situationen des Einzelunterrichts) stattgeben, bedarf es eines Beurteilungsrahmens der, da ein anerkannter, normativer und damit *absoluter Text* auf Ebene von Evaluationsordnungen nicht zur Verfügung steht, für die Gestaltung und den Wert von Evaluationsordnungen orientierend werden kann. Dies führt zu dem Evaluationsordnungen zugrunde liegenden Qualitätsverständnis.

4 Evaluationsordnungen als Teil und Ausdruck von Kultur(wunsch)

Im Folgenden soll in der an dieser Stelle gebotenen Kürze dargestellt werden, mit welchen Qualitätsbegriffen im Blick auf Qualitätssicherung und -entwicklung an Musikhochschulen gearbeitet werden kann. Dazu wird anhand einer Systematik von Kohler (2004, S. 61) ein System des Zusammenhangs von Qualitätskultur, Qualitätsmanagement und Qualitätscommitment aufgezeigt, das sowohl schlüssig scheint als auch für den hier dargestellten Kontext passend und hilfreich zu sein verspricht.

4.1 Qualität: Güte und/oder Beschaffenheit

Nach Zollondz (2011) kann in der Definition von Qualität eine grundlegende Unterscheidung getroffen werden, deren Beachtung auch im hier behandelten Zusammenhang sinnvoll ist. Qualität kann zum einen, passend zum alltäglichen Sprachgebrauch und damit ex ante positiv bewertet, als „Güte“ (Zollondz, 2011, S. 166) definiert werden. Eine an Güte orientierte Definition von Qualität zielt – sehr verkürzt ausgedrückt – auf ein letztlich auch ethisch-moralisch *Gutes* und steht damit inmitten des pluralen subjektivitätsverdächtigten Wertediskurses. Ein *Gutes an sich* trägt ggf. in sich selbst sogar ein (transzendentes) Streben nach „absoluter Qualität“ (Zollondz, 2011, S. 168).

Alternativ dazu und damit in gewisser Weise neutral(er), kann Qualität auch als *Beschaffenheit von etwas* definiert werden. Im Fall dieser neutrale(ere)n *Beschaffenheitsdefinition* ist Qualität „realisierte Beschaffenheit einer Einheit bezüglich Qualitätsforderungen an sie“ (Zollondz, 2011, S. 172). Die vorab an die Beschaffenheit gestellten Qualitätsforderungen können hinsichtlich der realisierten Beschaffenheit am Objekt *nachgemessen* werden, und die erreichte Ausprägung (gute/schlechte/ausgezeichnete Qualität o.ä.) entscheidet über die Erfüllung der an das Objekt angelegten Qualitätsforderung.

Das, was im Bereich einer *Gütedefinition* Qualität selbst zugeschrieben wird und damit zu ihrem *Subjektbereich* gehört, ist in der *Beschaffenheitsdefinition* aus der Qualität selbst herausgenommen und in einen vorgängigen und begleitenden (intersubjektiven) Diskurs unter (der Leitung von) Experten und Expertinnen verlagert. Dies ermöglicht bezogen auf Qualität dann einen *am Objekt* vollzogenen und in Maßeinheiten darstellbaren Vergleich von *Soll* und *Ist*.

Das in DIN-Normen verwendete Qualitätsverständnis, wie auch bereits professionalisiert aufgestellte Konzepte von Qualität und Qualitätsmanagement an Hochschulen, orientieren sich (eher) an der *Beschaffenheitsdefinition*. Dies geschieht allerdings nicht ausschließlich so, was hier für den Bereich der Musikhochschulen kurz beleuchtet werden soll. Wichtig ist im hier dargestellten Zusammenhang noch einmal, dass allen DIN-Normen zum Trotz auch bezüglich Qualität kein *absoluter Text* zur Verfügung steht und von daher nicht eine der möglichen Lesarten per se normativ sein kann.

4.2 Qualitätsverständnis(se) bezogen auf Musik

Im „Handbuch Interne Qualitätssicherung in der höheren Musikausbildung“ der *Association Européenne des Conservatoires, Académies de Musique et Musikhochschulen* (AEC) wird bezogen auf die auf verschiedenen Ebenen zu verortende Qualität von und an Musikhochschulen einerseits mit einem messbaren, an zu realisierenden Qualitätsforderungen orientierten Qualitätsbegriff gearbeitet (Bisschop Boele, 2007, S. 13). Im Kapitel 4 wird zur Messqualität das folgende Fazit gezogen:

> „Man muss sich gut überlegen, welche Leistungsindikatoren man für die aussagekräftigsten hält, was die Qualitätsziele anbelangt, die man erreichen möchte; außerdem muss man ein Messinstrument sowie eine Messeinheit definieren, ein anzustrebendes Ziel formulieren, die entsprechenden Daten erfassen, um herauszufinden, welches Ergebnis tatsächlich erreicht wurde, Ziel und tatsächliches Ergebnis miteinander vergleichen, gegebenenfalls Maßnahmen ergreifen und nochmals überprüfen, ob diese Maßnahmen ein positives Ergebnis bewirkt haben.“ (Bisschop Boele, 2007, S. 27)

Andererseits wird in diesem Handbuch die Qualität des Nukleus eines Qualitätsstrebens an Musikhochschulen, nämlich Musik als von Musikerinnen und Musikern gestaltetes *Produkt*, sehr deutlich als „relativer Text“ (Marquard, 2010, S. 20) dargestellt, der mit einem Streben nach *absoluter Qualität* verbunden ist. Musikalische Qualität wird „als Ideal, das niemals vollkommen erreichbar ist, das aber kontinuierlich angestrebt wird“ (Bisschop Boele, 2007, S. 8) definiert, und diese Qualität kann nur „in bzw. durch eine ‚intersubjektive Debatte‘ formuliert“ (Bisschop Boele, 2007, S. 8) werden.

Und auch in der Veröffentlichung der Hochschulrektorenkonferenz betont Stefan Gies am Ende seines Beitrags zu *Akkreditierung und Qualitätssicherung an Musikhochschulen*: „Ganz oben auf der Tagesordnung sollte aber auch die Diskussion der Frage bleiben, was Qualität in der Kunst ist und wie deren Nachweis erfolgt. Es würde dem Wesen der Kunst widersprechen, auf die Findung endgültiger Antworten zu hoffen oder zu zielen. QM kann aber durchaus helfen, diese Diskussion auf ein anderes Niveau zu heben und alleine dadurch einen wertvollen Beitrag [...] leisten.“ (Gies, 2011, S. 109–110).

Im Bereich der Qualitätssicherung und -entwicklung an Musikhochschulen wird derzeit mit beiden Qualitätsverständnissen parallel und synchron operiert. Während zum einen inhaltlich intensiv diskutiert wird (und werden muss), was die Qualität(en) von *Musik an sich* wie als *Produkt* im Kern eigentlich ausmacht und dies ggf. nie endgültig in einen *absoluten Text* gefasst werden kann, werden zugleich im Kontext von Qualitätsmanagementsystemen formal (schon) Qualitätsforderungen bezüglich der (Aus-)Bildung von Musikerinnen und Musikern aufgestellt, deren Realisierung *objektiv nachgemessen* und auf die hin dann ggf. nachgesteuert werden kann und muss. Realisierte (bzw. anhand von aufgestellten Forderungen zu realisierende) wie unrealisierte (und ggf. unrealisierbare) Qualität vollzieht sich so synchron in einer Kultur bzw. wird in einen Kulturwunsch gefasst. Dies firmiert unter dem Label *Qualitätskultur*.

4.3 Qualitätskultur

Das Vorhandensein einer *Qualitätskultur* wird seit einigen Jahren für Hochschulen immer wieder gefordert und zugleich als Ausweg aus der oben benannten Synchronität mehrerer Qualitätsdefinitionen und der anhängenden (Fach-)Diskurse gehandelt. Auch der Begriff der Qualitätskultur wird allerdings zugleich normativ, werteorientiert und deskriptiv verwendet, insofern wird auch diese Konzeption auf die oben genannte Grundproblematik der Parallelität und Synchronität zurückgeworfen. Die folgenden drei Linien können unterschieden werden:

Erstens findet eine Definition von Qualitätskultur im engeren Sinne Verwendung, die für das Vorhandensein einer wirklichen ‚QUALITÄTSkultur' ein funktionsfähiges und normatives Qualitätsmanagementsystem voraussetzt (Kohler, 2004, S. 61). In dieser Definition ist insbesondere eine über (verinnerlichte) Qualitätsmanagementsysteme geregelte Verbindlichkeit Zeichen einer organisationsumfassenden Qualitätskultur. Das QM-System liefert „ein verbindliches Nachschlagewerk, auf das sich alle Statusgruppen der Hochschule berufen können, verbindlich geregelte Abläufe, Vergleichbarkeit und damit gleiche Qualitätsstandards" (DGQ, 2015, S. 37). Vorausgesetzt wird, dass in einer Organisation „ein gemeinsames strategisches Verständnis von Qualität existiert und alle Akteurinnen und Akteure Verantwortung für qualitätsorientiertes Handeln übernehmen" (DGQ, 2015, S. 220).

Zweitens findet ein an der Realisierung von (subjektiven) Werten und Werthaltungen orientiertes Verständnis von ‚QualitätsKULTUR' Anwendung, verstanden als ein gewährendes Umfeld, in dem sich Qualität relativ frei entfalten kann, darf und soll (Hanft, 2004, S. 217–218). Hanft betont darum und gerade auch entgegen geregelter Verbindlichkeit die Innovationskraft (einzelner) Akteurinnen und Akteure, die „im flexiblen Umgang mit Regeln, in der Willensstärke, sich auch dann nicht entmutigen lassen, wenn äußere Vorhaben dies induzieren" (Hanft, 2004, S. 217–218). Innovationen können nur dann erfolgreich sein, „wenn sie in einem Umfeld agieren, das Regelübertretungen nicht als Zumutungen und Gefährdungen des bestehenden Systems begreift, sondern als Chance für dessen Weiterentwicklung. Dies ist die Qualitätskultur, die zu tatsächlichen Neuerungen führt" (Hanft, 2004, S. 217–218). Laut Hanft kann darum auch Qualität „nur bedingt strategisch geplant und noch weniger top down oktroyiert werden, sie entsteht aus der organisationsseitig unterstützten Wahrnehmung von Chancen und Gelegenheiten" (Hanft, 2004, S. 217–218). Qualitätsentwicklung „erfordert ein Management emergenter Prozesse, das durch eine Offenheit der Leitung für kreative und innovative Leistungen einzelner Akteure oder Organisationseinheiten gekennzeichnet ist und diese ermöglicht und fördert, auch und gerade dann, wenn sie über bestehende Strukturen hinausreichen" (Hanft, 2004, S. 218).

Drittens findet ein deskriptives Verständnis von „Qualitätskultur im weiteren Sinne" (Kohler, 2004, S. 61) Verwendung, in dem die oben genannten beiden Aspekte dem Begriff der Qualitätskultur untergeordnet wurden. In diesem Verständnis ist Qualitätskultur der Überbegriff für das, was sich in der Kultur einer Organisation hinsichtlich *Qualitätsmanagements* auf der einen Seite und *Qualitätscommitments* auf der anderen Seite vollzieht. Die folgende grafische Darstellung von Kohler schafft Orientierung, indem sie klar zuordnet:

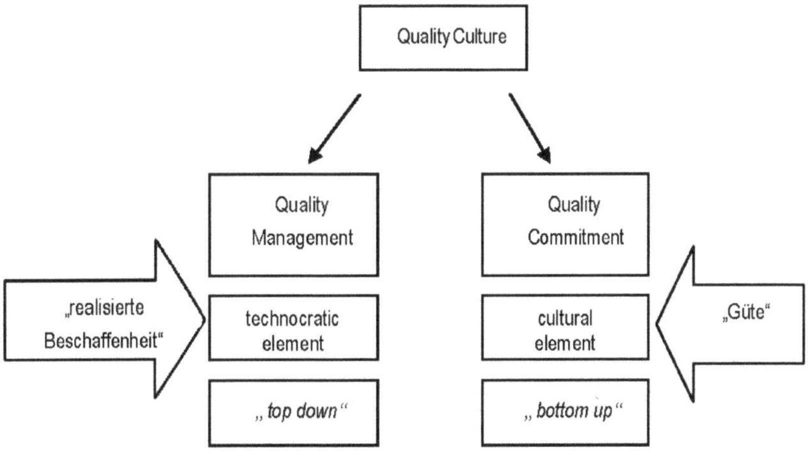

Abbildung 4: Quality Culture (nach Kohler, 2004, S. 61)

In die beiden von Kohler nebeneinander gestellten Stränge sind zudem die in Kapitel 4.1 benannten Qualitätsansätze von Güte und Beschaffenheit gut zu integrieren. Der Ansatz der *realisierten Beschaffenheit* ist (eher) mit Qualitätsmanagement als *Technik* zu verbinden und vollzieht sich aufgrund des in den Diskurs von Experten und Expertinnen verlagerten Bereichs der Definition und Festlegung von Qualitätskriterien (eher) *top down.* Ein Verständnis von Qualität gemäß der *Gütedefinition* bestimmt sich (ebenfalls: eher) als kulturelles Element innerhalb einer Organisation. Es vollzieht sich (auch eher) *bottom up* und bedarf (noch) einer organisationsinternen Klärung hin zu Commitment, genauer zu *Qualitätscommitment.* Auf Letzteres soll im Folgenden näher eingegangen werden.

4.4 Fokus Qualitäts-Commitment

Commitment verstanden als Hingabe, Bindung, Selbstverpflichtung und Einsatz ist etwas, das Musikerinnen und Musiker in Bezug auf ihren primären Gegenstand Musik durchaus verinnerlicht haben (sollten) und dem sie in ihrem Tun (und Lassen) kontinuierlich Wert zuweisen (sollten). Aus diesem Commitment hinsichtlich einer professionellen Beschäftigung und Auseinandersetzung mit Musik lässt sich allerdings nicht direkt auch ein *Qualitätscommitment* im oben genannten Sinn ableiten oder gar durch regelgeleitete Maßnahmen des Qualitätsmanagements verordnen. Die Diskurse über die Qualität(en) professioneller Beschäftigung und Auseinandersetzung mit Musik sowie die Qualität von *Musik als Produkt* sind offen, ein Einhalten von Regelungen zur Qualitätssicherung und -entwicklung an Hochschulen führt nicht (unbedingt) zu mehr Qualität, ein Nichteinhalten dieser Regelungen oder Ignorieren von Regeln hindert Qualität nicht zwangsläufig. Commitment als eine als verpflichtend erlebte Bindung an etwas, das über die eigene Person hinausgehend als wertvoll erlebt wird und dem man sich verpflichtet sieht und fühlt (vgl. Joas, 1997, S. 204–205) kann nicht verordnet werden und ist doch zugleich der Schlüssel für Qualitäts(kultur)entwicklung. Die Qualität, die in der Evaluationsordnung einer Musikhochschule mittels Evaluation gesichert, entwickelt und gemanagt werden soll, ist abhängig vom *Qualitätscommitment* der Akteurinnen und Akteure. Um zu dies zu erreichen oder zu festigen, muss es gelingen, eine „Wertbindung an den Vollzug des Miteinandersprechens selbst" (Joas, 1997, S. 186) herzustellen. In diesen Gesprächen, insofern sie offen und vertrauensvoll geführt werden, kann dann die eigene Wertbindung mit den Werten anderer sowie anderen Werten konfrontiert und von daher neu bedacht werden. Zudem kann in derart gestalteten Gesprächen eine Anschlussfähigkeit von Diskursen über die Qualität(en) von *Musik an sich,* adäquate musikalische Bildung und Ausbildung sowie eine professionelle Auseinandersetzung und Beschäftigung mit *Musik als Produkt* „transdisziplinär" und „transversal" (Welsch, 1996, S. 945–949) eingeübt werden. Diesen Raum zur Verfügung zu stellen, zu managen und d.h. im Rahmen von Qualitätsmanagement durchaus auch, ihn *top down* zu *ver-ordnen*, ist darum primäre Aufgabe und geht einem Qualitätsmanagement verstanden als selbstverständlichem Regelkreislauf inhaltlich voraus. Erst wenn und indem es regelmäßig zu Commitment und damit zu einem regel-mäßigen Commitment aufgrund von Diskursen zu Qualität kommt, an die und deren Ergebnisse sich die Teilnehmenden gebunden fühlen, kann ein in *Qualitätscommitment* gründender Regelkreislauf in Gang gesetzt werden, ohne aufgezwungen zu sein.

5 Zusammenfassung und Fazit

Evaluationsordnungen als Instrumente „regulierter Selbstregulierung" (Voßkuhle, 2004, S. 8) beinhalten Regeln zur Sicherung und Entwicklung von Qualität und gehen, sofern diese Regeln grundsätzlich passend formuliert sind, mit einem gewissen Recht von deren Einhaltbarkeit und Einhaltung aus. Eine Übertretung von Regeln kann allerdings dennoch die Entwicklung von Qualität mehr befördern, als deren Einhaltung. Musikhochschulen agieren nämlich im Kern, d.h. bezogen auf *Musik an sich* mit einem absoluten, idealen und offenen Qualitätsbegriff, sodass Qualität (nur) in intersubjektiven Debatten festgestellt wird (werden kann) und somit auch die Qualität(en) der Vermittlung und Aneignung einer professionellen Auseinandersetzung und Beschäftigung mit Musik, wie der Qualität von *Musik als Produkt* nicht (oder zumindest nicht vollständig) durch das Maß realisierter Beschaffenheit bezogen auf vorab formulierte Qualitätsanforderungen bestimmt und somit einfach (nach-)gemessen werden kann.

In einem deskriptiven und damit weiten Verständnis von Qualitätskultur können grundsätzliche intersubjektive Debatten über Werte immer wieder einer Herstellung von Commitment dienen. Wird die Teilnahme an diesen Diskursen zur Klärung, ob und wie welche Werte in der Organisation intersubjektive Geltung erlangen können und sollen, selbst zu einem Wert, und sind diese Diskurse zumindest potenziell offen für alle Hochschulmitglieder bzw. Statusgruppen, hat auch *Qualitätscommitment* in der Organisation Chancen und wird Teil der Organisations- und damit auch der Qualitätskultur.

Sinn und Wert von Evaluationsordnungen liegt insofern in der Sicherung im Diskurs konsensual als wertvoll (an)erkannter oder aber dort auch durch effektive Konfliktklärung ermittelter und priorisierter Aspekte von Qualität in der professionellen Auseinandersetzung und Beschäftigung mit Musik und Kunst, sowie – und das ist die zentrale Einschränkung – im Dienst (prozessoraler) Entwicklung und damit einer Offenheit für Neues, aber auch für Wiederentdecktes, Altes, Übersehenes, Überraschendes, Unterdrücktes, Unfassbares und eines absoluten, idealen und offenen Qualitätsbegriffs von *Musik an sich*. Gute Evaluationsordnungen bieten insofern eine gewährende Stabilität, die sich Entwicklung nicht grundsätzlich verschließt und sind als Zwischenresultate von Macht, Interessen und Kompromissen nicht „Datum", sondern „Faktum" (Neuberger, 2006, S. 471).

Wertschätzung und insofern auch *Lob* im Sinne Bertolt Brechts, an dessen Gedicht *Lob der dritten Sache* sich der Titel dieses Beitrags anlehnt, gebührt Evaluationsordnungen als Teil dieses Diskurses. Etwas Einendes geht von dieser *dritten Sache* auch unter postmodernen Bedingungen aus, insofern *Qualitätscommitment* tatsächlich gemeinsam betrieben und nicht verordnet wird und so auch die freiwillige, weil als Wert angesehene Teilnahme am Diskurs tatsächlich *eint*.

Qualität kann nicht und sollte darum nach Auffassung des Autors dieses Artikels auch nicht technokratisch *top down* durch Qualitätsmanagement, Evaluation und Qualitätskreisläufe verordnet werden. Ordnungen kann man sich entziehen. Zu Qualität muss man sich *bottom up* hingezogen und sich ihr diskursiv, konsensual sowie dissensklärend verpflichtet fühlen. Einen solchen Diskurs attraktiv als ein wertvolles Drittes zu führen, wird weiterhin auch eine Aufgabe im *Netzwerk Musikhochschulen* sein.

Literatur

Bisschop Boele, E. (2007). *Handbuch interne Qualitätssicherung in der höheren Musikausbildung.* Utrecht: AEC.

DGQ – Deutsche Gesellschaft für Qualität (2015). *Qualitätsmanagement für Hochschulen: Das Praxishandbuch.* München: Hanser.

Gies, S. (2011). Akkreditierung und Qualitätssicherung an Musikhochschulen. In HRK (Hg.), *Die deutschen Musikhochschulen: Positionen und Dokumente* (=Beiträge zur Hochschulpolitik 3) (S. 97–110). Bonn: HRK.

Hanft, A. (2004). Ergebnisse aus den Workshops. Workshop I: Strukturen und Qualitätsentwicklung. In Projekt Qualitätssicherung, Verbund Norddeutscher Universitäten (Hg.), *Evaluation – ein Bestandteil des Qualitätsmanagements an Hochschulen. Projekt Qualitätssicherung* (=Beiträge zur Hochschulpolitik 9) (S. 213–218). Bonn: HRK.

Heinrichs, W., Meyer-Dörpinghaus, U. & Löllgen, P. (Red.) (2011). *Die deutschen Musikhochschulen: Positionen und Dokumente* (=Beiträge zur Hochschulpolitik 3). Bonn: HRK.

Joas, H. (1997). *Die Entstehung der Werte*. Frankfurt a.M.: Suhrkamp.

Kohler, J. (2004). Quality Culture als Leitungsaufgabe. In Projekt Qualitätssicherung, Verbund Norddeutscher Universitäten (Hg.), *Evaluation – ein Bestandteil des Qualitätsmanagements an Hochschulen. Projekt Qualitätssicherung* (=Beiträge zur Hochschulpolitik 9) (S. 57–78). Bonn: HRK.

Marquard, O. (2010). *Abschied vom Prinzipiellen*. Stuttgart: Reclam.

Neuberger, O. (2006). *Mikropolitik und Moral in Organisationen* (2. völlig neu bearbeitete Auflage). Stuttgart: Lucius & Lucius.

RKM – Rektorenkonferenz der Musikhochschulen in der Bundesrepublik Deutschland – Mitgliedergruppe Musikhochschulen in der HRK (2009). *Leitbild der deutschen Musikhochschulen.* Verfügbar unter: http://www.die-deutschen-musikhochschulen.de/content/media/dokumente/Leitbild%20Beschlussfassung.pdf [28.11.2016].

Voßkuhle, A. (2004). Regulierte Selbstregulierung und Organisationsentwicklung. In Projekt Qualitätssicherung, Verbund Norddeutscher Universitäten (Hg.), *Evaluation – ein Bestandteil des Qualitätsmanagements an Hochschulen. Projekt Qualitätssicherung* (=Beiträge zur Hochschulpolitik 9) (S. 7–32). Bonn: HRK.

Welsch, W. (1996). *Vernunft. Die zeitgenössische Vernunftkritik und das Konzept der transversalen Vernunft*. Frankfurt a.M.: Suhrkamp.

Zollondz, H.D. (2011). *Grundlagen Qualitätsmanagement. Einführung in Geschichte, Begriffe, Systeme und Konzepte* (3. vollständig überarbeitete und erweiterte Auflage). München: R. Oldenbourg.

Nico Thom

Prozessorientierung an der Schnittstelle von Lehre und Verwaltung in Musikhochschulen

Process Orientation at the Interface between Teachers and Administration at Musikhochschulen

Process management in higher education has been a subject of discussion for some years now. The background to this debate is that the traditional model of a structurally or functionally oriented organisation has apparently reached its limits. This rather static organisational model insufficiently reflects the complexity of the modern world of work. However, many higher education institutions – including Musikhochschulen *– in German-speaking countries continue to work on the assumption that processes are separated according to department, subject field, professional group, institute or faculty. Yet, as has already been evident for some time from process management in business, processes do not adhere to the segmentation of an organigram, but rather tend to run right across organisations. For this reason the model of the process organisation has become established, which focuses more closely on process sequences.*

The essay describes various bipolarities between which process orientation at Musikhochschulen *is inevitably located: structure and process, structural and process organisation, project and process management, teaching and administration and product und system quality. The essay goes on to report on practical experience from the* Netzwerk Musikhochschulen *and gives some recommendations for how process orientation should be implemented and operated at* Musikhochschulen.

1 Zwischen Struktur und Prozess

Jede Organisation, d.h. auch jede Musikhochschule, hat eine Organisationsstruktur. Damit ist der Aufbau bzw. die innere Gliederung gemeint, die sich in einem Organigramm abbilden lässt. Diese Struktur zerlegt die Organisation in vertikal angeordnete Teile, z.B. in Abteilungen, Sachgebiete, Fachgruppen, Institute oder Fakultäten. Diese Verwaltungseinheiten haben jeweils eigene Funktionen bzw. dienen bestimmten Zwecken. Mit anderen Worten: sie verfolgen unterschiedliche Ziele – zumindest auf den ersten Blick. Auf den zweiten Blick arbeiten sie stets auch Hand in Hand bzw. organisationsübergreifend, wenngleich in unterschiedlichem Maße. Obschon sich bestimmte Arbeitsabläufe bzw. Prozesse schwerpunktmäßig in einer Verwaltungseinheit abspielen können, gibt es genau genommen niemals den Fall, dass sie sich ausschließlich in nur einer einzigen vollziehen. Stets gibt es Interaktionen mit anderen Einheiten oder externen Anspruchs- bzw. Interessensgruppen (Stakeholdern), z.B. mit Studierenden, Zulieferern oder dem zuständigen Landesministerium.

Prozesse verlaufen quer durch die Organisationstruktur, d.h. horizontal. Damit durchkreuzen sie im wahrsten Sinne des Wortes die Struktur der Organisation. Mit anderen Worten: Es treffen zwei unterschiedliche Logiken aufeinander, die es zu kombinieren gilt. Im Organisationsalltag an einer Musikhochschule werden die damit einhergehenden Probleme an vielen Stellen spürbar, bspw. wenn Mitarbeiterinnen und Mitarbeiter aus der Lehre auf Vertreterinnen und Vertreter der Verwaltung treffen und mit diesen interagieren müssen. Beide Personengruppen sind, nicht zuletzt aufgrund sozialer Distinktionsmechanismen, fest verwurzelt in einer strukturellen Denkweise. Relativ jung ist die Einsicht aufseiten der Hochschulleitungen, dass das Denken in Prozessen in vielen Fällen zielführender ist. Das Erledigen von alltäglichen Aufgaben, an denen beide Personengruppen mitwirken müssen – z.B. die Prüfungsorganisation, die Raumorganisation oder die Konzertorganisation – funktioniert mit weniger Reibungsverlusten, wenn prozessorientiert vorgegangen wird. Doch was sind die Spezifika von organisationalen Prozessen, die in der Betriebswirtschaft auch Geschäftsprozesse genannt werden?

Eine kurze beispielhafte Definition des Prozessbegriffs lautet folgendermaßen: „Ein Prozess ist die Abfolge von zusammenhängenden Arbeitsschritten, die mit einem bestimmten Input eine bestimmte Leistung erbringen" (Posluschny, 2012, S. 78). Etwas ausführlicher ist diese Begriffserläuterung:

> „Ein Prozess ist eine Struktur, deren Elemente Aufgaben, Aufgabenträger, Sachmittel und Informationen sind, die durch logische Folgebeziehungen verknüpft sind. Darüber hinaus werden deren zeitliche, räumliche und mengenmäßige Dimensionen konkretisiert. Ein Prozess hat ein definiertes Startereignis (Input) und Ergebnis (Output) und dient dazu, einen Wert für Kunden zu schaffen" (Fischermanns, 2012, S. 12).

Noch elaborierter mutet diese Definition an:

> „Ein Prozess wird durch einen Prozessauftrag ausgelöst und umfasst die Ausführung eines durch eine Operation definierten Bündels von aufeinander abgestimmten gewinnenden, stoff- und objektverändernden sowie logistischen Transformationen. Zur Erfüllung der Prozessziele werden diese durch Managementfunktionen gezielt unterstützt. Im Vordergrund steht dabei die Befriedigung der mit den Abnehmern vereinbarten Anforderungen. Dabei werden komplexe und einfache Prozesse gleich behandelt. Auch für letztere sind Verantwortliche zu bestimmen, Ziele zu formulieren, Ressourcen freizugeben und gewisse Managementfunktionen zu bewilligen" (Hässig, 2000, S. 108).

Alle drei Definitionen betonen eine bestimmte Leistung, ein Ergebnis bzw. ein Prozessziel, welches am Ende eines Prozesses erreicht werden muss und machen deutlich, dass dafür ein spezifischer Input, eine Aufgabe bzw. ein konkreter Auftrag am Anfang stehen sollte. Darüber hinaus wird klar, dass ein Prozess von vielen Einflussfaktoren abhängig ist, die es zu managen bzw. planvoll in Beziehung zu setzen gilt.

Besonders wichtig für das Verständnis der Differenz von Struktur- und Prozessorientierung ist, dass bei der Prozessorientierung ein größerer Wert auf die strukturellen Übergänge bzw. Schnittstellen gelegt wird: „Der ganzheitliche Prozessbegriff berücksichtigt im Gegensatz zur organisationseinheitsbezogenen Funktion, die eine isolierte Unternehmens- bzw. Abteilungssicht auf die Tätigkeit darstellt, die Schnittstellen zu vorhergehenden oder nachfolgenden Aktivitäten“ (Posluschny, 2012, S. 80).

2 Zwischen Aufbau- und Ablauforganisation

Seit einigen Jahren ist das Thema Prozessorientierung bzw. Prozessmanagement an Hochschulen virulent (vgl. Küpper, 1997; Altvater, Hamschmidt & Sehl, 2010; Degkwitz & Klapper, 2011; Deutsche Gesellschaft für Qualität e.V., 2015). Hintergrund für die Thematisierung ist die Feststellung, dass das traditionelle Modell der struktur- bzw. funktionsorientierten Aufbauorganisation offensichtlich an seine Grenzen geraten ist. Die Komplexität der modernen Arbeitswelt lässt sich nur unzureichend mit diesem relativ statischen Bild einer Organisation modellieren. Nach wie vor wird jedoch an vielen (Musik-)Hochschulen im deutschsprachigen Raum so getan, als ob in einzelnen Abteilungen, Sachgebieten, Fachgruppen, Instituten oder Fakultäten in sich abgegrenzte Prozesse ablaufen. Dabei ist aus dem Prozessmanagement der freien Wirtschaft längst bekannt, dass sich Prozesse nicht an die Segmentierungen eines Organigramms halten.

Deshalb hat sich parallel dazu das Modell der Ablauforganisation etabliert, welches die Prozessverläufe in den Blick nimmt. Beide Modelle können durchaus koexistieren. Die Aufbauorganisation bildet das – meistens hierarchische – Gerüst einer Organisation (z.B. einer Musikhochschule). Während die Aufbauorganisation die Rahmenbedingungen festlegt, d.h. welche Aufgaben von welchen Personen bzw. Abteilungen zu bewältigen sind, regelt die Ablauforganisation die Arbeits- und Informationsprozesse, welche sich innerhalb dieses Rahmens chronologisch vollziehenden. Eine Prozessorientierung, wie sie vom Modell der Ablauforganisation nahegelegt wird, geht von folgender Fragestellung aus: Wer macht was, wann, wie und womit? Das Wer (Personen) und Was (Aufgaben) wird in Teilen durch das Organigramm bzw. die Aufbauorganisation bestimmt.[1] Hinzu kommen die speziell auf den Prozess bezogenen Fragen nach dem Wann (Zeitpunkt bzw. Dauer), Wie (Art und Weise) und Womit (Hilfsmittel bzw. Medien).

---

1 Allerdings müssen die Personen, die an einem Prozess beteiligt sind, und ihre Aufgaben innerhalb dieses Prozesses nicht deckungsgleich sein mit der Zuordnung zu bestimmten Verwaltungseinheiten einer Organisation, z.B. zu Abteilungen, Sachgebieten, Fachgruppen, Instituten oder Fakultäten einer Musikhochschule. So muss bspw. ein Prozessverantwortlicher nicht zugleich Leiter des Sachgebietes sein, in dem sich große Teile des Prozesses abspielen. Auch die personelle Prozesshierarchie muss nicht zwangsläufig der Hierarchie des Organigramms folgen: Es kann durchaus sinnvoll sein, eine Person, wel-

Aufgrund der Wechselwirkungen zwischen Aufbauorganisation und Ablauforganisation müsste idealiter die Konzeption der organisationalen Struktur und der Prozesse zeitgleich erfolgen. De facto sind Musikhochschulen jedoch ältere Einrichtungen, deren Aufbaustruktur einstmals von außen durch landesgesetzliche Vorgaben bestimmt wurde – und immer noch wird.[2] Die Entwicklung und Etablierung von internen Arbeitsprozessen ist daher fast ausnahmslos nachgelagert.

Zwar folgt man in der Praxis nicht immer dem strengen Schema, wonach zuerst der Aufbau und dann der Ablauf organisiert werden, allerdings wird dem Aufbau einer Organisation zumeist mehr Beachtung geschenkt, nicht zuletzt deshalb, weil er schneller und einfacher zu verändern ist. So lässt sich bspw. ein neues Organigramm leichter erstellen als eine Prozesslandkarte.

Auch in der wirtschaftswissenschaftlichen Organisationstheorie genießt die traditionelle Aufbauorganisation gegenüber der Ablauforganisation Vorrang (vgl. Bhagwati, 2011). Allerdings ist eine kontinuierliche Zunahme von Theorieansätzen zu verzeichnen, welche die Ablauforganisation allmählich von der Aufbauorganisation abkoppeln und den Begriff der Prozessorganisation etablieren. In zugespitzter Form drehen diese Ansätze sogar die tradierte Reihenfolge (erst Aufbauorganisation, dann Ablauforganisation) um und modulieren zuerst die Prozesse bzw. Arbeitsschritte einer Organisation und ordnen anschließend diesen Prozessen Personen bzw. Abteilungen mit entsprechenden Prozessverantwortlichkeiten zu (vgl. Gaitanides, 1983; Krickl, 1994; Osterloh & Frost, 1996; Schmelzer & Sesselmann, 2001).

3 Zwischen Projekt- und Prozessmanagement

Neben der Prozessorientierung hat auch das projektbezogene Denken nachhaltig Einzug in den Hochschulkontext gehalten. Für Musikhochschulen im Speziellen ist der Projektansatz insofern nichts Neues, als dass jedes einzelne (Prüfungs-)Konzert von jeher ein in sich geschlossenes Projekt darstellt, das es zu managen gilt. Daher gehören die Methoden des Projektmanagements insbesondere in den Künstlerischen Betriebsbüros von Musikhochschulen zum Alltagsgeschäft. Aber auch Präsidien bzw. Rektorate und überhaupt weite Teile der Verwaltung von Musikhochschulen haben das Agieren in Projektmustern erlernt, um nicht zu sagen erlernen müssen, aufgrund der Notwendigkeit einer Anpassung an sich verändernde Rahmenbedingungen im Kontext der Bologna-Reform. In diesem Zusammenhang spricht man häufig auch von sogenannten Change-Prozessen bzw. von einem Change-Management (vgl. bspw. Buchner, Hofmann & Magnus, 1999).

che den ‚Löwenanteil' eines Prozesses bearbeitet, bspw. ein Sachbearbeiter, zum Prozessverantwortlichen zu ernennen und deren Vorgesetzten, der nur an einem kleinen Teil des Prozesses mitwirkt, – für diesen einen Prozess – ihr unterzuordnen.

2 Mitunter kommt es bspw. zu Reformen im Hochschulgesetz eines Bundeslandes, die Veränderungen in der Aufbauorganisation einer Musikhochschule erzwingen können.

Veränderungsprozesse führen das Projekt- und das Prozessmanagement zusammen, indem sie eigentlich als singuläre Umstellungsaktivitäten geplant sind, d.h. als Projekte, de facto aber permanent durchgeführt werden müssen, weil der Anpassungsbedarf an die Rahmenbedingungen nicht endet – dies macht die Unterscheidung sukzessive überflüssig:

> „Die historischen Charakterprofile von Projekt- und Prozessmanagement gelten heute nur noch bedingt. Mit dem Projektmanagement wurden einst Vokabeln verknüpft wie Einmaligkeit, Kreativität u.ä., wobei das (Geschäfts-)Prozessmanagement eher durch Standardisierung und Disziplin in starren Strukturen etc. gekennzeichnet war. Projekte zur (automobilen) Produktentwicklung haben vor Jahren erstmals aufgezeigt, dass beides sehr gut miteinander verknüpfbar ist, die vollständige Verschmelzung heute teilweise sogar zwingende Notwendigkeit wird. Heute ist das Arbeiten in prozessual organisierten interdisziplinären Projekten themenübergreifend etabliert. Die Professionalisierung des Multiprojektmanagements (parallele Synchronisation in Prozessen), aber auch die steigende Wiederholhäufigkeit (serielle Anwendung eines von Projekt zu Projekt zunehmend optimierten und standardisierten Prozesses) haben die enge Verzahnung von Projekt und Prozess kontinuierlich vorangetrieben.“ (Deutsche Gesellschaft für Projektmanagement e.V., 2016)

4 Zwischen Lehre und Verwaltung

Wie weiter oben bereits angedeutet, ist die soziale Kluft zwischen den beiden größten Mitarbeitergruppen einer Musikhochschule, den Lehrenden und den Verwaltenden[3], ein Dauerthema im Zusammenhang mit Arbeitsabläufen bzw. Prozessen. Die Problematik kulminiert in der Bezeichnung ‚akademische Selbstverwaltung‘, womit vorrangig Gremienarbeit der Lehrenden gemeint ist, aber durchaus auch die Übernahme von Leitungs- und damit Entscheidungs- bzw. Vorgesetztenfunktionen gegenüber dem Verwaltungspersonal.

Damit wird – in einer negativen Lesart – suggeriert, es fehle an einer professionellen Verwaltung an Hochschulen, wodurch das akademische Personal gezwungen sei, sich selbst zu verwalten. Dem ist natürlich nicht so. Im Gegenteil: die Verwaltung an Hochschulen professionalisiert sich zunehmend, was zum Anwachsen des sogenannten Third Space führt, in dem neue Hochschulprofessionelle tradierte Verwaltungsstrukturen aufbrechen und Arbeitsprozesse nachhaltig verändern (vgl. Schneijderberg, Merkator, Teichler & Kehm, 2013).

Bei näherer Betrachtung zeigt sich, dass es kaum einen Bereich innerhalb einer Musikhochschule gibt, wo Lehrende und Verwaltende nicht im engeren Sinne zusammenwirken und somit Hierarchie- und Expertisefragen aufgeworfen werden. Hinzu kommt die Problematik, dass die vermeintlich unabhängige akademische Selbstverwaltung durchsetzt ist mit nicht akademischem, das heißt nicht lehrendem, nicht forschendem

3 Ausgenommen sind die Hochschulleitung und das Technische Personal.

oder nicht künstlerischem Personal; man denke bspw. an das Amt des Kanzlers bzw. der Kanzlerin als Teil der Hochschulleitung oder an hauptamtliche (Vize-)Präsidentinnen und Präsidenten ohne Lehr- und Forschungsaufgaben oder an Senatsmitglieder aus den Reihen der Verwaltung, ganz zu schweigen von Mitgliedern des Hochschulrats, die in der Regel Hochschulexterne sind. Die gegenseitige Abhängigkeit bzw. die genuine Interaktion zwischen den beiden Personengruppen ist ausgeprägter als es einigen der beteiligten Akteure bewusst ist. Die strukturelle Arbeitsteilung, der zufolge Lehrende und Verwaltende größtenteils unterschiedliche Aufgaben innerhalb der Musikhochschule wahrnehmen, ist eher nominell denn realexistierend. In Zeiten informationeller Hyperkomplexität kann es beiden Parteien nicht mehr gelingen, die alltäglichen Verwicklungen innerhalb der Arbeitsprozesse ohne Weiteres zu überschauen. Eindeutige Kausalitäten sucht man im System Hochschule ohnehin vergebens. Simple (Weisungs-) Sender-Empfänger-Modelle greifen nicht, allein schon weil die Hierarchien – im Vergleich zur freien Wirtschaft – flach sind und Informationsmacht in beide Richtungen genutzt werden kann.

5 Zwischen Produkt- und Systemqualität – Prozessorientiertes Qualitätsmanagement

Unter anderem aus diesen Gründen propagieren Experten für das Qualitätsmanagement an Hochschulen immer häufiger eine genuine Prozessorientierung bzw. ein prozessorientiertes Qualitätsmanagement (vgl. Deutsche Gesellschaft für Qualität e.V., 2015). Aus dem Qualitätsmanagement in der freien Wirtschaft (vgl. Thomann, 2016) bzw. aus den Empfehlungen relevanter DIN-Normen (vgl. Scholz, 2013) ist seit Längerem bekannt, dass prinzipiell zwischen Produkt-, Prozess- und Systemqualität unterschieden werden sollte. Während sich die Produktqualität auf die Mikro-Ebene bezieht und die Systemqualität auf die Makro-Ebene, stellt die Prozessqualität auf die Meso-Ebene eines Unternehmens bzw. einer Hochschule ab, d.h. sie ist quasi dazwischen angesiedelt.

Folgerichtig heißt es in einem Lehrbuch für Qualitätsmanagement: „Prozessmanagement ist eine der Kernaufgaben im Qualitätsmanagement. Die Qualität der Produkte lässt sich nur über die Qualität der Prozesse, die zu diesen Produkten führen, sicherstellen" (Herrmann & Fritz, 2011, S. 95). Ein anderes führt weiter aus: „Das moderne Qualitätsmanagement geht von der Vorstellung aus, dass ein Unternehmen aus einer Reihe von in Wechselwirkung stehenden Prozessen besteht" (Brüggemann & Bremer, 2012, S. 125). Ebenda ist auch zu lesen, dass im Kontext des Qualitätsmanagements grundlegend zwischen drei verschiedenen Prozessarten unterschieden wird: 1) Führungs- bzw. Managementprozesse, 2) Kernprozesse und 3) Unterstützungs- bzw. Supportprozesse. Diese drei Prozessarten, die als Modell auch auf jede (Musik-)Hochschule anwendbar sind, sollten mit dem bekannten Plan-Do-Check-Act-(PDCA)-Zirkel von Deming regelmäßig einer Kontrolle unterzogen werden.

Weiterhin wird als wichtigstes Werkzeug für die Darstellung von Prozessen das Flussdiagramm benannt:

„Das Flussdiagramm stellt bildhaft die Schritte eines Prozesses oder eines Ablaufs dar. Es dient der Gewinnung eines detaillierten Verständnisses, wie ein Prozess tatsächlich arbeitet, d.h. in welcher Weise die unterschiedlichen Schritte in einem Prozess miteinander in Beziehung stehen. Ursachen für Probleme in Prozessen können somit aufgedeckt und Verbesserungsmöglichkeiten aufgezeigt werden. Unter Einbeziehung der Mitarbeiter, die an einem Prozess beteiligt sind (z.B. durch Interviews), werden alle Tätigkeiten, Entscheidungen, Eingaben und Ergebnisse identifiziert und als Flussdiagramm dargestellt. Auf Basis des Diagramms werden Ursachen für Probleme bzw. Verbesserungs-/Rationalisierungsmöglichkeiten aufgedeckt. Das Flussdiagramm wird entsprechend umgestaltet und bildet somit eine Beschreibung des zukünftigen, verbesserten Prozesses." (Brüggemann & Bremer, 2012, S. 19)

6 Expertiseentwicklung im *Netzwerk Musikhochschulen*

Seit seiner Gründung im Jahr 2012 beschäftigt sich das *Netzwerk Musikhochschulen* mit Fragen des prozessorientierten Qualitätsmanagements. Einige Mitarbeiter des Netzwerks (vorwiegend aus der AG Beratung und Projekte) durchliefen Weiterbildungsworkshops zu diesem Thema beim HIS-Institut für Hochschulentwicklung e.V. in Hannover und übertrugen das dort Erlernte auf ihre Hochschulen. Zum Teil wurden auch hausinterne Weiterbildungsworkshops in Kooperation mit dem Hannoveraner Institut durchgeführt, an denen vor allem Mitarbeiter aus der Verwaltung teilnahmen (z.B. in Lübeck).

In zwei Fällen mündeten diese Bemühungen in konkrete Prozessanalysen: An den Musikhochschulen in Lübeck und Würzburg wurden jeweils eintägige Workshops veranstaltet, bei denen es um Prozesse bei der Beantragung von künstlerischen Projekten (Lübeck) und der Veranstaltungsorganisation (Würzburg) ging. In beiden Fällen wurden vor allem Mitarbeiter des Künstlerischen Betriebsbüros an einen Tisch gebracht, um die Abläufe durchzugehen. Die hochschulübergreifende Perspektive wurde durch Mitarbeiter des Netzwerks gewährleistet, die an den Workshops beider Hochschulen teilnahmen bzw. diese moderierten.

Darüber hinaus widmeten sich einige Mitarbeiter des Netzwerks einer vergleichenden Prozessanalyse zur Studieneingangsphase an fünf Netzwerkhochschulen. Die Ergebnisse dieser Studie, die vor allem die strukturellen Unterschiede im Aufbau der Hochschulen zutage brachte und damit zwangsläufig auch die Unterschiede bei den internen Abläufen, wurden dokumentiert (vgl. AG Beratung und Projekte, 2015) und durch Empfehlungen für ein idealtypisches Vorgehen bei Prozessanalysen an Musikhochschulen ergänzt (Checkliste als Anhang zum Bericht). Eine wichtige Erkenntnis aus dieser vergleichenden Studie ist die Problematik der Prozessabgrenzung. Die Bestimmung eines konkreten Prozessanfangs und -endes ist alles andere als trivial und bereits Teil der Prozessanalyse. So wurde bspw. festgestellt, dass der ‚Prozess Studieneingangsphase' genau genommen aus mehreren Teilprozessen besteht (Werbung, Bewerbung, Eignungsprüfung, Zulassung und Immatrikulation).

7 Praktische Empfehlungen

Da die sukzessive Umstrukturierung einer Musikhochschule hin zur Prozessorientierung nur langsam erfolgen kann, weil sie knappe Ressourcen bindet, sollten zuerst die Kernprozesse angegangen werden, die im Bereich Studium und Lehre bzw. an der Schnittstelle von Lehre und Verwaltung liegen und sich am Student-Life-Cycle orientieren. Erst später sollten auch Support- und Führungsprozesse analysiert, abgebildet und angepasst werden. Es kann allerdings auch mit kleinen Support- oder Führungsprozessen gestartet werden, wenn diese ohnehin gerade auf dem Prüfstand stehen. Pilotprojekte sind in jedem Falle zu begrüßen, da sie zum Aufbau von Expertise innerhalb der Hochschule beitragen.

Es wird nahegelegt, deduktiv vorzugehen, d.h. zuerst einen Überblick über die Prozesse der Musikhochschule in Form einer Prozesslandkarte zu erlangen, dann Prozessregister anzulegen, welche Basisinformationen liefern, und erst in einem dritten Schritt zur genuinen Prozessdokumentation bzw. -analyse überzugehen (vgl. Becker, 2011). Die Prozessanalyse im engeren Sinne kann anhand der folgenden fünf Teilschritte vollzogen werden:

- Abstimmung Prozessdesign,
- Prozessaufnahme (Ist-Prozess),
- Prozessanalyse und -bewertung,
- Sollkonzeption,
- Umsetzung (Altvater, Hamschmidt & Sehl, 2010, S. 44).

Wichtig ist, dass zuerst der Ist-Zustand eines bestehenden Prozesses ermittelt wird. Erst danach sollte in einem separaten Arbeitsschritt der Soll-Zustand des Prozesses bestimmt werden. Oftmals wird an dieser Stelle nicht sauber genug gearbeitet. Eine übergangslose Verknüpfung der beiden Teilschritte ist nicht zielführend.

Es ist anzustreben, möglichst alle an einem bestimmten Prozess mitwirkenden Mitarbeiter/-innen, unabhängig davon, ob sie zur Lehre oder Verwaltung gehören, punktuell zusammenzubringen und mit ihnen gemeinsam den Prozess zu analysieren. Ein denkbares Format dafür ist bspw. ein halb- oder ganztägiger Workshop. Die gemeinsame, möglichst moderierte Draufschau auf den Prozess setzt natürlich voraus, dass im Vorfeld eben dieser bereits in groben Zügen erfasst worden ist.

Dafür sollte die/der Prozessverantwortliche bzw. Prozessbeauftragte der Hochschule zuständig sein,[4] der/die dann auch den Workshop durchführt. Die/Der Prozessverantwortliche/-beauftragte kann, muss aber nicht zugleich der/die Prozesseigner/-in sein, d.h. der-/diejenige, der/die den jeweiligen Prozess maßgeblich betreut bzw. durchführt. Aufgrund der überschaubaren Größe von Musikhochschulen bietet es sich an, einer Person die zentrale Prozessverantwortung zu übertragen. Diese treibt die Prozessorien-

4 Mitunter ist auch von dem/der Prozessmanager/-in die Rede (vgl. Groening & Schade, 2011).

tierung der Hochschule voran, indem sie – in Abstimmung mit der Hochschulleitung – Prozesse abgrenzt, Mitwirkende zu Prozessanalyseworkshops zusammenbringt, diese Workshops vorbereitet, moderiert sowie die Ergebnisse protokolliert. Der/Die Prozessverantwortliche/-beauftragte kann bspw. ein Mitarbeiter oder eine Mitarbeiterin des Qualitätsmanagements sein oder eine Referentin/ein Referent der Hochschulleitung.

Elementar ist die Einsicht aus der Praxis, dass die Umstellung auf Prozessorientierung selbst einen langwierigen Prozess darstellt, der sich über Jahre hinziehen kann. Genau genommen wird dieser Umstellungsprozess, wenn er einmal angestoßen ist, niemals final abgeschlossen sein, da er regelmäßig zu überprüfen und nachzubessern ist (PDCA-Zirkel).

Eine Musikhochschule, die sich der Prozessorientierung verschreibt, wird mehrere Stufen durchlaufen: Von der 1) Klassischen Aufbauorganisation (ohne Prozessorientierung) über 2) die Funktionale Organisation *ohne* Prozessverantwortung zur 3) Funktionalen Organisation *mit* Prozessverantwortung bis hin zur 4) Prozessorientierten (Ablauf-)Organisation, welche gewissermaßen den anzustrebenden Idealzustand darstellt. „Wie stark auch immer der Grad der Prozessorientierung an der einzelnen Hochschule ausfällt, eine stärkere Ausrichtung an Prozessen ist fast immer ein erster Veränderungsschritt – die Beteiligten nehmen bestehende Aufgaben anders wahr und überdenken die aufbauorganisatorischen Aspekte." (Altvater, Hamschmidt & Sehl, 2010, S. 47)

Dass die Mitarbeiterinnen und Mitarbeiter aus Lehre und Verwaltung im Zuge dessen ihren jeweiligen Standes- bzw. Abteilungsdünkel aufgeben werden, ist vermutlich eine Wunschvorstellung:

> „Das zentrale Problem von Organisationen, die sich aus lose gekoppelten Einheiten zusammensetzen, besteht […] darin, dass sich die verschiedenen dezentralen und auch zentralen Organisationseinheiten auf ihre Partikularinteressen konzentrieren, sich in Detaildiskussionen verlieren und nicht die prozessorientierte Gesamtausrichtung fokussieren. Dies behindert oftmals die übergreifende und integrierte Prozesssicht." (Groening & Schade, 2011, S. 33)

Hilfreich für die Etablierung einer Prozesssicht innerhalb der gesamten Organisation kann die Einführung einer gemeinsamen Prozesssoftware sein. In jedem Falle gilt es sich auf *ein* Programm für die Analyse und Modellierung aller Prozesse zu einigen. Ob diese Software-Lösung dann ausschließlich von einer Person oder von mehreren Mitarbeitern des Hauses genutzt werden soll, ist selbstverständlich eine Entscheidung der Hochschulleitung. Ratsam ist, der/dem Prozessverantwortlichen/-beauftragten der Hochschule die zentrale Nutzung und Betreuung der Software zu übertragen. Es kann allerdings nicht schaden, zwei bis drei weitere Personen mit der Software vertraut zu machen, wenn diese regelmäßig an Prozessanalysen teilnehmen, bspw. Sachgebietsleiter oder Fachgruppensprecherinnen.

Jede Hochschule sollte die Anschaffung einer Software an ihren individuellen Bedürfnissen und finanziellen Möglichkeiten ausrichten. Einfache Prozessanalysefunktionen sind bereits im weitverbreiteten Microsoft-Office-Paket in den Programmen

Word und PowerPoint enthalten. Elaborierter und von vielen Firmen und Hochschulen eingesetzt ist das Programm Microsoft Visio. Ein etabliertes deutsches Produkt stellt das Programm Picture dar. Es gibt auch kostenfreie Prozessmanagement-Software, bspw. Aris Express (deutsches Produkt) oder Bizagi BPMN Modeler (britisches Produkt). Es ist darauf zu achten, dass die gewählte Software-Lösung eine sogenannte Swimlane-Darstellung ermöglicht, bei der Prozesse in ‚Schwimmbahnen' abgebildet werden können, wobei jede Schwimmbahn für einzelne Organisationseinheiten steht, zwischen denen sich der Prozess vollzieht. Diese Form der Prozessdarstellung hat sich als Standard herausgebildet, da sie die größtmögliche Übersicht bietet und besonders die Schnittstellen herausarbeitet.

In jedem Falle ist für Musikhochschulen eine Prozessorientierung anzuraten, welche insbesondere die Naht- bzw. Scharnierstellen[5] zwischen Lehre und Verwaltung in den Blick nimmt. Hier verbirgt sich das größte Verbesserungspotenzial.

Literatur

AG Beratung und Projekte (2015). *Abschließender Kurzbericht zum Pilotprojekt „Prozessanalyse Studieneingangsphase".* Detmold: Netzwerk Musikhochschulen (Manuskript).

Altvater, P., Hamschmidt, M. & Sehl, I. (2010). Prozessorientierte Hochschule. Neue Perspektiven für die Organisationsentwicklung. *Wissenschaftsmanagement* 4 (Juli/August), 42–47.

Becker, J. (2011). Was ist Geschäftsprozessmanagement und was bedeutet prozessorientierte Hochschule? Prozessorientierte Verwaltungsmodernisierung an Hochschulen. In A. Degkwitz & F. Klapper (Hg.), *Prozessorientierte Hochschule. Allgemeine Aspekte und Praxisbeispiele* (S. 8–22). Bad Honnef: Bock + Herchen.

Bhagwati, M. (Hg.) (2011). *Das Wirtschaftslexikon.* Beirut: Sigma Alpha Global Exchange Limited. Verfügbar unter: http://www.daswirtschaftslexikon.com/d/aufbau_und_ablauf organisation/aufbau_und_ablauforganisation.htm [02.09.2016].

Brüggemann, H. & Bremer, P. (2012). *Grundlagen Qualitätsmanagement. Von den Werkzeugen über Methoden zum TQM.* Wiesbaden: Springer Vieweg.

Buchner, D., Hofmann, U. & Magnus, S. (1999). *Prozess-Power. Durch Change Management den Prozesserfolg sichern.* Wiesbaden: Gabler.

Degkwitz, A. & Klapper, F. (Hg.) (2011). *Prozessorientierte Hochschule. Allgemeine Aspekte und Praxisbeispiele.* Bad Honnef: Bock + Herchen.

Deutsche Gesellschaft für Projektmanagement e.V. (Hg.) (2016). Projekt- und Prozessmanagement. Anstoß, Vorgeschichte und Hintergründe zur Fachgruppe. Verfügbar unter: https://www.gpm-ipma.de/know_how/fach_und_projektgruppen/projekt_und_prozess management.html [02.09.2016].

5 Mit diesen abweichenden Begriffen soll der Perspektivenwechsel von der Schnittstelle, die das Getrennte betont, zur Naht- bzw. Scharnierstelle, welche den Übergang bzw. das Verbindende hervorhebt, deutlich gemacht werden.

Deutsche Gesellschaft für Qualität e.V. (2015). *Qualitätsmanagement für Hochschulen. Das Praxishandbuch.* München: Hanser.

Fischermanns, G. (2012). *Praxishandbuch Prozessmanagement* (10. aktualisierte Auflage) (=ibo Schriftenreihe, Bd. 9). Gießen: Verlag Dr. Götz Schmidt.

Gaitanides, M. (1983). *Prozeßorganisation. Entwicklung, Ansätze und Programme prozeßorientierter Organisationsgestaltung.* München: Vahlen.

Groening, Y. & Schade, A.K. (2011). Die Herausforderung des Prozessmanagements an Hochschulen. Ableitung von Handlungskompetenzen eines erfolgreichen Prozessmanagers. In A. Degkwitz & F. Klapper (Hg.), *Prozessorientierte Hochschule. Allgemeine Aspekte und Praxisbeispiele* (S. 23–38). Bad Honnef: Bock + Herchen.

Hässig, K. (2000). *Prozessmanagement. Erfolgreich durch effiziente Strukturen* (=Wirtschaft + Management Schriftenreihe, Bd. 3). Zürich: Versus.

Herrmann, J. & Fritz, H. (2011). *Qualitätsmanagement. Lehrbuch für Studium und Praxis.* München: Hanser.

Krickl, O.C. (1994). *Geschäftsprozeßmanagement. Prozeßorientierte Organisationsgestaltung und Informationstechnologie.* Heidelberg: Physica.

Küpper, H.-U. (1997). Prozessorientierung bei der Analyse und Gestaltung von Studium und Lehre in Universitäten. In H. Wildemann (Hg.), *Geschäftsprozessorganisation* (S. 43–66). München: TCW.

Osterloh, M. & Frost, J. (1996). *Prozessmanagement als Kernkompetenz. Wie Sie Business Reengineering strategisch nutzen können.* Wiesbaden: Gabler.

Posluschny, P. (2012). *Prozessmanagement. Kundenorientierung, Modellierung, Optimierung.* Konstanz und München: UVK/Lucius.

Schmelzer, H.J. & Sesselmann, W. (2001). *Geschäftsprozessmanagement in der Praxis.* München: Hanser.

Schneijderberg, C., Merkator, N., Teichler, U. & Kehm, B.M. (Hg.) (2013). *Verwaltung war gestern? Neue Hochschulprofessionen und die Gestaltung von Studium und Lehre.* Frankfurt a. M. und New York: Campus.

Scholz, H. (2013). *Qualität für Bildungsdienstleistungen. Qualitätssicherung und -entwicklung nach DIN EN ISO 9001, DIN ISO 29990, DVWO und AZAV* (2., überarbeitete und erweiterte Auflage). Berlin [u.a.]: DIN Deutsches Institut für Normung e.V.

Thomann, H. (Hg.) (2016). *Der Qualitätsmanagement-Berater. Prozessorientiertes Qualitätsmanagement in der betrieblichen Praxis* (=Grundwerk, Stand 2016, TÜV Rheinland Group). Köln: TÜV Media.

Judith Kestler, Signe Pribbernow

Wechselseitige Begutachtung

Eine Ressource für die Hochschulentwicklung

Reciprocal Evaluation

A Resource in the Development of Higher Music Education

This contribution focuses on the Reciprocal Evaluation format developed by the Netzwerk Musikhochschulen. *This is based on a voluntary collaborative partnership between two* Musikhochschulen. *It discusses the central ideas behind the concept, its methodology and the benefits for the participating* Musikhochschulen *in the light of the experience gathered by the* Netzwerk *so far. The article draws a distinction between Reciprocal Evaluation and other related formats such as collegial lesson observation or an inspection as part of an accreditation procedure. Both the potential and the methodological difficulties of this evaluation format are critically examined. It becomes clear that this format can help to identify quality issues relevant to all* Musikhochschulen, *which can be further addressed in the form of projects and collegial discussion groups.*

1 Grundidee und Abgrenzung

Der Zusammenschluss von zwölf Musikhochschulen in einem Netzwerk ermöglicht in vielen Feldern und Formen einen kollegialen Austausch, bei dem sich die Verbundpartner auf Augenhöhe begegnen, weil sie ein Grundverständnis für die spezifischen Belange dieser Hochschulform mitbringen. Das Netzwerk bietet somit auch einen geschützten Raum, um Fragen von Organisationsentwicklung und Qualitätsmanagement ergebnisoffen und ohne externen Druck zu diskutieren. Aus dieser Idee heraus wurde die sogenannte *Wechselseitige Begutachtung* (WB) entwickelt. Dieses Verfahren basiert auf einem temporären partnerschaftlichen Zusammenschluss von Hochschulen, initiiert durch die jeweiligen Hochschulleitungen.[1] Für einen begrenzten Zeitraum von etwa sechs Monaten kooperieren die beteiligten Hochschulen in einem kollegialen Begutachtungs- und Austauschprozess und geben sich gegenseitig Rückmeldung zu einem vorab vereinbarten, qualitätsrelevanten Thema. Im Unterschied zu Formaten wie etwa externen Evaluationen im Kontext von Akkreditierungen können die einzelnen Elemente der Begutachtung je nach Thema weitgehend frei gewählt werden. Durch den eher engen

---

1 Prinzipiell ist der Austausch nicht auf zwei Projektpartner beschränkt. Da bisher jedoch keine größeren Formate erprobt wurden, ist im Folgenden meist von Begutachtungen mit zwei Teilnehmern die Rede.

inhaltlichen Zuschnitt lässt sich eine Wechselseitige Begutachtung am sinnvollsten für eine vertiefte Detailanalyse nutzen. Trotz des begrenzten Themenrahmens kann sie Anstöße geben, das Thema anschließend mit größerem Fokus und organisational abstrahiert zu betrachten. So kann ein kleiner Ausschnitt aus den komplexen Abläufen an einer Musikhochschule gezielt unter die Lupe genommen werden. Ziel ist es, sich unter Kollegen fachlich qualifizierte, konstruktive Rückmeldung zu geben, im Dialog relevante (Problem-)Felder sowie Handlungsoptionen zu identifizieren und daraus Impulse für die weitere Organisationsentwicklung abzuleiten.[2] Die Wechselseitige Begutachtung lässt sich damit auch als Peer-Review-Prozess bzw. als eine Form der externen Evaluation begreifen (Stockmann, 2002; Arbeitsgruppe 360, 2015). Im Vordergrund steht beim Zusammenschluss der Hochschulen nicht in erster Linie der direkte Vergleich untereinander, etwa im Sinne eines Benchmarkings (Jacob, 2007), sondern das kollegiale Lernen voneinander und das gemeinsame Nachdenken über zentrale Aspekte von Studienqualität. Daher geht es auch nicht vorrangig darum, die Hochschulen an vorab festgelegten Standards zu messen und zu prüfen, ob diese eingehalten werden – ungeachtet der Tatsache, dass, wie der Folgeantrag deutlich macht, „die Ländergemeinsamen Strukturvorgaben der KMK sowie die Kriterien des AR (in der Fassung von 2013) stets als Mindeststandards herangezogen werden, denen die am Projekt teilnehmenden Hochschulen ihre eigenen Ziele überordnen“ (Netzwerk Musikhochschulen, 2015, S. 24). Durch ihre eher explorative Anlage stellt die Wechselseitige Begutachtung für die teilnehmende Hochschule Wissen bereit, das im Idealfall in das jeweilige Qualitätssicherungs- bzw. Qualitätsmanagementsystem einfließt und der organisationalen Weiterentwicklung dient.[3]

Gerade weil die Wechselseitige Begutachtung unabhängig von hochschulpolitischen Vorgaben ist, kann sie etwa einer Systemakkreditierung vorgeschaltet oder ergänzend zu dieser eingesetzt werden, um gegebenenfalls bestimmte Themen zu vertiefen, die für die jeweilige Hochschule und ihren Stand der Organisationsentwicklung relevant sind. Sie ermöglicht den Projektpartnern eine individuelle Standortbestimmung und die Orientierung an Good-Practice-Beispielen. Dabei entscheiden die teilnehmenden Hochschulen eigenständig über Umfang, Zeitplan, Begutachtungsformate und Maßnahmenableitung im eigenen Haus, wenngleich der mit der Wechselseitigen Begutachtung begonnene Dialog selbstverständlich auch auf diese Fragen ausgedehnt werden kann.

Die Wechselseitige Begutachtung beinhaltet Elemente aus anderen Modellen der externen Evaluation: So ist die Erstellung einer Selbstdokumentation durch die begutachtete Hochschule zentraler Bestandteil der Vorbereitungsphase. Aufgrund der Fokussierung auf einen Themenschwerpunkt ist jedoch die Erstellung der Selbstdokumentation für eine Wechselseitige Begutachtung mit weniger Aufwand verbunden als z.B. bei

2 Im Folgeantrag für die zweite Förderperiode des *Netzwerk Musikhochschulen* werden als Hauptziele genannt: „Herbeiführung von Verbesserungen, Ableitung von Optimierungsbedarfen und Identifizierung von Best-Practice-Beispielen“ (Netzwerk Musikhochschulen, 2015, S. 24).

3 Vgl. zu den unterschiedlichen Zielen von Evaluationsverfahren auch Jacob (2007, S. 51–52).

einem Akkreditierungsverfahren. Das Format der Begutachtung wählen die teilnehmenden Hochschulen mit Blick auf das Thema. Möglich sind neben Vor-Ort-Begehungen mit persönlichen Treffen auch reine Begutachtungen auf Dokumentenlage oder in Form eines gemeinsamen Workshops der Projektpartner. Anstelle eines formalen Gutachtens wird bei der Wechselseitigen Begutachtung von den Gutachtern ein Empfehlungspapier erstellt, das die Grundlage für die weitere hochschulinterne Beschäftigung mit dem Thema der Begutachtung bildet. Bislang sind die Themen Prüfungssystem und Studierbarkeit eines Studiengangs analysiert worden; dabei haben insgesamt sechs Hochschulen an Wechselseitigen Begutachtungen teilgenommen.[4]

2 Methodik und Ablauf

Die im *Netzwerk Musikhochschulen* entwickelte Wechselseitige Begutachtung systematisiert diesen Prozess des gegenseitigen Feedbackgebens, indem sie ein Verfahrensmodell bereitstellt, das den Projektpartnern die strukturierte Durchführung einer Begutachtung erleichtern soll. Es ist deutlich weniger formalisiert als ein Akkreditierungsverfahren und lässt den beteiligten Hochschulen Gestaltungsspielräume, um das Format an ihre eigenen Erfordernisse anzupassen.

Für die Wechselseitige Begutachtung wurde ein Phasenkonzept erarbeitet, das einen Zeitraum von etwa sechs Monaten abbildet. Es bietet den teilnehmenden Hochschulen eine Orientierung über den zeitlichen Verlauf und die jeweils zu bearbeitenden Teilziele und erleichtert die zeitliche Abstimmung zwischen den Projektpartnern. Es ist in vier Phasen (P) unterteilt: Planungsphase (Phase 1), Vorbereitungsphase (Phase 2), Begutachtungsphase (Phase 3) und Abschlussphase (Phase 4). Im Anschluss daran, aber außerhalb des für die teilnehmenden Hochschulen gemeinsamen Zeitplanes, steht eine fünfte, zeitlich offene und individuell gestaltbare Phase (Phase 5), in welcher das Projekt hochschulintern abgeschlossen und Maßnahmen abgeleitet werden. Der Prozess wird zusätzlich durch Handreichungen strukturiert, die den beiden zentralen Phasen, P2 und P3, zugeordnet sind.[5] Sie bilden die im Netzwerk geleistete inhaltliche Vorarbeit ab; unter Berücksichtigung der Hochschulform wird jedes Begutachtungsthema mit Bezug auf einschlägige Literatur sowie hochschulpolitische Rahmenvorgaben inhaltlich erschlossen und für die Teilnehmer vorstrukturiert.

2.1 Gutachter

Jede der teilnehmenden Hochschulen entsendet eine Gutachtergruppe an die jeweilige Partnerinstitution. Die Gutachterinnen und Gutachter repräsentieren verschiedene Statusgruppen, die in ihrem professionellen Umfeld auf unterschiedliche Weise mit dem

4 Das waren die Musikhochschulen Detmold, Hamburg, Hannover, Lübeck, Saarbrücken und Weimar.

5 Erstellt von der Arbeitsgruppe „Beratung und Projekte“ im *Netzwerk Musikhochschulen.*

jeweiligen Begutachtungsthema befasst sind. Im Prozess der Begutachtung agieren sie als qualifizierte *critical friends*.

Als *critical friend* wird seit den bildungsreformerischen Diskussionen der 1970er-Jahre eine externe, aber einer bestimmten Institution und ihrem jeweiligen professionellen Umfeld persönlich und fachlich nahestehende Person bezeichnet, die in unterschiedlichen Feldern gezielt für Rückmeldungen bzw. eine Evaluatorentätigkeit herangezogen wird:

> „A critical friend [...] is a trusted person who asks provocative questions, provides data to be examined through another lens, and offers critique of a person's work as a friend. [...] The friend is an advocate for the success of that work" (Costa & Kallick, 1993, S. 50).

Ziel dieser Vorgehensweise ist es also, Perspektiven für die Verbesserung von Einzelprozessen bzw. -ergebnissen sichtbar zu machen und damit die Weiterentwicklung der jeweiligen Organisation als Ganzes zu fördern. Die Beziehung solcher *critical friends* zur jeweiligen Institution basiert auf einem Vertrauensverhältnis, das fachliche Kompetenz, persönliche Integrität und Wohlwollen gleichermaßen einschließt und erfordert (Handal, 1999, S. 64). Nur auf diese Weise kann eine externe Person mit entsprechendem fachlichem Hintergrund „more friend than judge" (Rallis & Rossman, 2000, S. 83) sein. In Anlehnung an die vielzitierte Definition von Costa und Kallick (1993) wird die Rolle von *critical friends* im Unterschied zu den gänzlich außenstehenden Gutachterinnen und Gutachtern u.A. von Rallis und Rossman klar als unterstützende gesehen: „They help surface troubling questions, hidden data, alternative explanations" (Rallis & Rossman, 2000, S. 83). Der Gewinn besteht dabei nicht nur im Informationszuwachs für die einladende Institution, sondern liegt auch auf der Seite derjenigen, die sich für diese Art von Gutachtertätigkeiten zur Verfügung stellen. Während Rallis und Rossman im Zusammenhang damit grundsätzlich die Produktivität des Dialogischen betonen und zugleich die Bedeutung der persönlichen Begegnung von Expertinnen und Experten hervorheben (Rallis & Rossman, 2000), geht Handal (1999) noch einen Schritt weiter:

> „As an additional benefit, acting as a critical friend makes the consultant aware of aspects of his or her own practice that have not necessarily been considered before. [...] It can be as gainful for the critical friend as for the institution or people who are receiving the observations and comments." (Handal, 1999, S. 64)

Gerade bei einer Wechselseitigen Begutachtung, bei der Gutachterinnen und Gutachter innerhalb des Verfahrens zugleich auch die Rolle der Begutachteten einnehmen oder zumindest Mitglieder der begutachteten Hochschule sind, kommt dieser Aspekt zum Tragen und wird ganz bewusst in das Konzept integriert. Denn das Ziel, durch den fokussierten Begutachtungsprozess beiden Hochschulen in einem geschützten Rahmen eine individuelle Standortbestimmung und Weiterentwicklung zu ermöglichen, ist untrennbar mit der Rolle der Gutachterinnen und Gutachter verknüpft.

Bei einer Wechselseitigen Begutachtung gehören der Kommission in der Regel Mitarbeiterinnen und Mitarbeiter aus relevanten Bereichen von Verwaltung und Lehre sowie Studierende an. Je nach Thema kann es auch sinnvoll sein, (zusätzlich) ein eher fachfernes Mitglied in die Kommission aufzunehmen.[6] Daraus ergibt sich eine Kommission, die sich durch vielfältige Expertise und sehr unterschiedliche Perspektiven auf den zu begutachtenden Schwerpunkt auszeichnet. So kann nicht nur der gewählte Begutachtungsgegenstand mehrdimensional betrachtet werden, sondern auch Schnittstellen und Reibungsflächen zu anderen Themen geraten unweigerlich in den Blick. Auf diese Weise können die teilnehmenden Hochschulen maximal von der Begutachtung profitieren. Zudem mildert die heterogene Zusammensetzung der Gutachtergruppe sogenannte *research-up*-Effekte (Warneken & Wittel, 1997),[7] da jeder Vertreter einer teilnehmenden Hochschule in der Delegation der Partnerhochschule ein Gegenüber mit vergleichbarem fachlichen Hintergrund oder ähnlicher Qualifikationsstufe findet. Sowohl die Gutachterinnen und Gutachter als auch die Gesprächspartnerinnen und -partner vor Ort werden als Expertinnen und Experten für ihr jeweiliges Tätigkeitsfeld begriffen und in dieser Eigenschaft angesprochen. Dass alle Teilnehmenden eine Verschwiegenheitserklärung unterzeichnen, ist nicht nur im Sinne einer offenen und vertrauensvollen Gesprächsatmosphäre unverzichtbar, sondern signalisiert auch, dass die Gespräche als Erhebung relevanter Daten ernstgenommen werden (Helfferich, 2011).

2.2 Selbstdokumentation

Eine wesentliche Methode, die im Rahmen der Wechselseitigen Begutachtung eingesetzt wird, ist die Dokumenten- und Aktenanalyse anhand eines Selbstberichts der zu begutachtenden Hochschule.[8] Diese Vorgehensweise birgt die Möglichkeit, der Komplexität der Begutachtungsthemen Rechnung zu tragen, indem diese systematisch in thematische Unterbereiche aufgefächert und auf Verknüpfungen, Abhängigkeiten und Wechselwirkungen mit weiteren Faktoren befragt werden. Mit dem Verfassen dieses Textes wird idealerweise ein erster Reflexionsprozess in den teilnehmenden Häusern angestoßen, der bereits mehrere Ebenen und Akteure einbindet und somit der Leitlinie partizipativer Organisationsentwicklung folgt (Stratmann, 2009).

Thematisch abgestimmt werden in den vorbereiteten Handreichungen Hinweise gegeben, welche Informationen die Selbstdokumentation enthalten soll, damit sie eine ausreichende Basis für die Begutachtung bildet und es den Gutachtern so ermöglicht, weiterführende Fragen zu stellen. Auf diese Weise werden Rahmenbedingungen und Prozessqualitäten des jeweiligen Schwerpunkts erhoben. Für das Thema Studierbarkeit

6 Die Anzahl der Gutachter ist nicht vorgegeben und wird i.d.R. vor allem durch organisatorische bzw. finanzielle Überlegungen limitiert.

7 Damit sind diejenigen Effekte gemeint, die sich aus Statusunterschieden im Erhebungsprozess ergeben, bei denen der/die Befragte einen höheren Status besitzt als der/die Forscher/in. Daraus kann etwa eine Scheu entstehen, bestimmte Fragen überhaupt zu stellen.

8 Zu den unvermeidlichen methodologischen Problemen im Zusammenhang mit der Analyse von Selbstdokumentationen oder verwandten Texten vgl. Stockmann (2006, S. 243).

beispielsweise wurden durch das Vorbereitungsteam innerhalb des Netzwerks Fragen zu insgesamt fünf Teilbereichen – organisatorischen, curricularen, inhaltlichen und sozialen Faktoren sowie zu Fragen der Qualitätssicherung – erarbeitet, die den Verfasserinnen und Verfassern die Strukturierung des Textes erleichtern und die möglichst umfassende Darstellung aller relevanten Aspekte sicherstellen sollen. Trotz dieser Vorarbeit bindet die Abfassung eines solchen Textes Ressourcen an den teilnehmenden Hochschulen, da neben einer koordinierenden Stelle stets weitere Ansprechpartner eingebunden werden müssen, beim Thema Studierbarkeit beispielsweise Mitarbeiterinnen und Mitarbeiter des Prüfungsamtes, des International Office etc.[9] Insgesamt betrachtet wiegt jedoch das hohe partizipative Potenzial den mit dem Verfahren verbundenen Aufwand auf.

2.3 Begehung

Die Auswertung der Selbstdokumentation durch die Gutachterinnen und Gutachter dient zur Vorbereitung der (Vor-Ort-)Begutachtung in beiden teilnehmenden Häusern.[10] Diese bildet den zweiten zentralen Bestandteil der Begutachtungsphase. Sie hat zum Ziel, Widersprüche und blinde Flecken der Selbstdokumentation aufzudecken und die dargestellten Aspekte im Gespräch mit den Akteuren vor Ort einer vertieften Analyse zu unterziehen. Dazu wird, zugeschnitten auf das jeweilige Thema, eine qualitative Erhebungsmethodik eingesetzt, die zwischen Gutachtern und Mitgliedern der begutachteten Hochschule einen Dialog auf Augenhöhe ermöglicht. Die wichtigste Methode bilden moderierte Gesprächsrunden unterschiedlicher Zusammensetzung, die je nach Größe als Gruppendiskussion oder als Interview realisiert werden können. Um die durch die Zusammensetzung der Gutachtergruppe angelegte Perspektivenvielfalt auszuschöpfen, können Gespräche oder Hospitationen von zwei oder mehr Gutachterinnen und Gutachtern durchgeführt werden. Die Handreichung zu Phase 3 bietet Hilfestellung in diesem Prozess, v.a. in Form von Fragen, die die Gutachter dabei unterstützen sollen, bei der Begehung mit den Mitgliedern der Partnerhochschule ins Gespräch zu kommen und den inhaltlichen Schwerpunkt möglichst ausführlich zu behandeln. Die im Verlauf der Begehung festgehaltenen Gesprächsnotizen bilden das Ausgangsmaterial für ein formloses Empfehlungspapier, das die Gutachterinnen und Gutachter im Anschluss an die Begehung verfassen und der Partnerhochschule übergeben.

Für die zeitliche Gestaltung der Begehung stehen modellhafte Ablaufpläne zur Verfügung, die von den teilnehmenden Hochschulen individuell angepasst werden kön-

9 Organisatorische Unterstützung erfahren diese Personen während der gesamten Projektlaufzeit durch Mitarbeiterinnen und Mitarbeiter des Netzwerks, die außerdem eine Projektdokumentation durchführen und die Ergebnisse innerhalb des Netzwerks kommunizieren. Vgl. Netzwerk Musikhochschulen (2015, S. 24).

10 Wie eingangs erwähnt, kann die Begehung in verschiedenen Formen realisiert werden und muss keine Vor-Ort-Begehung sein.

nen.[11] Die Dauer der Begehung liegt i.d.R. zwischen einem und zwei Tagen. Damit der Austausch möglichst ertragreich verläuft, kann es sinnvoll sein, die Gutachterkommission vor Ort gegebenenfalls in kleinere Gruppen aufzuteilen, die zeitgleich Gespräche mit unterschiedlichen Mitgliedern der Partnerhochschule führen. Gruppendiskussionen in wechselnden Zusammensetzungen ermöglichen es, das jeweils gewählte Thema eingehend und aus allen relevanten Perspektiven zu diskutieren.

2.4 Erfahrungen aus der ersten Wechselseitigen Begutachtung

Die bisher mit dem Begutachtungsverfahren gesammelten Erfahrungen beziehen sich v.a. auf das im Wintersemester 2014/15 durchgeführte Pilotprojekt.[12] Dafür wurden zwei Hochschul-Paarungen gebildet, die jeweils von zwei Betreuerinnen bzw. Betreuern seitens des *Netzwerk Musikhochschulen* begleitet wurden. Nach einem gemeinsamen Kick-off mit den Ansprechpartnern der beteiligten Hochschulen arbeiteten die Paare unabhängig voneinander. Bei der Erstellung der Selbstdokumentation sowie der Koordinierung und Moderation der Begehungen erhielten sie Unterstützung durch die Ansprechpartner aus dem Netzwerk.

Inhaltlich war die Teilnahme an der Begutachtung für alle vier beteiligten Hochschulen ein Gewinn. Durch die intensiv vorbereitete und durch Fragen strukturierte Selbstdokumentation konnten sich die Projektpartner zu Regularien, Organisation und Konzeption der Prüfungen gezielt austauschen. Dieser offene kollegiale Austausch leitete – durchaus erwünscht – manchmal über das Thema hinausgehende Diskussionen ein. Besonders schätzten die Teilnehmenden, dass durch die paritätisch besetzten Gutachtergruppen auch eine beiderseitige fachliche Expertise gewährleistet war. Gemeinsam wurde über innovative Ideen der Zusammenarbeit nachgedacht, die zugegebenermaßen nicht immer leicht umsetzbar sind, wie z.B. der Austausch von Prüfungskommissionen oder ein zeitlich begrenzter Studierendenwechsel zwischen Hochschulen.

Mit Blick auf den Verfahrensablauf sind einige Aspekte besonders hervorzuheben, v.a. der Umgang der Teilnehmer mit dem vom Netzwerk vorgeschlagenen Ablaufmodell. Die Begutachtungspaare wählten verschiedene Begehungsformen. Die beiden weit entfernt voneinander liegenden Hochschulen begegneten sich an einem Ort für einen Tag, während die beiden Hochschulen, die einen kurzen Weg zueinander hatten, sich gegenseitig für je einen Tag besuchten. Die Empfehlung des Netzwerks, während des Treffens wesentliche Inhalte zu dokumentieren und in einen schriftlichen Bericht, zumindest aber ein Ergebnisprotokoll zu überführen, wurde nicht von allen Projektpartnern umgesetzt. In einem Fall konnten die Gutachter auf der Grundlage von Protokollen

11 Bei der Vorbereitung im Netzwerk wurden exemplarische Ablaufpläne erarbeitet, die eine größtmögliche Bandbreite in der Zusammensetzung der Gesprächsrunden aufweisen. Je nach zeitlichen und räumlichen Kapazitäten kann der Zeitplan auf einer oder zwei parallelen Zeitschienen beruhen.

12 Der zweite Durchgang der Wechselseitigen Begutachtung zum Thema Studierbarkeit war vor Redaktionsschluss noch nicht abgeschlossen und wird hier deshalb nicht berücksichtigt.

und Reflexionsrastern Empfehlungen für die begutachtete Hochschule zusammenfassen. Das andere Paar hingegen verzichtete auf eine Verschriftlichung der Anregungen und schloss das Verfahren mit der Begehung ab. Den vom Netzwerk vorgeschlagenen gemeinsamen Projektabschluss in Form eines Symposiums nahmen die vier Hochschulen nicht in Anspruch. Je nachdem, welche Zielsetzungen die Hochschulen mit der Teilnahme verknüpfen, kann eine Wechselseitige Begutachtung also sehr unterschiedlich ablaufen. Generell folgen die Empfehlungen zur Dokumentation der Ergebnisse der Maßgabe, die im Prozess der Begutachtung gewonnenen Daten und Erkenntnisse zu sichern, längerfristig verfügbar zu halten und sie auch Personen zugänglich machen zu können, die nicht unmittelbar am Verfahren beteiligt waren. Im Sinne einer Organisationsentwicklungsperspektive ist dies wesentlich, denn eine gezielte Maßnahmenableitung (P5) dürfte nach Einschätzung des Netzwerks ohne vorangehende Dokumentation eher selten gelingen. In diesem Zusammenhang kommt der jeweiligen Hochschulleitung eine Schlüsselrolle zu, um Ziele des Verfahrens und die damit verbundenen Perspektiven klar zu kommunizieren und bei allen Beteiligten die Bereitschaft zur möglichst lückenlosen Dokumentation der einzelnen Verfahrensschritte sicherzustellen.

In jedem Fall hat sich, gerade aufgrund der großen Flexibilität bei der Gestaltung der Begutachtung und der Vielzahl an beteiligten Personen, die klare Kommunikation von Aufgaben seitens der Projektleitung als unverzichtbar erwiesen, etwa bei der Moderation der Gespräche mit Vertretern der teilnehmenden Hochschulen oder deren Protokollierung. Im Rückblick zeigt sich zudem, dass bei der Planung des Projekts künftig mehr Augenmerk auf verbindliche Vertretungsregelungen gelegt werden muss, um bei kurzfristigen Ausfällen von Gutachtern zeitliche Verzögerungen im Gesamtablauf, Informationslücken und Rollenunsicherheiten zu vermeiden.

Diese im Verlauf der Begutachtung gesammelten Erfahrungen (v.a. im Hinblick auf organisatorische Abläufe) wurden netzwerkintern dokumentiert und in die Konzeption des zweiten Durchgangs zum Thema Studierbarkeit einbezogen. Gerade vor dem Hintergrund der Erfahrungen aus dem Pilotprojekt muss betont werden, dass das Verfahren aus Sicht des *Netzwerk Musikhochschulen* nicht als starres Korsett konzipiert ist, sondern als offener Prozess verstanden wird, der von allen Beteiligten nach ihren jeweiligen Vorstellungen und in engem inhaltlichem Austausch gestaltet werden kann und soll.

2.5 Stärken und Schwächen

Bei der Planung einer Wechselseitigen Begutachtung stößt man unweigerlich auf zwei methodologische Probleme: Zum einen verweisen die bisher behandelten Schwerpunktthemen auf Prozesse, die in der stillgestellten, hochgradig artifiziellen Situation einer Begutachtung nur eingeschränkt zu beobachten, geschweige denn zu beurteilen sind. Dies gilt auch für die im Folgeantrag festgelegten künftig zu behandelnden Themen, die den drei Feldern Studium und Lehre, Kernprozesse in Hochschulen sowie Lehre und Verwaltung zugeordnet sind.[13]

Wie in anderen qualitativen Erhebungskontexten auch steht man dabei zum einen immer wieder erneut vor der Herausforderung, „implizites Wissen explizit zu machen“ (Flick, 2002, S. 133). Zum anderen besteht, wie bei allen qualitativen Forschungssettings, auch hier die Gefahr, dass bestimmte kommunikative Effekte eintreten, besonders der Effekt der sogenannten sozialen Erwünschtheit. Damit ist gemeint, dass die Gesprächspartner v.a. die Dinge sagen, von denen sie vermuten, dass der Gutachter sie hören möchte.[14] Institutionelle Zwänge sowie subjektiv wahrgenommene Loyalitäten der Beteiligten untereinander oder zu ihrer jeweiligen Institution können sich auf die Darstellung vieler Sachverhalte auswirken. Generell werden Themen, die potenziell problembehaftet sind, weil sie etwa die Gefahr eines persönlichen oder institutionsbezogenen Imageverlusts bergen, möglicherweise in solchen Gesprächskonstellationen eher ausgeklammert.

Die Stärken des Konzepts der Wechselseitigen Begutachtung liegen im „holistischen Blick“ (Netzwerk Musikhochschulen, 2015, S. 24) und in der durchgehenden Multiperspektivität des Verfahrens, die durch unterschiedliche Gesprächsformate während der Begehung gestärkt werden kann. Die wiederholte Möglichkeit zur offenen Aussprache in unterschiedlichen Konstellationen zeichnet die Methodik ebenso aus wie das dem Verfahren innewohnende Potenzial für weitergehende Kooperationen zwischen den beiden Hochschulen, etwa die Möglichkeiten, aus der Begutachtung ein kollegiales Coaching, eine längerfristig angelegte Partnerschaft oder einen Runden Tisch zu entwickeln. Aus dem Hauptvorteil des Verfahrens, nämlich der Tatsache, dass es unabhängig von politischem Druck stattfindet, kann allerdings auch der Nachteil erwachsen, dass das Verfahren und seine Ergebnisse in den beteiligten Häusern nicht ernst genug genommen werden. Dies betrifft v.a. die Phase der Maßnahmenableitung, in der es in der Regel weder verbindliche Fristen noch fixe Zielvereinbarungen gibt, deren Nichteinhaltung Sanktionen nach sich ziehen würde.

3 Wechselseitige Begutachtung – ein Qualitätssicherungsverfahren

Durch die Möglichkeit, weitere Fragen und Handlungsoptionen abzuleiten, ist die Wechselseitige Begutachtung einer Organisationsentwicklungsperspektive verpflichtet,

---

13 Darunter fallen laut Folgeantrag im Einzelnen: Beratung und Betreuung Studierender, Studierbarkeit einzelner Studiengänge, Mobilität, Chancengleichheit/Gleichstellung, Qualifikationsziele und Kompetenzorientierung, Studiengangentwicklung; Berufungsverfahren, Studieneingangsphase, Eignungsprüfungs-/Zulassungsverfahren; Veranstaltungsmanagement, Raummanagement, Prüfungssystem, Erstellung und Änderung von Ordnungen/Satzungen sowie Hochschulkommunikation, Dokumenten- und Berichtswesen. Vgl. Netzwerk Musikhochschulen (2015, S. 25–26).

14 Das generell in der qualitativen Sozialforschung bestehende Problem der sozialen Erwünschtheit wird bei Stockmann ausführlicher im Hinblick auf Evaluationsverfahren diskutiert, siehe Stockmann (2006, S. 246).

die sich an den Bedürfnissen der jeweiligen Hochschule orientiert. Der vierteilige sogenannte Deming-Kreis[15] mit den Arbeitsphasen *Plan*, *Do*, *Check* und *Act* (PDCA-Zyklus) repräsentiert einen systemischen, evolutionären Blick auf (Qualitäts-)Verbesserungsprozesse (Arbeitsgruppe 360, 2015, S. 41–44). Dass die Wechselseitige Begutachtung im dritten der vier Felder verortet ist, unterstreicht zum einen, dass sie idealerweise immer in eine kontinuierliche Organisationsentwicklung integriert sein sollte. Zum anderen verweist dieses Modell darauf, dass eine Wechselseitige Begutachtung v.a. dann ertragreich ist, wenn nach der Überprüfung (*Check*) auch Maßnahmen ergriffen werden, um die gewonnenen Erkenntnisse in konkrete Verbesserungen zu überführen (*Act*), idealerweise orientiert an übergeordneten Zielsetzungen der Hochschule. Dennoch zeigen die Erfahrungen aus den ersten Wechselseitigen Begutachtungen, dass die teilnehmenden Hochschulen das Verfahren auch dann als gewinnbringend bewerten, wenn zunächst keine konkreten Maßnahmen umgesetzt werden (können).[16] Allein die Möglichkeit, in einem geschützten Rahmen und in offener Atmosphäre Rückmeldung zu musikhochschulspezifischen Kernprozessen am eigenen Haus zu erhalten, wurde sehr positiv bewertet.

Vor diesem Hintergrund kann das im Netzwerk entwickelte Qualitätsmanagementverfahren der Wechselseitigen Begutachtung – ganz im Sinne der Empfehlung des Wissenschaftsrates – als ein Baustein zur kontinuierlichen Bewertung der Qualität von Studium und Lehre verstanden werden (Wissenschaftsrat, 2008). Es kann dazu beitragen, „Einsicht in die Zusammenhänge und Wirkungsmechanismen des komplexen Zusammenspiels von Studierenden, Bildungsangeboten und institutionellen Kontexten zu erlangen und darauf aufbauend Studienangebote zu verbessern“ (Wissenschaftsrat, 2008, S. 77).

Gerade die Einbindung unterschiedlicher Statusgruppen in den Prozess der Wechselseitigen Begutachtung kann Impulse setzen, um in den jeweiligen Häusern nicht nur für Belange der Qualität von Studium und Lehre zu sensibilisieren, sondern auch auf allen Ebenen der Hochschule Optimierungsbedarf und Handlungsoptionen sichtbar zu machen. Die Begutachtung selbst sowie der Prozess ihrer Vor- und Nachbereitung tragen dazu bei, qualitätsrelevante Fragestellungen zu identifizieren, einen hausinternen Dialog über diese Themen zu etablieren und diesen zunehmend im Hochschulalltag zu verankern. Die Anlage des Verfahrens fördert die Partizipation von Lehrenden, Studierenden und Verwaltungsmitarbeitern und macht damit Qualität zu einer gemeinsamen Angelegenheit aller Statusgruppen an der Hochschule (Stratmann, 2009).

Um das Potenzial der Wechselseitigen Begutachtung in diesem Sinne bestmöglich auszuschöpfen und zugleich längerfristig angelegte Qualitätssicherungs- und Qualitätsentwicklungsprozesse zu unterstützen, sollten die Ergebnisse aus der Wechselseitigen

---

15 Benannt nach W. Edwards Deming (1900–1993). Der Deming-Kreis wird im Zusammenhang mit Qualitätsmanagement häufig als Modell angeführt und dient dazu, Prozessstrukturen zu veranschaulichen.

16 Oftmals ist eine schnelle Übertragung von Good-Practice-Beispielen aus anderen Hochschulen nicht ohne weiteres möglich, etwa aufgrund von Unterschieden in der Hochschulstruktur.

Begutachtung in der fünften Phase nach Möglichkeit nicht nur an die unmittelbar Beteiligten, sondern in die jeweilige Hochschule als Ganzes kommuniziert werden, entsprechend der Empfehlung des Wissenschaftsrates, eine „umfassende Praxis der Transparenz [...] im Bereich Studium und Lehre zu entwickeln und zu etablieren" (Wissenschaftsrat, 2008, S. 77). Andernfalls beschränken sich die Erkenntnisse aus der Begutachtung auf eine zwar fachlich fundierte, jedoch längerfristig organisational kaum wirksame Erhebung und Beschreibung des Status quo.

4 Kontexte und Perspektiven

Aus Sicht des *Netzwerk Musikhochschulen* wird die Wechselseitige Begutachtung als *Work in Progress* betrachtet und kontinuierlich weiterentwickelt. Neben alternativen Modellen, etwa einer Kooperation mit drei Partnern, ist einer der meistdiskutierten Aspekte die Rolle der Gutachterinnen und Gutachter und ihre zentrale Bedeutung für das Gelingen der Begutachtung. Aus der heterogenen Zusammensetzung der Gutachtergruppe resultiert zunächst die Herausforderung, die Gutachter bestmöglich auf ihre gemeinsame Aufgabe vorzubereiten (Gies, 2011).[17] Zudem ergibt sich ein methodologisches Problem in Bezug auf die Gutachter: Gerade weil sie ein Vorverständnis des Begutachtungsthemas und des institutionellen Kontexts mitbringen (müssen), besteht die Gefahr, dass manche Dinge zu selbstverständlich erscheinen, um sie während des Verfahrens explizit zu thematisieren. Damit ist der Balanceakt zwischen Nähe und Distanz, Vertrautheit und Fremdheit angesprochen, der bei jeder Form von qualitativer Erhebung zu bewältigen ist (Kruse, 2014). Zu diskutieren wäre daher künftig auch die Notwendigkeit einer auf die Wechselseitige Begutachtung zugeschnittenen Gutachterschulung, bei der die Gutachterinnen und Gutachter für ihre jeweilige Rolle und Verantwortung innerhalb des Verfahrens sowie für die Tragweite ihres Verhaltens sensibilisiert werden. Dazu könnte beispielsweise auch eine Reflexion über die Bedeutung von Fragetechnik und deren Auswirkungen auf das Antwortverhalten in den Gesprächsrunden während der Begehung beitragen (Stockmann, 2006).

Aus der Perspektive der teilnehmenden Hochschulen liegen die Vorteile der Wechselseitigen Begutachtung in der Bündelung von Informationen und Standpunkten zu einem vorab ausgewählten Thema innerhalb der eigenen Hochschule. Zudem ist der personelle und finanzielle Aufwand überschaubar, auch wenn interner Planungs- und externer Abstimmungsbedarf im Vorfeld phasenweise erhebliche Ressourcen binden. Begreifen die Hochschulen die Wechselseitige Begutachtung zukünftig noch stärker als flexibles, hochschulformspezifisches Instrument zur Weiterentwicklung der Qualitätskultur, so gewinnt die Phase 5 insbesondere durch die interne Maßnahmenableitung an Bedeutung. Dies birgt die Chance, den Qualitätskreis in der Arbeitsphase *Act* zu schließen und den Prozess auf einer anderen Ebene erneut anzustoßen. Unter einer Kosten-/

17 Dies ist, wie Stefan Gies herausgestellt hat, auch im Zusammenhang mit Akkreditierungsverfahren immer wieder Thema.

Nutzenperspektive ist abzuwägen, welche Möglichkeiten der Verstetigung über den Förderzeitraum des Netzwerks hinaus bestehen. Offen ist auch die Frage nach einer eventuellen Implementierung der Wechselseitigen Begutachtung zwischen Hochschulen, die nicht am Verbundprojekt teilnehmen.

Literatur

Arbeitsgruppe 360 „QM an Hochschulen“ (2015). *Qualitätsmanagement an Hochschulen. Das Praxishandbuch.* München: Hanser.

Costa, A.L. & Kallick, B. (1993). Through the Lens of a Critical Friend. *Educational Leadership: Journal of the Department of Supervision and Curriculum Development* (October), 49–51.

Flick, U. (2002). *Qualitative Sozialforschung. Eine Einführung.* Reinbek bei Hamburg: Rowohlt.

Gies, S. (2011). Akkreditierung und Qualitätssicherung an Musikhochschulen. In Hochschulrektorenkonferenz (Hg.), *Die deutschen Musikhochschulen. Positionen und Dokumente* (=Beiträge zur Hochschulpolitik, Bd. 3) (S. 97–110). Bonn: HRK.

Handal, G. (1999). Consultation Using Critical Friends. *New Directions for Teaching and Learning* (79), 59–70.

Helfferich, C. (2011). *Die Qualität qualitativer Daten. Manual für die Durchführung qualitativer Interviews.* Wiesbaden: VS.

Jacob, A.K. (2007). *Qualitätsmanagement an Musikhochschulen in Zeiten sich wandelnder Studienstrukturen* (=Folkwang-Studien, Bd. 5). Hildesheim [u.a.]: Olms.

Kruse, J. (2014). *Qualitative Interviewforschung. Ein integrativer Ansatz.* Weinheim und Basel: Beltz Juventa.

Netzwerk Musikhochschulen (Hg.) (2015). *Folgeantrag Verbund Kompetenznetzwerk QM & LE – Kompetenznetzwerk für Qualitätsmanagement und Lehrentwicklung.* Detmold.

Rallis, S.F. & Rossman, G.B. (2000). Dialogue for Learning: Evaluator as Critical Friend. *New Directions for Evaluation* (86), 81–92.

Stockmann, R. (2002). *Qualitätsmanagement und Evaluation – Konkurrierende oder sich ergänzende Konzepte?* (=CEval-Arbeitspapiere, Bd. 3). Saarbrücken: Centrum für Evaluation.

Stockmann, R. (2006). *Evaluation und Qualitätsentwicklung. Eine Grundlage für wirkungsorientiertes Qualitätsmanagement* (=Sozialwissenschaftliche Evaluationsforschung, Bd. 5). Münster: Waxmann.

Stratmann, E. (2009). *Evaluieren und Beteiligen. Organisationsentwicklung in der Hochschulverwaltung* (=Forum Hochschule, Bd. 8). Hannover: HIS.

Warneken, B.J. & Wittel, A. (1997). Die neue Angst vor dem Feld. Ethnographisches research up am Beispiel der Unternehmensforschung. *Zeitschrift für Volkskunde* 93 (1), 1–16.

Wissenschaftsrat (Hg.) (2008). *Empfehlungen zur Qualitätsverbesserung von Lehre und Studium.* Köln: Wissenschaftsrat.

Lehren und Lernen

Heinz Geuen

Gute Lehre und gutes Lernen an Musikhochschulen

Good Teaching and Good Learning at Musikhochschulen

In contrast to universities, teaching is a central focus at Musikhochschulen. *A characteristic feature of the latter is the close relationship between musical practice and teaching, the coexistence of different professional cultures and highly diverse teaching formats. Good teaching – in the sense of successful teaching – requires transparent communication structures between the teacher and the student and a greater emphasis on the student's perspective. The shift from teaching to learning that has now become broadly established at* Musikhochschulen *implies a systematic reorientation towards competences rather than catalogues of content. Given the complexity and open-ended nature of the fields in which musicians work, a reorientation towards competences would also seem to be essential from the point of view of employability.*

Lehre als Kernaufgabe von Musikhochschulen

Musikhochschulen zeichnen sich wesentlich „durch die Fokussierung auf die Lehre als gemeinsame und in vieler Hinsicht kooperativ angelegte Kerntätigkeit“ (Geuen, 2017, S. 45) aus. Sie sind in dieser Hinsicht Fachhochschulen ähnlich, deren zentrales Aufgabenfeld „neben der angewandten Forschung vor allem in der Ausbildung hochqualifizierter Fachkräfte für den außerhochschulischen Arbeitsmarkt“ (Nickel, 2011, S. 135) verortet ist. Dieser Ausbildungsbezug, dem Musikhochschulen nach wie vor hohe Priorität einräumen, verstärkt sich noch durch die intensive fachliche und emotionale Bindung, die Studierende insbesondere im künstlerischen Einzelunterricht eingehen. Sich auf *gute Lehre* als separat herauszuhebendes Qualitätskriterium zu verständigen, mag daher in einer Institution, in der Professorinnen und Professoren nicht selten einen Ruf als charismatisch Lehrende genießen, redundant erscheinen. In der Tat wurde vor allem in Deutschland Hochschuldidaktik an Musikhochschulen, insbesondere in Bezug auf die Ausgestaltung künstlerischer Lehre, bislang kaum thematisiert, geschweige denn dass in umfänglicherer Weise dazu geforscht wurde (vgl. Lehmann, 2016).

Dass Musikhochschulen in jüngerer Zeit dennoch verstärkt begonnen haben, sich systematisch und hochschuldidaktisch flankiert mit Fragen *guter Lehre* zu befassen, geht mit institutionellen Veränderungen einher, die auch Auswirkungen auf das Selbstverständnis und die Ausgestaltung von Lehre nach sich gezogen haben. So führten Verschiebungen auf dem Arbeitsmarkt – beispielsweise das in Folge der deutschen Wiedervereinigung als massiv wahrgenommene *Orchestersterben* zwischen 1990 und 2010 (vgl. MIZ, 2016) – sowie die 2013 einsetzende politische Diskussion um die Musikhochschulen in Baden-Württemberg mittelbar auch zu spürbaren Verunsicherungen im Selbstverständnis von Hochschullehre. Zugleich bedeuteten die mit der Bologna-Reform verbundenen Umstrukturierungen in den Studiengängen auch eine stärkere Fokussierung auf professionsorientierte Kompetenzen, wodurch Bereiche wie etwa Instrumentaldidaktik und Musikvermittlung oder Selbst- und Projektmanagement gestärkt wurden. Zudem hat die stärkere Einbettung künstlerischer Lehre in ein wissenschafts- und forschungsorientiertes Umfeld an den Hochschulen den Blick auf Lehre (und Forschung) erweitert. Nicht zuletzt wurde im Zuge einer Annäherung der Musikhochschule an universitäre Strukturen auch in Hochschulgesetzen stärker als früher Qualitätsmanagement und damit auch Lehrqualität thematisiert. Insofern ist es folgerichtig, dass Musikhochschulen aktuell deutlicher als früher dafür aufgeschlossen sind, am Qualitätsdiskurs der Universitäten und Fachhochschulen zu partizipieren und verstärkt Anstrengungen unternehmen, die dort bereits etablierte hochschuldidaktische Forschung für sich zu adaptieren.

An diesem Schnittpunkt zwischen Musikhochschulen und Universitäten erscheint ein knapper Blick auf die Wurzeln und Entwicklungen universitärer Hochschuldidaktik lohnend. Denn für die Wissenschaftlichen Hochschulen bildete nicht das Ausbildungsparadigma den existentiellen Grundpfeiler, sondern die mit Wilhelm von Humboldt konnotierte institutionelle Verklammerung von Forschung und Lehre. Der Stellenwert, dem die Lehre in dieser Konstellation zukommt, wurde und wird häufig kritisch beurteilt. Die generellen Problempunkte akademischer Lehre an Universitäten sind bekannt: Hochschullehrerinnen und -lehrer werden nicht systematisch und professionell auf Lehre vorbereitet, sie betreuen, etwa im Vergleich zur angelsächsischen Lehrkultur, eine sehr große Anzahl an Studierenden; bei der Karriereentwicklung von Hochschullehrerinnen und -lehrern spielt Lehrerfolg in der Regel nach wie vor eine untergeordnete Rolle. Dass sich diese Situation allmählich geändert hat, indem sich die deutschen Hochschulen Qualität von Lehre und Hochschuldidaktik nachhaltig zur Aufgabe gemacht haben, mag man als eine der wichtigen Konsequenzen bezeichnen, die aus dem von der 68er-Bewegung entlarvten Reformstau des Hochschulwesens gezogen wurde. Inzwischen stellt die Institutionalisierung der universitären Hochschuldidaktik in Zentren und Servicebereichen den Regelfall dar, ebenso konnte sich eine einschlägige Forschung etablieren. Sichtbar wird diese Entwicklung u.a. in der *Deutschen Gesellschaft für Hochschuldidaktik* (dghd), die als wissenschaftliche Fachgesellschaft ein wichtiges Forum für die Forschung darstellt und als Verband zu zentralen Fragen der Hochschullehre Stellung nimmt. Mit dem 2011 durch das Bundesministerium für Bildung und Forschung aufgelegten *Qualitätspakt Lehre* (QPL) ist die Bedeutung, die Lehrqualität und Hochschuldidaktik zuerkannt wird, weiter gestiegen, wie an den über 150 Projekten abzulesen ist, die ab 2017 bundesweit in die zweite Förderphase gehen werden.

Durch den QPL fühlten sich auch die Musikhochschulen erstmals im größeren Umfang aufgerufen und unterstützt, sich systematisch mit der Qualität ihrer Lehre und mit hochschuldidaktischen Fragen auseinanderzusetzen. Wie bereits erwähnt, kann man eine Reihe von gesellschaftlichen, kulturellen und institutionsgeschichtlichen Gründen dafür heranziehen, dass Hochschuldidaktik bis zur Etablierung des *Netzwerk Musikhochschulen* im Jahr 2012 für die deutschen Musikhochschulen eher ein punktuelles, aber keinesfalls ein systematisches Thema dargestellt hat. Ergänzend zu der Beobachtung, dass sich Musikhochschulen aus ihrer Gründungsidee heraus primär als lehrende Einrichtungen verstehen und Kunstausübung prinzipiell enger auf Lehre bezogen ist als Forschung, ist auch zu konzedieren, dass der Reformprozess der 68er mehr oder weniger sang- und klanglos an den Musikhochschulen vorbeigegangen war und Impulse aus der Universitätsentwicklung der 1970er-Jahre dort nicht aufgenommen worden waren. Die Erweiterung der Musikhochschulen zu künstlerisch-wissenschaftlichen Einrichtungen, der durch die Bologna-Reform einsetzende Paradigmenwechsel im Verständnis von Lehre sowie die in den letzten Jahren immer stärker gewordene Frage nach der „Beschäftigungsfähigkeit" (Vogel, 2014, S. 214) von Studierenden haben aber zunehmend deutlich gemacht, dass ein über den künstlerischen Einzelunterricht als Herzstück eines Musikstudiums hinausgreifender Blick auf Lehre angeraten ist.

Sehr schnell wurde deutlich, dass Musikhochschulen die hochschuldidaktischen Instrumente von Universitäten nicht einfach für sich adaptieren konnten, da ihr Auftrag und ihre Lehrkonzepte sich in vielerlei Hinsicht fundamental unterscheiden. Wenn der Primat von Lehre für das Rollenverständnis von (künstlerisch) Lehrenden an Musikhochschulen konstitutiv ist, dann ergeben sich daraus besondere Fragestellungen in Bezug auf die Entwicklung guter Lehre an Musikhochschulen. Insbesondere die Kultur des Einzelunterrichts stellt ganz andere Anforderungen an Instrumente der Qualitätsentwicklung als eine primär auf Gruppenprozesse orientierte Seminardidaktik. Hinzu kommt, dass hinter der pauschal mit Einzelunterricht etikettierten Organisationsform sich ganz unterschiedliche hochschuldidaktische Konzepte und Methoden verbergen und Lehrevaluation aus den verschiedensten Gründen kaum anonymisiert oder fragebogenorientiert erfolgen kann. Künstlerische Lehre an Musikhochschulen ist zudem durch spezifische Fachkulturen und Fachtraditionen geprägt. Insbesondere die personell breiter aufgestellten Disziplinen (Gesang, Klavier, Streicher etc.) sind fachmethodisch durch Schulen geprägt, zudem hat die hohe Internationalität auf Lehrenden- und Studierendenseite auch Einfluss auf Lehr- und Lernkulturen.

Weitere Spezifika der Lehre an Musikhochschulen sind der Kleingruppenunterricht im Bereich Musiktheorie und Gehörbildung, die Arbeit in Projekten (z.B. Alte und Neue Musik, Kammermusik, Musiktheater) sowie in künstlerisch-wissenschaftlichen Hybridformaten (z.B. Musiktheorie, Komposition, Musikermedizin). Nicht zuletzt stellt die in der Regel quer zu den regulären Lehrveranstaltungen liegende, zumeist epochal organisierte Arbeit in und mit den großen Hochschulensembles wie z.B. Chor und Orchester eine enorme organisatorische und curriculare Spannungssituation dar. Insbesondere Lehrende und Studierende von Streichinstrumenten sehen in der Orchesterarbeit nicht immer eine sinnvolle und professionsorientierte Erweiterung, sondern auch starke Belastungsmomente. So werden orchestertypische spieltechnische Anforderungen wie beispielsweise die für das Tuttispiel spezifische Intonationsproblematik sowie der mit der Orchesterarbeit verbundene zusätzliche Übeaufwand durchaus als Störfaktoren wahrgenommen, wenn die aktuellen individuellen musikalisch-technischen Entwicklungen und Arbeitsprozesse der Studierenden gerade anders fokussiert sind.

Neben den traditionellen, auf unmittelbare Kommunikation beruhenden Lehrformaten, die nach wie vor das Zentrum eines Musikstudiums bilden, entstehen neue, audiovisuell basierte Lehrformen für den künstlerischen Unterricht sowie Blended-Learning-Formate.[1] Hier sucht und findet die Lehre an Musikhochschulen zunehmend Anschluss an wissenschaftsorientierte Lehrkulturen, die im Rahmen wissenschaftlicher Vorlesungen und Seminare durch universitär geprägte Professorinnen und Professoren ohnehin auch in Musikstudiengängen vertreten sind.

Der erste Blick auf gute Lehre an Musikhochschulen fördert also zunächst einmal eine große Vielfalt an Lehr- und Lernformen zutage, wobei in Hinblick auf die künstlerische Lehre hochschuldidaktisch vor allem eine breite, die Klassen- und Fachgrenzen überwindende Kommunikation über Lehre ein Desiderat darstellt. Vor dem Hintergrund der Internationalität der Studierenden bedeutet gute Lehre auch über ein umfängliches und differenziertes Beratungsangebot zu verfügen sowie hochschuldidaktische Multiplikatoren zu gewinnen.

Musikhochschulen sind sowohl Bildungseinrichtungen als auch selbst Teil des Musiklebens, das durch hohe Leistungsstandards, Konkurrenz und Öffentlichkeit gekennzeichnet ist. Als zentrales Steuerungsinstrument für künstlerische Qualität fungiert eine hochselektive Eignungsprüfung, deren Selektionscharakter sich in Klassenabenden, Wettbewerben und Leitungsüberprüfungen fortsetzt. Auch die Hochschullehrerinnen und -lehrer selbst unterliegen diesem Druck, da sie einem informellen Ranking mit Fachkolleginnen und -kollegen anderer Musikhochschulen unterworfen sind, das ihren Marktwert (künstlerische Reputation, Erfolg von Absolventinnen und Absolventen) zum Gegenstand hat. Eine gemeinsame Idee *guter Lehre* an Musikhochschulen kann daher nur etabliert werden, wenn es Hochschuldidaktik nicht defizitorientiert darauf anlegt, Lehre zu *verbessern*, sondern vorhandene vielfältige Ressourcen publik zu machen und Synergien zu nutzen.

Merkmale guter Lehre an Musikhochschulen

Qualität von Lehre an Hochschulen – im Übrigen nicht weniger an allgemeinbildenden Schulen – ist ein schwer bestimmbares mehrdimensionales Konglomerat von Faktoren. Gute Lehre ist nicht ausschließlich oder gar abschließend durch institutionalisierte Evaluationen erfassbar, d.h. an „Akzeptanz in diversen Items von Zufriedenheit mit dem Geschehen, Effizienz auch in harten Zahlen des Erfolgs, an Output, Zahl und Qualität der bewerteten Studienarbeiten und Abschlüsse“ (Heiner et al., 2016, S. 9). Ein ausschließlich am dokumentierten Output orientiertes Verständnis von Lehre ist hochschuldidaktisch auch deshalb fragwürdig, weil so vor allem die Tätigkeit von Lehrenden

1 Vgl. dazu die Beiträge von Dirk Bechtel (2017), Aristoteles Hadjakos (2017) und Frederic Neuß und André Stärk (2017) in diesem Band.

fokussiert wird und darüberhinausgehende Dimensionen, die Lehre bestimmen, nicht in gleicher Weise in den Blick geraten:

> „Welche Rolle spielen die Rahmenbedingungen des Lehrens und Lernens, wie beispielsweise die Raumausstattung oder der *workload* der Studierenden? (Wie) lässt sich die Qualität der Lehre überhaupt messen oder zumindest verlässlich beurteilen?" (Jorzik, 2013, S. 6)

Richtet man den Blick darüber hinaus auf Lern*prozesse* von Studierenden, so wird Qualität der Lehre vor allem als Aufgabe sichtbar, „Lehr- und Lernarrangements zu gestalten, die das aktive, selbstgesteuerte, soziale Lernen der Studierenden fördern und fordern" (Jorzik, 2013, S. 12). In dieser Sichtweise werden Hochschullehrer zu Akteuren, die „den Wandel der Lehr- und Lernkultur im *shift from teaching to learning* ernst nehmen, sich für den Lernerfolg ihrer Studierenden mitverantwortlich fühlen und die Studierenden auf ihrem individuellen Bildungsweg begleiten" (Jorzik, 2013, S. 12).

Aus der Perspektive von Lehrenden ist *guter* Unterricht folglich *gelingender* Unterricht. Die steigende Nachfrage nach entsprechenden hochschuldidaktischen Angeboten zeigt, dass als wesentliches Gelingensmoment für den künstlerischen Einzelunterricht die Etablierung einer feedbackorientierten Kommunikation betrachtet wird: Offenkundig wird das Spannungsfeld zwischen dem Modelllernen am künstlerischen Lehrervorbild einerseits und der Entwicklung eigenständiger ästhetischer Aussagen durch die Studierenden andererseits zunehmend als produktives Feld für transparente Verständigung zwischen Lehrenden und Studierenden in der 1:1-Situation, aber auch innerhalb der Klasse gesehen. Im künstlerischen Arbeitsprozess kommt darüber hinaus der pauschal mit *Üben* umschriebenen Selbstlernzeit eine zentrale Rolle zu, die auch durch eine hohe Zahl an Leistungspunkten für die künstlerischen Module zum Ausdruck kommt. Diese für Musikstudierende hochrelevante, spezifisch *lerner*betonte Seite des Studiums wurde bislang kaum systematisch thematisiert, sie rückt aber zunehmend stärker in den Fokus von *Lehr*reflexion (vgl. Gustorff, 2006).

Die Lehr- und Lernkulturen an Musikhochschulen sind durch eine hohe Diversität an Lehrformaten geprägt. Neben dem Einzelunterricht enthält insbesondere das Bachelorstudium ein dichtes Programm an Gruppenveranstaltungen in Musiktheorie, wissenschaftlichen Lehrveranstaltungen in Vorlesungen und Seminaren, Kammermusik- und Großensemblephasen sowie Praktika. Gute Lehre stellt sich hier aus Sicht der Studierenden häufig als eine Art Priorisierungsmanagement dar, da die in der Modularisierung aufscheinende Verdichtung und tendenzielle Separierung von Lehrinhalten individuelle Machbarkeitsentscheidungen abverlangt. Auch wenn dieses Management grundsätzlich für jedes Studium gelten mag, so scheint der soziale Druck an Musikhochschulen deutlich höher, sei es, dass das Fehlen in einer Probe mit Sanktionen einhergeht oder der Druck aus dem Hauptfachunterricht, z.B. vor Prüfungen oder Wettbewerbsteilnahmen, zu Konflikten mit den Studienplänen, aber auch mit der Entscheidungsfreiheit des Einzelnen führt.

Ausblick: Auf dem Weg zu einer hochschulbezogenen Kompetenzdidaktik?

Eine breite Verankerung des viel beschworenen *shift from teaching to learning* in der Lehre an Musikhochschulen geht über die Erweiterung des methodischen Werkzeugkastens und der Öffnung kommunikativer Situationen, etwa durch feedbackorientierten Klassen- und Gruppenunterricht, hinaus. Ohne an dieser Stelle den komplexen Kompetenzdiskurs aufnehmen zu können, wie er etwa in der Musikpädagogik oder der Allgemeinen Didaktik verankert ist, sei hier pragmatisch auf eine hochschuldidaktische Konnotation des Kompetenzbegriffs verwiesen, wie er von Rolf Arnold formuliert wird:

> „Das Konzept der Kompetenzorientierung steht für die sich profilierenden bildungspolitischen und didaktischen Strategien zur Optimierung des Outcomes von Lehr-Lernprozessen. Diese legen es auch nahe, die bisherigen – überwiegend instruktionsdidaktischen – Konzepte hinter sich zu lassen und nüchterner auf die Wirkungen sowie das Wirkungsgefüge einer erfolgreichen Kompetenzreifung zu achten. Es sind nicht mehr vornehmlich die professionelle Lernabsicht und das Lehrverhalten, auf die sich die professionellen Gestaltungsbemühungen beziehen, sondern wesentlich auch die Lernprozesse und die Selbstlernfähigkeit der Lernenden selbst. Diese gilt es systematisch zu unterstützen und zu fördern, wobei die Gesichtspunkte Transparenz, Ressourcenorientierung, Aneignung, Beratung und Innerlichkeit als Dimensionen einer systemischen Didaktik in den Vordergrund rücken [...].“ (Arnold, 2014, S. 17)

Dies bedeutet auch sich von der Vorstellung zu verabschieden, bei Studierenden „handele es sich prinzipiell um defizitäre Wesen, die erst durch die akademische Bildung zu Kompetenzträgern mutierten“ (Arnold, 2014, S. 25). Eine solche Grundannahme hätte insbesondere Folgen für den künstlerischen Kernbereich, zumal wir es hier mit bereits hochprofessionalisierten Musikerinnen und Musikern zu tun haben. Durch eine an Lernerautonomie orientierte Lehre, die Optionen und nicht Lösungen aufzeigt, wird künstlerische Eigenständigkeit begünstigt, die für ein professionelles (Über-)Leben als Musikerin oder Musiker unverzichtbar ist. Für die Theoriefächer bedeutet Kompetenzorientierung, dass Studierende stärker in die Lage versetzt werden, Sinnzusammenhänge auch *zwischen* den Fächern zu erschließen, statt formalisiertes Wissen anzuhäufen oder etwa in Tonsatz und Gehörbildung Fertigkeiten einzuüben, deren Nutzen zuweilen fragwürdig bleibt. Für die Studienpläne hat konsequente Kompetenzorientierung vielfach Entzerrung und Verschlankung der insbesondere in den Bachelorstudiengängen eng gestrickten Modulpläne zur Folge. Bezeichnenderweise figurieren gerade in den pädagogischen Studiengängen häufig *Inhalte* als *Fächer*, wodurch eine hohe Zahl an Pflichtveranstaltungen evoziert und Wahlfreiheit eingeschränkt wird. In jedem Fall würde eine weniger am Modell des Lehrgangs orientierte Hochschuldidaktik tendenziell ein integratives, Fächer und Inhalte verknüpfendes Projektstudium ermöglichen, wie es an den meisten Kunstakademien aus ihrer Klassen- und Werkstatttradition heraus konsequent verankert ist.

Schließlich ist eine umfassende Orientierung an Kompetenzen auch konstitutiv in Hinblick auf die *Employability* von Absolventinnen und Absolventen, wobei *Beschäfti-*

gungsfähigkeit, „explizit nicht die Vorbereitung auf eine spezifische berufliche Tätigkeit“ bedeutet (Vogel, 2014, S. 214). Analog zu den sich „wandelnden Qualifikationsanforderungen in einer modernen Wissens- und Informationsgesellschaft“ (Vogel, 2014, S. 215–216) steht ein Musikstudium in Beziehung zur gesamten Breite künstlerischer Tätigkeitsfelder einschließlich ihrer wissenschaftlichen und pädagogischen Schnittstellen. Aus dieser Forderung nach Breite könnte man leicht eine weitere inhaltliche Aufladung und Verdichtung des Studiums ableiten, da *Kompetenz* der fachlichen Fundierung bedarf. Allerdings „[...] stehen Inhalte und Kompetenzen keinesfalls in Konkurrenz zueinander. Vielmehr können sie als komplementäre Dimensionen von Bildungsprozessen wahrgenommen werden, denn kompetentes Handeln verlangt letztlich ebenso (wenngleich nicht ausschließlich) nach fach- bzw. domänenspezifischen Wissensbeständen“ (Vogel, 2014, S. 220).

Die umfassende Übersetzung einer professionsbezogenen Kompetenzorientierung in ein Musikstudium hätte womöglich weitreichende curriculare Implikationen. Offenkundig stellen sich dann fach- und hochschuldidaktische Aufgaben, die mit der Frage nach einem schlüssigen, den traditionellen Kanon kritisch durchleuchtenden Repertoireaufbau beginnen und eine anwendungsorientierte und anschlussfähige Theorieaneignung sowie schließlich ein sowohl künstlerisches als auch lebenspraktisches Selbstmanagement in den Blick nehmen. Dies alles gilt es nicht neu zu erfinden, sondern im Sinne *gelingender Lehre* sichtbarer und wirksamer zu machen.

Literatur

Arnold, R. (2014). Zur Überwindung der Antiquiertheit des Kompetenzdiskurses – ein Interview. In R. Arnold & K. Wolf (Hg.), *Herausforderung: Kompetenzorientierte Hochschule* (S. 16–30). Baltmannsweiler: Schneider Verlag Hohengehren.

Bechtel, D. (2017). Digitale Medien in der Hochschullehre. In B. Clausen & H. Geuen (Hg.) *Qualitätsmanagement und Lehrentwicklung an Musikhochschulen. Konzepte – Projekte – Perspektiven* (S. 241–247). Münster: Waxmann.

Geuen, H. (2017). Qualitätsmanagement als integrale Dimension von Hochschulgovernance an Musikhochschulen. In B. Clausen & H. Geuen (Hg.), *Qualitätsmanagement und Lehrentwicklung an Musikhochschulen. Konzepte – Projekte – Perspektiven* (S. 39–47). Münster: Waxmann.

Gustorff, M. (2006). *Practising Without Problems. Mental Training for (Jazz)Musicians*. Arnhem: Music Design.

Hadjakos, A. (2017). Technologieunterstützter Instrumentalunterricht. In B. Clausen & H. Geuen (Hg.), *Qualitätsmanagement und Lehrentwicklung an Musikhochschulen. Konzepte – Projekte – Perspektiven* (S. 235–240). Münster: Waxmann.

Heiner, M., Baumert, B., Dany, S., Haertel, T., Quellmelz, M. & Terkowsky, C. (Hg.) (2016). *Was ist „Gute Lehre“? Perspektiven der Hochschuldidaktik*. Bielefeld: Bertelsmann.

Jorzik, B. (Hg.) (2013). *Charta guter Lehre. Grundsätze und Leitlinien für eine bessere Lehrkultur*. Essen: Edition Stifterverband – Verwaltungsgesellschaft für Wissenschaftspflege mbH.

Lehmann, A.C. (2016). *Künstlerischer Einzelunterricht an Musikhochschulen: Was wissen wir über diese geliebte, gefürchtete, unerforschte Unterrichtssituation?* Vortrag im Rahmen der 2. Jahrestagung des Netzwerk Musikhochschulen, 19./20.11.2015, Hochschule für Musik Detmold. Präsentation verfügbar unter: http://www.netzwerk-musikhochschulen.de/images/Jahrestagung_2015/Praesentation_Lehmann.pdf [29.08.2016].

MIZ – Deutsches Musikinformationszentrum (2016). *Rechts- und Betriebsformänderungen, Auflösungen und Fusionen deutscher Kulturorchester seit der Wiedervereinigung.* Verfügbar unter: http://www.miz.org/downloads/statistik/95/95_Strukturveraenderungen_Orchesterlandschaft_2016.pdf [05.11.2016].

Neuß, F. & Stärk, A. (2017). DetmoldMusicTools – Eine E-Learning-Plattform zum sinnlich vernetzten Musiklernen. In B. Clausen & H. Geuen (Hg.), *Qualitätsmanagement und Lehrentwicklung an Musikhochschulen. Konzepte – Projekte – Perspektiven* (S. 249–255). Münster: Waxmann.

Nickel, S. (2011). Governance als institutionelle Aufgabe von Universitäten und Fachhochschulen. In T. Brüsemeister & M. Heinrich (Hg.), *Autonomie und Verantwortung. Governance in Schule und Hochschule* (S. 123–143). Münster: Monsenstein und Vannerdat OHG.

Vogel, C. (2014). Konsequenzen der Kompetenzorientierung für die Hochschule. In R. Arnold & K. Wolf (Hg.), *Herausforderung: Kompetenzorientierte Hochschule* (S. 212–232). Baltmannsweiler: Schneider Verlag Hohengehren.

Christine Baus, Maika Dübler, Karin Wessel

Gestaltung von Lehre

Lehre aus Sicht der Lehrenden auf Grundlage einer Bedarfs- und Machbarkeitsstudie

Teaching Design

The Teachers' View on the Basis of a Needs and Feasibility Study

This article presents the needs and feasibility study that served as the basis for developing further training programmes specially geared to Musikhochschulen *in the* Netzwerk Musikhochschulen. *For the study, forty-six teachers from the twelve* Musikhochschulen *participating in the project* Qualitätspakt Lehre (QPL) Netzwerk Musikhochschulen *were interviewed using guideline interviews. These talks provide a valuable source of information about the different aspects of teaching at* Musikhochschulen *and about the* Musikhochschule *as an institution, enabling the reader to gain a better understanding. The analytical evaluation of the interviews identified five areas in which teaching and lesson design can be addressed: the teacher's personality and his/her ability to reflect on his/her teaching, lesson structure, exchange and consultation, key competencies and self-management and the* Musikhochschule *as a system. Training programmes and measures were conceived for each of these themes that took into account the special features and needs of* Musikhochschulen. *The chapter focuses in particular on the conditions under which these programmes and measures are likely to be successful but also considers the obstacles and difficulties encountered.*

1 Einführung: Besonderheit der Lehre an Musikhochschulen

Kunst- und Musikhochschulen einerseits und Wissenschaftliche Hochschulen andererseits stehen aufgrund ihrer institutionellen Trennung in unterschiedlichen Denkkulturen und Diskussionszusammenhängen, obwohl sie seit dem ausgehenden Mittelalter über eine lange gemeinsame Tradition verfügen, die erst im 19. Jahrhundert mit der Kantischen Trennung von Erkenntnis und Empfinden endete (vgl. Hufen, 2002, S. 290). Tatsächlich weist von den 24 Musikhochschulen in Deutschland eine ganze Reihe ein dezidiert künstlerisch-wissenschaftliches Profil auf. Neben der künstlerischen Ausbildung bieten sie gleichermaßen wissenschaftliche Studienrichtungen an: Von Musikwissenschaften, Musikpädagogik, Tanzwissenschaften über Musikmanagement bis hin zu Medienwissenschaften. Die Unterrichtsformate und Herangehensweisen in der Lehre unterscheiden sich daher in diesen Studiengängen an Musikhochschulen nicht von der

Lehre an Wissenschaftlichen Hochschulen. Anders sieht es mit der künstlerischen Ausbildung aus: Künstlerische Lehre unterliegt aufgrund des ästhetischen Lehrgegenstands und einer im weitesten Sinne Förderung der künstlerischen Entwicklung und Befähigung zum eigenständigen künstlerischen Handeln spezifischen Charakteristika.

In einer soziologischen Annäherung an das Thema haben Allert und Allert künstlerische Lehre als ein „Arbeitsbündnis zwischen Lehrenden und Lernenden" (2012, S. 13) umschrieben, bei dem interaktive Prozesse zwischen beiden eine wesentliche Rolle spielen. Diese werden bestimmt u.a. durch Interaktionsnähe, affektive Dynamik und Vertrauensvorschuss (vgl. Allert & Allert, 2012, S. 13). Es handelt sich um komplexe, z.T. in sich widersprüchliche Wechselbeziehungen, die durch folgende Dynamiken (vgl. Allert & Allert, 2012, S. 14–17) gekennzeichnet sind:

- Asymmetrie und Symmetrie: Die Lernenden bedürfen der Anleitung und Förderung durch den/die Lehrende, und die Lehrenden beurteilen die künstlerische Entwicklung der Lernenden (Asymmetrie). Gleichzeitig werden die Lernenden von den Lehrenden als zukünftige Berufskollegen und Berufskolleginnen im Bemühen um die Freisetzung eines künstlerischen Innovationspotenzials angesehen (Symmetrie).

- Intimität und quasi-therapeutische Funktion der/des Lehrenden: In die Erarbeitung der Werke geht die innere Realität sowohl der Lernenden als auch der Lehrenden als Quelle der sinnlichen Erfahrung ein (Intimität). Die Lernenden stehen in der künstlerischen Entwicklung mit ihrer ganzen Person zur Disposition: Für sie gilt es, technische/handwerkliche, aber auch emotionale Grenzerfahrungen zu meistern sowie die Aneignung von Innovativem/Neuem durch künstlerische Krisen zu bewältigen. Diesen künstlerischen, selten linear verlaufenden Prozess lenkend, aber nicht steuernd zu begleiten, erfordert von den Lehrenden Empathie sowie die Bereitschaft und Kompetenz, sich auf die Lernenden einzulassen (quasi-therapeutische Funktion der/des Lehrenden).

Die künstlerische Lehre erfordert daher neben der künstlerischen Kompetenz und Exzellenz ein hohes Maß an individueller Reflexions- und Kommunikationsfähigkeit und zwar von Lehrenden und Lernenden gleichermaßen.

Für die Gestaltung von Lehre an Musikhochschulen folgt daraus, dass sowohl die Belange der wissenschaftlichen als auch die der künstlerischen Lehre zu berücksichtigen sind: Das Spektrum umfasst Prüfungs- und Unterrichtsformen vom künstlerischen Einzelunterricht bis zur Vorlesung, von konzertanten Aufführungen im Bachelorstudium bis zur Lehrprobe, vom Ensembleunterricht in der Kammermusik und in der Orchesterphase bis zur Disputation. Die Arbeitsgruppe Lehrentwicklung im *Netzwerk*

Musikhochschulen[1] erarbeitet seit 2012 zielgruppenspezifische und bedarfsorientierte Angebote, um künstlerische und wissenschaftliche Lehrende an Musikhochschulen bei der Gestaltung und Durchführung ihrer Lehrveranstaltungen zu unterstützen und neue Impulse in der Lehre zu setzen (vgl. Arbeitsgruppe Lehrentwicklung, 2013). Um ein auf die Belange von Musikhochschulen abgestelltes Maßnahmenbündel mit hoher Akzeptanz vonseiten der Lehrenden entwickeln zu können, führten die Mitarbeiterinnen der Arbeitsgruppe Lehrentwicklung zunächst eine interviewgestützte Bedarfs- und Machbarkeitsanalyse an den zwölf Verbundhochschulen des *Netzwerk Musikhochschulen* durch – die Ergebnisse lieferten die Basis für die Entwicklung lehrunterstützender Angebote und Programme im Netzwerk. (Karin Wessel)

2 Zielsetzungen und Vorgehen

Im Vorfeld zum Verbundprojekt durchgeführte Umfragen bei den potenziellen Netzwerkhochschulen zur Einschätzung der Bedarfsdeckung von Beratungs- und Unterstützungsangeboten durch Lehrende und Hochschulleitungen verdeutlichen, dass Angebote zur Unterstützung und Beratung von Lehrenden noch wenig ausgebaut sind. Ein Blick in die Wissenschaftlichen Hochschulen zeigt, dass diese für ihre Klientel in der Regel zwar über eigene Weiterbildungszentren oder -abteilungen inklusive fachübergreifender Hochschuldidaktik verfügen, mitunter auf entsprechenden Fachtagungen aber über eine geringe Akzeptanz vonseiten der Lehrenden klagen. Angebot und Nachfrage scheinen hier ab und an (noch) nicht ganz stimmig zu sein. Aufgrund dieser Erfahrung und dem Wissen um die Besonderheiten des künstlerischen Unterrichts war es ein zentrales Anliegen der Arbeitsgruppe Lehrentwicklung als erstes mit den Akteuren und Akteurinnen, den Lehrenden an Musikhochschulen, ins Gespräch zu kommen. Die Zielsetzung war dabei, offen und unvoreingenommen die aus Sicht der Lehrenden relevanten Themen für eine optimale Gestaltung von Lehre und Unterricht kennenzulernen, Akzeptanz und Akzeptanzhürden für lehrunterstützende Angebote aus Sicht der Lehrenden zu erfassen und darauf aufbauend zielgruppengerechte und bedarfsorientierte Angebote zu entwickeln.

Entsprechend der offenen Zielstellung wurde ein qualitatives Untersuchungsdesign gewählt. Dieses umfasste qualitative Leitfadeninterviews (vgl. Kruse, 2014, S. 213–240) und ein Befragungssample, das der Vielfalt von Lehrendensituationen entspricht, sowie die Transkription der Interviews (vgl. Dresing & Pehl, 2011) als Basis für eine themengenerierende Inhaltsanalyse angelehnt an qualitativ-inhaltsanalytische Verfahren (vgl. Mayring, 2008) unter Verwendung von MaxQDA, einer speziellen Software für die Analyse qualitativer Daten.

1 Der AG Lehrentwicklung gehören zum Zeitpunkt der Konzeption und Durchführung der Bedarfs- und Machbarkeitsstudie an: Christine Baus (HfM Saar), Maika Dübler (HfMT Köln), Cédrine Lussac (HfMDK Frankfurt), Anne Weber-Krüger (HfM Detmold) und Karin Wessel (HMTM Hannover).

Im Zeitraum von Oktober 2012 bis Februar 2013 wurden 46 Leitfadeninterviews an allen 12 Musikhochschulen im Netzwerk durchgeführt. Die Gesprächsdauer lag zwischen 60 und 90 Minuten. Entsprechend den Grundsätzen qualitativer Forschung gibt der Leitfaden lediglich Themenfelder und Leitfragen vor, sodass die Interviewten einen großen Spielraum haben, zu formulieren, was ihnen wichtig ist. Anders als standardisierte Befragungen, in denen Fragen, Fragenreihenfolge und auch Antwortmöglichkeiten weitgehend vorgegeben sind (vgl. Wessel, 1996), kann die gewählte Vorgehensweise Aspekte offenlegen, die von den Forschenden vorher nur am Rande oder noch gar nicht beachtet wurden. Der Leitfaden für die Bedarfs- und Machbarkeitsstudie umfasst folgende sechs Themenfelder und Leitfragen:

1. Persönlicher Werdegang zur Musik
   Leitfrage: Wie war Ihr persönlicher Weg zur Musik?
2. Persönliche Haltung zum Thema Lehre
   Leitfrage: Welches Ziel oder welche Ziele verfolgen Sie mit Ihrer Lehre?
3. Bestandsaufnahme zur Lehre
   Leitfrage: Was läuft aus Ihrer Sicht gut an der Hochschule?
4. Bedürfnisse
   Leitfrage: Was benötigen Sie für eine gute Lehre?
5. Machbarkeit
   Leitfrage: Vielerorts werden hochschuldidaktische Programme angeboten, aber die Akzeptanz ist gering. Wie erklären Sie sich das?
6. Perspektiven und Ausblick
   Leitfrage: Was erwarten Sie vom Netzwerk der Musikhochschulen?

Um mit der Bedarfs- und Machbarkeitsstudie ein möglichst realistisches Bild der Lehrenden an Musikhochschulen zu erfassen, musste die Auswahl der Gesprächspartner und Gesprächspartnerinnen die Vielfalt von Lehrendensituationen abbilden. Das Befragungssample umfasst daher alle Lehrendenstatusgruppen, deckt ein breites Spektrum der an Musikhochschulen angebotenen Fächer und Studiengänge ab, beinhaltet alle Unterrichtsformen vom Einzelunterricht bis zu Vorlesungen sowie Hauptfachunterrichtende und Nebenfachlehrende, *alte Hasen* und Erstlehrende sowie Lehrende mit und ohne Migrationshintergrund. Bereits die ersten Interviewauswertungen bestätigten die Angemessenheit der qualitativen Vorgehensweise wie exemplarisch nachfolgende Interviewzitate zweier Lehrender verdeutlichen:

> „[…] dass Kritik oder Einspruch, Veränderung oder Verbesserung nicht bedeutet, dass mein Wert als Pädagoge oder gar als Künstler in Gefahr ist oder angegriffen wird [...]"

> „[…] wenn ich unseren Posaunenlehrer nehme, der ein hervorragender Posaunist ist und super Unterricht macht, aber vielleicht nicht so den wahnsinnigen pädagogischen Background hat und jetzt kommt der Prof. Pädagogik habil. […] vorbei und außer

> einer theoretischen Sicht sagt er nur Kommunikationsführung A und didaktischer Aufbau B und Langfristiges C [...], dann fühlt sich dieser Posaunenlehrer natürlich blöd [...] weil er da nicht einmal mitreden kann."

Lehrunterstützende Angebote stellen demnach für Lehrende an Musikhochschulen ein hochsensibles Thema dar. Dem deutlichen Wunsch nach solchen Maßnahmen stehen diverse Bedenken und Ängste entgegen. (Karin Wessel)

3 Bedarf und Akzeptanz von lehrunterstützenden Maßnahmen

Die qualitativen Interviews der durchgeführten Bedarfs- und Machbarkeitsstudie stellen eine reichhaltige Quelle zur Erhellung der Lehrsituation an Musikhochschulen dar. Neben dem aktuellen Stand der Weiterbildungen an den teilnehmenden Hochschulen vermitteln sie auch die offen formulierten Wünsche und Bedarfe der Lehrenden. Darüber hinaus sind zwischen den Zeilen versteckte Bedarfe zu entdecken, ebenso aber auch Bedenken und Hürden gegenüber Angeboten im Bereich Lehrentwicklung.

Auffällig bei den Äußerungen der Lehrenden ist die primäre Konnotation des Begriffs „Weiterbildung" mit künstlerischer Weiterentwicklung – eine Notwendigkeit, die keine Lehrende und kein Lehrender an einer Musikhochschule anzweifeln wird. Fragt man aber dezidiert nach der Weiterbildung im Bereich der Lehre, dünnen sich die Berichte deutlich aus, reduzieren sich die Erfahrungen ebenso wie die Methoden. Die jeweils angewandte Lehrmethode speist sich offensichtlich zumeist aus den Erfahrungen des eigenen Studiums und aus den wachsenden Erfahrungen in der eigenen Lehre. Zieldimensionen und Methodik werden zumindest nach außen wenig bis gar nicht reflektiert. Häufig genannt wird in diesem Zusammenhang die Kommunikation unter Kolleginnen und Kollegen. Es gibt zahlreiche Berichte über den inoffiziellen Austausch von Erfahrungen im Umgang mit Lehrsituationen unter den Kolleginnen und Kollegen innerhalb der Hochschule, teilweise auch hochschulübergreifend. Daneben gibt es vereinzelt Erfahrungen mit Unterrichtshospitationen, wobei deutliche Vorbehalte zu spüren sind, wie das folgende Zitat zeigt:

> „Ich habe nach wie vor das Gefühl, dass viele Kollegen auch aus Sorge vor ihrer Bewertung von außen sich offenen Diskussionen verschließen. Sie haben Angst einer Analyse ihres Unterrichtskonzepts nicht standhalten zu können. Was, glaube ich Blödsinn ist, ja? Es gibt auch eine große Sorge, dass die Art und Weise der Durchführung des Unterrichts nicht adäquat ist bei vielen Kollegen. Also die Angst kenne ich von den Gesprächen hier, ja?"

In wenigen Fällen findet Tandemunterricht Erwähnung, allerdings nicht aus eigener Erfahrung, sondern als Unterrichtspraxis anderer Lehrender.[2] Häufiger wird davon berichtet, dass Lehrende ihre Studierenden in den Unterricht anderer Lehrender schi-

2 Vgl. den Beitrag von Maria Saulich (2017) in diesem Band.

cken, um ihnen das Erlernen eines bestimmten künstlerischen oder technischen Aspekts zu ermöglichen bzw. andere Herangehensweisen kennenzulernen.

Allen Erfahrungsberichten gemein ist, dass die treibende Kraft, neue Wege in der Lehre einzuschlagen, allein auf dem individuellen Engagement der/des einzelnen Lehrenden fußt. Eine institutionalisierte Strategie, um innovative Formate in der Lehre zu fördern, ist keiner/keinem der Interviewten bekannt. Der Tenor der geführten Gespräche ist jedoch von der Offenheit geprägt, neue Wege in der Lehre ausprobieren zu wollen. Erste Schritte dazu sind im Unterricht, vorrangig im künstlerischen Einzelunterricht, zu erkennen – geleitet von der Idee, diesen zu optimieren.

Die im Kontext der Interviews offen geäußerten Wünsche der Lehrenden im Bereich Lehrentwicklung sind breit gefächert. Auch hier steht das Interesse, über den eigenen Tellerrand zu schauen, im Vordergrund. Der Wunsch nach Austausch über Hochschul- und Fächergrenzen hinweg findet sich in nahezu allen Interviews, jedoch werden ebenso dass chronische Konkurrenzverhältnis innerhalb des Kollegiums, v.a. aber innerhalb des Fachs, und die damit verbundene Angst sich zu öffnen thematisiert – eine Befindlichkeit, die bei der Erarbeitung aller Angebote mitgedacht werden muss.

Ebenso wird oft der Wunsch nach einer Öffnung des Einzelunterrichts angeführt, die als interessantes Experiment angesehen wird, dass die Lehrenden gerne einmal erproben würden. Selbst umgesetzt haben es allerdings nur wenige, wie folgendes Zitat einer/s Lehrenden zeigt, die/der bei einer offenen Unterrichtsstunde hospitierte:

> „Ein Student wurde von seinem Professor unterrichtet und 5 bis 10 Personen sitzen dabei und hören zu. […] Das fand ich so faszinierend, weil ich daran dachte, dass ja hier so viel hinter verschlossenen Türen passiert und der Unterricht ist immer an der Grenze zur Psychotherapie."

Der/Die Interviewte verweist darauf, dass eine Öffnung des Einzelunterrichts für mehr Transparenz sorgen würde und u.U. dadurch auch eine offene Diskussion über Unterrichtsgestaltung und -methoden ermöglichte. Diese führte wiederum zu einem Abbau der Angst vor der Analyse von Unterrichtskonzepten, auf die das vorhergehende Zitat verwies. Zu diesem Themenbereich passt auch der von den Interviewten geäußerte Wunsch nach einer Anlaufstelle, die über Angebote und Möglichkeiten im Bereich Lehrentwicklung berät und informiert. Diese Einrichtung sollte ebenso Lehrcoachings vermitteln wie Workshops zu lehrebezogenen Themen und auch Angebote organisieren, die die Lehrenden gemeinsam mit der Klasse wahrnehmen können.

Einige Themen wurden in den Interviews nicht dezidiert als Aufgabe der Lehrentwicklung erkannt, aber doch als grundsätzliche Problemfelder der Musikhochschulen von den Interviewten identifiziert. Erstaunlicherweise sind diese Themen nahezu deckungsgleich, unabhängig von Lage, Größe und Tradition der Hochschule. An oberster Stelle wird hierbei das Thema Prüfen genannt, das in allen Interviews mehr oder weniger ausführlich besprochen wird – unabhängig von der Hochschule, unabhängig ob Lehrbeauftragte/r oder Professor/in.

> „Was mich auch seit Beginn meiner Tätigkeit umtreibt, ist, dass ich glaube, dass wir besser prüfen könnten. Ich glaube, die Prüfungen sind nicht gerecht, nicht ganz gerecht [für] alle immer, weil also das hat mich auch fachlich interessiert jetzt auch vom Standpunkt des psychologischen Blickes darauf."

Das Zitat bringt exemplarisch die Unsicherheiten und auch die Verunsicherungen in Zusammenhang mit dem Thema Prüfen auf den Punkt, die in allen Interviews zutage traten. Vor allem die Bewertung künstlerischer Darbietung, die unmöglich nach einem starren Kriterienkatalog erfolgen kann, jedoch im Procedere der normierenden Benotung münden muss, wird als Schwierigkeit empfunden. Den Lehrenden ist gleichzeitig bewusst, dass eine Reform des Prüfungswesens einer Revolution in der Musikhochschullandschaft gleichkäme, die nicht nur an einer, sondern an allen Hochschulen erfolgen müsste – ein Unterfangen mit maximal langfristiger Perspektive und geringen Erfolgschancen.

Dies führt zu einem weiteren Punkt, der für viele befragte Lehrende zentral ist und in den Interviews immer wieder angesprochen wird: das Thema Kommunikation. Dabei wird Kommunikation auf allen Ebenen adressiert, von schwierigen Unterrichtssituationen über Gremiensitzungen bis hin zu Kommunikationsproblemen zwischen Verwaltung und Lehre, aber auch zwischen Hochschulleitung und Lehrenden. Eng verwoben mit dem Thema Kommunikation ist der Bereich Konfliktmanagement:

> „Es tut mir furchtbar leid, wenn ich es doch sagen muss: es fehlt uns an menschlicher und kollegialer und […] konstruktiver Umgangsweise miteinander."

Schulz von Thun beschreibt treffend die Spannungsverhältnisse von Kommunikation „[...] auf einer institutionellen Bühne, die in komplexer und verwirrender Weise von gegensätzlichen Momenten bestimmt ist wie: Kooperation und Konkurrenz, Hierarchie und Kollegialität, Humanität und Effektivität, Mitsprache und Entscheidungsvollmacht, Transparenz und Geheimhaltung" (Schulz von Thun, 2006, S. 11). Dies ist auch an einer Musikhochschule nicht anders und es verwundert nicht, dass der Wunsch nach unterstützenden Maßnahmen im Bereich Kommunikation und Konfliktbewältigung in den Interviews immer wieder auftaucht. Wie eingangs formuliert und in diesem Abschnitt erläutert wurde, beinhaltet die Bedarfs- und Machbarkeitsstudie eine Vielzahl von musikhochschulspezifischen Themen, von denen ausgehend möglichst passgenaue Angebote für die jeweilige Musikhochschule erarbeitet und dabei zugleich auch Bedenken und Hürden berücksichtigt werden konnten. Die aus der Studie abgeleiteten Angebote werden im Folgenden vorgestellt. (Christine Baus)

4 Ableitung bedarfsgerechter Angebote

Unter Berücksichtigung der besonderen Situation in der Lehre an Musikhochschulen hat die Arbeitsgruppe Lehrentwicklung auf Basis der gewonnenen Erkenntnisse aus den qualitativen Auswertungen der Interviews der Bedarfs- und Machbarkeitsstudie vielfältige Angebote im Bereich der Lehre entwickelt. Aus den Lehrendeninterviews wurden die umfangreichen und vielfältigen Ideen, Wünsche und Vorschläge der einzelnen Lehrenden von der Arbeitsgruppe Lehrentwicklung im *Netzwerk Musikhochschulen* extrahiert und zu ihrer Vorstellung von guter Lehre und der strukturellen Situation an ihren Hochschulen in Bezug gesetzt. In der Auswertung wurden anschließend fünf thematische Cluster gebündelt. Dabei sind die Übergänge zwischen den Themenclustern teilweise fließend und je nach inhaltlicher Ausrichtung können die abgeleiteten lehrunterstützenden Angebote auch mehreren Clustern angehören.

Die erarbeiteten Themencluster umfassen die Kategorien (1) Lehrpersönlichkeit und Lehrreflexion, (2) Unterrichtsgestaltung, (3) Austausch und Beratung, (4) Schlüsselkompetenz und Selbstmanagement sowie (5) System Hochschule. Die Themencluster repräsentieren die Bereiche, in denen die Lehrenden Bedarf an (Lehr-)Unterstützung benannt haben. Die Arbeitsgruppe Lehrentwicklung hat die identifizierten Bedarfe in Angebote für die Lehrenden übersetzt: Jedem Cluster sind daher eine Vielzahl unterschiedlicher Weiterbildungsangebote zugeordnet. Die Themenbereiche strukturieren das von der Arbeitsgruppe Lehrentwicklung entwickelte Portfolio an lehrunterstützenden Angeboten:

Themencluster (1) Lehrpersönlichkeit und Lehrreflexion:

- individuelle Angebote: Lehrreflexion mittels Lehrcoaching durch externe Coaches mittels Videoaufnahmen und deren Analyse
- Workshopformat *Klasse plus Lehrende* zum Thema Feedback geben und erhalten
- Workshopformat *hochschulübergreifende Workshops für Lehrende der Verbundhochschulen* zu Themen wie Lerncoaching, Atem- und Klangschulung, Lehren und Lernen durch Körpersprache im Instrumentalunterricht
- Pilotprojekte: Reflexions- und Feedbackprozesse in der künstlerischen Ausbildung (Rollen- und Lehrverständnis), *Ins Gespräch kommen – Evaluationsergebnisse nutzen und Feedback geben* oder *Logbücher als Instrument der Lehrentwicklung im Einzelunterricht*

Themencluster (2) Unterrichtsgestaltung:

- individuelle Angebote: Lehrcoachings, Lehrreflexion, Teamteaching und Lehrendentausch, Co-Teaching mit kollegialem Austausch
- Workshopformat *Klasse plus Lehrende* zu Themen wie *Kunst des Übens* oder Gruppencoaching Bühnenpräsenz
- Workshopformat *hochschulübergreifende Workshops für Lehrende der Verbundhochschulen* zu Themen und Methoden der Lehre z.B. *Prüfen und Bewerten an Musikhochschulen* oder *Wissenschaftliche Arbeiten betreuen und bewerten*

Themencluster (3) Austausch und Beratung:

- Workshopformat *hochschulübergreifende Workshops für Lehrende der Verbundhochschulen* zur Methode der kollegialen Beratung oder zum Design Thinking als effektive Methode zur kreativen Ideen- und Lösungsfindung für die hochschulinterne Gremienarbeit
- Unterstützung beim Aufbau von Multiplikatorinnen- und Multiplikatorengruppen der an den lehrunterstützenden Angeboten teilnehmenden Lehrenden
- Initiierung kollegialer Austauschrunden
- Entwicklung des Lehreportals der Musikhochschulen (siehe www.lehreportal.netzwerk-musikhochschulen.de)

Themencluster (4) Schlüsselkompetenz und Selbstmanagement:

- individuelle Angebote: Einzelcoaching, Supervision von Lehrendenteams
- Workshopformat *hochschulübergreifende Workshops für Lehrende der Verbundhochschulen* z.B. zu konstruktivem Umgang mit Konflikten (Konfliktmanagement), Zeit- und Stressmanagement, Grundlagen aktivierender Führung in der akademischen Selbstverwaltung, Interkulturelles Kompetenztraining, Möglichkeiten und Grenzen der Beratung von Studierenden, Gender und Kommunikation an Musikhochschulen

Themencluster (5) System Hochschule:

- individuelle Angebote: Führungskräftecoaching
- Workshopformat *hochschulübergreifende Workshops für Lehrende der Verbundhochschulen* zur Curriculumentwicklung von Studiengängen
- Pilotprojekte zu Themen der Hochschulorganisation und -kommunikation wie Leitbildfindungsprozess *von unten*; Denktag zur hochschulinternen Kommunikation, Mediationssprechstunde für Mitarbeiter und Mitarbeiterinnen an der Schnittstelle von Verwaltung und Lehre; zur akademischen Selbstverwaltung wie Open-Space-Supervision für einen Fachbereich; zur akademischen Personalentwicklung, z.B. zum Thema *Wie erkenne ich gute Lehre in Berufungsverfahren* oder zur Studienorganisation wie z.B. Workloaderhebung in einem Studiengang, Studiengangs- und Curriculumentwicklung

Das Portfolio umfasst neben den individuellen Angeboten für Einzelpersonen, den Formaten für eine Klasse und den/die Lehrende/n sowie den hochschulübergreifenden Workshops für Lehrende (z.T. auch gemeinsam mit Verwaltenden, was die gegenseitige Wahrnehmung und Wertschätzung positiv beeinflusst) auch eine Summer School sowie Pilotprojekte. Dabei organisiert die Arbeitsgruppe Lehrentwicklung seit dem Wintersemester 2013/14 ein semesteraktuelles hochschulübergreifendes Workshopprogramm mit durchschnittlich zehn Workshops pro Semester. In dem Programm sind ebenfalls alle individuellen Angebote sowie die Workshopangebote für den Klassenunterricht mit Lehrender/Lehrendem enthalten. Standen zu Beginn die hochschulübergreifenden Workshops ausschließlich den Mitgliedern der Verbundhochschulen im *Netzwerk Musikhochschulen* zur Verfügung, so wurden aufgrund der zunehmenden Nachfrage von externen Interessentinnen und Interessenten und in Absprache mit dem Projektträger 2016 die Workshops für Mitglieder aller deutschsprachigen Musikhochschulen geöffnet. Das Programm wurde von Anfang an kontinuierlich evaluiert und entsprechend modifiziert. Aktuelle Interessen und Bedarfe aus den Verbundhochschulen und von den Lehrenden geben dem Programm immer wieder neue Impulse.

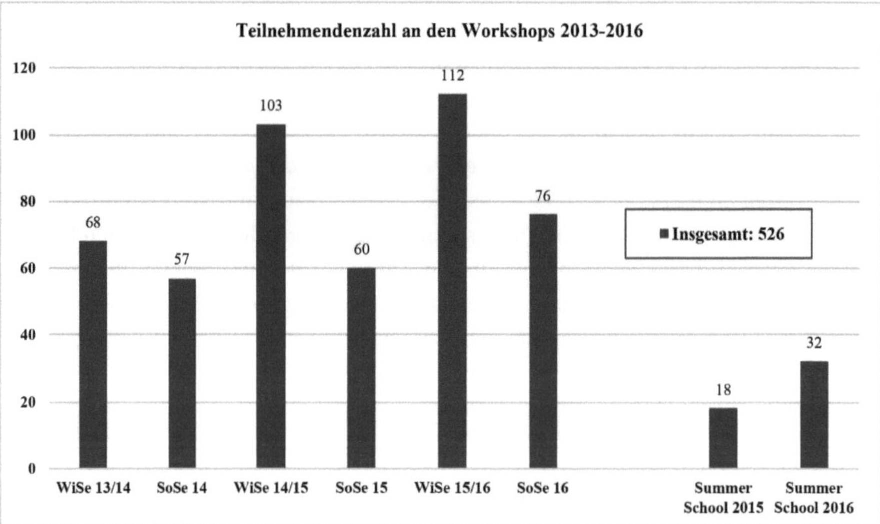

Abbildung 1: Teilnehmendenzahl Workshops 2013–2016

Manche Themen haben sich aufgrund der regen Nachfrage bereits zu *Klassikern* entwickelt und sind nahezu in jedem Semester im Programm enthalten: Besonders zu nennen sind hier die lehrunterstützenden Angebote zur Verbesserung von Rahmenbedingungen wie die Workshops *Prüfen und Bewerten an Musikhochschulen, Wissenschaftliche Arbeiten betreuen und bewerten*, die *Methodenwerkstatt, Konfliktmanagement* und *Kommunikationstrainings* sowie *Üben und Selbstfürsorge (Musiker- und Musikerinnengesundheit)*. Als einer der größten positiven Nebeneffekte aller hochschulübergreifenden Workshops wird von den Teilnehmenden in der Evaluation immer wieder der hochschulinterne sowie hochschulübergreifende kollegiale Austausch, für den im Hochschulalltag ansonsten die Zeit fehlt, benannt.

Zum Portfolio zählen auch unterschiedliche Pilotprojekte, die die Musikhochschulen im Verbund im Bereich Lehrentwicklung realisieren konnten bzw. können. Diese werden umfangreich in Form einer Projekt- und Durchführungsbeschreibung dokumentiert.

Die Dokumentationen werden ergänzt durch eine summative Evaluation der Projekte und Handlungsempfehlungen für die anderen Hochschulen im Netzwerk. Mit den Pilotprojekten sollen besonders die Lehrenden an den Hochschulen unterstützt werden, für deren Ideen in der Lehrentwicklung an den Hochschulen keine oder wenig Mittel zur Verfügung stehen. Außerdem werden dadurch an den Hochschulen selbst wichtige Impulse aus dem Kollegium heraus aufgegriffen und kontinuierlich erweitert, was auch die Akzeptanz von neuen Angeboten befördern kann.

> „Zusätzlich sind Pilotprojekte, die von jenen getragen werden, die bereits aktiv sind, sich engagieren und etwas positiv verändern wollen, sinnvoll, da von diesen Projekten eine gewisse Vorbildfunktion und ‚Ansteckung' (im Sinne positiver Konkurrenz) ausgeht. Außerdem verbraucht man dabei nicht so viel ‚institutionelle Energie' wie bei der Überzeugung der Änderungsresistenten – das ist gerade bei der Etablierung von Personalentwicklung ein wichtiger Aspekt." (Pellert, 2005, S. 37)

Diese Haltung hat sich die Arbeitsgruppe Lehrentwicklung zu eigen gemacht und eine Reihe von Pilotprojekten mithilfe von Lehrenden und Verwaltenden initiiert. Erfolgreiche Pilotprojekte können als *Best-Practice-Modelle* für alle Hochschulen im Verbund dienen.

Das Angebot Summer School richtet sich an Lehrende aller künstlerischen und musikpädagogischen Fächer und bietet die Möglichkeit, sich über einen Zeitraum von drei Tagen intensiv zu einem spezifischen Thema auszutauschen und verschiedene Formate für das eigene Unterrichten zu erproben. Neben dem insbesondere auf Neulehrende zugeschnittenen Auftakt mit dem Titel *Guter Start in die Lehre an Musikhochschulen* (2015) zählen *Keine Praxis ohne Theorie – Keine Theorie ohne Praxis* als lebendige Verknüpfungsmöglichkeiten von Musiktheorie und Instrumental- und Gesangspädagogik (2016) sowie das Thema *Improvisation* (2017) zu weiteren Inhalten dieses Formats.

Resümierend bleibt festzuhalten, dass sich aus dem Portfolio des *Netzwerk Musikhochschulen* etliche Themen bewährt haben, die in den verschiedenen Formaten *individuelle Angebote, hochschulübergreifende Angebote* und *Pilotprojekte* an den Hochschulen im Netzwerk bereits verankert sind und auf eine große Nachfrage stoßen. In einem nächsten Schritt ist die Entwicklung und Einführung eines semesterübergreifenden, musikhochschulspezifischen Lehrezertifikatsprogramms geplant. Die Zusammenführung einzelner Themen und Formate zu systematischen Fortbildungsprogrammen wie der Summer School und des Lehrezertifikates ist das Ergebnis der Erfahrungen, welche die Arbeitsgruppe Lehrentwicklung mit der Vielfalt an o.g. erprobten und positiv bewerteten Einzelmaßnahmen seit 2013 gesammelt hat. (Maika Dübler)

Literatur

Allert, C. & Allert, T. (2012). Das Arkanum der Institution. Die Musikhochschule als Ort der Professionalitätsschulung. *Musik & Ästhetik* 16 (64), 5–21.

Arbeitsgruppe Lehrentwicklung, Netzwerk Musikhochschulen (2013). Gesprächsimpulse für intensiveren Austausch. Das Netzwerk der Musikhochschulen nimmt „Lehrentwicklung“ unter die Lupe. *nmz – neue musikzeitung* 5 (13), 10.

Dresing, T. & Pehl, T. (2011). *Praxisbuch Transkription. Regelsysteme, Software und praktische Anleitungen für qualitative ForscherInnen.* Marburg: Dr. Dresing und Pehl.

Hufen, F. (2002). Frei, schöpferisch und leistungsorientiert – zum Status der Kunst- und Musikhochschulen. *Forschung und Lehre* (6), 290–292.

Kruse, J. (2014). *Qualitative Interviewforschung. Ein integrativer Ansatz.* Weinheim und Basel: Beltz.

Mayring, P. (2008). *Qualitative Inhaltsanalyse: Grundlagen und Techniken* (8. Auflage). Weinheim und Basel: Beltz.

Pellert, A. (2005). *Personalmanagement an Musikhochschulen.* In R. Fisch & S. Koch (Hg.), *Human Resources in Hochschulen und Forschung* (S. 25–47). Bonn: Lemmens.

Saulich, M. (2017). Neue Lehr-/Lernperspektiven durch effektives Co- und Teamteaching an Musikhochschulen. Leitlinien anhand von Praxisbeispielen. In B. Clausen & H. Geuen (Hg.), *Qualitätsmanagement und Lehrentwicklung an Musikhochschulen. Konzepte – Projekte – Perspektiven* (S. 207–233). Münster: Waxmann.

Schulz von Thun, F. (2006). *Miteinander reden 2. Stile, Werte und Persönlichkeitsentwicklung. Differentielle Psychologie der Kommunikation.* Sonderausgabe. Reinbek bei Hamburg: Rowohlt.

Wessel, K. (1996). *Empirisches Arbeiten in der Wirtschafts- und Sozialgeographie.* Paderborn: UTB.

Christine Baus

Feedback als Basis für gutes Lehren und Lernen

Feedback as the Basis for Good Teaching and Learning

We often give and receive feedback in our everyday lives without reflecting on this process. This article evaluates feedback as a valuable teaching/learning aid and shows the possibilities this method offers specifically for teaching at Musikhochschulen, *if it is consciously applied. The article begins by outlining the methodical use of feedback, looks at all the various forms of feedback and also considers the difficulties and obstacles encountered when using feedback. In particular, individual musical tuition at* Musikhochschulen, *where the teacher and the student work together in a one-to-one situation, requires a thoughtful approach to feedback. Adhering to certain feedback rules can protect all those concerned from boundaries being overstepped and contribute to an open working atmosphere.*

Vorbemerkung

Feedbackprozesse gehören zu unserer alltäglichen Erfahrungswelt. Ob dazu aufgefordert oder nicht, geben wir Anderen Rückmeldungen über ihr Handeln und erhalten ebenso mehr oder weniger bewusst Feedback über unser Verhalten. Oftmals vollziehen sich diese Prozesse, ohne dass wir ihnen besondere Aufmerksamkeit schenken. Versucht man Feedback genauer zu fassen, kann man es als Geben und Entgegennehmen von Rückmeldungen über eine zuvor stattgefundene Handlung bzw. auf zuvor Gesagtes umschreiben. Übertragen auf den Hochschulalltag ist dies eine essentielle Notwendigkeit, umso wichtiger ist es, den Rückmeldungen ein besonderes Augenmerk zukommen zu lassen. Sie sind insbesondere für erfolgreiche Lernprozesse von entscheidender Bedeutung, denn Feedback kann Studierende ungemein fördern, aber es kann sie auch weit in ihren Leistungen zurückwerfen, die Motivation der/des Studierenden einschränken oder schlimmstenfalls ihr oder sein Selbstvertrauen langfristig beeinträchtigen. Mit Feedback sind folglich zugleich Gefahren und Chancen verbunden (vgl. Hattie & Timperley, 2007, S. 81). Von daher erscheint es sinnvoll, dass Lehrende ihr Feedback bewusst und reflektiert einsetzen (vgl. Pintrich & Schunk, 1996, S. 336–340). Dabei sind Rückmeldungen nie einseitig zu verstehen. Alle beteiligten Personen, auf die Hochschullehre bezogen sowohl Lehrende als auch Studierende, sind gleichermaßen berechtigt, Feedback zu geben und entgegenzunehmen (vgl. Hattie, 2014, S. 131–156).

Dabei gibt es eine Vielzahl unterschiedlicher Methoden Feedback zu gestalten. Gemeinsam ist allen Varianten, dass Fehler nicht negativ gewertet, sondern als Möglichkeit einer individuellen Weiterentwicklung gesehen werden. Ein so verstandenes Feedback ist kein Hinweis auf Versagen, sondern eine sach- und zielbezogene Rückmeldung, die unterstützend und ermutigend wirkt und die/den Studierenden motiviert, ihre/seine Leistung weiterhin zu optimieren. Feedback jedoch einseitig nur als Lob zu verstehen, das keine zielbezogene Information enthält, wirkt dagegen kaum lernfördernd. Vielmehr wird oft das Gegenteil erreicht, weil man durch pauschales Loben die Autonomie und Selbstverantwortung des Studierenden schwächt (vgl. Pfäffli, 2015, S. 37). Feedback greift nicht nur in den unmittelbaren sachbezogenen Lernvorgang ein, sondern entfaltet seine Wirkung auch auf mittel- und langfristigen kognitiven Lernerfahrungen im Bereich der sozialen Intelligenz, in dem die Sensibilität für interaktive Situationen geschult wird. Nicht zuletzt trägt es auch zur Reifung der Persönlichkeit bei.

An Musikhochschulen kommt der Rolle des Feedbackgebens eine wichtige Funktion zu.[1] In der vorrangigen Unterrichtsform, dem Einzelunterricht, begegnen sich Lehrende/r und Studierende/r unter vier Augen und können unmittelbar aufeinander reagieren. Dies birgt zahlreiche Möglichkeiten, aber auch Gefahren: Um den individuellen emotionalen Schutzraum des Anderes nicht zu verletzen, ist es gerade in dieser Situation hilfreich Feedbackregeln zu vereinbaren. Basis einer jeden Feedbackkultur ist eine vertrauensvolle Atmosphäre. Hierfür steht zu Beginn eine offene Aussprache, in der einerseits die Erwartungen an den Prozess, bspw. an den Lernprozess, artikuliert werden. Andererseits ist gleichzeitig eine Rollenklärung notwendig: In welcher Rolle sehen sich die beteiligten Personen selbst, in welcher Rolle sehen sie ihr Gegenüber (vgl. Pintrich & Schunk, 1996, S. 336–340)?

Feedback als Methode

Ein Feedbackgespräch kann in verschiedenen Settings und mit verschiedenen Zielsetzungen erfolgen. Beispielhaft sollen hier die wichtigsten Punkte des Feedbackgebens skizziert werden. Zunächst ist es bedeutsam, die Handlung mit ausreichender Zeit von seinem subjektiven Standpunkt aus zu beobachten und seine eigenen Gedanken zu strukturieren. Erst dann werden konkrete Beobachtungen in Form von Ich-Botschaften geäußert und die damit verbundenen Gefühle und deren Wirkung benannt. Daraus können Wünsche an das Handeln des Anderen abgeleitet werden. Wichtig ist hierbei, dass sich alle angesprochenen Punkte auf konkrete Momente im Handeln beziehen, sodass sie für das Gegenüber nachzuvollziehen sind. Grundsätzlich gilt, zunächst die Stärken ansprechen und dann erst die Schwächen. Dabei hört die feedbacknehmende Person der feedbackgebenden aufmerksam zu und lässt sie ausreden. Die Rückmeldungen werden unkommentiert angenommen, nur Nachfragen zum besseren Verständnis der Rückmeldung können gestellt werden. Etwaige Rechtfertigungen oder Widersprüche sind zu

1 Siehe dazu auch den Beitrag von Marianne Heiden (2017) in diesem Band.

vermeiden. Nach einer intensiven Auseinandersetzung mit den Rückmeldungen besteht die Möglichkeit dem Feedbackgeber mitzuteilen, welche Aspekte angenommen und umgesetzt werden sollen (vgl. Macke, Hacke & Viehmann, 2012, S. 71–72).

Es existiert eine Vielzahl von Varianten der Feedbackmethode, die sich meist im Ablauf unterscheiden. Grundlegend prägt das Verhältnis der Beteiligten zueinander die Feedbacksituation. Eine besondere Art des Feedbacks stellt das *Peer-Feedback* dar. Hier geben sich Kolleginnen und Kollegen gegenseitig Rückmeldung. Dies kann auf allen Ebenen umgesetzt werden, so können sich Studierende ebenso gegenseitig Rückmeldungen geben wie Lehrende. Die Beteiligten lernen hierbei nicht nur durch die Rückmeldungen selbst, sondern auch durch die ungewohnte Rollen: die/der Studierende als Feedbackgebende/r und die/der Lehrende als Feedbacknehmende/r. Studierende lernen auf diese Weise Handlungen aufgrund von konkreten Bezugspunkten zu beurteilen. Lehrende können sich in die Rolle der/s Studierenden einfinden (vgl. Pfäffli, 2015, S. 259–260).

Grundsätzlich lassen sich zwei Arten von Rückmeldungen unterscheiden, organisierte und spontane. Bei den organisierten Feedbacks wird ein genauer Zeitpunkt vereinbart, zu dem das Feedback erfolgen soll. Dabei ist es wichtig, die Feedbackregeln bzw. den Ablauf des Feedbackprozesses dezidiert zu beschreiben, respektive gemeinsam festzulegen. Idealerweise werden die Regeln und der Prozess auch schriftlich festgehalten. Auf diese Weise können sich alle Beteiligten auf das Vereinbarte berufen. Bei den spontanen Rückmeldungen steht dieser zeitliche Vorlauf nicht zur Verfügung. Sind positive Eindrücke Grund für eine spontane Rückmeldung, ist dies meist unproblematisch. Bei negativen Rückmeldungen hilft es, seine Rückmeldung als subjektive Wahrnehmung wiederzugeben und auf die fokussierten Momente im Handeln des Anderen hinzuweisen. Dies trägt dazu bei, einerseits eine Verallgemeinerung der Kritik zu verhindern und andererseits negative Aspekte auf das Handeln und nicht auf die Person zu beziehen (vgl. Macke, Hacke & Viehmann, 2012, S. 70). Um spontane Rückmeldungen im Unterricht zuzulassen, ist es sinnvoll, Feedbackregeln von Beginn an festzulegen und in regelmäßigen Abständen zu wiederholen bzw. in konkreten Fällen anzuwenden. Dies schafft eine offene Arbeitsatmosphäre, weil klare Regelungen allen Teilnehmenden Sicherheit geben.

Schlussbemerkung

Aufgrund des großen Stellenwerts für die Studierenden und durch das hohe Maß an Intimität dieses Lehrformats stellt der künstlerische Einzelunterricht an Musikhochschulen eine besondere Herausforderung für eine gelingende Feedbackkultur dar. Eine solche, auf Reflexion und Achtsamkeit basierende professionelle Lehrhaltung entsteht nicht von selbst. Sie bedarf eines institutionellen und personellen Umfelds, in dem didaktische und methodische Fragen der künstlerischen Lehre offen thematisiert werden und geschlossene Unterrichtssituationen partiell geöffnet werden können.

Literatur

Hattie, J. (2014). *Lernen sichtbar machen für Lehrpersonen.* Baltmannsweiler: Schneider Verlag Hohengehren.

Hattie, J. & Timperley, H. (2007). The Power of Feedback. *Review of Educational Research* 77 (1), 81–112.

Heiden, M. (2017). Feedback aus der Distanz. Studierende reflektieren und kommentieren Videos aus ihrem künstlerischen Einzelunterricht. In B. Clausen & H. Geuen (Hg.), *Qualitätsmanagement und Lehrentwicklung an Musikhochschulen. Konzepte – Projekte – Perspektiven* (S. 197–205). Münster: Waxmann.

Macke, G., Hacke, U. & Viehmann, P. (2012). *Hochschuldidaktik. Lehren – vortragen – prüfen – beraten* (2. Auflage). Weinheim und Basel: Beltz.

Pfäffli, B.K. (2015). *Lehren an Hochschulen: Eine Hochschuldidaktik für den Aufbau von Wissen und Kompetenzen* (2. Auflage). Bern: Haupt.

Pintrich, P.R. & Schunk, D.H. (1996). *Motivation in Education, Theory, Research, and Applications*. Englewood Cliffs, N.J.: Merrill.

Karin Wessel

Coaching in der Lehre

Coaching in Teaching

Quality development and assurance in teaching are now a fact of life at higher education institutions. Assuming the goal of quality enhancement in teaching, priority should be given to methods that trigger learning processes among teaching staff as part of a consultation process. Coaching for teachers fulfils this aim in an ideal way. Twenty-eight coaching sessions for teachers took place within the Netzwerk Musikhochschulen *between 2013 and 2016 – for most of* the Musikhochschulen *involved coaching in this form was a novelty. Both the teachers and the coaches themselves had only positive things to say about this experience. Establishing a positive image for this method will help to make coaching sessions for teachers a standard feature of teaching at the* Musikhochschulen. *The directors of the* Musikhochschulen *should therefore recommend this measure to all teaching staff as a means of reflexion and a self-determined enhancement of their teaching style. They should also provide incentives, such as temporary reductions in the teaching load or hiring additional staff. Other measures would be to try to bring on board popular figures for coaching sessions right from the start (word of mouth recommendations), to allow teachers to participate in selecting coaches, and not to determine the content of coaching in advance but to allow it to develop in the course of a clarification discussion between coach and coachee.*

1 Coaching in der Lehre und seine Anwendung im *Netzwerk Musikhochschulen*

Lange Zeit haben Hochschulen Vorbehalte gegen wirtschaftsnahe Beratungsinstrumente wie Coaching ins Feld geführt. Inzwischen ist ein Kulturwandel zu beobachten, auch in der Hochschullehre (Wandhoff, 2013, S. 42–43). Im Hochschulkontext und konkret für Coaching in der Lehre stellen sich nachfolgende Fragen: Welche Erwartungen haben Lehrende an Musikhochschulen an ein Coaching in der Lehre? Wie ist das Beratungsinstrument im Vergleich zu anderen Feedbackverfahren zu bewerten? Welche Erfahrungen konnten die Beteiligten mit dem Lehrcoaching sammeln, und wie beurteilen sie diese? Welche Empfehlungen lassen sich aus den Erfahrungen der letzten vier Jahre mit Coaching in der Lehre im *Netzwerk Musikhochschulen* für einen gelingenden Einsatz dieses Verfahrens in Musikhochschulen ableiten?

Im Zuge der vom Stifterverband für die Deutsche Wissenschaft 2008 ins Leben gerufenen „Exzellenzinitiative für gute Lehre“ (Stifterverband 2008) gewinnt die Auseinandersetzung mit dem Thema *Qualität in der Lehre* zunehmend an Bedeutung. Qualitätsentwicklung und -sicherung in der Lehre gehören inzwischen zu den Routinen im Hochschulalltag. Um die Qualität der Lehre zu prüfen und (individuelle) Lehrkompetenzen zu entwickeln, kommen verschiedene Verfahren, einzeln oder auch in Kombination, zum Einsatz:

1. Studierende geben Lehrenden Feedback, z.B. mittels standardisierter und damit quantifizierbarer Fragebogenerhebungen oder durch qualitative, offene (gemeinsame) Feedbackrunden.
2. Studierende geben über eine/n „Mittler/in“ Lehrenden Feedback, z.B. im Rahmen extern angeleiteter, akteursgruppenbezogener Feedbackrunden, siehe „Teaching Analysis Poll“ (TAP) bei Frank, Fröhlich und Lahm (2011, S. 310–318).
3. Lehrende geben Lehrenden Feedback, z.B. in Form von Unterrichtshospitationen, beim Teamteaching, Teamcoaching (Hamer, 2013) oder in kollegialen Beratungsgruppen (Tietze, 2003).
4. Externe geben Lehrenden Feedback, z.B. beim Lehrcoaching, in praxisbezogenen hochschuldidaktischen Workshops oder Lehrezertifikatsprogrammen.

Hinsichtlich der Wirksamkeit der genannten Verfahren in Bezug auf die Verbesserung der Lehrqualität verweist Wehr (2008, S. 72–73) auf die Ergebnisse verschiedener Studien, die zu dem Schluss kommen, dass die unter Punkt 1 angeführten Verfahren wenig geeignet sind, didaktische Lernprozesse bei Lehrenden in Gang zu setzen und damit die Lehrkompetenzen zu erweitern. Anders sieht es aus, wenn Lehrende die Evaluationsergebnisse mit einer *beratenden Person* gemeinsam reflektieren: Dann, so Rindermann, Kohler und Meisenberg (2007, S. 83), könne die Lehrqualität positiv beeinflusst werden. Mit anderen Worten, unter der Prämisse von Lehr- und Qualitätsentwicklung ist jenen Verfahren der Vorzug zu geben, die im Sinne einer Beratung Lernprozesse bei den Lehrenden anstoßen (Linde & Szczyrba, 2012; Rhein, 2016). Coaching erfüllt diese Bedingung per Definition in idealtypischer Weise:

> „Coaching ist eine Beratungsform, die Coachees dabei unterstützt, ihr persönliches und professionelles Potenzial zu maximieren. Es zielt auf einen Transformationsprozess ab. Ziele und Lösungen werden in diesem Prozess entdeckt. Coach und Coachee arbeiten zusammen in einer partnerschaftlichen Beziehung. Der Coachee ist Experte für seine Arbeit; der Coach ist Experte für professionelle Beratung.“ (Ajdukovic et al., 2014, S. 10)

Beim Lehrcoaching geht es in erster Linie um die Auseinandersetzung mit dem Thema (gute) Lehre auf individueller Ebene. Dies schließt nicht aus, dass Lehrcoaching auch mit der hochschulinternen strukturellen Ebene verwoben werden kann, wie die zwei nachfolgenden Beispiele zeigen: So liegen dem (Lehr-)Coachingprojekt an der HAW Hamburg Leitlinien mit dem Titel „Gute Lehre und gutes Lernen“ zugrunde, die zuvor im Sinne einer Lernenden Organisation hochschulintern entwickelt wurden (Bessenrodt-Weberpals, 2013). Das Programm „LehrendenCoaching für Neuberufene“ an der FH Köln verknüpft dagegen die Lehrcoachings mit einer hochschulinternen Workshopreihe („Diversität in der Lehre“) zu aktuellen Konzepten der kompetenzorientierten und studierendenzentrierten Lehre unter Einbezug von Diversitätsaspekten (Linde & Szczyrba, 2012).

Auch im *Netzwerk Musikhochschulen* ist ab 2017 eine Einbindung der Lehrcoachings in ein hochschuldidaktisches Programm, dem musikhochschulspezifischen Lehrezertifikatsprogramm, vorgesehen. Der vorliegende Beitrag bezieht sich jedoch auf den Referenzzeitraum 2013 bis 2016, in dem die Lehrcoachings innerhalb des Netzwerks als singuläre Maßnahme angeboten wurden. Dabei richtete sich das Format an Lehrende an Musikhochschulen, die von erfahrenen externen Coaches in einem strukturierten Lehrcoaching mit Feedbackprozessen beraten wurden (Tabelle 1).

In dem genannten Zeitraum fanden 28 Coachings in der Lehre statt, wobei sich diese nicht gleichmäßig auf die 12 Verbundhochschulen verteilen (Tabelle 2): Die Hälfte der Verbundhochschulen führte keine Lehrcoachings durch, drei Hochschulen wendeten das Instrument experimentell an (ein- bis zweimal innerhalb des Referenzzeitraums), während zwei Musikhochschulen Lehrcoachings vereinzelt einsetzten (ein- bis zweimal pro Jahr) und eine Musikhochschule mit drei bis vier Lehrcoachings pro Jahr dieses Instrument rege nutzte.

Zielgruppe: Professoren und Professorinnen, Lehrende im Mittelbau (einschließlich der Qualifikationsstelleninhaber und -inhaberinnen), Lehrbeauftragte
Coaches: Externe Coaches mit langjähriger Kompetenz im System Hochschule und/oder Hochschuldidaktik und/oder Psychologie
Aufbau des Lehrcoaching: Orientierungs- und Klärungsgespräch; Lehrhospitation und Feedbackgespräch im Anschluss; Erprobungsphase und Abschlussgespräch (Minimum: 5 x 90 Minuten)
Evaluation: Schriftliches Feedback von den Coachees, Feedbackgespräche mit den Coachees, Gespräche mit den Coaches
Finanzierung: Drittmittelfinanziert aus dem Qualitätspakt Lehre

Tabelle 1: Das Format „Coaching in der Lehre“ im *Netzwerk Musikhochschulen*

Die Gründe für die unterschiedlichen Anwendungszahlen innerhalb des Netzwerks sind vielfältig: Coaching in der Lehre ist nicht das einzige Instrument zur Lehrunterstützung, das über das Netzwerk von der AG Lehrentwicklung empfohlen wird (Baus, Dübler & Wessel, 2017). Jede Verbundhochschule muss daher aufgrund begrenzter Budgets Prioritäten setzen.

Verbundhochschulen im Netzwerk	Anzahl insgesamt	Durchschnitt pro Jahr	Lehrcoachings (LC) in Relation zur Gesamtzahl der Lehrenden (in VZÄ* bzw. Köpfen; ohne Lehrbeauftragte)
Musikhochschule 1	14	3–4	1 LC auf 10 VZÄ
Musikhochschule 2	6	1–2	1 LC auf 14 VZÄ
Musikhochschule 3	4	1	1 LC auf 9 VZÄ
Musikhochschule 4	2	–	1 LC auf 24 VZÄ
Musikhochschule 5	1	–	1 LC auf 99 Lehr.
Musikhochschule 6	1	–	1 LC auf 133 Lehr.
Musikhochschule 7 bis 12	0	–	–
Summe	**28**		

Tabelle 2: „Coaching in der Lehre" im *Netzwerk Musikhochschulen* im Zeitraum von 2013 bis 2016 (Quelle: eigene Erhebungen; * VZÄ = Vollzeitäquivalente)

Die Bereitschaft, Lehrcoachings in Anspruch zu nehmen, wird auch durch die atmosphärische Grundstimmung an einer Hochschule, gerade an den im Vergleich zu Wissenschaftlichen Hochschulen in der Regel sehr viel kleineren Musikhochschulen, bestimmt: Wenn die Hochschulleitung sowie die Kollegen- und Kolleginnenschaft der Lehrenden gegenüber Coachings offen und positiv eingestellt sind und Lehrcoachings als konstruktive Lehrentwicklung und individuelle Wertschätzung ansehen, sind die Lehrenden in der Regel motiviert, ein Lehrcoaching in Anspruch zu nehmen. Werden hingegen Coachings in der Lehre als Sanktionierung bei „schlechten" Lehrleistungen zwangsweise eingesetzt, kommt es höchstwahrscheinlich lediglich zu den angeordneten, nicht aber zu freiwilligen Lehrcoachings.

Darüber hinaus nehmen institutionelle Rahmenbedingungen ebenfalls Einfluss auf die Zahl der Lehrcoachings. Dazu zählen z.B. die Verfügbarkeit versierter Lehrcoaches am Hochschulstandort, die Kenntnis darüber bei den Organisatoren und Organisatorinnen der Lehrentwicklung vor Ort sowie auch die Haltung der Organisatoren und Organisatorinnen der Lehrentwicklung zum Coaching in der Lehre, ggf. auch zu alternativen Feedbackformaten.

Ein weiterer Grund für die uneinheitlichen Anwendungszahlen von Lehrcoachings an den Musikhochschulen hängt mit der sehr unterschiedlichen Größe der Einrichtungen zusammen. Die Spannweite (gemessen an der Zahl der Lehrenden) zwischen der größten und der kleinsten Musikhochschule innerhalb des Netzwerks ist sehr groß. Kleine Hochschulen erlangen bereits mit wenigen Coachings eine hohe Einsatzdichte (siehe letzte Spalte in Tabelle 2) und damit eine schnellere hochschulweite Wahrnehmung der eingesetzten Instrumente als größere Hochschulen (vgl. insbesondere die Angaben zu Musikhochschule 3 im Vergleich zu Musikhochschule 1).

2 Erfahrungen und Bewertungen aus Sicht der Beteiligten

Nachfolgende Ausführungen basieren auf den Evaluierungen der im *Netzwerk Musikhochschulen* zwischen 2013 und 2016 durchgeführten Lehrcoachings. Es liegen 10 standardisierte Evaluationsfragebogen, 15 Aufzeichnungen von Vorher-/Nachhergesprächen mit beteiligten Lehrenden und Protokolle von Interviews mit Coaches vor. Die durchgeführten Lehrcoachings entsprechen der Heterogenität der Unterrichtsituationen an Musikhochschulen: Sie wurden in künstlerischen und wissenschaftlichen Studiengängen, in Einzel- und Gruppenunterricht, mit Neulehrenden und mit Lehrenden mit langjähriger Berufserfahrung, mit hauptamtlichen Professorinnen und Professoren, Mittelbaulehrenden einschließlich Doktoranden und Doktorandinnen sowie Lehrbeauftragten durchgeführt. Im Folgenden stehen sowohl die Erfahrungen der Lehrenden sowie die der Coaches im Mittelpunkt.

2.1 Erfahrungen und Bewertungen aus Sicht der Lehrenden

Die Erwartungen der Lehrenden an das Lehrcoaching waren zu Beginn häufig durch eine sehr ambivalente Haltung geprägt, für die exemplarisch das nachfolgende Zitat steht:

> „Der Coachingprozess fing schon damit an, mich überhaupt dafür zu entscheiden. Ich musste mir klarmachen, worum es mir geht. Nachdem ich dann mit dem/der *Coach* telefoniert hatte und sie/er mir gezielt Fragen zu meinen Beweggründen stellte, war ein Großteil der Arbeit schon getan und Wesentliches in mir in Gang gesetzt. Ihre ‚Fragerei‘ hatte mich anfangs genervt, weil ich es als plakativ empfand und mir erhofft hatte, ein paar Vorweg-Antworten und Ratschläge von ihm/ihr zu bekommen, die mir gleich weiterhelfen würden. Aber es war gut, mich selbst so gnadenlos ‚abgeschminkt‘ unter die Lupe zu nehmen.“ (Lehrende/r 1)

Nicht selten starten die Lehrenden den Coachingprozess in der Erwartung, mit wenig Zeitaufwand passgenaue Lösungen präsentiert zu bekommen. Um Enttäuschungen und Unzufriedenheit zu vermeiden, ist es umso wichtiger, spätestens im Erstgespräch Ziel und Vorgehen des Coachings zu klären. Die Erwartungen bzw. Zielsetzungen für den Lehrcoachingprozess lassen sich generalisierend folgendermaßen zusammenfassen: Lehrende mit langjähriger Berufserfahrung sehen eine Chance, gerade nach vielen Jahren der Lehre und Lehrroutine, die eigene Lehrhaltung mithilfe der externen (neutralen) Sicht des Coaches bewusst zu reflektieren und neu zu justieren. Dagegen erwarten Neulehrende von der individuellen Coachingsituation und dem externen Gegenüber eine (angstfreie) Atmosphäre zur optimalen Unterstützung bei der Entwicklung, Konzeption und Durchführung ihrer Lehrveranstaltungen sowie ein Mehr an Sicherheit bzw. eine Rückversicherung hinsichtlich der Entwicklung einer eigenen Lehrpersönlichkeit.

In die genannten Erwartungshaltungen eingebettet sind oft ganz konkrete Ziele, die sich aus der jeweils aktuellen Situation der Lehrenden ergeben und die z.T. eindeutig methodisch-didaktische Fragestellungen beinhalteten wie z.B. „Nähe und Distanz im Einzelunterricht“:

> „[mir] ging es um das menschliche Miteinander-Umgehen: die Gratwanderung, dass es mir einerseits als Lehrer/in (und überhaupt) einfach kein Bedürfnis ist, von ‚oben herab‘ auf die Studierenden zu schauen, ich aber andererseits im Gegenzug dafür keine zu große Distanzlosigkeit ernten möchte.“ (Lehrende/r 1)

Darüber hinaus gab es – wie bereits von Leven und Nolten (2013) im Rahmen einer ähnlichen Studie an der HAW Hamburg festgestellt – auch in der vorliegenden Untersuchung vielfältige, weiter gefasste Anliegen wie z.B. die Aufrechterhaltung von guter Lehre gerade auch in Zeiten hoher Stressbelastung durch eigene Auftritte bzw. die Erarbeitung neuer (Ensemble-)Projekte, der Umgang mit (psychisch) schwierigen Studierenden sowie der Umgang mit allgemeiner Überlastung (Work-Life-Balance).

Im Vorfeld zur Einführung von Lehrcoachings im *Netzwerk Musikhochschulen* stand zur Debatte, ob die an Musikhochschulen einzusetzenden Lehrcoaches neben der üblichen Qualifikation (mehrjährige Beratungserfahrung als Coach im Bereich Hochschuldidaktik oder Psychologie) über eine künstlerische Ausbildung verfügen müssen, oder ob die für Lehrcoaches an Wissenschaftlichen Hochschulen üblichen Qualifikationen ausreichen, um auch im Musikhochschulkontext zielführend funktionieren zu können. Die Entscheidung fiel letztendlich zugunsten der letztgenannten Variante: In der überwiegenden Zahl der im Netzwerk bislang durchgeführten Lehrcoachings verfügen die Coaches nicht über eine künstlerische Ausbildung. Dies hat zum einen ganz pragmatische Gründe: Die oben genannte Kombination von Kompetenzen gibt es bisher im Bundesgebiet eher selten bzw. lassen sich zur Zeit erst erste Anzeichen beobachten, dass Lehrende oder auch Instrumental- oder Gesangskünstler/innen aus der Praxis vermehrt Coaching-, Mediations- oder Supervisionsausbildungen absolvieren und ihre erworbenen Kompetenzen im Hochschulkontext einsetzen möchten. Zum anderen haben Lehrcoaches mit langjähriger Berufspraxis in Gesprächen mit der Autorin auf das Problem der Konkurrenz zwischen Coach und Coachee auf wissenschaftlicher und künstlerischer Ebene aufmerksam gemacht und betonten demgegenüber die Vorzüge des frischen, neutralen Blicks der Außenstehenden. Wandhoff ergänzt, dass die fachfremden Coaches zur entspannten (angstfreien) Lernatmosphäre beitragen können, indem sie „die fachlich[-künstlerische, Anmerkung der Autorin] Expertise der Lehrenden nie in Zweifel ziehen“ (2013, S. 43).

Die Evaluationsergebnisse bestätigen die Angemessenheit der gewählten Vorgehensweise. Stellvertretend für die durchweg positive Bewertung eines/einer fachfremden Coach/es stehen die nachfolgenden Zitate:

> „In dem ersten Telefonat erzählte mir *Coach 1*, das er/sie auch Gesangsunterricht nehmen würde und von daher auch ein ganz besonderer Reiz für ihn/sie darin bestünde, womöglich schöne Stimmen und Ergebnisse zu hören. Das hat mich sehr verunsichert, denn es hat in mir gerade DEN Leistungsdruck geweckt, den ich mir in solch einer Situation NICHT wünschte […] Im Coaching selbst war dieser Leis-

tungsdruck auf der fachlichen Ebene aber gar kein Thema mehr, weil ich *Coach 1* in der leibhaftigen Begegnung als sehr echt und menschlich empfunden habe [...]" (Lehrende/r 1)

„Die geringe Erfahrung des Coaches mit Unterrichtssituationen und Musikhochschularbeit hat mich zunächst verwirrt, war im Gespräch aber schnell aufzulösen." (Lehrende/r 2)

Auch Lehrende/r 3 bestätigt dies und wünscht sich darüber hinaus für eine weitere Vertiefung ergänzend den Austausch mit „Fachkolleginnen und Fachkollegen" (vgl. Baus, Dübler & Wessel, 2017). Er/Sie schreibt:

„Ich war sehr zufrieden und habe volles Vertrauen in den/die Coach. Dennoch ist klar, dass sie/er keine wirklich differenzierte künstlerische Auswertung machen kann und das war gut, es wäre für weitere Arbeiten vielleicht toll jemanden zu haben, der sich noch mehr in unserem doch sehr speziellen Feld auskennt." (Lehrende/r 3)

Neben der fachlichen Qualifikation hat die Persönlichkeit des/der Coach/s eine herausragende Bedeutung (vgl. Leven & Nolten, 2013, S. 163). Die vorliegenden Evaluationsbogen bestätigen dies, wie nachfolgende Zitate veranschaulichen:

„[...] ein so extrem unkonventioneller Prozess, in den die/der Coach bei mir eingetreten ist. Das lässt sich so einfach nicht abbilden. Ich war sehr zufrieden und habe volles Vertrauen in ihn/sie. Aber das, was er/sie bei mir gemacht hat und wie er/sie mir Feedback gegeben hat, war total klasse und waren sehr hilfreiche Anregungen." (Lehrende/r 3)

„Ich habe Wertschätzung erfahren; ein angenehmes Miteinander [...]" (Lehrende/r 7)

„Der/die Coach war ein/e sehr offene/r, aufmerksame/r Zuhörer/in. Seine/ihre Formulierungen waren klar und eindeutig und zeugten von genauer Beobachtungsgabe. Kein Geschwafel! Seine/ihre ausgesprochen wertschätzende Art hat mich sehr beeindruckt." (Lehrende/r 8)

„Schön war auch die gute und freundliche Atmosphäre und das Angebot des/der Coach/s, bei weiteren Fragen immer zur Verfügung zu stehen." (Lehrende/r 9)

Die beschriebenen Persönlichkeitsmerkmale des/der Coach/s sind die Voraussetzungen, um das Coaching für die Lehrenden als professionelle Beratungsleistung – im Sinne der zu Beginn genannten Definition – erfahrbar zu machen. Diese wird vom Koordinator für Lehrcoachings an der *Musikhochschule Düsseldorf*, Jürgen Reimann (Coach und Organisationsentwickler), in einem unveröffentlichten Bericht zum Lehrcoaching folgendermaßen beschrieben:

- Die (intime Atmosphäre einer) „Unter-vier-Augen"-Situation, die den Coachees ein vertrauensvolles Öffnen gegenüber dem/der Coach ermöglicht.
- Die Chance, „Dinge anzusprechen", die in der Gruppe oder im Team von den Coachees so nicht hätten angesprochen werden können.
- Die Offenheit des/der Coach/s für die Anliegen der Coachees.
- Die Professionalität des/der Coach/s im Umgang mit den Themen der Coachees sowie der entsprechend individuell gestalteten inhaltlichen, methodischen und zeitlichen Strukturierung der Coachings (bis hin zur Iteration der Sitzungen, wobei es für die Coachees eine zentrale Erfahrung war, dass die Coachs Sitzungen in einen für den/die Coachee passenden Rhythmus brachten und keineswegs auf möglichst viele Sitzungen in kurzer Zeit setzten).

Auch die Wahrnehmung der Organisation des Coachingprozesses durch die Lehrenden war Bestandteil der Auswertung. Stellvertretend für die positive Resonanz in Hinblick auf die gelungene Kombination von Einbindung der Lehrenden in die Coachwahl, das passende Maß von Individualität, Zielgerichtetheit und Strukturierung sowie thematischer und zeitlicher Flexibilität bei der Umsetzung des Coachings stehen nachfolgende Zitate der Coachees:

> „[...] unkompliziert, flexible Organisation; gutes Einführungsgespräch, gut strukturiert [...]" (Lehrende/r 4)

> „Das Lehrcoaching war durch mehrere Telefongespräche mit dem/der Coach sehr gut vorbereitet, ihre Anwesenheit während des Seminars wurde von den Studierenden gut angenommen." (Lehrende/r 9)

> „Im Anschluss an die Hospitation gab es eine individuelle Auswertung des Teamteachings mit nützlichen Hinweisen zur Arbeit mit der Lerngruppe und zu Methoden. [...] Das Abschlussgespräch war gut zusammenfassend und positiv bestärkend." (Lehrende/r 5 und 6, Teamcoaching)

Der Nutzen des Coachings für die Lehrenden wurde von diesen eindeutig positiv bewertet: Alle Coachees, unabhängig von der Dauer ihrer Lehrerfahrung, ihrer Fachausrichtung, ob künstlerischer Einzel- oder wissenschaftlicher Gruppenunterricht, waren mit dem Coachingprozess und seinen Ergebnissen zufrieden, die Mehrheit sogar sehr zufrieden. Aufwand und Nutzen standen im richtigen Verhältnis, entsprechend würden alle das Lehrcoaching als Beratungsansatz und ihren jeweiligen Coach weiterempfehlen. Nicht selten baten die Coachees um eine Fortsetzung des Coachings, um weitere Themenaspekte reflektieren zu können; alle waren sich einig, dieses Format gerne wieder nutzen zu wollen.

Das Spektrum der Lernerfahrungen reicht von „greifbaren Resultaten" wie „Abgrenzung gelernt", „Struktur bekommen", „gelernt, Dinge auszuhalten", „zurechtgerückt zu werden", „gelernt, mich durchzusetzen und ‚Nein' zu sagen", „gelernt, Zusammenhänge zu verstehen" und „mich in andere hineinzuversetzen" bis hin zur Änderung von „Haltungen":

> „[...] interessante neue Blickwinkel, Perspektiven, Interpretationen; positive Sichtweise [...]"(Lehrende/r 7)

> „Alles in allem war das Coaching ein voller Erfolg! Es hat langanhaltende Prozesse in Gang gesetzt und positive Veränderungen gebracht." (Lehrende/r 10)

> „Die eigene Blockiertheit zu erkennen, war sehr mühselig, dann aber sehr hilfreich! Neuzentrierung nach Orientierung war möglich, eigene Stärken und Schwächen werden deutlicher; eigenes Profil wurde neu geschärft und Ballast abgeworfen; Entschlackung ist gelungen." (Lehrende/r 11)

Bei aller positiven Resonanz des Instruments Lehrcoaching stimmt der Kommentar der/s Lehrenden 15 nachdenklich und zeigt durchaus die Grenzen einzelner, auch sehr wirksamer Maßnahmen zur Lehrentwicklung auf, wenn diese nicht in eine in sich stimmige Lehr-/Lernkultur eingebunden sind:

> „[...] wurde jedoch auch ganz klar, dass unser Hochschulsystem mit seinen Prüfungen und Benotungen diesem Ideal teilweise im Wege steht: Nämlich genau dann, wenn es auf die Zielgerade (in meinem Fall eine Zwischenprüfung) geht und die/der betreffende Studierende aus verschiedenen Gründen noch weit von einer ausreichenden Vorspielreife entfernt ist und Stress (Zeitdruck) entsteht. Den dadurch intensiveren, druckvolleren Unterricht mit eng getakteten Sequenzen und hohen Ansprüchen hat der/die Coach kritisch gesehen, der/dem Studierenden aber letztendlich zu einer guten Note verholfen." (Lehrende/r 15)

2.2 Erfahrungen und Bewertungen aus Sicht der Coaches exemplarisch am Beispiel der Musikhochschule 1

Die Auswahl für das exemplarische Beispiel fiel auf die Musikhochschule 1, da hier 50 Prozent aller Lehrcoachings im *Netzwerk Musikhochschulen* durchgeführt wurden, ein von fast allen Verbundhochschulen verwendetes Konzept zur Anwendung kam und alle 14 Lehrcoachings von zwei in Hochschulkontexten und in der Hochschullehre erfahrenen Coaches durchgeführt wurden, die somit von Anfang an im Einsatz waren. Die Autorin hat die Geschäftsführerin des Kompetenzzentrum Hochschuldidaktik Niedersachsen an der TU Braunschweig, Sabine Marx, als eine der beiden Coaches, gebeten, zu nachfolgenden Fragen schriftlich Stellung zu nehmen und dankt ihr für die Erlaubnis, ihre Antworten im Original in vorliegendem Artikel verwenden zu dürfen.

1. Im Vergleich zu Ihrer langjährigen Lehrcoachingerfahrung an wissenschaftlichen Hochschulen: Gibt es Besonderheiten im Kontext Musikhochschule, die für die Lehrenden, für das Format Lehrcoaching und die Lehrcoaches zu speziellen Herausforderungen führen?

„Sicher gehört der hohe Anteil künstlerischen Einzelunterrichts zu den Alleinstellungsmerkmalen einer Musikhochschule mit besonderen Folgen für das Format Lehrcoaching. Die enge Beziehung zwischen Lehrenden und Lernenden im Unterricht, die für die künstlerische Entwicklung wichtig ist, erfordert besonders viel Reflexionsvermögen der Lehrenden im Hinblick auf eine professionelle lernförderliche Begleitung der Studierenden. Nicht selten fehlt es hier an spezifischem Know-how. Aufgrund der Beziehungsintensität der Tätigkeit ist eine regelmäßige Unterstützung der Lehrenden in Form von Lehrcoaching, Supervision, kollegialer Beratung o.ä. eigentlich unerlässlich. Sie bietet den Raum für kollegialen Austausch und Begleitung durch hochschuldidaktische Expertise und dient gleichzeitig der effektiven Gestaltung von Lehr-Lern-Prozessen für die Studierenden. Anzumerken ist noch, dass die nichtkünstlerische Lehre mit ihren Besonderheiten bei der Entwicklung geeigneter Beratungsansätze nicht vernachlässigt werden sollte."

2. Mehrfach wurde in den Lehrcoachings die Bewältigung von „allgemeiner Überlastung (Work-Life-Balance, Stressbewältigung, Zeitmanagement)" zum Thema gemacht, entweder von vornherein als Zielstellung für die Nutzung des Lehrcoachings oder es kristallisierte sich im Klärungsgespräch heraus. Auf den ersten Blick scheinen diese Aspekte wenig mit dem Setting eines Lehrcoachings zu tun zu haben. Wie ist Ihre Haltung dazu?

„Überlastung gehört zu den am häufigsten genannten Anlässen, ein Lehrcoaching aufzusuchen, nicht nur an Musikhochschulen. Dabei gibt es immer mindestens zwei Aspekte: die ganz besondere Situation der einzelnen Lehrperson, die im Coaching die Gelegenheit bekommt, ‚allgemeine' Überlastungsgefühle näher zu untersuchen und individuelle Bewältigungsstrategien zu entwickeln. Eine überhäufige Nennung kann zweitens auch als Warnsignal für die Organisation gedeutet werden, sich um die Lehrenden in geeigneter Weise zu ‚kümmern' (z.B. auch in Form geeigneter Unterstützungsangebote, die jedoch nicht als Zusatzbelastung wahrgenommen werden dürfen)."

3. Was sind aus Ihrer Sicht Gelingensbedingungen für Lehrcoachings an Musikhochschulen und was sollte in Zukunft bei der Konzeption und Durchführung stärker beachtet werden?

„Die Durchführung von Lehrcoachings ist eine sehr anspruchsvolle Aufgabe. Im Kompetenzzentrum Hochschuldidaktik für Niedersachsen (kh:n) haben wir daher entsprechend hohe Anforderungen an die Qualifikationen der Coachs formuliert (u.a. mehrjährige Beratungsausbildung, eigene Lehrerfahrung und Supervision, Kenntnisse zu den Spezifika des Lehrens an Hochschulen) und organisieren zusätzlich den kollegialen Austausch zur eigenen professionellen Weiterentwicklung in diesem sich mehr und mehr profilierenden Feld. Eine Gelingensbedingung für Lehrcoaching ist eine gute Lehrkultur einer Hochschule. So können Coaching, kollegiale Beratung und der ‚einfache' produktive Austausch im Lehralltag mehr und mehr zu einer Selbstverständlichkeit werden."

3 Handlungsempfehlungen

Um Lehrcoachings erfolgreich in den Hochschulalltag einzuführen oder deren Wahrnehmung zu intensivieren, hilft es, wenn gleich zu Beginn Schlüsselpersonen für ein Lehrcoaching gewonnen werden können: Beispielsweise Lehrende aus hochschulweiten Gremien, anerkannte Fachgruppenvertreter und -vertreterinnen oder hochschulweite Sympathieträger und -trägerinnen, die bereit sind, über ihre Erfahrungen – auch in den Gremien –zu berichten und die Teilnahme an Lehrcoachings empfehlen.

Je anerkannter die Schlüsselperson als gute Lehrende oder guter Lehrender in der Hochschulöffentlichkeit ist, desto größer die positive Wirkung: Das Instrument Lehrcoaching gerät so gar nicht erst in den Verruf, ausschließlich für Lehrende mit mangelnder Lehrkompetenz eingesetzt zu werden. Ein derartiges Negativimage wäre fatal, denn niemand möchte als schlechte/r Lehrende/r geoutet werden. Mit einer freiwilligen Beteiligung an Lehrcoachings ist dann nicht mehr zu rechnen, und von der Hochschulleitung angeordnete Lehrcoachings lassen keine lernförderliche Atmosphäre erwarten, die für ertragreiche Reflexionsprozesse notwendig sind. Lehrcoachings als Instrument der Lehrentwicklung wären dann an der Hochschule für lange Zeit nicht mehr möglich.

Hochschuldidaktik im allgemeinen sowie einzelne Maßnahmen wie das Lehrcoaching sollten als selbstverständliche und positiv besetzte Bestandteile eines Qualitätsmanagements von den Lehrenden wahrgenommen und gelebt werden. Eine notwendige Gelingensbedingung hierfür ist eine entsprechende Haltung der Hochschulleitungen: Anerkennung des Stellenwertes von Lehre, Ermutigung und Unterstützung der Lehrenden, lehrunterstützende Maßnahmen im Allgemeinen und Lehrcoaching im Besonderen wahrzunehmen. Als individuelles Angebot außerhalb von beispielsweise Erstlehrenden- oder Lehrezertifikatsprogrammen sollten Hochschulleitungen den Lehrenden die Teilnahme an Lehrcoachings freistellen und flankierend Anreize zur Förderung der Teilnahmebereitschaft bieten, wie z.B. eine zeitlich befristete Verringerung des Lehrdeputats, zusätzliche Personalmittel oder Berücksichtigung bei Verhandlungen über Leistungszulagen.

Die Lehrenden dort abzuholen, wo sie stehen und sie aktiv in die Organisation der Lehrcoachings einzubeziehen, stellt eine weitere Gelingensbedingung dar: So ist sicherzustellen, dass die Lehrenden genügend Informationen dazu haben, was ein Lehrcoaching ist. Es sollte im weiteren Sinne als Beratungsform bzw. Weg der professionellen Begleitung zur Reflexion und eigenbestimmten Entwicklung wahrgenommen und nicht als restriktives Instrument angesehen werden.

Außerdem ist hilfreich, wenn die Lehrenden Ansatzpunkte zu ihrer eigenen (Lehr-) Situation herstellen können. Auch wenn es sich im Prinzip um ein Coaching in der Lehre handelt, sollte die Themenfindung zunächst recht offen gestaltet sein: Rollenklärung, Konflikte, Positionierung in der Hochschule oder Zeit- und Selbstmanagement sind ebenso wichtige Anliegen für die Lehrenden und ihre Lehrleistung (Wandhoff, 2013; Fuleda & Krebs, 2011) wie Lehr-/Lernkonzepte und gelingende Kommunikation mit den Studierenden.

Im Idealfall sollten Lehrende die Chance erhalten, anhand von Coachprofilen zwischen zwei bis drei Coaches auswählen zu können. Die Erfahrungen aus dem Netzwerk zeigen, dass Lehrende an Musikhochschulen überwiegend eine/n Coach bevorzugen, die/der nicht vom Fach ist; die Befürchtung, hinsichtlich der künstlerischen Leistung infrage gestellt zu werden, ist zum Teil sehr groß. Bevorzugt werden daher externe (hochschul-)erfahrene Coaches mit einer fundierten Coachausbildung, einem Psychologie- oder Soziologiestudium und/oder Hochschuldidaktikerinnen und Hochschuldidaktiker. Neben den hochschuldidaktischen und Coachingfachkenntnissen (professionelle Beratungsleistung) kommt der Persönlichkeit der/des Coach/s große Bedeutung zu: Empathie, Aufbau einer freundlichen und offenen Gesprächsatmosphäre und ein wertschätzendes Miteinander.

Spätestens nach Abschluss des Coachingprozesses, ggf. auch begleitend, sollte das Feedback der Lehrenden, idealerweise in Form von standardisierten schriftlichen Kurzbefragungen kombiniert mit begleitenden Feedbackgesprächen, eingeholt werden, um die Konzeption des Instruments und die Auswahl der Coaches immer wieder auf den Prüfstand zu stellen und die Lehrenden – auch über diesen Weg – an der Weiterentwicklung der lehrunterstützenden Angebote zu beteiligen.

Aus Sicht der Lehrentwicklung kann es sehr wertvoll sein, mit Lehrcoaches, die sich bewährt haben, über einen längeren Zeitraum stabil zusammen zu arbeiten und in regelmäßigen Abständen Gesprächsrunden mit einem festen Pool an Lehrcoaches durchzuführen. Die Erfahrungen der Lehrcoaches aus den Zweierkonstellationen heraus auf einer Metaebene zusammenzubringen, birgt die Chance in sich, ggf. Regelhaftes, für die Lehrsituation der Hochschule Charakteristisches, zu erkennen: Der Austausch der Lehrcoaches untereinander – selbstverständlich unter Wahrung der individuellen Anonymität der Coachees – kann strukturelle Probleme in der Lehrsituation sowie den Lehrbedingungen an der Hochschule offenlegen und ggf. Hinweise zu Lösungsansätzen aufzeigen und zeitversetzt die Auswirkungen der umgesetzten Lösungswege spiegeln.

Literatur

Ajdukovic, M., Cajvert, L., Judy, M., Knopf, W., Kuhn, H., Madai, K. & Voogd, M. (2014). *ECVision. Ein Europäisches Glossar für Supervision und Coaching.* Hrsg. von Den Wiener Volkshochschulen GmbH. Verfügbar unter: http://www.anse.eu/tl_files/ecvision /dokuments/ECVision_Glossar_deutsch.pdf [06.11.2016].

Baus, C., Dübler, M. & Wessel, K. (2017). Gestaltung von Lehre – Lehre aus Sicht der Lehrenden auf Grundlage einer Bedarfs- und Machbarkeitsstudie. In B. Clausen & H. Geuen (Hg.), *Qualitätsmanagement und Lehrentwicklung an Musikhochschulen. Konzepte – Projekte – Perspektiven* (S. 167–178). Münster: Waxmann.

Bessenrodt-Weberpals, M. (2013). Das Coaching-Projekt der HAW Hamburg: Ideen, Strategien, Konzeption, Umsetzung. In M. Bessenrodt-Weberpals, S. Fuleda, B. Hamer & H. Wandhoff (Hg.), *Coaching als Türöffner für gute Lehre* (S. 122–142). Augsburg: Ziel.

Frank, A., Fröhlich, M. & Lahm, S. (2011). Zwischenauswertung im Semester: Lehrveranstaltungen gemeinsam verändern. *Zeitschrift für Hochschulentwicklung* 6 (3), 310–318.

Fuleda, S. & Krebs, I. (2011). Coaching für Professionals. Ein Modellprojekt für Hochschulmitarbeiter. *Weiterbildung* (6), 28–31.

Hamer, B. (2013). Von- und miteinander lernen: Lehrende im Teamcoaching. In M. Bessenrodt-Weberpals, S. Fuleda, B. Hamer & H. Wandhoff (Hg.), *Coaching als Türöffner für gute Lehre* (S. 122–142). Augsburg: Ziel.

Leven, K. & Nolten, A. (2013). Die Perspektive der Coachees: Ergebnisse einer qualitativen Befragung zum Einzelcoaching. In M. Bessenrodt-Weberpals, S. Fuleda, B. Hamer & H. Wandhoff (Hg.), *Coaching als Türöffner für gute Lehre* (S. 161–170). Augsburg: Ziel.

Linde, F. & Szczyrba, B. (2012). Lehrexzellenz – Lehrkompetenz: Herausforderungen für Neuberufene mit Coaching begegnen. *Organisationsberatung Supervision Coaching* 19 (2), 21–34.

Rhein, R. (2016). Theorieperspektiven zur Professionalität der Hochschuldidaktik. In M. Merkt, C. Wetzel & N. Schaper (Hg.), *Professionalisierung der Hochschuldidaktik.* Bielefeld: Bertelsmann.

Rindermann, H., Kohler, J. & Meisenberg, G. (2007). Quality of instruction improved by evaluation and consultation of instructors. *International Journal for Academic Development* (2), 73–85.

Stifterverband der Deutschen Wissenschaft (2008). Stifterverband startet Exzellenzinitiative für die Lehre. Verfügbar unter: http://www.presseportal.de/print/1119149-print.html [05.08.2016].

Tietze, K.-O. (2003). *Kollegiale Beratung: Problemlösungen gemeinsam entwickeln.* Reinbek bei Hamburg: Rowohlt.

Wandhoff, H. (2013). Coaching an deutschen Hochschulen: Das Preisträgerprojekt „Lehren lernen“ der HAW Hamburg im Vergleich. In M. Bessenrodt-Weberpals, S. Fuleda, B. Hamer & H. Wandhoff (Hg.), *Coaching als Türöffner für gute Lehre* (S. 41–61). Augsburg: Ziel.

Wehr, S. (2008). Unterrichtshospitationen lernwirksam gestalten. In S. Wehr & H. Ertel (Hg.), *Lernprozesse fördern an der Hochschule. Beiträge aus der hochschuldidaktischen Praxis* (S. 71–85). Bern [u.a.]: Haupt.

Marianne Heiden

Feedback aus der Distanz

Studierende reflektieren und kommentieren Videos aus ihrem künstlerischen Einzelunterricht

Feedback from a Distance

Students Reflect and Comment on Videos of their Individual Instrumental Lessons

Taking as its starting point the goal of enhancing individual instrumental teaching via a methodically reflective approach, the following article provides insights into how reflections by students and their teachers on a video of an individual lesson can be translated into teaching. As well as considering this method from a theoretical point of view, the article also presents the findings of a research project at a Musikhochschule – *the Leopold Mozart Centre at the University of Augsburg. It shows, first, to what extent music students can benefit from a video-supported external perspective. Second, it looks at the comments on the video as a key element of the method: during the reflective phase, music students select key scenes from the video of their lesson and attach personal notes to them. While these notes serve primarily as a form of self-reflection, they can also function as indirect feedback for their teachers (who can also see the video commentaries). The commentaries provide feedback from their students about, for example, the relevance of certain phases of the lesson or about how useful certain instructions were. The article uses selected findings to illustrate how much added value the method of video reflection brings both to music students and to the teachers of their major subject, especially with respect to student-teacher interaction in individual lessons. The article concludes with a discussion of the technical, institutional-organisational and didactic requirements for the method to work successfully.*

1 Einleitung

Der künstlerische Einzelunterricht im instrumentalen oder vokalen Hauptfach wird immer wieder als Zentrum des künstlerischen Musikstudiums gehandelt (Nerland, 2007, S. 399; Burwell, Young & Pickup, 2003). Hier arbeiten Musikstudierende im 1:1-Kontakt mit Lehrenden des jeweiligen Hauptfaches an der Interpretation von Werken verschiedener Gattungen und Epochen. Übergeordnetes Ziel des künstlerischen Einzelunterrichts besteht nach Jacob (2009, S. 62) und Burwell (2005, S. 202) darin, Musikstudierende dazu zu befähigen, sich eigenständig künstlerisch zu äußern und ihnen die dafür notwendigen (instrumental-/vokal-)technischen oder handwerklichen Fähigkeiten zu vermitteln. Neben der großen Bedeutung, die Autorinnen und Autoren dem künstlerischen Einzelunterricht für die Weiterentwicklung junger Musikerinnen und Musiker zusprechen, wird in den letzten Jahren auch vermehrt Kritik an dieser Instanz des Musikstudiums laut: So wird bemängelt, dass Musikstudierende im Einzelunterricht eine zu rezeptive Rolle einnehmen, nur selten eigene künstlerische Vorstellungen in den Unterricht einbringen und vorrangig auf das Feedback der Lehrenden zurückgreifen (s. z.B. Koch, 2006; Mornell, 2009). Im Zuge dieser Kritik wird diskutiert, inwiefern der künstlerische Einzelunterricht im Sinne eines methodisch-reflexiven Ansatzes so weiterentwickelt werden könnte, dass Musikstudierende stärker als bisher dazu angeregt werden, eigene Urteile zu fällen und eigene künstlerische Sichtweisen einzubringen, um dem obigen Leitziel einer künstlerischen Entfaltung Rechnung zu tragen (Koopman, Smit, Vugt, Deneer & Ouden, 2007; Gaunt, 2012). Die Methode einer Videoreflexion im künstlerischen Einzelunterricht, die ich im Folgenden vorstelle, ist vor diesem Hintergrund zu sehen.

2 Zielsetzung der Methode und Begründung ihrer Elemente

Bei der Entwicklung der Methode wurde die Zielsetzung in den Blick genommen, Studierende darin zu unterstützen, sich aus einem äußeren Blickwinkel, einer *Außenperspektive* Feedback zu geben und ihre (Selbst-)Beobachtungen, musikalischen Zielvorstellungen sowie (übe-)methodischen Überlegungen verstärkt in den künstlerischen Einzelunterricht einzubringen. Die Methode sieht ausgehend von dieser Zielsetzung vor, dass Musikstudierende über sich und ihren Unterricht mithilfe von Videoaufzeichnungen aus dem künstlerischen Einzelunterricht reflektieren und zentrale Erkenntnisse dieser Reflexion mit einem Werkzeug zur Videokommentierung festhalten. Unter einer Videokommentierung ist zu verstehen, dass sie bestimmte Szenen des aufgezeichneten Videos punktgenau mit einer persönlichen Notiz, einem Kommentar verknüpfen. In der Regel enthalten solche Videokommentare Text; je nach (Software-)Anwendung ist es zudem möglich, das Video mit Einzeichnungen, Szenenkategorien oder Bewertungssymbolen zu annotieren. Die entstandenen Videokommentare der Studierenden erzeugen im Video eine Art Metatext bzw. Metastruktur. Sie sollen Eingang in das Üben sowie den künstlerischen Einzelunterricht, d.h. in den Austausch mit ihren Lehrenden finden.

Die Wahl der drei Elemente (Selbst-)Reflexion, Videoaufzeichnungen aus dem künstlerischen Einzelunterricht und Videokommentierung ist auf mehrere Gründe zurückzuführen: Zunächst setzen zahlreiche Maßnahmen zur Weiterentwicklung des künstlerischen Einzelunterrichts auf ein Element *studentischer (Selbst-)Reflexion* (Gaunt, 2012; Gearing & Forbes, 2013; Blom & Poole, 2004); diese steht auch bei der hier vorgestellten Methode im Zentrum. Weiterhin soll die Reflexion durch *Videomaterial* unterstützt werden: Wenn Studierende über ihren künstlerischen Einzelunterricht reflektieren und ihnen hierzu ein Video vorliegt, so nehmen sie eine Außenperspektive auf das Musizieren und die Interaktion im künstlerischen Einzelunterricht ein, gehen in

Distanz dazu. Sie setzen ihre Erinnerungen und Eindrücke aus dem Unterricht mit den Eindrücken, die sie aus der videogestützten Außenperspektive erhalten, in Beziehung und vergleichen diese (Vassilopoulus, 2003). Dies führt typischerweise dazu, dass sich Diskrepanzen zwischen gedächtnisgesteuerten Erwartungen und den Eindrücken aus der videogestützten Außenperspektive ergeben – insbesondere bei Musikerinnen und Musikern (Snyder, 2011, S. 60), denen es die Musik nicht erlaubt, sich während des Musizierens zu distanzieren. Studierende können ihr Agieren mithilfe des Videos daher neu bewerten, z.B. die Stärken/Schwächen ihres Vortrags, ihre Fortschritte etc., und daraus neue Schlüsse für das weitere Üben ziehen sowie ihr Erleben beim Musizieren – gewissermaßen ihre Innensicht – um den neu gewonnenen äußeren Blickwinkel ergänzen. Darüber hinaus können sie ihr Musizieren hinsichtlich verschiedener Kriterien analysieren, ohne dessen Ablauf in der Situation selbst zu stören. Abgesehen davon nehmen sie sich aus einer Perspektive wahr, die der ihrer Lehrenden ähnelt. Dies bietet die Chance, dass sie diese besser als sonst nachvollziehen können. Die Reflexion bezieht sich auf Videos aus dem ressourcenintensiven Einzelunterricht, da dort neben vortragsähnlichen Situationen die musikalische Erarbeitung im Zentrum steht; Studierende können so *auch* die Arbeit mit ihren Lehrenden an hilfreichen Klang-/Bewegungsvorstellungen, der musikalischen Interpretation etc. fokussieren.

Das Werkzeug einer *Videokommentierung* regt dazu an, den Informationsraum des Videos selektiv zu explorieren (Hofmann et al., 2009, S. 116). Anhand der ausgewählten Szenen kommt also zum Tragen, welche Ereignisse im künstlerischen Einzelunterricht Studierende als besonders relevant klassifizieren (Vohle, 2011, S. 53), z.B. im Hinblick auf die gegenwärtige Erarbeitung eines Stückes oder grundlegende spiel-/gesangstechnische Fragen. Im Kommentar materialisieren sie gewissermaßen die Erkenntnisse, die sie bei ihrer Reflexion erzielen, artikulieren, welche Bedeutung die ausgewählten Szenen für sie haben und machen diese für sich und andere, beispielsweise Hauptfachlehrende, zugänglich und in der Folge diskutierbar. Insbesondere eine Sprache, die dazu dient, Musik zum klanglichen Vollzug zu führen, wie sie Richter (2011, S. 416) und Oberschmidt (2011, S. 396) charakterisieren, entfaltet hier Nutzen. Eine ausführliche Beschreibung oder gar Transkription dessen, was im Video beobachtet wird, erscheint dagegen obsolet, da der Kommentar der ausgewählten Szene angeheftet ist. Darüber hinaus kompensieren Videokommentare das Problem einer Bezugnahme, das ein Sprechen über Musik ohne begleitende Dokumentation und Referenz birgt (Rolle & Wallbaum, 2011, S. 519).

3 Videoreflexion in der Hochschulpraxis und Ergebnisse aus der Erprobung

Im Rahmen eines Forschungsprojektes wurde ein Konzept für die Methode einer Videoreflexion entwickelt. Dieses wurde in der Hochschulpraxis, nämlich am Leopold-Mozart-Zentrum (LMZ) der Universität Augsburg, im Laufe eines Studienjahres mit

14 Instrumental-/Gesangsstudierenden und ihren Hauptfachlehrenden erprobt[1] und schließlich auf Basis der gewonnenen Erkenntnisse weiterentwickelt. Das Forschungsprojekt folgt der Logik entwicklungsorientierter Bildungsforschung (Reinmann & Vohle, 2013). Für die Anwendung der Methode wurden drei Phasen unterschieden, nämlich a) die Phase der Aufzeichnung im künstlerischen Einzelunterricht, b) die Phase der studentischen Reflexion und c) die Phase des Transfers, bei dem die Erkenntnisse aus der Reflexion sowohl in das Üben als auch in den Arbeitsprozess sowie den Austausch mit den Lehrenden im künstlerischen Einzelunterricht einfließen. Die Methode ist somit als Teil des Hauptfachunterrichts angelegt und dient nicht als Instrument zur ggf. externen Evaluation. Den Ablauf der drei Phasen stellt die folgende Bilderreihe dar (Tabelle 1).

a) Aufzeichnung	Dokumentation Vortrag und musikalische Erarbeitung im künstlerischen Einzelunterricht

b) Reflexion	Ansehen und Kommentieren der Videos

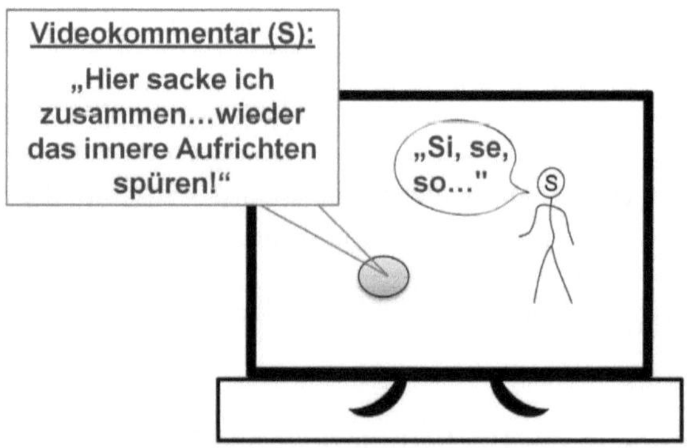

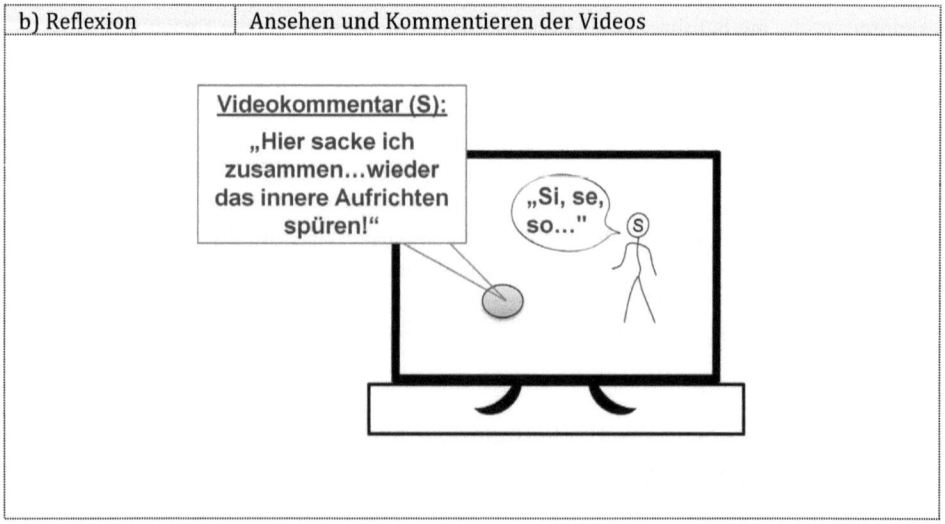

1 Während der Konzepterprobung wurden im Laufe sowie am Ende des Studienjahres Interviews mit teilnehmenden Studierenden und Lehrenden geführt. Die entstandenen Videokommentare wurden einer qualitativen Analyse unterzogen. Alle Ergebnisse wurden im Rahmen von Fallanalysen im Zusammenhang interpretiert.

c) Transfer	Nutzung der Erkenntnisse beim Üben und Austausch mit Hauptfachlehrenden

Tabelle 1: Bilderreihe zu den drei Phasen einer Videoreflexion[2]

Aus der Erprobungsphase am LMZ Augsburg ließen sich sowohl Erkenntnisse über Inhalt und Form studentischer Reflexionen und deren Mehrwert in der Transferphase als auch Erkenntnisse zu Gelingensbedingungen der Methode erzielen. Eine Auswahl dieser möchte ich hier vorstellen.[3]

3.1 Erkenntnisse zur Qualität von Videokommentaren und zum Mehrwert hinsichtlich der Interaktion

Die Fallanalysen zeigen, dass in den Videokommentaren sowohl entscheidende (Selbst-)Beobachtungen als auch Selbstinstruktionen auftreten, die auf ersteren Beobachtungen basieren. Die Videokommentare wiesen dann ein hohes Transfervermögen auf, wenn Studierende Szenen auswählten und kommentierten, die für ein bestimmtes Problem, eine bestimmte Methode, Klang- oder Interpretationsvorstellung typisch waren. Es stellte sich weiter heraus, dass ein Großteil der Studierenden (11 von 14 Teilnehmenden) sich die kommentierten Videos mehrfach ansah und somit von der generierten Metastruktur in den Videos profitieren konnte. Erfolgserlebnisse, die via Kommentar markiert worden waren, dienten zur Absicherung bestimmter Übe-/Spieltechniken etc. Abgesehen davon hatte es sich positiv auf die Stimmung beim Ansehen ausgewirkt, wenn Studierende sich zugestanden, den Fokus auch auf eigene Erfolge sowie Fortschritte zu richten. Was die Interaktion im Einzelunterricht anbelangt, so berichteten die Studierenden in den Interviews von Diskrepanzerfahrungen (13 von

2 Bildmontage aus folgenden Quellen: Flügel: http://publicdomainvectors.org/photos/1293716547.png; Videokamera: http://publicdomainvectors.orgs/de/kostenlose-vektorgrafiken/Dreharbeiten-Kamera-Vektor-Bild/12713.html; Strichmännchen: http://de.gofreedownload.net/free-vector/vector-clip-art/stick-figures-clip-art-128778/#.WLPo8n9ta0g [08.03.2017]. Alle drei Vektorgrafiken unterliegen der CC0-Lizenz. Computer: Heiden.

3 Einen detaillierteren Einblick in die dabei erzielten Ergebnisse gibt die Dissertationsschrift von Heiden (i.V.).

14 Teilnehmenden) und davon, dass sie das Feedback ihrer Lehrenden besser zuordnen konnten. Dies schildert eine chinesische Klavierstudierende[4]:

> „Weil vorher ich habe viele, viele Bewegungen und z.B. ich habe ein bisschen nicht ganz locker [...] und [Name Dozentin] jedes Mal hat mir das Problem gesagt. Aber ich habe falls ich nicht sehr besser schaue einmal, ich habe keine Gefühle für das. Falls ich einmal schauen, dann plötzlich das aufnehmen, dann ich kann das korrigieren."

Darüber hinaus erlangten Lehrende via Videokommentar ihrer Studierenden eine Rückmeldung darüber, welche Szenen die Studierenden als Schlüsselereignisse oder Aha-Erlebnisse deuteten und welche bei der Reflexion aus der Distanz ggf. „unter den Tisch fielen". Sie gewannen so einen Eindruck davon, welchen thematischen Fokus ihre Studierenden bei der Selbstkritik sowie Selbstinstruktion und möglicherweise beim darauf folgenden Üben hatten. Außerdem konnten die Lehrenden anhand der Kommentare ihrer Studierenden nachvollziehen, welche Aspekte ihres Musizierens ihnen aus der Distanz ohne zusätzliches Lehrendenfeedback selbst bewusst wurden und ggf. im Unterricht keiner erneuten Korrektur oder lediglich einer übemethodischen Diskussion bedurften. Auf diese Art und Weise erweiterten sie – ähnlich wie die Studierenden – ihre Perspektive auf die Studierenden; dies illustriert ein Zitat einer Gesangslehrenden:

> „Was mich sehr überrascht hat, eigentlich auch SEHR, [...] was mich mit ziemlichen Respekt erfüllt, ist [...] die Unmittelbarkeit, mit der die da herangehen."

Ferner hatten Lehrende die Gelegenheit anhand der Kommentare ihrer Studierenden nachzuvollziehen, inwieweit sie verstanden wurden und wie die Studierenden ihre Hinweise aufgenommen haben; bspw. konnten sie sich anhand der Videokommentare erschließen, welche Metaphern für die Studierenden besonders hilfreich waren, was der Videokommentar eines Gesangsstudierenden illustriert:

> „‚Strecken' hat mir irgendwie geholfen, also die ganze Stunde immer wieder."

Manche Lehrenden passten daraufhin ihre verbalen Instruktionen im Unterricht an, wie ein Gesangsstudierender im Interview erläutert:

> „Man muss halt immer eine Sprache finden, die Lehrer und Schüler verstehen [...] da hat sie gesagt, ‚so mach deine Kehle tiefer' und so und dann habe ich ihr das gesagt und also eben, annotiert, dass es mir viel gebracht hat und [...] das hat sie dann auch öfter benutzt und so [...] also sie hat sich auf meine Sprache eingestellt."

4 Die folgenden Zitate stammen aus der Erprobung des Konzeptes mit Studierenden und Lehrenden am LMZ Augsburg. Die genauen Verweise finden sich in der Dissertationsschrift von Heiden (i.V.).

Alles in allem erhielten die Lehrenden über die Videokommentare einen Blick darauf, wie ihre Studierenden den gemeinsamen Hauptfachunterricht interpretierten. Dies diente ihnen gewissermaßen als indirektes Feedback: Sie bekamen Rückmeldung über die Wahrnehmung der Studierenden aus der Distanz, nämlich hinsichtlich der Relevanz von Themen (was ist wichtig in der Stunde?), hinsichtlich des erlebten Nutzens (welche Instruktionen waren besonders hilfreich?) und der Selbsteinschätzung der Studierenden (welche Probleme nehmen sie wahr, welche nicht?). Dass die Musikstudierenden diese Reflexionen in das Video und so gewissermaßen in den künstlerischen Einzelunterricht einbrachten, werteten einige der Lehrenden explizit als Gewinn in Bezug auf deren künstlerische Eigenständigkeit.

3.2 Abschließende Erkenntnisse zu Gelingensbedingungen der Videoreflexion

Gelingensbedingungen der Videoreflexion ließen sich in technische, institutionell-organisatorische sowie inhaltliche, also auf das didaktische Konzept und seine Umsetzung bezogene Anforderungen unterteilen: Aus technischer Sicht war es vonnöten, Studierenden und Lehrenden das nötige Videoequipment sowie eine Plattform zur Verfügung zu stellen, auf der die Videos abgelegt und mit einem Annotationswerkzeug kommentiert werden können. Weiterhin hatte es sich innerhalb des Forschungsprojektes bewährt, eine passwortgeschützte Plattform zu nutzen, die es zuließ, dass Lehrende mit ihren Studierenden bestimmten, wer auf welche Videos und Reflexionen Zugriff erhält (s. z.B. die Plattform edubreak®campus[5]). Aus institutionell-organisatorischer Sicht erwies es sich als sinnvoll, die Methode in Passung zum aktuellen Studienverlauf einzusetzen und den zeitlichen Aufwand, den die videogestützten Reflexionsphasen für Studierende wie auch Lehrende (Sichten der Kommentare) mit sich bringen, zu berücksichtigen. Was die didaktische Umsetzung anbelangt, so strebten insbesondere die Studierenden danach, Aufnahme- und Reflexionsbedingungen zu variieren – die Reflexionsphasen hatten aus ihrer Sicht so einen höheren Erkenntniswert; u.a. nahmen sie unterschiedliche inhaltliche Schwerpunkte in den Blick, z.B. die Passung der musikalischen Interpretation zur künstlerischen Präsentation/Außenwirkung, effiziente Technik, Spannungsbereiche im Körper etc. Aber auch ein Experimentieren mit verschiedenen Blickwinkeln bei der Reflexion, z.B. mit dem einer Wettbewerbsjury, eines Publikums etc., erschiene denkbar. Hierbei waren und sind die Lehrenden gefragt, ihre Studierenden als Reflexionspartnerinnen und -partner dabei zu unterstützen und dazu zu ermutigen, eigene Fragestellungen für die Reflexion zu finden und in die Diskussion im künstlerischen Einzelunterricht einzubringen.

---

5 Der edubreak®campus ist eine Online-Lernumgebung mit Schwerpunkt Social Video Learning. Sie wird von der Firma Ghostthinker angeboten. Eine Demo-Version der Software ist unter http://www.edubreak-sportcampus.de/de zu finden.

Literatur

Blom, D. & Poole, K. (2004). Peer assessment of tertiary music performance: opportunities for understanding performance assessment and performing through experience and self-reflection. *British Journal of Music Education* 21 (1), 111–125.

Burwell, K. (2005). A degree of independence: teachers' approaches to instrumental tuition in a university college. *British Journal of Music Education* 22 (3), 199–215.

Burwell, K., Young, V. & Pickup, D. (2003). *Taking the lead: the development of student as reflective practitioner in instrumental lessons at H.E. level.* Unpublished paper, International Conference for Research in Music Education, University of Exeter.

Gaunt, H. (2012). Supporting conservatoire students towards professional integration: one-to-one tuition and the potential of mentoring. *Music Education Research* 14 (1), 25–43.

Gearing, P.J. & Forbes, M. (2013). Creating a functional musician: A performance workshop model. *The International Journal of Arts Education* 7 (3), 39–46.

Heiden, M. (i.V.). *Videoreflexion im künstlerischen Einzelunterricht an Hochschulen.* Dissertation. Universität Hamburg.

Hofmann, C., Hollender, N. & Fellner, D.W. (2009). Prozesse und Abläufe beim kollaborativen Wissenserwerb mittels computergestützter Videoannotation. In A. Schwill & N. Apostolopoulos (Hg.), *E-Learning 2009. Lernen im digitalen Zeitalter* (S. 115–126). Münster: Waxmann.

Jacob, A.K. (2009). Musikhochschule und Studienreform: Besonderheiten und Probleme. In D. Hechler & P. Pasternack (Hg.), *Zwischen Intervention und Eigensinn. Sonderaspekte der Bologna-Reform* (=die hochschule 2/2009) (S. 59–70). Institut für Hochschulforschung: Halle-Wittenberg.

Koch, M. (2006). *Qualitätsverbesserung an Musikhochschulen. Entwicklung eines Evaluationsansatzes, empirische Anwendung und Ableitung von Handlungsempfehlungen.* Wiesbaden: Deutscher Universitäts-Verlag.

Koopman, C., Smit, N., Vugt, A. de, Deneer, P. & Ouden, J. de (2007). Focus on practice-relationships between lessons on the primary instrument and individual practice in conservatoire education. *Music Education Research* 9 (3), 373–397.

Mornell, A. (2009). Der verschlungene Pfad zum musikalischen Ziel. In A. Dorschel (Hg.), *Kunst und Wissen in der Moderne* (S. 273–288). Wien: Böhlau.

Nerland, M. (2007). One-to-one teaching as cultural practice: two case studies from an academy of music. *Music Education Research* 9 (3), 399–416.

Oberschmidt, J. (2011). Über Musik reden: Ein Einblick in die aktuelle fachdidaktische Diskussion. In J. Kirschenmann, C. Richter & K.H. Spinner (Hg.), *Reden über Kunst. Fachdidaktisches Forschungssymposium in Literatur, Kunst und Musik* (S. 391–411). München: kopaed.

Reinmann, G. & Vohle, F. (2013). Entwicklungsorientierte Bildungsforschung: Diskussion wissenschaftlicher Standards anhand eines mediendidaktischen Beispiels. *Zeitschrift für E-Learning, Lernkultur und Bildungstechnologie* 4, 21–34.

Richter, C. (2011). Reden über Musik. In J. Kirschenmann, C. Richter & K.H. Spinner (Hg.), *Reden über Kunst. Fachdidaktisches Forschungssymposium in Literatur, Kunst und Musik* (S. 413–428). München: kopaed.

Rolle, C. & Wallbaum, C. (2011). Ästhetischer Streit im Musikunterricht. Didaktische und methodische Überlegungen zu Unterrichtsgesprächen über Musik. In J. Kirschenmann,

C. Richter & K.H. Spinner (Hg.), *Reden über Kunst. Fachdidaktisches Forschungssymposium in Literatur, Kunst und Musik* (S. 507–532). München: kopaed.

Snyder, D.W. (2011). Preparing for Teaching through Reflection. *Music Educators Journal* 97, 56–60.

Vassilopoulus, S.P. (2003). The value of video feedback in enhancing university students' self-perception and expectation of performance. *Scientia Paedagogica Experimentalis XL* (2), 277–300.

Vohle, F. (2011). Mediengestützte Praktikumsphasen im Sport. *Zeitschrift für e-learning, lernkultur und bildungstechnologie* 6 (2), 43–55.

Maria Saulich

Neue Lehr-/Lernperspektiven durch effektives Co- und Teamteaching an Musikhochschulen

Leitlinien anhand von Praxisbeispielen im *Netzwerk Musikhochschulen*

***New Perspectives for Teachers and Students through effective Co- and Team-Teaching at* Musikhochschulen**

Guidelines based on Examples of Practice in the Netzwerk Musikhochschulen

The divergent needs of different teachers and students require a range of approaches to both teaching and learning at Musikhochschulen. *Effective co- and team-teaching can offer suitable and supplementary alternatives to traditional individual instrumental or singing lessons in which a student is assigned exclusively to one teacher. Examples of practice in the* Netzwerk Musikhochschulen *illustrate that co- and team-teaching can be used both continuously and sporadically within a particular* Musikhochschule *or else involve students and teaching staff at several* Musikhochschulen. *Whatever form is used, students and teachers can benefit from the broader range of knowledge offered by different teaching professionals, from the different pedagogical approaches and from additional sources of feedback. The additional value gained for both students and teachers more than compensates for the extra time and organisation required. Effective co- and team-teaching depends on the specific constellation of teachers and on mentality and culture. The respect, openness, flexibility and trust required from the actors participating in this kind of teaching model point out that effective co- and team-teaching can only further the development of artistic and pedagogical skills for certain groups of people. Going beyond the method itself and the form of teaching this entails, experience in a school context has shown that effective co- and team-teaching offers much potential as an institutional strategy and as a component of quality enhancement.*

1 Einleitung

Im Rahmen von Untersuchungen im Bereich Instrumental- und Gesangspädagogik im Kontext Musikhochschule liegt der Fokus insbesondere im anglo-amerikanischen Raum auf der Beobachtung des künstlerischen Einzelunterrichts. Die Lehrenden-Studierenden-Beziehung sowie die Verhaltensweisen und Wahrnehmungen von Studierenden und Lehrenden im Unterricht stellen hierbei Forschungsschwerpunkte dar (vgl. Jørgensen, 2009, S. 201–212; Gaunt, 2008). Ergänzend zur *klassischen* Einzelunterrichtsform, in der ein Studierender ausschließlich einem Lehrenden zugeordnet ist, findet zudem das

Unterrichten im Team als innovative Lehr-/Lernmethode in der künstlerischen Ausbildung in vielseitigen Gestaltungsformen Anwendung. Im Gegensatz zu Universitäten und Hochschulen anderer Fachrichtungen, die auf eine knapp 50-jährige Erfahrung im Bereich Teamteaching zurückgreifen können (Kugler, 1970), stellen diese Entwicklungen an Musikhochschulen ein Novum dar. Erste Ergebnisse von wissenschaftlichen Untersuchungen von Teamteaching an britischen Musikhochschulen halten Wöllner und Ginsborg (2011) sowie Haddon (2011) fest. Daran anknüpfend zeigen Crawford und Jenkins (2015) das Potenzial von Teamteaching in Kombination mit Blended Learning gestützt auf Untersuchungen im australischen Raum auf.

Auch in Deutschland sind vereinzelte selbstorganisierte Initiativen im Bereich Co- und Teamteaching, wie bspw. in Sängerklassen der *Musikhochschule Lübeck* und der *Hochschule für Musik und Theater Leipzig*, zu finden. Die unterschiedlichen Bestrebungen sind jedoch weder wissenschaftlich aufgearbeitet noch findet ein hinreichend hochschulübergreifender Austausch über erfolgreiche Anwendungsmöglichkeiten der Methoden Co- und Teamteaching statt. Die Initiativen zeigen aber, dass Interesse an kollegialem Austausch und Hospitation sowie der gemeinsamen Gestaltung, Beobachtung und Besprechung von Unterricht besteht, welches folgende Lehrendenaussage verdeutlicht:

> „Man sitzt beim Mittagessen in der Mensa und trifft die Kollegin XY, die hier klassischen Gesang unterrichtet und unterhält sich nett und stellt fest: Ach wir haben ja so viel gemeinsam. Und eigentlich gibt es in diesen Fächern so viele Überschneidungen und das finde ich einen ganz wertvollen Austausch. Also ich würde […] sehr gerne mal bei klassischen Kollegen auch hospitieren im Unterricht […] weil es einfach […] sehr fruchtbar sein kann für beide Parteien. Und da würde ich mir manchmal ein bisschen mehr Austausch wünschen. Ich habe […] das Gefühl, jede Abteilung wurschtelt hier so ein bisschen in ihrem eigenen Ding rum und es gibt wenig Querverbindungen." (Bedarfs- und Machbarkeitsstudie des *Netzwerk Musikhochschulen*, 2013, Interview Nr. 3)[1]

Der Wunsch nach engerer Zusammenarbeit und verstärkter Kommunikation unter Lehrkräften ist gleichermaßen bei Studierenden vorhanden. Diese erachten insbesondere den kollegialen Austausch innerhalb der eigenen Fachgruppe als gewinnbringend für die eigene künstlerische Entwicklung:

> „Also grundsätzlich fände ich es sehr viel besser, wenn die Kommunikation unter den Fachlehrern […] besser wäre. Aber das merkt man an Musikhochschulen doch oft, dass die Künstler sich nicht aufeinander einlassen, aber bereichernd wäre es. Oftmals wünschen sich die Studenten das auch, aber es funktioniert von den Professoren her halt nicht." (Studierendenaussage eines am hochschulübergreifenden Klassentausch teilnehmenden Bratschisten der HfM Saar, Interviewerin: Maria Saulich, 2016, Interview Nr. 1)

---

1 Vgl. den Beitrag von Christine Baus, Maika Dübler und Karin Wessel (2017) in diesem Band.

Der Musikhochschulalltag bietet kaum offiziellen Raum für Fachgespräche innerhalb des Kollegiums. Einheitliche Unterrichts- sowie Pausenzeiten, ähnliche Stundendeputate der Lehrenden und das Vorhandensein eines Lehrerzimmers im schulischen Kontext stehen im Kontext Musikhochschule individuell geplanten Unterrichtszeiten, stark voneinander abweichenden Stundendeputaten einzelner Lehrenden und den Orten Mensa, Cafeteria oder Flur als oftmals einzige Interaktionsmöglichkeiten im kollegialen Alltag gegenüber. Jene raren Gelegenheiten für einen fachlichen Diskurs, wie bspw. im Rahmen von Bachelor- und Masterprüfungen, finden meist zu einem Zeitpunkt statt, an dem es für kollegiale Beratung zu spezifischen Fragestellungen in der Arbeit mit Studierenden bereits zu spät ist. Insgesamt fällt das Annehmen und Geben kollegialer, konstruktiver Kritik schwer, denn „die zelluläre Organisationsstruktur *Unterricht* verhindert eher professionelles Feedback und direkten Vergleich mit anderen Lehrpersonen" (Wobak & Schnelzer, 2015, S. 31, Hervorhebung im Original).

Der künstlerische Einzelunterricht an deutschen Musikhochschulen sieht in der Regel die Zuweisung von Studierenden zu einem einzigen Hauptfachlehrer bzw. einer einzigen Hauptfachlehrerin vor. Dies ist nachvollziehbar, bedenkt man die oftmals mit der Aufnahme eines Musikhochschulstudiums verbundenen Umstellungen in Spielweise und Technik, die das konsequente Einlassen der Studierenden auf eine Lehrperson erfordern. Wöllner und Ginsborg führen kontinuierliche Begleitung, Verbundenheit und spezifisches Feedback als Vorteile von Einzelunterricht mit ausschließlich einem Lehrenden auf (2011, S. 302). Demgegenüber besteht bei dieser Unterrichtsform die Gefahr der Behinderung selbstständigen Lernens und der Entwicklung eigenständiger Künstlerpersönlichkeiten bei teilweise dominantem Lehrverhalten und starken Abhängigkeitsverhältnissen der Studierenden (Gaunt, 2008, S. 240).

Können mehrere Hauptfachlehrende diesen Gefahren entgegenwirken? Haddon (2011) stellt in ihrer Beantwortung der Fragestellung „Multiple teachers: multiple gains?" eine Reduzierung von Abhängigkeitsverhältnissen, verbunden mit größeren Unterstützungsstrukturen als positive Aspekte von Co- und Teamteaching für Studierende fest. Darüber hinaus vertiefe das Erleben unterschiedlicher interpretatorischer sowie technischer Herangehensweisen und verschiedener Arbeits- und Unterrichtsbeziehungen das pädagogische Verständnis von Studierenden. Auf der Seite der Lehrenden kann die Verantwortungsübertragung des „Leadership for Learning" auf mehrere Schultern zu einer Reduzierung der Arbeitsbelastung und mentalen Erleichterung führen (Wobak & Schnelzer, 2015). Zudem vermögen Co- und Teamteaching kollegiales Lernen sowie die Reflexion über Studierende zu begünstigen und zur persönlichen Professionalisierung beizutragen (Haddon, 2011; Knights & Sampson, 1995). Auch kann der Einblick in die Unterrichtsweise anderer Lehrender eine engere Beziehung der Lehrenden untereinander herbeiführen und so Solidarität und Gemeinschaftssinn innerhalb der Fachgruppe stärken (Wöllner & Ginsborg, 2011). Allen aufgeführten Äußerungen zum Mehrwert von Co- und Teamteaching liegt eine effektive Ausgestaltung dieser Unterrichtsformen zugrunde und es stellt sich daher die Frage, wie Co- und Teamteaching als innovative Lehr-/Lernmethoden an Musikhochschulen erfolgreich umgesetzt werden können.

Der vorliegende Artikel beabsichtigt eine wissenschaftliche Untersuchung einzelner Co- und Teamteachingpraktiken an deutschen Musikhochschulen und möchte zum Austausch über unterschiedliche Co- und Teamteachingmodelle anregen. Als Anleitung für interessierte Lehrende, Studierende sowie Mitglieder der Hochschulleitung gedacht, sollen unterschiedliche Praxisbeispiele im *Netzwerk Musikhochschulen* Einblicke in mögliche und bewährte Ausgestaltungsformen von Co- und Teamteaching geben. Zunächst werden die zugrunde liegenden Definitionen der Begriffe Co- und Teamteaching geschärft und in den Kontext Musikhochschule übertragen. Der Beschreibung unterschiedlicher, von Lehrenden sowie Studierenden als erfolgreich bewerteter Co- und Teamteachingmodelle schließen sich beidseitige Erfahrungsberichte an. Abschließende Leitlinien führen notwendige Grundvoraussetzung für Co- und Teamteaching auf und können als Handlungsempfehlungen für effektive Co- und Teamteachingpraktiken dienen.

2 Co- und Teamteaching: Begriffsdefinitionen

In der Beschreibung des gemeinschaftlichen Unterrichtens verwenden Bildungsforscher eine große Anzahl an unterschiedlichen Begriffen. Crawford und Jenkins (2015) führen in ihrer Übersicht hierzu „cooperative teaching“ (Bauwens & Hourcade, 1995), „collaborative teaching“ oder „teacher collaboration“ (Welch & Sheridan, 1996; Boulay, 2005), „peer learning“ (Bartleet & Hultgren, 2008) sowie „co-teaching“ (Friend & Cook, 2007) auf, verweisen jedoch auf einen ähnlichen Unterrichtsansatz. Als Arbeitsgrundlage dieses Artikels werden die Begriffe *Teamteaching* und *Co-Teaching* verwendet und auf den künstlerischen Einzelunterricht bezogen. Vorherrschende unterschiedliche Definitionen von Co- und Teamteaching machen zunächst eine Klärung der beiden Begriffe notwendig.

Teamteaching wird von Wöllner und Ginsborg in seiner Grundausrichtung als „two or more teachers sharing the training of a group of students“ dargelegt (Wöllner & Ginsborg, 2011, S. 301). Der Begriff „Team“ ist Kern dieser Methode und wird von Rolff, Buhren, Lindau-Bank und Müller (2011, S. 175) wie folgt erschlossen:

> „Ein Team ist eine kleine Gruppe von Personen, deren Fähigkeiten einander ergänzen und die sich für eine gemeinsame Sache, gemeinsame Leistungsziele und einen gemeinsamen Arbeitsansatz engagieren und gegenseitig zur Verantwortung ziehen.“

Ein zentraler Aspekt der Auslegung von Teamteaching in diesem Artikel stellt zudem einerseits die zeitgleiche Anwesenheit aller am Unterricht beteiligten Lehrenden dar. Andererseits ist – ungleich einer kollegialen Hospitation – die aktive Einbringung aller involvierten Lehrpersonen in den Unterricht hervorzuheben. Hieraus ergibt sich folgende Begriffskennzeichnung von Teamteaching als Grundlage dieses Artikels:

- Beide bzw. mehrere Lehrende sind während des Unterrichts vor Ort anwesend und aktiv gestaltend tätig.
- Mindestens zwei Lehrende unterrichten einen Studierenden oder eine Gruppe von Studierenden.
- Die Lehrenden verfolgen ein gemeinsames Ziel.
- Die Lehrenden übernehmen für die Studierenden gemeinsam Verantwortung.
- Die Lehrenden tauschen sich über organisatorische und inhaltliche Aspekte der Unterrichtsplanung aus und reflektieren gemeinsam Leistung und Entwicklung von Studierenden.
- Die Lehrenden verfügen über eine ähnliche innere Haltung gegenüber pädagogischen Ansätzen.

Teams von Lehrenden an Musikhochschulen können sich aus Mitgliedern desselben Fachs aber auch interdisziplinär, z.B. in der Verbindung von Hauptfachlehrenden mit ihren Korrepetitorinnen bzw. Korrepetitoren, zusammensetzen. Auch die Verknüpfung von künstlerisch Lehrenden mit Lehrpersonen der musiktheoretischen Fächer, wie z.B. im Seminar „Praktisch angewandte Theorie" der *Hochschule für Künste Bern,* ist denkbar.

Co-Teaching beschreibt in diesem Artikel dagegen das Unterrichten eines Studierenden oder mehrerer Studierender von mindestens zwei Lehrpersonen, die – obwohl beide aktiv gestaltend tätig – nicht gleichzeitig im Unterricht anwesend sind. Diese Methode kann im künstlerischen Einzelunterricht an Musikhochschulen insbesondere in drei Formen gelebt werden:

> (1) Die Lehrenden stehen nicht in Austausch miteinander. Dementsprechend können Ziele der Lehrpersonen übereinstimmen, jedoch nicht gemeinsam im Vorfeld definiert werden. Lehrende übernehmen weder gemeinsam für Studierende Verantwortung, noch findet im Anschluss an das Co-Teaching eine gemeinsame Reflexion der Leistung und Entwicklung von Studierenden statt.
> Beispiel: Meisterkurs
>
> (2) Die Lehrenden stehen in regem Austausch miteinander. Im Rahmen eines langfristigen, regelmäßig angelegten Co-Teaching verfolgen sie gemeinsame Ziele und tragen für Studierende gemeinsam die Verantwortung. Darüber hinaus tauschen sie sich über organisatorische und inhaltliche Aspekte der Unterrichtsplanung aus und reflektieren gemeinsam die Leistung und Entwicklung von Studierenden. Auf der Basis einer ähnlichen inneren Haltung gegenüber pädagogischen Ansätzen ergänzen sich die Lehrpersonen durch ihre unterschiedlichen fachlichen Fähigkeiten. Bezugnehmend auf die Teamdefinition von Rolff et al. (2011) wird im weiteren Verlauf hierbei von „kontinuierlichem Co-Teaching im Team" gesprochen.
> Beispiel: Ein Studierender ist bei zwei Hauptfachlehrenden eingeschrieben

(3) Die Lehrenden stehen in regem Austausch miteinander. Sie verfolgen gemeinsame Ziele und reflektieren gemeinsam über die Leistung und Entwicklung von Studierenden. Auf Basis einer ähnlichen inneren Haltung gegenüber pädagogischen Ansätzen, ergänzen sich die Lehrpersonen durch ihre unterschiedlichen fachlichen Fähigkeiten. Im Rahmen vereinzelt, ergänzend angelegter Co-Teachingeinheiten bleibt die Verantwortung bei dem/den Hauptfachlehrenden. Im weiteren Verlauf wird diese Form als „sporadisches, teamangelehntes Co-Teaching“ bezeichnet.
Beispiel: Sporadischer Studierendentausch

Alle aufgeführten Co-Teachingformen können im selben Fach sowie interdisziplinär, z.B. im Rahmen von kammermusikalischen Interpretationskursen, Anwendung finden.

3 Praxisbeispiele von Co- und Teamteaching im *Netzwerk Musikhochschulen*

Als Praxisbeispiele für Co- und Teamteaching im *Netzwerk Musikhochschulen* wurden ein Klassentauschprojekt zwischen der *Hochschule für Musik Saar* (HfM Saar) und der *Hochschule für Musik und Theater Hamburg* (HfMT Hamburg) sowie unterschiedliche Co-Teachingformate an der *Hochschule für Musik Freiburg* (HfM Freiburg) gewählt. Um eine Darstellung vielseitiger Praktizierformen von Co- und Teamteaching bemüht, stellen die Hauptunterschiede der Beispiele die zeitliche sowie örtliche Ausrichtung dar. Während Co-Teaching an der HfM Freiburg seit mehr als vier Semestern u.a. als fester, langfristig ausgelegter Bestandteil des Curriculums ausschließlich innerhalb der eigenen Hochschule durchgeführt wird, handelt es sich beim Klassentausch zwischen der HfM Saar und der HfMT Hamburg um ein erstmaliges hochschulübergreifendes Pilotprojekt. Allen Praxisbeispielen ist die Begründung auf der Eigeninitiative der Lehrenden gemein.

Die näheren Beschreibungen der unterschiedlichen Co- und Teamteachingformate sowie die Erfahrungen von Studierenden und Lehrenden basieren auf unterschiedlichen Quellen. Einblicke in Co-Teachingmodelle der HfM Freiburg gaben ein einstündiges Telefoninterview mit einer der mitwirkenden Co-Lehrenden sowie die Dokumentation der zweiten Jahrestagung des *Netzwerk Musikhochschulen.* Diese hält die ausführliche Präsentation der Modelle von einer der Co-Lehrenden samt den darin enthaltenen ausgewerteten Interviewdaten von im Co-Teaching involvierten Studierenden sowie Lehrenden fest. Die Informationen zum Klassentauschprojekt zwischen der HfM Saar und der HfMT Hamburg berufen sich einerseits auf die Pilotprojektdokumentation des *Netzwerk Musikhochschulen.* Andererseits wurden persönliche Interviews im Umfang von 30–45 Minuten mit der teilnehmenden Professorin der HfM Saar sowie zwei ihrer im Bachelorstudiengang „Künstlerisches Profil mit Ausrichtung Orchesterinstrument“ eingeschriebenen Studierenden geführt. Die Interviews vermitteln die Perspektive jener Seite, die das Projekt außerhalb der eigenen Hochschule erlebt hat. Sie geben einen ersten Einblick in die gewonnenen Eindrücke, erheben jedoch nicht den Anspruch auf Vollständigkeit. Interviews mit Teilnehmenden der HfMT Hamburg sowie die Begleitung des anvisierten Gegenbesuchs sind in einem weiteren Schritt geplant.

3.1 Co- und Teamteaching im interdisziplinären hochschulübergreifenden Klassentausch der HfM Saar und der HfMT Hamburg

Der Pilotdurchlauf des Klassentauschs der Viola-Klasse der HfM Saar und einer Violin- sowie einer Viola-Klasse der HfMT Hamburg fand im Umfang von sechs Tagen in den Semesterferien im Frühjahr 2015 an der HfMT Hamburg statt. Sowohl organisatorisch als auch finanziell wurde das Projekt durch das *Netzwerk Musikhochschulen* unterstützt. Die inhaltliche Konzeption wurde von den Lehrenden in Eigenregie gestaltet. Insgesamt nahmen 3 Professorinnen sowie 28 Studierende (siehe Abbildung 1) am Klassentausch teil.

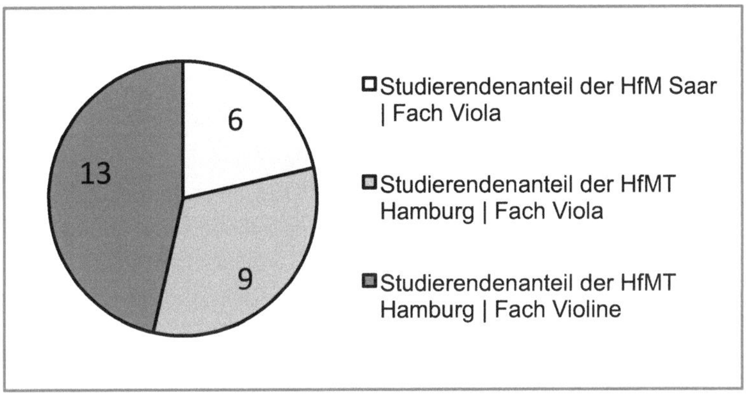

Abbildung 1: Hauptfach- und Hochschulzugehörigkeit der am Klassentausch teilnehmenden Studierenden

Die Gruppe der Studierenden setzte sich überwiegend aus Studierenden des Studiengangs „Künstlerische Ausbildung“, einer Instrumentalpädagogikstudentin sowie einem Jungstudenten zusammen. Musikalische sowie persönliche Reife und Offenheit definierten – unabhängig von der Zahl der absolvierten Fachsemester – entscheidende Kriterien der Lehrenden für die Auswahl der Studierenden. Diese konnten sich frei für oder gegen eine Teilnahme entscheiden. Der Klassentausch umfasste die folgenden unterschiedlichen Lehr-/Lern- und Unterrichtsformen:

- Innerfachliches sowie interdisziplinäres „sporadisches, teamangelehntes Co-Teaching“: Jeder Studierende erhielt im Professorinnentausch bis zu dreimal offenen Einzelunterricht, an dem andere Studierende und Lehrende passiv

teilnehmen konnten. Hierbei lagen thematische Schwerpunkte auf Werkanalyse und Interpretation.
- Teamteaching: Ergänzender Technikunterricht fand in Form einer gemeinsamen fächerübergreifenden Klassenstunde mit allen im Klassentausch Involvierten statt. Dieser wurde von den Lehrenden als Team gestaltet.

In Einzelarbeit beim Üben, im offenen Einzelunterricht mit einem Co-Lehrenden sowie im Technikunterricht mit der Klasse und mehreren Lehrenden konnten Studierende das Arbeiten und Lernen in vielfältigen Sozialformen kennenlernen. Über den Unterrichts- und Überaum hinaus, beinhaltete der Klassentausch der HfM Saar und der HfMT Hamburg einen gemeinsamen Konzertbesuch sowie spontane klassenübergreifende Freizeitaktivitäten in Hamburg. Ein Gegenbesuch der teilnehmenden Klassen aus Hamburg ist im kommenden Studienjahr geplant.

3.2 Co-Teaching an der HfM Freiburg

In den Streicherklassen der HfM Freiburg gestalten sich unterschiedliche Co-Teachingformen wie folgt:

- Innerfachliches, als fester Bestandteil des Curriculums durchgeführtes „kontinuierliches Co-Teaching im Team“: Einzelne Studierende sind bei zwei Hauptfachlehrenden eingeschrieben und erhalten von diesen Unterricht zu gleichen Teilen. Diese Unterrichtsform wird als offizielles Hauptfachmodul an der HfM Freiburg ausschließlich in den Violin- sowie Violoncello-Klassen angeboten.
- Innerfachliches sowie interdisziplinäres „sporadisches, teamangelehntes Co-Teaching“: Zwei Lehrende tauschen für eine bestimmte Wochenanzahl einen Studierenden bzw. mehrere Studierende und integrieren diesen bzw. diese in ihre Klasse. Diese Unterrichtsform findet inoffiziell und selbstorganisiert innerhalb aller Streicherklassen der HfM Freiburg statt.

Grundlage für das *Kontinuierliche Co-Teaching im Team* an der HfM Freiburg war ein ähnliches Unterrichtsmodell der Musikabteilung der *Hochschule Luzern*. In den Violin- und Violoncello-Klassen wird es seit vier Semestern (Stand: September 2016) als fest in die Organisations- und Verwaltungsstrukturen eingebettetes Hauptfachmodul praktiziert. Aktuelle Studierendenzahlen dieses Moduls pendeln zwischen 10–15 Violinisten und Cellisten und schließen sowohl im Bachelor- als auch im Masterstudiengang eingeschriebene Studierende mit ein.

Die Einteilung der Studierenden in das *Kontinuierliche Co-Teaching im Teammodell* erfolgt in intensiven Besprechungen im Rahmen der Aufnahmeprüfungen. Entscheidendes Kriterium für oder gegen eine Aufnahme ist die Reife der Studierenden. Um diese zu beurteilen, werden die im Rahmen von Probestunden oder Meisterkursen gewonnenen Unterrichtserfahrungen mit einzelnen Studienanwärterinnen und -anwärtern sowie kollegiales Bauchgefühl herangezogen. Darüber hinaus wird der zunehmend in den Bewerbungsunterlagen direkt vermerkte Wunsch der Studierenden nach Integration in das *Kontinuierliche Co-Teaching im Teammodell* berücksichtigt. Wenn große technische Defizite bei den Studierenden zu beobachten sind, wird seitens der Lehrenden das Studium mit nur einem Hauptfachlehrenden vorgezogen. Letztendlich spielen auch organisatorische, das individuelle Stundendeputat betreffende Gründe in die Auswahl und Aufnahme von Co-Studierenden hinein. Studierende werden in den Auswahlprozess nicht mit einbezogen. Nach den Aufnahmeprüfungen werden sie in einem Bescheid darüber informiert, bei welchem bzw. bei vielen Hauptfachlehrenden sie eingeteilt sind. Sie können diesem in seiner Gesamtheit zustimmen oder ablehnen, jedoch nicht den Unterricht bei nur einem Hauptfachlehrenden im Falle einer Ablehnung der zugeteilten Co-Teachingform einfordern.

Studierende des *Kontinuierlichen Co-Teaching im Teammodells* sind mit jeweils einem halben Platz zwei Hauptfachlehrenden zugeteilt. Die Ausgestaltung dieses halben Platzes wird individuell unterschiedlich gehandhabt. Möglich sind z.B. das wöchentliche Erteilen einer halben Unterrichtseinheit oder das Erteilen einer vollen Unterrichtsstunde alle zwei Wochen. Der Umfang des künstlerischen Einzelunterrichts unterscheidet sich demnach nicht von jenem anderer, nicht im Co-Teachingmodell eingeschriebener Studierender. Doppelt sind jedoch Klassenabende. Ferner beinhaltet bei einzelnen Lehrenden die Unterrichtsgestaltung des Hauptfachs über den künstlerischen Einzelunterricht hinaus auch wöchentliche Klassen- und Gruppenstunden. (In den Gruppenstunden unterrichten sich Studierende gegenseitig, wohingegen die Lehrperson in den Klassenstunden einzelne Studierende in Anwesenheit der gesamten Klasse unterrichtet.) In diese sind Co-Teaching-Studierende ggf. ebenfalls integriert, weshalb man in diesem Fall von zusätzlichen Unterrichtseinheiten sprechen kann. Stunden der beiden Co-Lehrenden müssen nicht, können aber am selben Tag direkt aufeinander folgen. Die Erfahrung hat gezeigt, dass die unterschiedlichen Arbeitsweisen der Lehrenden am gleichen Stück für Studierende aufeinander aufbauende Unterrichtseinheiten darstellen. Über Repertoire, Grundausrichtung der weiteren Arbeitsweise sowie Entwicklung ihrer beider Studierenden tauschen sich Lehrende in regelmäßigen Abständen aus. Darüber hinaus verweisen Lehrende auf den wöchentlich stattfindenden indirekten Austausch über die Co-Studierenden selbst.

Innerhalb eines Semesters ist ein Ausstieg aus dem Co-Teaching-Modell nicht möglich. Sollten Studierende diesen Wunsch verspüren, so verläuft das Prozedere analog zu sonst üblichen Verfahren beantragter Wechsel von Lehrpersonen. Ein Wechsel zu einem der beiden Lehrenden des Tandems ist dann nur bei entsprechend vorhandenem Stundendeputat der gewünschten Lehrperson sowie bei vorliegendem Einverständnis aller Beteiligten denkbar. Das *Co-Teaching im Teammodell* ist u.a. mit neu aufgesetzten Klassenlisten und um zusätzliche Berechnungsspalten ergänzten Formularen fest in den Verwaltungsapparat integriert. Studierende sind offiziell der Klassen beider Lehrenden zugeteilt, was z.B. an Prüfungsplänen ersichtlich wird.

Im Gegensatz dazu findet das *Sporadische, teamangelehnte Co-Teaching* selbstorganisiert, ohne Einbeziehung der Verwaltung statt und wird interdisziplinär in allen Streicherklassen praktiziert. Hierbei werden Studierende für einen im Vorfeld mit allen Beteiligten abgestimmten Zeitraum getauscht. Die Initiative kann unterschiedlich sowohl von Lehrenden als auch von Studierenden ausgehen. Alle Involvierten müssen dem vorübergehenden Tausch zustimmen und sind in den Entscheidungsprozess miteinbezogen. Bedingung ist das beidseitige Tauschen. So wird weder für Studierende noch für Lehrende ein zeitlicher Mehraufwand herbeigeführt. Weitere Kriterien sind ein geeignetes Timing sowie der Reifegrad der Studierenden. Das *Sporadische, teamangelehnte Co-Teaching* verfolgt einerseits das Ziel, eine zweite Meinung und Feedback zu eigenen Studierenden zu erhalten, insbesondere wenn sich diese in schwierigen Phasen befinden. Andererseits wird beabsichtigt, Studierenden Zugang zu vielseitigen pädagogischen Ressourcen zu verschaffen, welches folgende Aussage einer Co-Teachingprofessorin der HfM Freiburg verdeutlicht:

> „Ich muss ja nicht absolut alles abdecken, was es gibt im künstlerischen oder technischen Bereich. Ich habe mein Team, ich habe meine Kollegen. Wir kennen uns ja, wir wissen, wie die anderen arbeiten, was die Resultate sind. Ich möchte davon profitieren. Ich möchte, dass mein Schüler für so und so lange Zeit diese Arbeit mitnimmt."

Lehrende der HfM Freiburg beobachten, dass der sporadische Klassentausch verstärkt von jenen Studierenden angenommen wird, die ausschließlich mit einem Hauptfachlehrenden studieren.

4 Erfahrungen von Studierenden und Lehrenden

Die Erfahrungsberichte von Lehrenden und Studierenden in den genannten Beispielen sind im Folgenden thematisch in die Bereiche Mehrwert, Herausforderungen, Verbesserungsvorschläge und Visionen sowie Gelingensbedingungen gegliedert. Hierbei bieten Tabellen, neben alleinigen Äußerungen zu bestimmten Formaten, einen Überblick über formatübergreifende Aussagen.

4.1 Mehrwert

Studierendenperspektive: Studierende führen das Kennenlernen der Arbeitsweise unterschiedlicher Lehrender und die damit verbundene Vermittlung einer größeren Anzahl an technischen, interpretatorischen sowie methodischen Ansätzen als zentralen fachlich-didaktischen Mehrwert von Co- und Teamteaching auf (siehe Tabelle 1). Zudem sehen sie im Abwägen unterschiedlicher Meinungen einen Gewinn auf persönlicher Ebene und fühlen sich in ihrer individuellen künstlerischen Entwicklung bestärkt. Das Entdecken neuer Facetten am eigenen Instrument sowie die Verinnerlichung des Gespürs für unterschiedliche Klangfarben und Spielweisen wurden als bereichernde Aspekte der interdisziplinären Unterrichtseinheiten beschrieben.

	Studierendenperspektive
Formatübergreifende Aufführungen[2]	Kennenlernen zusätzlicher und unterschiedlicher technischer, stilistischer sowie interpretatorischer Herangehensweisen und gemeinsames Ausprobieren derselben im Unterricht Kennenlernen vielseitiger, teilweise sich ergänzender Methoden Expertenwissen unterschiedlicher Künstlerpersönlichkeiten Lernen in verschiedenen Lernumgebungen Entscheidungsfreiheit hinsichtlich der angebotenen unterschiedlichen Herangehensweisen Zusätzliche Vorspielmöglichkeiten Förderung der Selbstständigkeit durch die Auseinandersetzung mit unterschiedlichen Ideen Interdisziplinäres Arbeiten mit verwandten Instrumentengruppen
Alleinige Aufführungen: Hochschulübergreifender Klassentausch HfM Saar – HfMT Hamburg	Möglichkeit der passiven Teilnahme: Lernen durch Zuhören und Beobachten Gemeinsames Lehren und Lernen im Technikklassenunterricht Verinnerlichung von bereits Bekanntem in einer neuen Lernumgebung Hochschulübergreifende Vernetzung Kennenlernen einer anderen Hochschule Möglichkeit des Vergleichs mit Studierenden einer anderen Hochschule
Alleinige Aufführungen: im fachspezifischen Kollegium, aber auch unter Studierenden, HfM Freiburg	Zusätzliche kontinuierliche Unterstützung und Förderung Mehr „direkte" Kommilitonen in zwei Klassen Doppelt so viele Klassenabende, Spielchancen Zwei Wissensquellen

Tabelle 1: Mehrwert der Co- und Teamteachingformate aus Studierendensicht

Explizit im Klassentauschprojekt der HfM Saar und der HfMT Hamburg positiv hervorgehoben wurden die hochschulübergreifende Komponente sowie das interdisziplinäre Teamteaching in den Technikstunden mit der ganzen Klasse. Das Kennenlernen einer anderen Hochschule bedingte zugleich die Wertschätzung der Heimathochschule mit ihrer räumlichen Ausstattung, dem vor Ort herrschenden Lerntempo und der zur Verfügung stehenden Zeit. Im Blickwinkel einer neuen Lernumgebung haben sich in den Technikklassenstunden, neben dem Erwerb von neuen technischen Übungen, über viele Semester praktizierte, vertraute Herangehensweisen der eigenen Professorin gesetzt und

2 Formatübergreifende Äußerungen fassen deckungsgleiche Meinungen Involvierter des Klassentauschprojekts zwischen der HfM Saar und der HfMT Hamburg sowie des *Kontinuierlichen Co-Teaching im Team* und des *Sporadischen, teamangelehnten Co-Teaching* an der HfM Freiburg zusammen.

vertieft. Nach dem Klassentausch konnten Studierende ein als anspornend empfundenes strengeres Lehrverhalten der eigenen Hauptfachlehrenden feststellen.

Studierende des *Kontinuierlichen Co-Teaching im Teammodell* der HfM Freiburg fühlen sich durch zwei Lehrende doppelt unterstützt und in ihren Entscheidungen freier:

> „Durch das Co-Teaching bekomme ich viel mehr das Gefühl, dass ich mehr Unterstützung bekomme, als wenn ich nur einen Lehrer hätte. Gleichzeitig ist im Lauf der Zeit mein Respekt vor den beiden Professoren gewachsen, die sich ja auch durch dieses System dem Vergleich durch den Studenten stellen. Anstatt sich selbst als die alleinige Quelle des Wissens zu sehen, akzeptieren die Lehrer auch andere Sichtweisen und lassen dem Studenten die Freiheit, selbst zu entscheiden."

Lehrendenperspektive: Durch kollegialen Austausch und kollegiales Feedback das eigene Lehrverhalten einordnen zu können, wird von Lehrenden als besonders gewinnbringend beschrieben (siehe Tabelle 2). Festzustellen, dass bei zentralen Themen eine einheitliche Linie verfolgt wird, habe zur Stärkung des eigenen pädagogischen Handelns geführt. Dem gegenüber boten methodische, technische sowie interpretatorische Differenzen zahlreiche neue Ansichten und führten zu einer Erweiterung des eigenen Lehrrepertoires. In der üblicherweise gelebten, als teilweise anstrengend und belastend beschriebenen, alles könnenden Einzelkämpferrolle wurden der fachliche Rat und der kollegiale Rückhalt im Umgang mit Problemfällen als besonders wertvoll empfunden.

Als spezifischer Mehrwert des Klassentauschprojekts wurde auch auf Lehrendenseite die hochschulübergreifende Ausrichtung genannt. In Anbetracht der Lage und Größe der HfM Saar mit nur einer Vertreterin des Fachs Viola konnte dadurch der innerfachliche Austausch und Vergleich gewährt und der Gefahr der Isolation vorgebeugt werden.

Nach mehrjährigem Praktizieren des *Kontinuierlichen Co-Teaching im Team* beobachten Lehrende einen engeren Zusammenhalt und intensiveren Austausch im fachspezifischen Kollegium, aber auch unter Studierenden:

> „Ich habe das Gefühl, dass die Hochschule noch mehr, als wie das schon der Fall war, zusammenlebt, dass wir uns sehr viel Zeit nehmen bei Zwischenprüfungen, dass alle Kollegen sich sehr kümmern um alle Studenten, nicht nur um die eigenen, dass das vielleicht noch stärker geworden ist. Dass man sich freut, wenn ein Student von unserer Schule große Fortschritte macht oder etwas gewinnt, auch wenn es nicht der eigene ist. Und das […] ist unter uns stark, aber auch unter den Studierenden, dass man sich gegenseitig hilft, vorspielt, unterstützt, Klassenabende besucht, alle diese Dinge, dass es einfach ein sehr familiäres Gefühl gibt."

Mehrwert des Sporadischen, teamangelehnten Co-Teaching gegenüber einer klassischen Meisterkurssituation: Creech, Gaunt, Hallam und Robertson (2009) führen in ihrem Artikel über studentische Wahrnehmungen von Meisterkursen wertvolle Aufführungsmöglichkeiten, neue Ideen für interpretatorische und technische Herangehensweisen sowie die Zugangsmöglichkeiten zu Fachkreisen als am häufigsten genannte Stärken auf – Stärken, die auch den sporadischen, teamangelehnten Co-Teachingmodellen der HfM Saar, der HfMT Hamburg sowie der HfM Freiburg zugesprochen werden (siehe die ersten beiden Zeilen in Tabelle 1). Welchen zusätzlichen Mehrwert bieten also die dort praktizierten Unterrichtsformen?

	Lehrendenperspektive
Formatübergreifende Aufführungen	Mehr kollegialer Austausch (direkt und indirekt über Studierende) Außenperspektive auf und Feedback zu eigenen Studierenden Kennenlernen von unterschiedlichen Herangehensweisen Anderer im Umgang mit schwierigen Unterrichtssituationen Hinzugewinn an Lehrerfahrung und Repertoire durch die Arbeit mit unbekannten Studierenden und teilweise fachfremder Literatur Kennenlernen neuer Seiten der eigenen Studierenden im Umgang mit anderen Lehrenden und Studierenden Erweiterung der eigenen technischen, interpretatorischen und methodischen Kenntnisse und Herangehensweisen Einordnung des eigenen Lehrverhaltens Rückhalt Abwechslung Ausbau eigener Stärken Übertragung des kollegialen Miteinanders auf Studierende Weiterentwicklung der Persönlichkeit der Studierenden
Alleinige Aufführungen: Hochschulübergreifender Klassentausch HfM Saar – HfMT Hamburg	Kollegiale Hospitation Hochschulübergreifender Vergleich Stärkung der Klassengemeinschaft durch gemeinschaftliches Erlebnis Anschub einer Diskussionswelle über unterschiedliche technische, interpretatorische und methodische Ansätze innerhalb der eigenen Klasse
Alleinige Aufführungen: *Kontinuierliches Co-Teaching im Team* HfM Freiburg	Stärkung der Kollegialität, stärkerer Zusammenhalt Kontinuierliche Unterstützung im Team „Kulturwandel"

Tabelle 2: Mehrwert der Co- und Teamteachingformate aus Lehrendensicht

Angesprochen auf diese Frage gingen Studierende des Klassentauschs zuerst auf die erlebte angenehme familiäre Atmosphäre ein. Diese wird auf die Vertrautheit der Studierenden sowie der Co-Lehrenden untereinander, die Verbindung von Neuem mit Bekanntem, das Erleben von Kollegialität im Gegensatz zu Konkurrenzdenken sowie die offene Grundeinstellung aller Beteiligten zurückgeführt. Hohe Nervosität, Auftrittsangst und Leistungsdruck – Zustände, die von Creech et al. als größte Lernhürden unter Studierenden in Meisterkurssituationen beschrieben werden (2009, S. 324) – traten dadurch in den Hintergrund. Es wird darin der prägende Charakter unterschiedlicher Atmosphären auf das Lernen deutlich. Diesen unterstreicht Mahlert und definiert eine „anregende, zwischenmenschlich stimmige, positiv erlebte Atmosphäre" als „Grundvoraussetzung für gelingendes Lernen" (Mahlert, 2016, S. 197).

Ein zweiter zentraler Mehrwert von *Sporadischem, teamangelehntem Co-Teaching* gegenüber einem Meisterkursformat nimmt auf die nachträgliche Integration des neu Gelernten in bestehende Unterrichtskonzepte Bezug. Hier nahmen Studierende des Klassentauschprojekts bei ihrer Hauptfachlehrenden eine deutliche Veränderung in der Einstellung wahr. Anstelle der typischerweise erfahrenen Skepsis und Abwehrhaltung gegenüber neu erhaltenen Meisterkursimpulsen, wurden mit Neugier und Interesse die verschiedenen Herangehensweisen der Co-Lehrenden gemeinsam im Unterricht ausprobiert und in Verbindungen zur eigenen Schule gesetzt. Diese Bereitschaft, neue Ansätze annehmen und in den eigenen Unterricht integrieren zu wollen, führt die involvierte Professorin auf die Wertschätzung der Co-Lehrenden und die eigene Mitbeteiligung am Co- und Teamteachingprojekt zurück. Sie habe so größeres Verständnis für unterschiedliche Schulen aufbringen, diese unmittelbar mitverfolgen und nachvollziehen können. Ebenso bestand der Wunsch, dass Elemente ihrer Schule gleichermaßen von Kolleginnen übernommen würden.

4.2 Herausforderungen

Studierendenperspektive: Der Umgang mit unterschiedlichen Meinungen und das Austarieren der eigenen Rolle in diesem Prozess stellen Herausforderungen für Studierende dar (siehe Tabelle 3). Zudem verlangt das Ausprobieren und Abwägen unterschiedlicher Herangehensweisen ein größeres Arbeitsmaß. Aufgrund der zeitlichen Begrenzung des Klassentauschprojekts konnten Studierende das angebotene unterschiedliche Expertenwissen nicht maximal nutzen. Im Co-Teachingmodell der HfM Freiburg eingeschriebene Studierende halten einen hohen Zeitaufwand fest, der die Kommunikation in zwei Klassengemeinschaften, aber auch koordinierende Tätigkeiten umfasst. Zudem verlängert sich die Studieneingewöhnungsphase durch den Aufbau zweier, unterschiedlicher Lehrer-Schüler-Beziehungen. Problematische Situationen können entstehen, wenn sich ein Lehrender dem anderen unterlegen oder nicht auf dieselbe Art wertgeschätzt fühlt.

Lehrendenperspektive: Obwohl bereitwillig geleistet, sind alle beschriebenen Co-Teachingformate für Lehrende mit einem erheblichen organisatorischen sowie zeitlichen Mehraufwand verbunden (siehe Tabelle 4). Im kontinuierlichen Co-Teachingmodell der HfM Freiburg zögert eine längere Eingewöhnungsphase das Kennenlernen neu aufgenommener Studierender hinaus. Die meist im zweiwöchentlichen Turnus angelegten Unterrichtseinheiten bedingen eine größere Entfernung zur Entwicklung der Co-Studierenden.

4.3 Verbesserungsvorschläge und Visionen

Studierendenperspektive: Mehr Zeit, um maximal von allen Lehrenden profitieren zu können sowie zusätzliche Teamteachingstunden mit allen Beteiligten werden von Studierenden des Klassentauschs als zentrale Verbesserungsvorschläge aufgeführt (siehe

Tabelle 5). Auch wird im Sinne eines vielseitigen Meinungsaustauschs die Einbindung von Lehrenden in zeitlich ausgewogenem Umfang vorgeschlagen. Zukunftsvisionen umfassen die Etablierung eines regelmäßig stattfindenden, hochschulübergreifenden Klassentauschs, welcher z.B. als Wahlformat in Curricula integriert und mittels Credit Points honoriert werden könnte. Im kontinuierlichen Co-Teachingmodul in Freiburg eingeschriebene Studierende führen regelmäßige Planungstreffen mit beiden Hauptfachlehrenden als Verbesserungsvorschlag auf. Insbesondere voneinander abweichende Meinungen hinsichtlich Prüfungs- und Wettbewerbsplanungen könnten so mit allen Beteiligten gleichzeitig besprochen und eine gemeinsame Lösung gefunden werden.

	Studierendenperspektive
Formatübergreifende Aufführungen	Teilweise Überforderung und Verwirrung im Umgang mit doppeltem Input und voneinander abweichenden Lehransätzen Mehr Arbeit (auch auf mentaler Ebene)
Alleinige Aufführungen: Hochschulübergreifender Klassentausch HfM Saar – HfMT Hamburg	Knapper zeitlicher Rahmen
Alleinige Aufführungen: *Kontinuierliches Co-Teaching im Team* HfM Freiburg	Längere Eingewöhnungszeit zu Studienbeginn Zusätzlicher Aufwand für Planung und Koordination Probleme möglich bei unterschiedlicher Wertschätzung der Lehrenden seitens des Studierenden Keine etablierte Kommunikationsstruktur im Trio

Tabelle 3: Herausforderungen der Co- und Teamteachingformate aus Studierendensicht

	Lehrendenperspektive
Formatübergreifende Aufführungen	Zeitlicher sowie organisatorischer Mehraufwand
Alleinige Aufführungen: Hochschulübergreifender Klassentausch HfM Saar – HfMT Hamburg	Mehraufwand der hochschulübergreifenden Koordinierung
Alleinige Aufführungen: *Kontinuierliches Co-Teaching im Team* HfM Freiburg	Längere Eingewöhnungszeit mit neu aufgenommenen Studierenden Weniger Kontakt mit Co-Studierenden Mehr Aufwand durch mehr Studierende mit halben Plätzen in der Klasse

Tabelle 4: Herausforderungen der Co- und Teamteachingformate aus Lehrendensicht

	Verbesserungsvorschläge	Visionen
Alleinige Aufführungen: Hochschulübergreifender Klassentausch HfM Saar – HfMT Hamburg	Mehr Zeit Einbindung des Expertenwissens der beteiligten Professor/innen zu gleichen Teilen Zusätzlicher Gruppenunterricht Zusätzliches Rahmenprogramm Private Unterbringung bei involvierten Studierenden	Klassentausch in festen, regelmäßigen Abständen Fächerübergreifende Kammermusik inklusive Konzertaufführung Einbettung von Klassentauschprojekten als Wahlmöglichkeit in Curricula; Erhalt von Credit Points
Alleinige Aufführungen: *Kontinuierliches Co-Teaching im Team* HfM Freiburg	Ein Treffen pro Semester zu dritt (= Studierender + beide Co-Hauptfachlehrende)	

Tabelle 5: Verbesserungsvorschläge und Visionen für die Co- und Teamteachingformate aus Studierendensicht

Lehrendenperspektive: Trotz des damit verbundenen organisatorischen und zeitlichen Mehraufwands werden zusätzliche kollegiale Hospitationsmöglichkeiten im Rahmen des Klassentauschprojekts als Verbesserungsvorschlag genannt (siehe Tabelle 6). Stundendeputate für Co- und Teamteachingeinheiten sowie die Etablierung von Klassentauschprogrammen als festem Bestandteil in Lehrplänen stellen wünschenswerte zukünftige Entwicklungen seitens der Lehrenden dar. An der HfM Freiburg schließen sich Hauptfachlehrende des kontinuierlichen Co-Teachingmodells dem Wunsch ihrer Studierenden nach regelmäßig stattfindenden, organisierten Planungstreffen zu dritt an. Im *Sporadischen, teamangelehnten Co-Teaching* wird eine Ausweitung auf z.B. die Fachbereiche Klavier und Blasinstrumente innerhalb der HfM Freiburg angestrebt.

4.4 Gelingensbedingungen

Studierendenperspektive: Die Fähigkeit, offen und ohne sofort zu bewerten an neue Ansichten herantreten zu können, wird formatübergreifend als Hauptgelingensbedingung aufgeführt (siehe Tabelle 7). Zudem würden die wahrgenommene Wertschätzung und der respektvolle Umgang der Lehrenden untereinander das Annehmen und Ausprobieren der unterschiedlichen Herangehensweisen unterstützen.

Aufgrund der ähnlichen technischen Herausforderungen im Fach Violine und Viola konnten sich Studierende gut mit der interdisziplinären Ausrichtung des Klassentauschs identifizieren, standen darüber hinausgehenden interdisziplinären Verknüpfungen jedoch teilweise skeptisch gegenüber. Der Zeitpunkt des Klassentauschs am Anfang der Semesterferien wurde als günstig erachtet. Mit der Möglichkeit einer intensiven Vorbe-

	Verbesserungsvorschläge	**Visionen**
Alleinige Aufführungen: Hochschulübergreifender Klassentausch HfM Saar – HfMT Hamburg	Mehr Möglichkeiten für kollegiale Hospitation Zusätzliches Rahmenprogramm	Inklusion von Klassentauschprojekten in Lehrpläne Stundendeputat für Lehrende für Co- und Teamteaching Klassentausch in festen, regelmäßigen Abständen
Alleinige Aufführungen: *Kontinuierliches Co-Teaching im Team* HfM Freiburg	Ein Treffen pro Semester zu dritt (= Studierender + beide Co-Hauptfachlehrende)	
Alleinige Aufführungen: *Sporadisches, teamangelehntes Co-Teaching* HfM Freiburg		Erweiterung um weitere Fachbereiche

Tabelle 6: Verbesserungsvorschläge und Visionen für die Co- und Teamteachingformate aus Lehrendensicht

	Studierendenperspektive
Formatübergreifende Aufführungen	Offenheit seitens der Studierenden sowie Lehrenden Gegenseitige Wertschätzung der involvierten Lehrenden Respekt und Toleranz gegenüber unterschiedlichen Meinungen Fähigkeit der Hauptfachlehrenden, Verbindungen zwischen der eigenen Schule und den neuen Impulsen zu schaffen Geduld Sich darauf einlassen können Bedachte Auswahl der teilnehmenden Studierende durch Lehrende
Alleinige Aufführungen: Hochschulübergreifender Klassentausch HfM Saar – HfMT Hamburg	Wahl eines geeigneten Zeitpunkts z.B. in den Semesterferien Schulung der inneren Haltung der Studierenden im Vorfeld des Tauschs Interdisziplinäre Ausrichtung nur in unmittelbar miteinander verwandten Instrumentengruppen empfehlenswert Häufigkeit: nicht mehr als ein-, max. zweimal pro Semester

Tabelle 7: Gelingensbedingungen der Co- und Teamteachingformate aus Studierendensicht

reitung mit dem eigenen Hauptfachlehrenden ermöglichte dieser außerhalb des Studienbetriebs die uneingeschränkte Konzentration auf das Projekt und ließ im Anschluss genügend Raum für die Verarbeitung erhaltener Ideen. Studierende des Klassentauschs erachten zudem die erhaltene, die innere Haltung betreffende Co- und Teamteachingvorbereitung seitens der Lehrenden als notwendig:

> „Es sollte von den beiden Professoren einfach von vorneherein der Klasse eingetrichtert werden, dass sie offen sind für die andere Schule in der Zeit. Danach kann man auch kritisch darüber nachdenken und sich überlegen, was man davon mitnimmt,

> aber es ist bei Studenten, glaube ich, zu oft die Gefahr, dass man, wenn man eine Schule im Studium kennenlernt, erstmal denkt, diese ist die eine Schule und das ist für mich die richtige und viele schnell zu eingeschränkt sind dadurch […].“

Lehrendenperspektive: Auf Seite der Lehrenden zählen Teamgeist zuzüglich der Faktoren Vertrauen, Respekt und gegenseitige Wertschätzung zu den übergeordnet aufgeführten Gelingensbedingungen (siehe Tabelle 8), welches folgende Aussage einer Professorin der HfM Freiburg unterstreicht:

> „Respekt und Vertrauen. Das ist Punkt eins. Es funktioniert nur, wenn das Denken weggeht: Mein Student hat gewonnen, mein Student hat ein Probespiel gewonnen. Es ist unser Student. Es funktioniert nur, wenn ich respektiere, dass der andere eine andere Meinung hat. Wenn der Student nicht tut, was ich will, weil der andere was anderes sagt und er sich dafür entscheidet, dass ich damit umgehen kann. Dass ich offener unterrichte, also weniger meine Meinung aufdrücke, weniger meine Art. Und es funktioniert nur, wenn man wirklich miteinander umgehen kann.“

Im Klassentauschprojekt machte zudem die hochschulübergreifende Komponente eine hinreichend finanzielle Unterstützung notwendig. Um neue Impulse sowohl auf Studierenden- als auch auf Lehrendenseite besser verarbeiten und integrieren zu können, wird hier zu einer Durchführung in jährlichen Abständen geraten.

Das kontinuierliche Co-Teachingmodul in Freiburg basiert auf der Unterstützung der Verwaltung sowie der Hochschulleitung. Lehrende führen darüber hinaus den vor einigen Jahren in der Streicherabteilung erfolgten Generationswechsel als mögliche Gelingensbedingung auf. Effektives Co- und Teamteaching sei eine Konstellations-, Mentalitäts- sowie Kulturfrage und das personenabhängige Gefüge fragil.

Obwohl in der Ausrichtung unterschiedlich, verbinden die beschriebenen Co- und Teamteachingpraktiken der Musikhochschulen Saar, Hamburg und Freiburg zahlreiche formatübergreifenden Äußerungen zu Stärken und Herausforderungen sowie zu Gelingensbedingungen. Allen beschriebenen Co- und Teamteachingformaten sprechen Studierende sowie Lehrende mehr Stärken als Herausforderungen zu. Hierbei überwiegt der erfahrene Mehrwert dem beidseitig als Hauptnegativum aufgeführten zeitlichen sowie organisatorischen Mehraufwand. Lehrende sowie Studierende profitieren von vielseitigem Expertenwissen, unterschiedlichen Herangehensweisen und zusätzlichen Feedbackquellen. Die gleichzeitig als verwirrend und bereichernd empfundene Auseinandersetzung mit unterschiedlichen Meinungen verdeutlicht, dass es sich bei Co- und Teamteaching um einen Prozess handelt, der persönlicher Reife sowie einer individuell geprägten Eingewöhnungsphase bedarf. Abhängig von Konstellation, Mentalität und Kultur, werden Respekt, Offenheit und Vertrauen als übergeordnete Gelingensbedingungen für effektives Co- und Teamteaching aufgeführt.

	Lehrendenperspektive
Formatübergreifende Aufführungen	Offenheit, Neugier Gegenseitige Wertschätzung der Lehrenden untereinander, Vertrauen, Respekt Teilen derselben pädagogischen Grundeinstellung bei voneinander abweichendem, teilweise sich ergänzendem Expertenwissen Persönliche Bekanntschaft der Lehrenden im Vorfeld, „auf derselben Wellenlänge sein" Bedachte Auswahl von sowohl künstlerisch als auch persönlich reifen und offenen Studierenden Gemeinsames Ziel der Lehrenden Gleiches Engagement aller mitwirkenden Lehrenden Gute Kooperation, Organisation und Kommunikation Einsatzbereitschaft, Eigeninitiative Gegenseitige Unterstützung der Lehrenden Ehrlichkeit Sich selbst als Lehrender zurücknehmen können Die Teilnahme an Co- und Teamteachingformaten basiert auf einem freien Entschluss der Lehrenden.
Alleinige Aufführungen: Hochschulübergreifender Klassentausch HfM Saar – HfMT Hamburg	Finanzielle Unterstützung Häufigkeit: nicht mehr als einmal jährlich
Alleinige Aufführungen: *Kontinuierliches Co-Teaching im Team* HfM Freiburg	Unterstützung, Sorgfalt und Aufmerksamkeit der Verwaltung, klare Kommunikation und Zuweisung von Zuständigkeiten Unterstützung der Hochschulleitung Flexibilität der Lehrenden in der Unterrichtsplanung Individuell stimmiger, ausbalancierter Anteil an im Co-Teachingmodell eingeschriebener Studierender innerhalb der eigenen Klasse Maximal zwei Hauptfach-Co-Lehrende empfehlenswert Sich Zeit nehmen in der Eingewöhnungsphase

Tabelle 8: Gelingensbedingungen der Co- und Teamteachingformate aus Lehrendensicht

5 Leitlinien für effektives Co- und Teamteaching

Co- und Teamteaching stellen nicht für alle Lehrende im künstlerischen Einzelunterricht angenehme, gewinnbringende Unterrichtsformen dar. Mit der engen Zusammenarbeit mit weiteren Fachexpertinnen und -experten, dem flexiblen Anpassen und Ausrichten des eigenen Lehrverhaltens sowie dem Tragen einer gemeinsamen Verantwortung sind zahlreiche Herausforderungen verknüpft. Gleichzeitig verkörpern diese Faktoren für andere eine spannende Quelle, die die Begeisterung für das Lehren und Lernen aufrechtzuerhalten vermag. Cook und Friend (1995) raten in einem ersten Schritt zu sorgfältigem Hinterfragen der eigenen Bereitschaft und empfehlen in diesem Zusammenhang das Nachsinnen folgender Fragestellungen (1995, S. 10):

1. Inwiefern bin ich dazu bereit, Lehrtätigkeiten, für die ich besonders qualifiziert bin, von jemand anderem ausführen zu lassen? (*To what extent am I willing to let someone else carry out teaching tasks at which I am particularly skilled?*)
2. Inwiefern bin ich dazu bereit, Kolleginnen und Kollegen Einblicke in Aspekte meiner Lehre zu gewähren, in denen ich nicht besonders geschickt bin? (*How willing am I to allow a collegue to see aspects of my teaching in which I am not particularly skilled?*)
3. Inwieweit bin ich der Auffassung, dass es mehr als nur einen richtigen Weg für die Ausübung beinahe jeder Lehr-/Lerntätigkeit gibt? (*To what degree do I believe that there is more than one right way to carry out almost any teaching/learning task?*)
4. Inwiefern bin ich dazu bereit, das Gespräch mit einem Kollegen oder einer Kollegin zu suchen, wenn ich anderer Meinung bin oder ein Anliegen habe? (*How willing am I to tell a colleague when I disagree about an issue or have a concern?*)

5.1 Notwendige Eigenschaften von Co- und Teamlehrenden

An obige Fragestellungen anknüpfend und aufbauend auf den in Tabelle 8 aufgeführten Gelingensbedingungen umfassen notwendige Charakteristika von Co- und Teamlehrenden Offenheit, Flexibilität und Einsatzbereitschaft. Zwischenmenschliches Geschick und ausgeprägte kommunikative Fähigkeiten, die sich bspw. in Form gegenseitiger Unterstützung bei unterrichtsbezogenen Problemen mit Studierenden äußern können, stellen weitere relevante Eigenschaften dar. Cook und Friend (1995) verweisen zudem auf die Notwendigkeit eines sachlichen Urteilsvermögens. Dieses sei für das Abwägen unterschiedlicher kollegialer Impulse und deren Übertragung in die eigene Lehre unabdingbar (1995, S. 10). Basis für gelingendes Co- und Teamteaching ist die Freiwilligkeit der Lehrenden, in diese Lehr-/Lernräume eintreten zu wollen (Armbruster & Howe, 1985; Dettmer, Dyck & Thurston, 1996). Schließlich stellen Respekt, Vertrauen und gegenseitige Wertschätzung Grundpfeiler einer jeden effektiven Co- und Teamteachingbeziehung dar, die Cook und Friend (1995) demzufolge als „form of professional marriage“ bezeichnen (1995, S. 10).

5.2 Aufbau und Erhalt effektiver Co- und Teamteachingbeziehungen

Wie können Co- und Teamteachingbeziehungen aufgebaut und gestaltet werden? Im sonderpädagogischen Kontext raten Friend und Bursuck (1996) zu einer Unterteilung des Arbeitsverhältnisses in vielschichtige Ebenen und versehen jede dieser Ebenen mit seitens der Co- bzw. Teamlehrenden individuell zu beantwortenden Fragen. An diese Vorgehensweise anlehnend ergibt sich ein für den künstlerischen Einzelunterricht an

Musikhochschulen adaptiertes Fragengerüst für den Aufbau und Erhalt effektiver Co- und Teamteachingbeziehungen wie in Tabelle 9 dargestellt.

Themenfeld	Fragen
Pädagogische Grundeinstellung	Was verstehen wir unter Lehren und Lernen? Wie definiert sich unsere übergeordnete Unterrichtsphilosophie? Welche Rollen nehmen Lehrende/Lernende darin ein?
Planung	Wann bieten sich Zeitfenster zur Unterrichtsplanung an? Wie können wir die Verantwortung der künstlerischen Betreuung und unsere Planungspflichten sinnvoll aufteilen – wer ist für was Hauptansprechperson? Welche Tools könnten wir einführen um unsere Planung zu erleichtern?
Gleichwertigkeit	Wie können wir vor Studierenden und anderen (z.B. Kolleginnen und Kollegen, der Verwaltung, der Hochschulleitung) Gleichwertigkeit in der gemeinsamen künstlerisch-pädagogischen Arbeit ausdrücken?
Vertraulichkeit	Welche Informationen zu unserem Unterrichtsarrangement möchten wir mit anderen teilen? Welche Informationen zu unserem Unterrichtsarrangement sollten nicht nach außen dringen? Welche Informationen über Studierende können mit anderen geteilt werden? Welche Informationen über Studierende sollten nicht nach außen dringen?
Disziplin	Welches Verhalten von Studierenden ist angemessen bzw. unangemessen? Wer sollte wann bei bestimmten Studierendenreaktionen einschreiten?
Feedback	Welche Art(en) des Feedbackgebens und -nehmens funktioniert für uns am besten? Wie garantieren wir, dass sowohl positive als auch negative Aspekte angesprochen werden?

Tabelle 9: Unterstützende Fragen für den Aufbau und Erhalt von Co- und Teamteachingbeziehungen (adaptiert nach Friend & Bursuck, 1996, S. 87)

5.3 Notwendige Eigenschaften von Co- und Teamstudierenden

Auch für Studierende gilt: Co- und Teamteaching ist nicht für jedermann geeignet. Dies bestätigen Beobachtungen an der HfM Freiburg. Bislang wurde von keiner bzw. keinem der im herkömmlichen Hauptfachmodul eingeschriebenen Studierenden der Wunsch geäußert, in das *Kontinuierliche Co-Teachingmodell* überzutreten. Die Erfahrungsberichte zu den Praxisbeispielen an Netzwerkhochschulen unterstreichen, dass eine gewisse künstlerische, technische sowie persönliche Reife für einen gewinnbringenden Umgang mit teilweise widersprüchlichen Herangehensweisen unterschiedlicher Lehrender notwendig ist. Offenheit, Flexibilität sowie die Erkenntnis, dass vielseitige Ansätze zum Ziel führen können, sind dafür unabdingbar. Das Abwägen von teilweise widersprüchlichen Impulsen erfordert darüber hinaus ein kritisches Urteilsvermögen, Entscheidungsfreude, ein hohes Maß an Eigenverantwortung, Mut und Selbstbewusstsein. Anstatt der Führung und den Entscheidungen eines Lehrenden zu folgen, findet man sich als Co-Studierender verstärkt selbst in der Rolle des Entscheidungstragenden wieder (vgl. Haddon, 2011). Eine effektive Verständigung mit zwei Hauptfachlehrenden bedarf ferner einer ausgeprägten Sozialkompetenz, kommunikativer Fähigkeiten, Respekt und Ehrlichkeit. Außerdem zählen Geduld und Experimentierfreude, insbesondere in Eingewöhnungsphasen, zu wichtigen Eigenschaften von Co- und Teamteachingstudierenden. Auch versprechen Mitspracherecht und Freiwilligkeit auf Studierendenseite im Eingang eines Co- bzw. Teamteachingverhältnisses größere Erfolge dieser Methoden.

5.4 Geeignete Häufigkeit von Co-Teaching

Studierende des Klassentauschs zwischen der HfM Saar und der HfMT Hamburg betonen die Notwendigkeit eines kontinuierlichen Arbeitens mit einem Hauptfachlehrenden. In ihrer Empfehlung, *sporadisches, teamangelehntes Co-Teaching* nicht mehr als maximal zweimal pro Semester durchzuführen, schließen sie sich der in der Studie von Creech et al. (2009) von Studierenden geäußerten optimalen Häufigkeit von Co- und Teamteachingangeboten an. Die Frage nach einem geeigneten Umfang steht in Anbetracht der Vereinbarung des Mehraufwands von Co- und Teamteaching mit dem herkömmlichen Unterrichtsalltag auf Lehrendenseite an erster Stelle (vgl. Cook & Friend, 1995). Die Praxis belegt jedoch, dass Zeit und Mehrarbeit als Hauptfallstricke von Co- und Teamteaching zur Nebensache werden, wenn der persönliche Nutzen überwiegt (vgl. auch Wobak & Schnelzer, 2015; Crawford & Jenkins, 2015). Für den eigenen pädagogischen Halt und um Co-Studierenden optimal betreuen zu können, rät eine Professorin des kontinuierlichen Co-Teachingmoduls der HfM Freiburg zu einer stimmigen Balance. Die Bestimmung eines individuell passenden Maßes obläge hierbei jeder Lehrperson selbst.

5.5 Zur Eignung unterschiedlicher Co- und Teamteachingformate im Kontext Musikhochschule

Für den Kontext Musikhochschule scheint Co-Teaching im Allgemeinen in zweierlei Hinsicht praktikabler als Teamteaching. Zum einen ist aufgrund der unterschiedlichen Anwesenheits- und Unterrichtszeiten von künstlerisch aktiven Lehrenden, Teamteaching schwer zu realisieren. Zum anderen wird seitens der Lehrenden das gemeinsame Unterrichten mit Kolleginnen und Kollegen nicht immer als weiterführend erachtet, wie folgende Interviewausschnitte[3] verdeutlichen:

> „Co-Regie ist [...] schwierig. Man müsste dann total symbiotisch sein. Aber das heißt nicht, dass wir nicht einander zugucken oder das wir uns besuchen im Unterricht oder auch über Studierende diskutieren [...] Aber zu zweit zu unterrichten im szenischen Bereich ist schwer.“

> „Wenn ich dann in einem anderen Unterricht bin und versuche, was zu erklären, kann es sein, dass der Lehrer das ganz anders versteht und dann einen ganz anderen Kommentar dazu gibt und gerade den Kommentar, den ich eigentlich gerade gar nicht wollte. Und das finde ich ganz schwierig. [...] [Co-Teaching] kann ich mir z.B. sehr gut vorstellen, weil da die Studenten einfach sehr unterschiedliche Sachen vermittelt bekommen.“

Inwieweit die geäußerte Ablehnung von Teamteaching auf Unerfahrenheit der Lehrenden mit der Methode im Allgemeinen, insbesondere in kritisch-konstruktiver Dialogführung, zurückzuführen ist, lässt sich nicht beurteilen. Auch könnten der fachliche Kontext (hier: szenisches Arbeiten) und mangelnde Grundvoraussetzungen für erfolgreiche Teamarbeit eine Rolle gespielt haben. Beide Zitate verdeutlichen jedoch, dass Interesse an und Bereitschaft für die Methode Co-Teaching vorliegen (vgl. auch Jørgensen, 2009, S. 109–110). Darüber hinaus suggerieren die von Lehrenden offenbarte Sorge und Angst vor einem unmittelbaren Vergleich der Studierenden sowie vor der Bewertung der eigenen pädagogischen Kompetenz durch das Kollegium, dass Co-Teaching gegenüber Teamteaching bei Lehrenden auf größere Resonanz stoßen könnte (vgl. Haddon, 2011, S. 80). Hochschulübergreifende Co- und Teamteachingformate bieten für fachliche Einzelkämpferinnen bzw. -kämpfer kleiner Hochschulen die Möglichkeit eines innerfachlichen Austauschs. Darüber hinaus kann eine neutrale Umgebung außerhalb des eigenen Kollegiums Druck nehmen und zu effektiverem Ausgestalten von Co- und Teamteaching führen.

6 Fazit und Ausblick

Die Erörterungen erfolgreicher Praxisbeispiele für Co- und Teamteaching im *Netzwerk Musikhochschulen* unterstreichen, dass der propagierte Mehrwert dieser Methoden bestimmter Grundvoraussetzungen und einer effektiven Ausgestaltung bedarf. Co- und Teamteachingformate der Musikhochschulen Saar, Hamburg und Freiburg zeigen vielseitige Umsetzungsmöglichkeiten. Co- und Teamteaching können und sollen einen langfristig angelegten Einzelunterricht zwischen Studierenden und Lehrenden jedoch

---

3 Aussagen von Lehrenden, die im Rahmen der Bedarfs- und Machbarkeitsstudie des *Netzwerk Musikhochschulen* interviewt wurden (Interview Nr. 4 und 5; vgl. den Beitrag von Christine Baus, Maika Dübler und Karin Wessel (2017) in diesem Band).

nicht ersetzen (vgl. Lalli, 2004). Das kontinuierliche Co-Teachingmodul der HfM Freiburg verdeutlicht aber, dass eine Betreuung sowohl von einem als auch von zwei Hauptfachlehrenden geleistet werden kann.

One size does not fit all. Das Vorhandensein divergierender Bedürfnisse unterschiedlich geprägter und interessierter Studierender sowie Lehrender ist im musikhochschulischen Kontext offenkundig. Gleichermaßen ist eine ebensolche Zusammensetzung spannend und gewinnbringend. Um dieser Vielfalt gerecht zu werden und um die Entwicklung von Lehrenden sowie Studierenden optimal fördern zu können, sind das Angebot und die freie Wahl vielfältiger Unterrichtsformen ratsam. Die „klassische" Einzelunterrichtsform ergänzend, stellen der Auf- und der Ausbau effektiver Co- und Teamteachingpraktiken sinnvolle Ansatzpunkte für Musikhochschulen dar. Hierfür notwendig sind, wie die Analyse gezeigt hat, in erster Linie Raum, Zeit und Anerkennung. Auf Lehrendenseite könnten Stundendeputate für Co- und Teamteaching unterstützend wirken, wie beispielsweise im Fachbereich Musik der *University of Glasgow* der Fall. Gleichermaßen wäre die Honorierung von Co- und Teamteachingeinheiten durch Credit Points sowie die Inklusion von Co- und Teamteachingangeboten in Curricula für Studierende wünschenswert (vgl. Creech et al., 2009). In einem Orientierungsband zur Sicherung und Weiterentwicklung von Schulqualität verweisen Schratz und Westfall-Greiter (2010) zudem auf ein notwendiges Umdenken in der Ausbildung von Lehrkräften. Diese unterstütze vielerorts veraltete Rollenbilder von Lehrenden als vorrangig individuelle Einzelkämpfer. Die Formung entsprechender Selbstkonzepte und beruflicher Mentalitäten wirke den Anforderungen kooperativer und kollegialer Institutions- und Unterrichtsentwicklung vielfach entgegen (Schratz & Westfall-Greiter, 2010, S. 122). In diesem Zusammenhang wäre auch ein stärkerer Fokus auf Vermittlungspraktiken von Co- und Teamteaching in der instrumental- und gesangspädagogischen Ausbildung an Musikhochschulen sowie im Rahmen hochschuldidaktischer Weiterbildungsangebote für eine längerfristige Implementierung dieser Methoden von Vorteil. Gleichermaßen betrifft die Aufforderung, im Kontext von Co- und Teamteaching ggf. „alte" Rollenbilder von Meister-Lehrling-Beziehungen zu hinterfragen, Studierende. Statt Anweisungen von Lehrpersonen kommentarlos und nickend entgegenzunehmen, setzt effektives Co- und Teamteaching verstärkt selbstständig mitgestaltende und Verantwortung tragende Lernende voraus. Es bedarf demnach Lernender, die ein Bewusstsein für diese Studierendenrolle in erweiterten Lehrer-Schüler-Beziehungen mitbringen.

Um Co- und Teamteaching an Musikhochschulen deutschlandweit voranzutreiben, sind Unterstützung, Austausch und eine umfangreiche Dokumentation weiterer Erfahrungswerte notwendig. Anknüpfende Forschungsfragen könnten hierbei vielseitige Themenbereiche aufgreifen: Wie wirkt sich effektives Co- und Teamteaching auf das Kollegium an Musikhochschulen insgesamt aus? Welche Langzeiteffekte kann kontinuierliches Co-Teaching als Studienmodul im Gegensatz zu ergänzendem, sporadischem Co-Teaching für Lehrende sowie Studierende aufweisen? Gestaltet sich der Übergang in den Arbeitsmarkt für Co- und Teamstudierende und Studierende, die ausschließlich von einer Lehrperson betreut wurden, auf ähnliche Weise? In letztgenanntem Zusammenhang sei in Anbetracht des aktuellen Arbeitsmarkts auf die Aussage von Wöllner und Ginsborg verwiesen. Diese fordern: „Teaching should meet the needs of the profession“ (Wöllner & Ginsborg, 2011, S. 302). Sie beziehen sich dabei auf Absolventenstudien von Gembris und Langer (2005), die zeigen, dass nur wenige Absolventinnen und Absolventen von Musikhochschulen solistisch tätig sind. Vielmehr ist der verstärkte Zusammenschluss mit unterschiedlichsten Personen bei der künstlerischen Arbeit zu beobachten (Gembris & Langer, 2005). Die Auseinandersetzung mit divergierenden Ansichten, das Kennenlernen vielfältiger methodischer Herangehensweisen und Vertrautheit mit kritisch-konstruktiver Gesprächsführung stellen demnach relevante Fähigkeiten dieser Künstlergruppe dar. Musikhochschulen sollten den Erwerb dieser Kenntnisse ermöglichen (vgl. Bennett & Hannan, 2008). Effektives Co- und Teamteaching könnte hierfür ein geeigneter Ansatz sein.

Einen Ausblick auf potenzielle Auswirkungen der Methoden Co- und Teamteaching geben Wobak und Schnelzer in ihren Teamteachingbetrachtungen an der Neuen Mittelschule in Österreich (Wobak & Schnelzer, 2015). Teamteaching ist dort nicht nur Teil des pädagogischen Konzepts und gesetzlich verankert, sondern beschreibt zudem eine Organisationsform. Hierbei wird Kollegialität als zentraler Aspekt für Schulqualitätsentwicklung, Teamteaching als zentraler Ansatz für gelebte Kollegialität und gelebte Kollegialität als förderndes Element für die Stärkung der Lehrpersönlichkeit begriffen (Wobak & Schnelzer, 2015, S. 2–3). Dieser Aspekt der Qualitätsentwicklung setze jedoch zwei Dinge voraus: Einerseits müsse die Schulleitung über profunde Kenntnisse der Stärken der einzelnen Kolleginnen und Kollegen verfügen, andererseits müsse das Bewusstsein einer Mitverantwortung der Lehrenden im Organisationsentwicklungsprozess geschärft werden (Wobak & Schnelzer, 2015, S. 37; S. 41). Dass Co- und Teamteaching im universitären Kontext mehr sein können als „nur“ innovative Lehr-/Lernmethoden bzw. Unterrichtsformen betont Mansell (2006). Auch dieser betrachtet Co- und Teamteaching – insofern effektiv umgesetzt – als ein übergeordnetes „organizational concept“ (Mansell, 2006, S. 19). Würde sich dieser Ansatz ebenso an Musikhochschulen anbieten? Ist die Einführung von Co- und Teamteaching als Teile einer institutionellen Strategie sinnvoll? Äußerungen von Lehrenden des Co-Teachingmoduls der HfM Freiburg deuten bereits auf einen über den persönlichen Mehrwert für Studierende und Lehrende hinausragenden, institutionellen Mehrwert hin. In den Streicherklassen wird hier die familiär geprägte Atmosphäre hervorgehoben. Ferner ist von einem Kulturwandel die Rede. Es bleibt zu beobachten, inwieweit sich dieser über einzelne Fachbereiche hinaus auch auf gesamte Musikhochschulen übertragen vermag.

Literatur

Armbruster, B. & Howe, C. E. (1985). Educators team up to help students learn. *NASSP Bulletin* 69 (479), 82–86.

Bartleet, B. & Hultgren, R. (2008). Sharing the podium: exploring the process of peer learning in professional conducting. *British Journal of Music Education* 25 (2), 193–206.

Baus, C., Dübler, M. & Wessel, K. (2017). Gestaltung von Lehre – Lehre aus der Sicht der Lehrenden auf Grundlage einer Bedarfs- und Machbarkeitsstudie. In B. Clausen & H. Geuen (Hg.), *Qualitätsmanagement und Lehrentwicklung an Musikhochschulen. Konzepte – Projekte – Perspektiven* (S. 167–178). Münster: Waxmann.

Bauwens, J. & Hourcade, J.L. (1995). *Cooperative teaching: rebuilding the school house for all students.* Austin, TX: Pro-Ed.

Bennett D. & Hannan, M. (Hg.) (2008). *Inside, Outside, Downside Up: Conservatoire Training and Musicians' Work.* Perth, WA: Black Swan Press.

Boulay, M. (2005). *Teacher Content and Pedagogical Learning in Secondary Team Teaching Settings.* Unpublished Dissertation. Boston: Boston University School of Education.

Cook, L. & Friend, M. (1995). Co-Teaching: Guidelines for creating effective practices. *Focus on Exceptional Children* 28 (3), 1–25.

Crawford, R. & Jenkins, L. (2015). Investigating the importance of team teaching and blended learning in tertiary music education. *Australian Journal of Music Education* (2), 3–17.

Creech, A., Gaunt, H., Hallam, S. & Robertson, L. (2009). Conservatoire students' perceptions of Master Classes. *British Journal of Music Education* (26), 315–331.

Dettmer, P.A., Dyck, N.T. & Thurston, L.-P. (1996). *Consultation, collaboration, and teamwork for students with special needs.* Boston: Allyn & Bacon.

Friend, M. & Bursuck, W. (1996). *Including Students with Special Needs: A Practical Guide for Classroom Teachers.* Boston: Allyn & Bacon.

Friend, M. & Cook, L. (2007). *Interaction: Collaboration skills for school professionals.* Boston: Allyn & Bacon.

Gaunt, H. (2008). One-to-one tuition in a conservatoire: the perceptions of instrumental and vocal teachers. *Psychology of Music* (36), 215–245.

Gembris, H. & Langer, D. (2005). *Von der Musikhochschule auf den Arbeitsmarkt. Erfahrungen von Absolventen, Arbeitsmarktexperten und Hochschullehrern.* Augsburg: Wißner.

Haddon, E. (2011). Multiple teachers: multiple gains? *British Journal of Music Education* (28), 69–85.

Jørgensen, H. (2009). *Research into Higher Music Education: An overview from a quality improvement perspective.* Oslo: Novus Press.

Knights S. & Sampson, J. (1995). Reflection in the context of team teaching. *Studies in Continuing Education* 17 (1&2), 57–69.

Kugler, E.M. (1970). Team teaching: a first attempt. *Improving College and University Teaching* (18), 300–302.

Lalli, R. (2004). Master plan: how to get the most out of a master class. *Opera News* (69), 24–26.

Mahlert, U. (2016). Kommunikation im Unterricht. In B. Busch (Hg.), *Grundwissen Instrumentalpädagogik. Ein Wegweiser für Studium und Beruf* (S. 193–217). Wiesbaden: Breitkopf & Härtel.

Mansell, J. (2006). Team teaching in Further Education. *Educational Research* 17 (1), 19–26.

Rolff, H.-G., Buhren, C.G., Lindau-Bank, D. & Müller, S. (2011). *Manual Schulentwicklung. Handlungskonzept zur pädagogischen Schulentwicklungsberatung.* Weinheim und Basel: Beltz.

Schratz, M. & Westfall-Greiter, T. (2010). *Schulqualität sichern und weiterentwickeln. Orientierungsband.* Seelze: Klett Kallmeyer.

Welch, M. & Sheridan, S.M. (1996). *Tele-educational consortium: Strategies for school-based and school-home partnerships.* Salt Lake City, UT: University of Utah.

Wobak, M. & Schnelzer, W. (2015). *Teamteaching: Kollegiale Kooperation für gelingendes Lehren und Lernen.* Zentrum für lernende Schulen, NMS-Entwicklungsbegleitung (Hg.). Verfügbar unter: http://nms.tsn.at/sites/nms.tsn.at/files/upload/Teamteaching%202015.pdf [29.08.2016].

Wöllner, C. & Ginsborg, J. (2011). Team teaching in the conservatoire: The views of music performance staff and students. *British Journal of Music Education* (28), 301–323.

Aristotelis Hadjakos

Technologieunterstützter Instrumentalunterricht

Technology-Assisted Instrumental Teaching

The article addresses the use of computer-based systems in instrumental teaching. It distinguishes between communication-oriented approaches that decouple teachers and learners in time and space, and technology-augmented approaches that can support learning processes directly. An important way in which computer-based teaching systems offer added value is that they permit detailed feedback on the musical result, for example by allowing the quality of instrumental playing to be visualised directly in the music score or by giving feedback about the execution of the performance through sensor-based recording of movements.

Typen von Lernsystemen

Als eines der ersten computerbasierten Unterrichtssysteme wurde in den 1960er-Jahren PLATO entwickelt. Das PLATO-System bot zur damaligen Zeit ein interaktives Terminal mit Bildschirm und Tastatur für die Ein- und Ausgabe von Text. Spätere Versionen des Systems erweiterten die Möglichkeiten um Grafik, Animationen und Simulation. Mithilfe einer Skriptsprache konnten Lehrer ihre eigenen Kurse erstellen (Van Meer, 2003). Durch die Möglichkeit mittels PLATO einen externen Musiksynthesizer zu steuern, wurde das Medium Musik auch schon bald unterstützt. Dies ermöglichte es, mit PLATO Gehörbildung (Scaletti, 1985) und Musiktheorie (Van Meer, 2003) zu unterrichten. Aktuelle Unterrichtssysteme für Gehörbildung und Musiktheorie sind inhaltlich mit PLATO durchaus vergleichbar, wobei die neuen Systeme meistens webbasiert sind und zudem eine Kommunikation zwischen verschiedenen Nutzern ermöglichen.[1]

Aber nicht nur für die Musiktheorie, auch für das Instrumentalspiel existieren Lernsysteme. Bei diesen möchte ich zwischen einem kommunikationsorientierten und einem technologisch-augmentierten Ansatz unterscheiden. Beim *kommunikationsorientierten Ansatz* wird der Computer lediglich als Kommunikationsmedium genutzt. Dabei werden Schüler und Lehrende räumlich und zeitlich entkoppelt. Ein Eingriff in fachliche Aspekte des Unterrichts ist dabei im Gegensatz zum technologisch-augmentierten Ansatz nicht intendiert, auch wenn die Nutzung des Kommunikationsmediums Änderungen des Unterrichtstils nahelegen und neue Unterrichtsmethoden ermöglichen kann. Beispiele

1 Siehe dazu die Beiträge von Frederic Neuß und André Stärk (2017) sowie von Dirk Bechtel (2017) in diesem Band.

für den kommunikationsorientierten Ansatz sind Instrumentalspiel-Tutorials auf Videoplattformen wie Youtube oder der von Heiden (2017) in diesem Band vorgestellte Ansatz, bei dem Videoaufnahmen annotiert werden. Ein weiteres Beispiel ist das Tele-Teaching von Musikschülern, das heute oft über weit verbreitete und einfach zu nutzende Videokonferenzsysteme wie Skype realisiert wird (trotz der Abstriche, die bei der Audioqualität gemacht werden müssen).

Beim *technologisch-augmentierten Ansatz* geht es nicht um die zeitliche und räumliche Entkoppelung von Lehrenden und Lernenden, sondern um die Unterstützung des Lernprozesses durch technologische Hilfsmittel. Ein frühes Beispiel eines technischen Hilfsmittels für das Musiklernen ist das Metronom, mit dem rhythmisch anspruchsvolle Passagen einstudiert oder Tempoverläufe gestaltet und überprüft werden können.

Percival, Wang und Tzanetakis (2007) unterscheiden zwischen Lernsystemen, die einzelne Fertigkeiten trainieren (z.B. rhythmische Genauigkeit oder Intonation), und ganzheitlichen Systemen, die eine Unterstützung ähnlich wie ein „virtual teacher“ (Percival, Wang & Tzanetakis, 2007, S. 67) bieten und somit insbesondere auch für Autodidakten geeignet sind. Ein Beispiel hierfür ist der „Piano Tutor“ von Dannenberg et al. (1993). Dieser vermittelt grundlegende Kenntnisse des Klavierspiels multimedial durch Videos, Texte, Musiknotation, Grafik, synthetisierte Musik und gesprochene Sprache. Beim Üben wird das Spiel des Schülers mit dem Notentext abgeglichen und Fehler und Ungenauigkeiten erkannt. Basierend auf einem didaktischen Design wählt das System je nach Stärken und Schwächen des Schülers neue Lerninhalte und Musikstücke aus.

Die meisten Systeme, die einen technologisch-augmentierten Ansatz verfolgen, sind Feedbacksysteme. Musizierende erhalten beim Instrumentalspiel eine Vielzahl von Sinneseindrücken: der Klang, die taktile und kinästhetische Wahrnehmung, visuelle Eindrücke etc. Feedbacksysteme bieten nun Zusatzinformationen, die dieses intrinsische Feedback erweitern. Dabei unterscheidet man zwischen ergebnisbezogenem („Knowledge of Results, KR“) und verlaufsbezogenem Feedback („Knowledge of Performance, KP“) (Schmidt & Lee, 2005, S. 366). Beim Instrumentalspiel ist KR eine Rückmeldung zum musikalischen Ergebnis, z.B. Feedback zur rhythmischen Genauigkeit oder Intonation. KP hingegen ist eine Rückmeldung über die Ausführung, z.B. Feedback zur Bogenführung, zur Bewegung oder zur Muskelanspannung.

Ergebnisbezogenes Feedback

Ergebnisbezogenes Feedback beruht auf der Analyse von Audiosignalen oder MIDI-Daten elektronischer Instrumente. Während Tonhöhe, Timing und Tondauer in diesen MIDI-Daten direkt ablesbar sind, müssen solche musikalische Parameter erst mit beträchtlichem Aufwand aus Audiosignalen extrahiert werden. Eine Übersicht der hierfür existierenden Verfahren bietet die Arbeit von Klapuri und Davy (2006). Verschiedene Lernsysteme setzen Score-Following-Verfahren ein, um eine Interpretation mit einer Notendarstellung zu synchronisieren. Während frühe Score-Following-Lösungen MIDIbasiert waren (Dannenberg, 1985; Vercoe, 1984), können heute auch Audiosignale in Echtzeit synchronisiert werden (Raphael, 2009).

Die extrahierten Informationen werden oftmals mit zusätzlichen Zeichen und Markierungen im Notentext visualisiert. So markiert das pianoForte-System von Smoliar, Waterworth und Kellock (1995) Tempo, Artikulation und Dynamik: Die Noten werden je nach Lautstärke eingefärbt, sodass eventuell ungewollt schwankende Dynamik durch häufige Farbwechsel erkennbar wird. Zudem wird das jeweilige (Mikro-)Tempo als Graph unter den Noten angezeigt. Die Artikulation wird visualisiert, indem die effektiv gespielte Länge mit einer Fahne an der entsprechenden Note markiert wird. Das IMUTUS-System (Fober et al., 2004), ein System für den Flötenunterricht, verfolgt einen ähnlichen Ansatz. Es analysiert Audiosignale, um falsche Tonhöhen und inexakt ausgeführte Rhythmen zu erkennen. Darüber hinaus identifiziert es Fehler, die häufig bei Anfängern auftreten, wie Probleme beim Anblasen und Intonationsfehler. Das Audiosignal wird mit einem Audio-To-MIDI-Converter in eine MIDI-Darstellung überführt und dann mit dem vorgegebenen Notentext synchronisiert. Die Abweichungen und Fehler werden im Notentext markiert.

Neben den oben beschriebenen Systemen, die das Feedback im Notentext markieren, gibt es auch Systeme, die freie Visualisierungen einsetzen. So generiert das System von Goebl und Widmer (2006) aus dem MIDI-Signal eines elektronischen Klaviers visuelles Feedback, das unmittelbar während des Spielens angezeigt wird. Das System erkennt automatisch wiederkehrende Tonhöhenmuster, wie sie z.B. beim Alberti-Bass auftreten. Aufeinanderfolgende Durchläufe eines Musters werden in der Visualisierung übereinander gezeichnet, sodass rhythmische Unregelmäßigkeiten sichtbar gemacht werden. Eine Akkordvisualisierung zeigt die Lautstärke sowie den Zeitversatz der gespielten Noten an. WinSingad (Howard et al., 2004), ein System für den Gesangsunterricht, zeigt das Feedback mittels verschiedener, technisch anmutender Graphen an. Auf Basis des Audiosignals zeigt es die Wellenform, den Verlauf der Grundfrequenz, verschiedene Darstellungen des Spektrogramms sowie die aus dem Audiosignal geschätzte Offenheit des Vokaltrakts an. Die Visualisierung von Ferguson, Moere und Cabrera (2005) hingegen analysiert verschiedene Eigenschaften eines Klanges in einem einzigen Bild: Die Lautstärke der Fundamentalfrequenz und der ersten drei Obertöne werden durch die Größen von vier übereinander angeordneten Sphären repräsentiert. Bei einer Abweichung von der als Ideal angenommenen temperierten Stimmung neigen sich die Sphären nach links oder rechts. Der Geräuschanteil des Klanges wird durch eine Wolke von Partikeln visualisiert, welche die vier Sphären umschwirren. Aber auch großflächige Analysen sind möglich. So bietet der „Performance Worm" (Dixon, Goebl & Widmer, 2002) eine Übersicht zu Tempo- und Dynamikverläufen von Interpretationen. Ein Kreis markiert das jeweilige Tempo und die Lautstärke in einem zweidimensionalen Koordinatensystem. Die Verbindung dieser Kreise ergibt einen scheinbar über den Bildschirm wandernden Wurm, der den Verlauf der Interpretation sichtbar macht. Dabei lassen sich bei unterschiedlichen Künstlern teilweise deutliche Unterschiede in der Visualisierung ablesen.

Verlaufsbezogenes Feedback

Bei verlaufsbezogenem Feedback geht es nicht unmittelbar um das musikalische Ergebnis, sondern darum *wie* das Ergebnis erzielt wurde. So können Geigenlehrende Rückmeldungen zur Körperhaltung, zum Fingersatz oder zur Haltung des Bogens geben. Für computergeneriertes verlaufsbezogenes Feedback reicht das Audiosignal als Eingabesignal meist nicht aus. Bewegungen können mit Motion Capture erfasst werden, ein Verfahren, das auch bei animierten Filmen für die Digitalisierung der Bewegungen der Schauspielerinnen und Schauspielern eingesetzt wird. Alternativ können Bewegungen mit am Körper getragenen Inertialsensoren erfasst werden. Darüber hinaus ermöglicht im Instrument integrierte Sensorik die Erfassung von spezifischen Parametern, wie z.B. den Anpressdruck der Lippen beim Trompetenspiel (Grosshauser, Tröster, Bertsch & Thul, 2015) oder der Positionen der Finger auf dem Griffbrett beim Geigenspiel (Grosshauser & Tröster, 2014).

Die so gewonnenen Rohdaten können den Benutzern angezeigt werden. Die Interpretation der Daten obliegt dabei den Lehrenden und Lernenden. Da bislang nur wenig fachdidaktische Erfahrung beim Umgang mit solchen Daten vorliegt, hat die Nutzung solcher Systeme oft stark explorativen Charakter. So erzeugt AMIR, der „Augmented Mirror" (Ng et al., 2007), eine dreidimensionale Darstellung von Motion-Capture-Daten, wobei Kameraposition, Blickrichtung und Vergrößerung vom Benutzer frei gewählt werden können. Zusätzlich wird eine audiovisuelle Aufnahme des Spielers erstellt und das Video in die dreidimensionale Darstellung eingebunden. Riley, Coons und Marcarian (2005) nutzen EMG in Kombination zu MIDI, Audio und Video, um Klavierschülern multimodales Feedback zu geben. Dabei messen Elektroden am Arm die elektrische Muskelaktivität, aus der die Muskelanspannung berechnet wird, die wiederum dem Schüler unmittelbar angezeigt wird. Zudem können die Daten aufgezeichnet und zu einem späteren Zeitpunkt genauer analysiert werden.

Bewegungsdaten können aber auch sonifiziert, d.h. verklanglicht werden. Bei einem guten Design der Sonifikation können Teile der Bewegungsausführung auf musikalische Weise erfasst werden. So lassen sich beim Klavierspiel die Töne je nach führender Armbewegung mit unterschiedlichen Klängen belegen (Hadjakos, 2011) oder Saitenwechsel beim Violinspiel rhythmisieren (Rasamimanana, Guedy, Schnell, Lambert & Bevilacqua, 2008). Dabei lenkt die Sonifikation die Aufmerksamkeit auf bestimmte Aspekte der Ausführung und ermöglicht eine spielerische Exploration der eigenen Bewegungsmuster.

Fazit

Während kommunikationsorientierte Ansätze heute bereits praktisch relevant sind, haben sich technologisch-augmentierte Ansätze erst noch in der pädagogischen Praxis zu bewähren. Dies erfordert eine engere Zusammenarbeit zwischen Forschern und Instrumentalpädagogen, um sowohl die Systeme als auch passende pädagogische Herangehensweisen weiterzuentwickeln. Ansatzweise erfolgt dies schon in ersten Projekten, wie z.B. bei Grosshauser und Tröster (2014). Die Systeme sind nämlich nicht so wirkungsvoll, dass sich ihr pädagogischer Nutzen von selbst ergibt. Sie können aber neue, oftmals interessante Lernformen ermöglichen, die im Rahmen eines umfassenden Instrumentalunterrichts sinnvoll eingesetzt werden könnten.

Literatur

Bechtel, D. (2017). Digitale Medien in der Hochschullehre. In B. Clausen & H. Geuen (Hg.), *Qualitätsmanagement und Lehrentwicklung an Musikhochschulen. Konzepte – Projekte – Perspektiven* (S. 241–247). Münster: Waxmann.

Dannenberg, R.B. (1985). An On-Line Algorithm for Real-time Accompaniment. In *Proceedings of the 1984 International Computer Music Conference* (S. 193–198). International Computer Music Association. Verfügbar unter: http://www.cs.cmu.edu/~rbd/bib-accomp.html#icmc84 [13.12.2016].

Dannenberg, R.B., Sanchez, M., Joseph, A., Joseph, R., Saul, R. & Capell, P. (1993). Results from the piano tutor project. In *Proceedings of the Fourth Biennial Arts and Technology Symposium* (S. 143–150). Connecticut College. Verfügbar unter: https://www.cs.cmu.edu/~rbd/papers/Results-PTutor-BATS-1993.pdf [13.12.2016].

Dixon, S., Goebl, W. & Widmer, G. (2002). The Performance Worm: Real Time Visualization of Expression based on Langner's Tempo-Loudness Animation. In *International Computer Music Conference 2002* (S. 361–364). San Francisco: International Computer Music Association. Verfügbar unter: https://www.researchgate.net/profile/Werner_Goebl/publication/2534712_The_Performance_Worm_Real_Time_Visualisation_of_Expression_based_on_Langner's_Tempo-Loudness_Animation/links/54e4a6c80cf29865c334b964.pdf [13.12.2016].

Ferguson, S., Moere, A. & Cabrera, D. (2005). Seeing Sound: Real-time Sound Visualisation in Visual Feedback Loops used for Training Musicians. In *Proceedings of the International Conference on Information Visualisation* (S. 97–102). Washington: IEEE Computer Society. Verfügbar unter: http://infoscape.org/publications/iv05.pdf [13.12.2016].

Fober, D., Letz, S., Orlarey, Y., Askenfeld, A., Falkenberg, K. & Schoonderwaldt, E. (2004). IMUTUS: An Interactive Music Tuition System. In *Proceedings of the Sound and Music Computing Conference 2004* (S. 97–103). Paris: IRCAM. Verfügbar unter: http://recherche.ircam.fr/equipes/repmus/SMC04/scm04actes/P17.pdf [13.12.2016].

Goebl, W. & Widmer, G. (2006). Unobstrusive practice tools for pianists. In *Proceedings of the 9th International Conference on Music Perception and Cognition* (S. 209–214). Bologna: Universität Bologna.

Grosshauser, T. & Tröster, G. (2014). Musical instrument interaction: development of a sensor fingerboard for string instruments. In *Proceedings of the 8th International Conference on Tangible, Embedded and Embodied Interaction* (S. 177–180). New York: ACM.

Grosshauser, T., Tröster, G., Bertsch, M. & Thul, A. (2015). Sensor and Software Technologies for Lip Pressure Measurements in Trumpet and Cornet Playing – from Lab to Classroom. In *Proceedings of the 12th Sound and Music Computing Conference* (S. 407–411). Maynooth University, Irland.

Hadjakos, A. (2011). *Sensor-Based Feedback for Piano Pedagogy*. Dissertation. TU Darmstadt.

Heiden, M. (2017). Feedback aus der Distanz. Studierende reflektieren und kommentieren Videos aus ihrem künstlerischen Einzelunterricht. In B. Clausen & H. Geuen (Hg.), *Qualitätsmanagement und Lehrentwicklung an Musikhochschulen. Konzepte – Projekte – Perspektiven* (S. 197–205). Münster: Waxmann.

Howard, D.M., Welch, G.F., Brereton, J., Himonides, E., DeCosta, M., Williams, J. & Howard, A.W. (2004). Winsingad: a real-time display for the singing studio. *Logopedics Phoniatrics Vocology* 29, 135–144.

Klapuri, A., Davy, M.E. (Hg.) (2006). *Signal Processing Methods for Music Transcription.* Berlin: Springer.

Neuß, F. & Stärk, A. (2017). DetmoldMusicTools – Eine E-Learning-Plattform zum sinnlich vernetzten Musiklernen. In B. Clausen & H. Geuen (Hg.), *Qualitätsmanagement und Lehrentwicklung an Musikhochschulen. Konzepte – Projekte – Perspektiven* (S. 249–255). Münster: Waxmann.

Ng, K., Weyde, T., Larkin, O., Neubarth, K., Koerselman, T. & Ong, B. (2007). 3D augmented mirror: A multimodal interface for string instrument learning and teaching with gesture support. In *ICMI '07: Proceedings of the 9th international conference on Multimodal interfaces* (S. 339–345). New York: ACM. Verfügbar unter: http://openaccess.city.ac.uk/2964/ [13.12.2016].

Percival, G., Wang, Y. & Tzanetakis, G. (2007). Effective use of multimedia for computer-assisted musical instrument tutoring. In *Proceedings of the international workshop on Educational multimedia and multimedia education* (S. 67–76). New York: ACM.

Raphael, C. (2009). Current directions with musical plus one. In *Proceedings of the 6th Sound and Music Computing Conference* (S. 71–76). Porto: Casa da Música.

Rasamimanana, N., Guedy, F., Schnell, N., Lambert, J.-P. & Bevilacqua, F. (2008). *Three pedagogical scenarios using the sound and gesture lab.* 4th i-Maestro Workshop on Technology-Enhanced Music Education, Interdisciplinary Centre for Scientific Research in Music (ICSRiM). University of Leeds.

Riley, K., Coons, E.E. & Marcarian, D. (2005). The use of multimodal feedback in retraining complex technical skills of piano performance. *Medical Problems of Performing Artists* 20 (2), 82–88.

Scaletti, C. (1985). The CERL music project at the University of Illinois. *Computer Music Journal* 9 (1), 45–58.

Schmidt, R.A. & Lee T.D. (2005). *Motor control and learning: a behavioral emphasis* (4. Ausgabe). Champaign: Human Kinetics.

Smoliar, S.W., Waterworth, J.A. & Kellock, P.R. (1995). pianoforte: A system for piano education beyond notation literacy. In *Proceedings of the Third ACM International Conference on Multimedia* (S. 457–465). New York: ACM.

Van Meer, E. (2003). PLATO: From computer-based education to corporate social responsibility. *Iterations: An interdisciplinary journal of software history* 2, 1–22.

Vercoe, B. (1984). The synthetic performer in the context of live performance. In *International Computer Music Conference 1984* (S. 199–200). San Francisco: International Computer Music Association.

Dirk Bechtel

Digitale Medien in der Hochschullehre

The Use of Digital Media in University Teaching

Digital media can improve the quality of teaching. Alongside multi-media applications, short tutorials can also provide a useful supplement to classroom teaching in a system of blended learning. Unlike complex and expensive multi-media productions, teachers can create such tutorials fairly easily themselves. This allows elements from classroom teaching to be shifted to the online format, which in many cases is a just as effective, or indeed more effective way of learning, leaving more time in the classroom for elements that are better taught face to face, where direct contact between students and teachers enhances the learning experience. This is known as the inverted or flipped classroom model.

Digital media can improve teaching in the form of learning platforms. These should not be merely classroom management platforms (although these are valuable too), but should use various online-based learning scenario applications for specific didactic purposes. The literature presented in the article contains some good suggestions for using digital media in many different seminar situations.

A further desirable aspect would be not to limit digital teaching to the closed platform of the university in question and thus isolate it, but instead to open it up to the outside world, allowing as broad as possible participation in the university's own developments, teaching material and ways of working. This would enable the joint enhancement of the quality of teaching – and learning as well – in a kind of community of practice.

1 Einleitung

Blended Learning, Mobile Learning, Web 2.0, Flipped Classroom und Community of Practice – das in die Jahre gekommene Schlagwort Multimedia scheint im mediendidaktischen Diskurs weitgehend Begriffen gewichen, die sinnvollerweise stärker didaktische und methodische Aspekte betonen und von Lehr-/Lernszenarien her denken statt vom Medium. Als sinnvoll erweist sich dies deshalb, weil angesichts der Begeisterung oder der Ablehnung einem Medium gegenüber (aktuell z.B. wieder zu beobachten bei der Einschätzung des iPad als Musikinstrument) leicht die didaktisch eigentlich relevante Frage in den Hintergrund tritt: Wann und für welchen Lernkontext mit welcher Lerngruppe und nicht zuletzt welcher bzw. welchem Lehrenden können digitale Medien in der jeweils konkreten Lehr-/Lernsituation hilfreich sein?

Der nachfolgende Beitrag nimmt in den Blick, welche (mehr oder weniger) neuen Möglichkeiten digitale Medien für die Lehre auch an Musikhochschulen bieten, wobei der Schwerpunkt auf der onlinebegleiteten Lehre liegt. Dabei meint *begleitet* die Kombination von Internetanwendungen mit Präsenzveranstaltungen (Blended Learning). Aus Anlass der Einführung der Lernplattform ILIAS an der *Hochschule für Musik und Tanz Köln* (HfMT) wird hierbei wiederum das Augenmerk auf die Möglichkeiten solcher E-Learning-Angebote gerichtet. Da dies alles im gegebenen Rahmen nur in sehr knapper Form geschehen kann, sei schon zu Beginn ausdrücklich auf die in der Literaturliste genannten Titel verwiesen, welche die hier lediglich angerissenen Aspekte vertiefen.

2 Vom einsamen User zur „Community of Practice"

Ansätze zur Anwendung von Software beim musikbezogenen Lernen gab es schon früh vor allem im Bereich der Gehörbildung, naheliegend durch die Möglichkeit der Verknüpfung von Ton, (Noten-)Bild und interaktiven Elementen in Gehörbildungsübungen. Meist handelte es sich dabei um *Drill-and-Practice-Software*: Bei diesen Programmen sind zu bestimmten Themen (z.B. Dur-/Molldreiklänge unterscheiden, Akkorderweiterungen und Alterationen identifizieren) aus einem Aufgabenpool zufällig ausgewählte Übungen verschiedener Schwierigkeitsstufen per Mausklick zu beantworten, und das Ergebnis wird durch das Programm mit richtig oder falsch bewertet. Ist eine bestimmte Anzahl an richtigen Antworten erreicht, wird die nächsthöhere Schwierigkeitsstufe aufgerufen. Im Fall des mit hohem Entwicklungsaufwand programmierten *Computerkolleg Musik Gehörbildung* (vgl. Enders, 2006) wurde statt eines solchen streng vorgegebenen Lehrgangs ein sogenanntes *adaptives*, d.h. sich anpassendes Lernprogramm entwickelt, das sich auf die Lernenden, ihre Lernfortschritte und identifizierte Lernschwierigkeiten einstellt und damit bis heute ein Alleinstellungsmerkmal unter Gehörbildungsprogrammen aufzuweisen scheint.

Ein Beispiel aus dem Bereich der Musiktheorie ist die Software *Grundlagen Musiktheorie,* die in Anlehnung an das gleichnamige Arbeitsheft von Christoph Hempel entstand. Eine aktuelle Anwendung für den Einsatz von Multimedia stellen die *Detmold-MusicTools dar*, die es Lehrenden ermöglichen, relativ unkompliziert selbst Online-Material zu erstellen, in dem Erläuterungen mit Ton, (Noten-)Bild und Aufgaben bzw. Übungen mit Feedback zu der gewählten Lösung kombiniert werden können.[1]

Allen genannten Beispielen ist gemeinsam, dass sie in der Regel auf das Selbststudium bzw. auf das Üben einzelner Personen ausgerichtet sind. Die Mediendidaktik beschäftigt sich darüber hinaus aber seit Längerem mit den Möglichkeiten digitaler Medien für Lehr-/Lernsituationen, die durch digitale, weltweite Vernetzung und Merk-

1 Siehe dazu den Beitrag von Frederic Neuß und André Stärk (2017) in diesem Band.

male des „Web 2.0" (User-Generated-Content, Soziale Medien) charakterisiert sind. Diese Aspekte der Mediendidaktik werden in der musikpädagogischen Literatur bisher kaum aufgegriffen, vor allem wenn es nicht um Musikunterricht in der Schule geht, sondern um die Unterrichts- und Seminarpraxis an Hochschulen.

3 Digitalisierung der Lehre – eine Notwendigkeit?

Warum überhaupt digitale Lehre? Der Anglist und E-Learning-Verfechter Jürgen Handke beantwortet dies u.a. mit einer Gegenfrage, in der er einen Studenten der Goethe-Universität Frankfurt im Dezember 2014 zu Wort kommen lässt: „Warum soll ich mir eine langweilige Vorlesung, in der meist ‚vorgelesen' wird, antun, wenn es aus meiner Sicht exzellente Online-Materialien zum gleichen Thema gibt?" (Handke, 2015, S. 34). Statt des Dozierens von Lernstoff in einem vom Vortragenden vorgegebenen Lerntempo wäre es sinnvoller, wenn sich die Rolle der Lehrenden hin zu Lernbegleitern und Lernbegleiterinnen entwickelte. Verallgemeinert auf andere Lehr-/Lernsituationen könnte man daraus als radikale Konsequenz ableiten: Für das, was z.B. durch ein Lehrvideo (mindestens) genauso gut vermittelt werden kann, sollte allen Beteiligten die Zeit in Präsenzveranstaltungen zu schade sein – den Dozierenden genauso wie den Studierenden. Etwas weniger provokant formuliert begründet Handke die Notwendigkeit für eine digitalisierte Lehre zum einen mit ihrem Mehrwert (Handke, 2015, S. 56–85; vgl. auch Handke, 2014, S. 114) und zum anderen damit, an die Lebenswelt heutiger Studierender anzuknüpfen und ihren „Bedürfnissen und Lebensumständen gerecht zu werden" (Handke, 2015, S. 86).

Ob man der Argumentation soweit folgen möchte, dass an digitaler Lehre mittelfristig gar kein Weg vorbeiführt, mag einstweilen offenbleiben. Allein die Tatsache, dass durch digitale Medien bei didaktisch sinnvollem Einsatz die bestehende Lehre unterstützt und verbessert werden kann, sollte Anlass genug sein, sich damit auseinanderzusetzen. Letztlich geht es also schlicht um die Frage: Wie können digitale Medien die Lehre verbessern, an welchen Stellen bieten sie einen Mehrwert, der anders nicht erreicht werden könnte? Die folgenden Abschnitte sollen einen Einblick bieten, welche Vorteile eine digitalisierte und onlinebegleitete Lehre bieten kann – nämlich über den Einsatz des Computers und seine multimedialen Möglichkeiten hinaus vor allem durch die Nutzung von Internetanwendungen für das kollaborative Arbeiten im Netz, die Kommunikation (wie dies durch Social Media vorgemacht wird) und die Vernetzung der Lernenden über die eng begrenzte aktuelle Lerngruppe eines Seminars hinaus, wie sie im informellen Bereich in *Communities of Practice*[2] längst lernwirksam wird.

2 Kurzgefasst nach Etienne Wenger: „Communities of practice are groups of people who share a concern or a passion for something they do and learn how to do it better as they interact regularly" (Wenger, 2008, S. 1).

4 Tutorials – Mehrwert für die Lehre

Handke (2015, S. 58) sieht einen Mehrwert digitaler Medien zwar auch in Form von multimedialen Anwendungen. Diese sind jedoch seiner Einschätzung nach in der Regel für die einzelnen Lehrenden zu aufwendig zu produzieren und sollten deshalb eher im Rahmen von größeren Projekten oder in der Hand von Verlagen bzw. Softwarefirmen verbleiben. Für die grundsätzliche Unterstützung der eigenen Lehre empfehlen sich aus seiner Sicht dagegen kurz gehaltene, einfache Lehrvideos, die selbst erstellt werden können (ebd.).

Beispiele für Tutorials vor allem für das informelle Musiklernen finden sich in großer Vielfalt auf dem Internetportal Youtube. Gespräche mit Schülerinnen und Schülern an allgemeinbildenden Schulen zeigen immer wieder, dass sie über diese informelle Lernpraxis ihr musikalisches Lernen selbst (mit-)gestalten, sei es beim Instrumentalspiel, z.B. für einen noch unbekannten Gitarrengriff, bei der Suche nach den Akkordfolgen oder Lyrics aktueller Songs, beim Lernen von Techniken des DJings, neuen Tanzmoves bestimmter Stilrichtungen usw.

Die Tutorials zum Pop- und Groovepiano, die seit 2015 am *Zentrum für MusiklehrerInnenbildung im Beruf* (ZfMB) der HfMT Köln erstellt werden, greifen diese Praxis auf: Sie richten sich als Fortbildungsangebot u.a. an klassisch sozialisierte Musiklehrende, die das Klavierspiel zum Begleiten von Popsongs im Selbststudium erlernen, auffrischen oder vertiefen möchten. Erste Rückmeldungen zeigen, dass die Tutorials über diese gedachte Zielgruppe hinaus nicht nur zum Selbststudium, sondern auch begleitend zu Workshops, Unterrichtssituationen und sogar im Musikunterricht an Schulen mit Lerngruppen eingesetzt werden. Auch in diesen Situationen sind die Tutorials offensichtlich attraktiv, denn es kommt als Mehrwert gegenüber der Livepräsentation im Unterricht zur Geltung, dass man sich (auch zuhause, unabhängig von der Präsenzveranstaltung) die Videoclips in Ruhe, im eigenen Lerntempo und beliebig oft anschauen, sie anhalten und zwischendurch selbst ausprobieren und üben, bestimmte Stellen wiederholt abspielen kann usw. Zusätzlich kann man dabei je nach Wunsch die Aufmerksamkeit gleichzeitig mit dem Hören auch auf das gezeigte Notenbild oder das synchron zum Ton zu sehende Tastenbild richten. Die Tutorialreihe zeigt damit exemplarisch, dass sich mit technisch und finanziell einfachen Mitteln Lehrvideos erstellen lassen, die gegenüber der reinen Präsenzveranstaltung einen Mehrwert bieten können.

Die Frage, wie sich in diesem Kontext Präsenzveranstaltungen sinnvoll gestalten lassen, beantwortet Handke (2015, S. 118–120) mit dem Modell des „Inverted Classroom" (auch bekannt als Flipped Classroom): Bisherige Elemente der Präsenzveranstaltungen werden zum Teil in das Selbststudium ausgelagert, dafür bietet die Veranstaltung selbst mehr Zeit für eine individuellere Betreuung der Lernenden und für solche Elemente, bei denen die Face-to-Face-Kommunikation einen Mehrwert liefert. Nun kann „auf der Basis der online erschlossenen Inhalte geübt und diskutiert werden, es können Probleme gelöst werden, es steht mehr Zeit für Gruppenarbeit zur Verfügung, und die früheren ‚Hausaufgaben' können nun in die Präsenzphase verlagert werden" (Handke, 2015, S. 118).

5 Lernplattformen in einer digitalisierten Lehre

Auch wenn man nicht gleich den Weg bis zum Flipped Classroom gehen möchte, sondern z.B. zunächst einmal nur Lehrvideos oder Multimediaanwendungen aus anderen Quellen verwendet, bietet sich für den Einsatz digitaler Medien auch eine Veränderung der Lehre an, die u.a. durch Lernplattformen wie ILIAS unterstützt werden kann. Zum einen bieten solche Plattformen organisatorische Vorteile, zum anderen didaktische Möglichkeiten, die sich durch Web-2.0-Anwendungen und Kommunikationsformen der sozialen Netzwerke ergeben. Prinzipiell stehen so gut wie alle diese Anwendungen auch in Form von Einzeldiensten wie Dropbox (zum Teilen von Dateien), Doodle (für Terminabsprachen), GoogleDocs (für kollaboratives Schreiben), Wikis, Foren, Chats, Blogs usw. zur Verfügung. Ein nicht zu vernachlässigender Vorteil einer hochschuleigenen Plattform ist aber, dass man sich für alle Anwendungen nur einmal einloggen muss, und alle Studierenden und Lehrenden automatisch Mitglied der hochschuleigenen Plattform sind. Außerdem liegen die Daten nicht in der Cloud eines Privatanbieters, der sie z.B. für personengebundene Werbung nutzen könnte. Ein Vorteil aus didaktischer Sicht ist zudem, dass sich die Lernenden mit ihren Veröffentlichungen z.B. von Handouts für das Seminar, von Blog-Artikeln oder Wiki-Beiträgen im geschützten Raum der Hochschule oder sogar nur eines Seminars bewegen und ihre Beiträge nicht sofort weltweit zugänglich und der Kritik ausgesetzt sind. Jedoch geht durch die geschlossene Plattform gleichzeitig die Chance verloren, dass andere auch von diesen Beiträgen profitieren könnten, was z.B. bei sehr aktuellen oder ausgefalleneren Themen, die nur sehr vereinzelt gelehrt werden, interessant wäre.

Konkret wird die Organisation im Lehrbetrieb u.a. unterstützt durch die Online-Anmeldung zu Seminaren, das Bereitstellen digitaler Medien, Sprechstundenverwaltung und Stundenpläne, Raumverwaltung usw. – diese Möglichkeiten werden auch bereits häufig genutzt. Michael Kerres kritisiert aber, dass Lernplattformen häufig beim Stadium einer „Lehrverwaltungsplattform" stehen bleiben, denn „oft entsteht auf diesen Plattformen relativ wenig Aktivität, wenig lebendiger Austausch und nur schleppend Kommunikation und Diskussion" (zitiert nach de Witt & Czerwionka, 2013, S. 90).

Damit bleiben aber die weitergehenden Vorteile einer digitalen Lehre mit Plattformen wie ILIAS oder Moodle auf der Strecke, die de Witt und Czerwionka (2013, S. 90–92) wie folgt zusammenfassen: Die verschiedenen Anwendungen bieten Werkzeuge für die Zusammenarbeit in Gruppen und kollaboratives Lernen, synchrone und asynchrone Kommunikation, es lassen sich individuelle Lern- und Arbeitsumgebungen zusammenstellen usw. Die Plattformen sollten zusätzlich als Lernportale ausgerichtet werden, die als „eine für Lehr-/Lernprozesse förderliche ‚didaktische Schnittstelle'" zusätzlich eine hohe Durchlässigkeit zum Internet und der persönlichen Lernumgebung der Studierenden bieten, „Wege zu Lernmaterialien und -werkzeugen aufzeigen", „soziale Gruppenprozesse unterstützen" und das „Dokumentieren von Lernprozessen und -ergebnissen" ermöglichen.

Wie eine solche Öffnung im Sinn einer *Community of Practice* aussehen kann, zeigt beispielhaft das tAPP-Netzwerk: Zunächst entstand im Rahmen einer Weiterbildungsmaßnahme zum Einsatz von Apps bei Musikprojekten in der Kulturellen Bildung (unter Federführung u.a. der „Forschungsstelle Appmusik" der UdK Berlin) ein von den Teilnehmenden und Lehrenden gespeister Info-Pool zu verschiedenen Musik-Apps, ihrer Funktionsweise und einer Einschätzung ihres Potenzials. Alle Teilnehmenden führten außerdem ein Projekt durch und beschrieben dieses in einem Blog-Artikel, ebenso die Leiterinnen und Leiter der einzelnen Workshops ihre jeweiligen Kursinhalte. Bereits im Vorfeld war das Ziel der Maßnahme, die didaktischen Überlegungen und konkrete Planungen als *Open curriculum* zu veröffentlichen und zum Kommentieren freizugeben. Inzwischen hat sich die dazugehörige Internetseite musik-mit-apps.de weiter geöffnet und lädt als tAPP-Netzwerk „Akteure, die im Bereich künstlerisch-kreativer Arbeit mit Musikapps in der Kulturellen Bildung aktiv sind" (Netzwerk tAPP), zur Mitwirkung und zum Austausch ein.[3]

6 Plädoyer für Weiterbildung und Öffnung nach außen

Die bereits angesprochene Literatur bietet gute Hilfestellung bei der Frage, mit welchen Methoden durch digitale Medien und durch den Einsatz einer Plattform wie ILIAS die Qualität der Lehre verbessert werden kann. Besonders hervorzuheben sind hier Häfele und Maier-Häfele (2008) mit sehr praxisnahen Seminarmethoden für den Einsatz von Online-Tools für das Blended Learning: Sie stellen konkrete Beispiele für onlinegestützte Methoden zu verschiedenen Bereichen der Seminararbeit vor, u.a. zum Einstieg, zur zentralen inhaltlichen Arbeit und der Arbeit innerhalb der Gruppe, aber auch Werkzeuge für Reflexion und Feedback. Das Handbuch von Handke (2015) eignet sich als Leitfaden für das Transformieren einer *traditionellen* Lehrveranstaltung hin zu einer digitalen Lehre mit dem Leitbild des Inverted Classroom und einem Schwerpunkt auf Lehrvideos.

Sinnvoll wäre darüber hinaus eine Hilfestellung für Lehrende in Form von Weiterbildungen, in denen auch der nachhaltige kollegiale Austausch über den Einsatz digitaler Medien bereits angelegt ist, um neue Formate der Lehre zu etablieren. Die Tagung „Digitalisierung an Musikhochschulen" an der HfM Detmold, die im Juni 2016 stattfand, könnte somit den Auftakt zu regelmäßigen Weiterbildungen an verschiedenen Hochschulstandorten und darauf aufbauend für einen nachhaltigen Austausch über didaktische Konzepte zum Einsatz digitaler Medien in der Lehre gegeben haben. Handke stellt hinsichtlich des Potenzials hochschulübergreifender Zusammenarbeit fest:

> „Doch muss jede Hochschule alles selbst machen? Ganz sicher nicht, das würde den ohnehin knappen Finanzrahmen vollständig sprengen. Stattdessen sollten sich die Hochschulen zusammenschließen, um die Kosten auf viele Schultern zu verteilen. Mit hochschulübergreifenden digitalen Materialpools [...] kann der Kostendruck er-

3 Ein weiteres Beispiel für kollaborative Arbeit ist das Online-Lexikon zur Musikpädagogik im Wiki-Format unter der URL wiki-musikpaedagogik.de.

heblich gelindert werden: Hochschulen werden so gleichzeitig zu Anbietern und zu Nutzern der digitalen Lehrangebote." (Handke, 2015, S. 15)

Das *Netzwerk Musikhochschulen* bietet in diesem Sinn die Chance, Lehrende in der Breite dabei zu unterstützen, die Möglichkeiten der digitalen Lehre in ihre Veranstaltungen einzubinden und dabei das Augenmerk – jenseits des allgemeinen hochschuldidaktischen Fokus *Lehre mit digitalen Medien* – ausdrücklich auf die Besonderheiten der musikbezogenen Lehre zu legen. Dabei wäre besonders erfolgversprechend, einen Schwerpunkt auf den Einsatz onlinebegleiteter Formen der Lehre zu setzen. Ein zweiter, lohnender Schwerpunkt könnte das Erstellen und der Einsatz von Tutorials für das Blended Learning sein. Durch die *DetmoldMusicTools* sind auch einfache multimediale Anwendungen möglich. Einen großen Schritt weiter können die Musikhochschulen gehen, wenn Ergebnisse dieser Bemühungen und resultierende Materialien nicht nur hochschul- und netzwerkintern in einem geschlossenen Kreis zirkulieren, sondern im Sinn einer *Community of Practice* darüber hinaus transparent und öffentlich zugänglich gemacht werden und zur allgemeinen Verwendung, für kritisches Feedback und zur Weiterentwicklung zur Verfügung stehen.

Literatur

Enders, B. (2006). Musiklernen am Computer. *Diskussion Musikpädagogik* (30), 24–31.

Häfele, H. & Maier-Häfele, K. (2008). *101 e-Learning-Seminarmethoden. Methoden und Strategien für die Online- und Blended-Learning-Seminarpraxis.* Edition Training aktuell. Bonn: managerSeminare Verlags GmbH.

Handke, J. (2014). *Patient Hochschullehre. Vorschläge für eine zeitgemäße Lehre im 21. Jahrhundert.* Marburg: Tectum Verlag.

Handke, J. (2015). *Handbuch Hochschullehre Digital. Leitfaden für eine moderne und mediengerechte Lehre.* Marburg: Tectum Verlag.

Netzwerk tAPP. Verfügbar unter: http://musik-mit-apps.de/netzwerk-tapp/ [20.08.2016].

Neuß, F. & Stärk, A. (2017). DetmoldMusicTools. Eine E-Learnung-Plattform zum sinnlich vernetzten Musiklernen. In B. Clausen & H. Geuen (Hg.), *Qualitätsmanagement und Lehrentwicklung an Musikhochschulen. Konzepte – Projekte – Perspektiven* (S. 249–255). Münster: Waxmann.

Wenger, E. (2008). *Communities of practice, a brief introduction.* Verfügbar unter: http://wenger-trayner.com/wp-content/uploads/2013/10/06-Brief-introduction-to-communities-of-practice.pdf [20.08.2016].

Witt, C. de & Czerwionka, T. (2013). *Mediendidaktik. Studientexte für Erwachsenenbildung* (2. Auflage). Bielefeld: Bertelsmann.

Frederic Neuß, André Stärk

DetmoldMusicTools – Eine E-Learning-Plattform zum sinnlich vernetzten Musiklernen

DetmoldMusicTools – An E-Learning Platform for Learning Music via Sensory Networks

The article presents the newly developed online-learning platform DetmoldMusicTools (detmoldmusictools.de) as a response to the diagnosis of a lack of suitable digital learning environments for music. After describing how the platform works, the article goes on to discuss how it can be used in digital or digitally-assisted teaching at Musikhochschulen *– e.g. blended learning and flipped classroom. The discussion and reflections are based on the author's practical experience. They examine the didactic concept underlying the platform of learning music via sensory networks. This approach to music teaching aims to connect sensory learning (listening, reading and notating music, singing/playing, and "feeling") with rational learning (knowledge acquisition) of music in order to initiate a sustained and practice-oriented learning process. The learning platform DetmoldMusicTools offers a wide variety of tools, practicing formats, and technical possibilities to facilitate this approach.*

1 E-Learning und musikalische Bildung

E-Learning und virtuelle Lernumgebungen haben seit etwa 15 Jahren weltweit Konjunktur, wobei insbesondere sogenannte Lernplattformen oder auch Learning Management Systeme (LMS) eine stetig wachsende Rolle spielen. Diese Entwicklung hat ihren vorläufigen Höhepunkt in der großen Popularität von zum Teil kommerziellen Plattformen zur Verbreitung von Massive Open Online Courses (MOOCs) gefunden, in die große Hoffnungen für eine Revolutionierung des Bildungswesens gesetzt wurden und werden. Auch wenn sich diese Hoffnungen bisher noch nicht erfüllt haben, gibt es doch an vielen Stellen Umbrüche hin zur digitalen bzw. digital unterstützten Lehre in nahezu allen Bildungsbereichen und -einrichtungen. Unterstützt wird diese Entwicklung seit Ende der 1990er-Jahre durch zahlreiche Programme unterschiedlichster Förderer, von kleineren Initiativen und Stiftungen bis hin zu Landes- und Bundesministerien (vgl. e-teaching.org Redaktion, 2015) und der Europäischen Union[1].

---

1 Hier ist z.B. auf das EU-Bildungsprogramm „Lifelong Learning" von 2007–2013 hinzuweisen.

Im gesamten schulischen und hochschulischen Bildungsbereich lassen sich daher zum Teil sehr überzeugende Lernangebote finden, welche jederzeit abgerufen und in selbstgewählter Geschwindigkeit erarbeitet werden können. Einige der Angebote sind als reine Online-Selbstlernkurse konzipiert, andere werden durch Dozentinnen und Dozenten (unterschiedlich intensiv) betreut oder mit Präsenzlehre kombiniert. Neben dem reinen E-Learning haben sich daher sowohl in der Schule als auch in der Hochschule Formen des Blended Learning etabliert, in denen die Präsenzlehre durch onlinegestützte Elemente ergänzt wird.[2]

Für den Bereich des Musiklernens wurden diese neuen Möglichkeiten bisher nur in geringem Maße genutzt und das enthaltene Potenzial bei weitem nicht ausgeschöpft. Dies liegt vor allem daran, dass für den Bereich der Musik bisher keine Apps oder Lernplattformen zur Verfügung standen, die ein umfassendes, d.h. ein alle Bereiche der Musik und des Musizierens einbeziehendes Musiklernen ermöglicht hätten. Bestehende E-Learning-Angebote – nicht nur im Musikbereich – sind in der Regel statisch konzipiert, d.h. die Lernenden haben nur ein eingeschränktes, nicht modifizierbares und oft sowohl monothematisches als auch methodisch eindimensionales Angebot zur Verfügung. Fast alle E-Learning-Angebote beschäftigen sich zudem jeweils nur mit einem sinnlichen oder rationalen Zugang, wie z.B. bei Angeboten für Gehörbildung oder für Musiktheorie, Notensammlungen, Online-Instrumentalunterricht, Hörbeispiele usw. Eine sinnvolle Vernetzung dieser Zugänge, die ein produktiveres, nachhaltigeres Lernen forcieren würde, ist nicht im Aufbau dieser Seiten angelegt. Die Vielzahl der nebeneinanderstehenden, meist hochgradig spezialisierten Angebote mit enger Zielsetzung macht zudem deren Integration in den schulischen oder hochschulischen Unterricht häufig nicht möglich.

Im Bereich der Musiktheorie an der HfM Detmold wird das Internet seit Langem genutzt, um, dem Wunsch der Studierenden entsprechend, hochwertiges und inhaltlich kohärentes Unterrichtsmaterial für die Vor- und Nachbereitung musiktheoretischer Fragestellungen zur Verfügung stellen zu können. Dabei handelt es sich vor allem um geeignete Noten- und Hörbeispiele für die Hausarbeiten. Hierzu wurde über einige Jahre eine Website mit entsprechenden Lehrmaterialien erstellt und gepflegt, auf die Studierende der entsprechenden Kurse zugreifen konnten. Die Möglichkeiten dieser Website waren jedoch sehr begrenzt, die Funktionalität beschränkte sich im Wesentlichen auf die Bereitstellung von Dateien; interaktive Elemente gab es nicht.

Damit einhergehend stellt der Verfasser (André Stärk) seit einigen Jahren seine Lehre von einem für das Fach Musiktheorie eher klassischen Ansatz der Wissensvermittlung auf einen Ansatz des sinnlich vernetzten Musiklernens um. Dieser Lehransatz ist gekennzeichnet durch Studierendenzentrierung und Kompetenzorientierung, denn die Studierenden sollen möglichst selbstständig musikalische Phänomene begreifen, indem sie diese sinnlich vernetzt durchdringen und deren Anwendbarkeit erfahren. Sinnliche Zugänge (Hören, Notenlesen/-schreiben, Singen/Spielen, Fühlen) und rationale Zugänge (Wissen) zur Musik werden dabei verknüpft.

2 Siehe dazu auch den Beitrag von Dirk Bechtel (2017) in diesem Band.

Für die Vermittlung von Musiktheorie bedeutet dies, dass ein Lernprozess erst umfassend und nachhaltig ist, wenn

- ein Lerngegenstand sowohl intellektuell verstanden und hörend identifiziert werden kann;
- dieser zusätzlich in der Partitur wiederentdeckt und in seinen musikalischen Kontexten neu bewertet werden kann;
- der/die Lernende schließlich kreativ, z.B. in Form einer Interpretation, Improvisation oder einer kompositorischen Idee, mit ihm umgehen kann.

Tatsächlich ist es für die musikalische Bildung sinnvoll, wenn dieses sinnlich verknüpfte Lernen bereits frühestmöglich, d.h. während der Schulzeit ansetzt und bis in die Hochschulausbildung hinein weiter trainiert wird. „Eindimensionale Unterrichtsformen (z.B. Instrumentalunterricht ohne musiktheoretische Reflexion oder das Schulfach Musik ohne Integration praktischer Musikausübung) haben sich überlebt. Die neuere musikpädagogische Forschung hat z.B. durch konstruktivistische Ansätze ein neues Bild der Musikausbildung gezeichnet, das die ganzheitliche Auseinandersetzung mit Musik und die Vernetzung aller Sinne mit rationalen und emotionalen Kompetenzen zum Ziel hat." (Stärk, 2014)

Instrumentallehrende sind in der Regel nicht dafür ausgebildet, theoretische Aspekte, Analyse, Improvisation, Komposition oder Höraufgaben in den Unterricht zu integrieren; auch die neueren Instrumentalschulen gehen nur unzureichend mit diesen Aspekten um. Gleichzeitig ist im Instrumentalunterricht nicht genügend Zeit vorhanden, auf andere Vermittlungsformen einzugehen. Die umfangreiche Vernetzung des Musiklernens kann folglich nur schwer im eigentlichen Schul- bzw. Instrumentalunterricht abgedeckt werden. Flankierende Maßnahmen wie E-Learning-Angebote können eine Lösung für die Problematik bieten.

2 Die Lernplattform DetmoldMusicTools

Diese Ausgangslage hat die HfM Detmold im Jahr 2014 dazu veranlasst, eine Lernplattform zu entwickeln, die dem Lehransatz des sinnlich vernetzten Musiklernens und den aktuellen Erkenntnissen der Musikpädagogik entgegenkommt. Die Entwicklung der Lernplattform DetmoldMusicTools (detmoldmusictools.de) an der *Hochschule für Musik Detmold* wurde vom Ministerium für Innovation, Wissenschaft und Forschung des Landes NRW gefördert und mit dem White-Paper-Award 2014 der Campus-Source/Fernuniversität Hagen prämiert (FernUniversität in Hagen, 2014). Die Nutzung ist vollständig kostenlos, und die Plattform frei von Werbung.

Sie bietet speziell entwickelte Tools für das sinnlich vernetzte Lernen musikalischer Gegenstände und Strukturen und kann daher für Blended-Learning-Konzepte wie auch für MOOCs verwendet werden. Die Plattform ermöglicht es, Text, Audio, Bild, Video, Grafik, Notation und HTML-Code methodisch fruchtbar zu kombinieren, um unterschiedliche sinnliche Vernetzungen zu trainieren, z.B. vom Hören zum Spielen, vom Notenlesen zur Analyse oder vom Wissen zum Improvisieren. Ein integriertes Online-Notationstool kann an verschiedenen Stellen zur Darstellung eines musikalischen Sachverhalts oder für Übungen eingesetzt werden. Mit dem Formentool lassen sich Bilder (z.B. Notenbilder) mit zusätzlichen Informationen für Analysen, Akkordsymbolen usw. versehen. Notationsaufgaben, Analysen oder Interpretationen können direkt von den Kursteilnehmerinnen und -teilnehmern zur Begutachtung an den Lehrenden oder die Lehrende gesendet werden, und diese wiederum können den Leistungsstand der Studierenden verfolgen.

Um die Anwendungsschwelle für Content-Erstellerinnen und -Ersteller und Nutzerinnen und Nutzer so niedrig wie möglich zu halten, ist DetmoldMusicTools als Online-Plattform konzipiert. Die Gestaltung eines übersichtlichen und ästhetischen Layouts stand dabei im Fokus. Jede/-r Teilnehmende kann als Content-Ersteller/-in (Dozent/-in) wie auch als Lerner/-in fungieren. Einzelne Inhalte oder ganze Kurse können konzipiert werden und entweder einem eingeschränkten Nutzerkreis (Lerngruppe) oder allen Teilnehmenden der Plattform zur Verfügung gestellt werden. Jeder Kurs kann mehrere Themen enthalten und jedes Thema wiederum mehrere Inhaltsseiten. Dabei lässt sich unterscheiden zwischen reinen Informationsseiten, Übungsseiten und sogenannten Einreichungsseiten, um dem Dozenten/der Dozentin Aufgaben/Lösungen zur Bewertung zurückzusenden.

Die Lernplattform hat – wie oben schon beschrieben – deutlichen Mehrwert gegenüber bisherigen rein ‚analogen' Unterrichtsformen: Zum einen kann das Unterrichtsmaterial schnell für jeden neuen Kurs überarbeitet werden, z.B. aufgrund von neuen fachlichen oder methodischen Erkenntnissen, wodurch das Material immer aktuell gehalten werden kann. Zum anderen können Studierenden Noten- und Hörbeispiele sowie auf die individuellen Bedürfnisse abgestimmte Übungen für die Abfassung von Hausarbeiten zur Verfügung gestellt werden.

Für Lernende wird das Lernen dadurch komfortabler, denn sie können zeitlich unabhängiger arbeiten und bei fehlender Präsenz, z.B. aufgrund von Proben oder Konzerten, das Thema selbstständig bearbeiten. Dadurch ist gewährleistet, dass alle Lernenden in einem Kurs immer auf dem gleichen Stand sind. Für Leistungsstarke können außerdem Zusatzinformationen und -aufgaben bereitgestellt werden, was der Diversität von Lerngeschwindigkeiten Rechnung trägt.

Ein weiterer großer Vorteil der Plattform ist, dass sie frei zugänglich ist, d.h. nicht nur Lehrende und Studierende der *Hochschule für Musik Detmold*, sondern auch deutschsprachige Lehrende und Studierende bzw. Schülerinnen und Schüler aller anderen Musikhochschulen, Musikschulen oder allgemeinbildenden Schulen können auf das Angebot kostenfrei zugreifen, Kurse erstellen und an Kursen teilnehmen.

3 DetmoldMusicTools in der Lehre

Die Nutzung von DetmoldMusicTools in der Lehre erfordert zunächst eine gründliche Aufbereitung der Lehrinhalte für die Lernplattform. Der Aufwand für die Erstellung von Kursen ist deshalb nicht unerheblich. Die Lehr- bzw. Lerninhalte müssen wie für jede Unterrichtsvorbereitung identifiziert, in Bestandteile zerlegt und dargestellt werden, Übungen müssen konzipiert und angelegt werden usw. Gleichzeitig zwingt die Erstellung jedes neuen Kurses Lehrende zu einer intensiven methodischen Konzeption und Reflexion: Was genau möchte ich vermitteln? Was sollen die Studierenden am Ende des Kurses bzw. der Lektion können? Wie kann ich die Inhalte anschaulich darstellen und welche Übungen helfen effektiv bei der Aneignung des Gegenstands?

Soll die Lernplattform im Sinne des Blended Learning in der Lehre genutzt werden, stellt sich zudem die Frage, was die Studierenden im Online-Kurs lernen sollen und was dem Präsenzunterricht vorbehalten bleiben soll. Die Einbindung einer Lernplattform im Sinne des Blended Learning sorgt dabei für eine Intensivierung der Kommunikation zwischen Lehrenden und Studierenden, auch über die Qualität der Unterrichtsmaterialien. Wenn in Übungen verschiedene Methoden enthalten sind, erhält der Lehrende einen genaueren Überblick über (methodische) Stärken und Schwächen jedes/-r Studierenden und kann das weitere Material entsprechend anpassen; insgesamt erhält er/sie auch ein Feedback darüber, ob Übungen und Aufgaben zu schwer oder leicht geraten sind.

Die Lehrendenrolle verändert sich vor allem beim Konzept des Flipped (vgl. Baker, 2000) oder Inverted Classroom (vgl. Lage, Platt & Treglia, 2000). Hierbei handelt es sich um eine Unterrichtsmethode, bei der die üblichen Aktivitäten innerhalb und außerhalb des Klassenzimmers oder Seminarraums vertauscht werden, wobei auf online zur Verfügung gestelltes Lehr- bzw. Lernmaterial zurückgegriffen wird. „Anders ausgedrückt: Die Teilnehmer einer Lehrveranstaltung erschließen die Inhalte vor der Präsenzphase und verfügen somit bereits über das notwendige Wissen zum Thema, wenn sie in die Präsenzphase eintreten.“ (Handke & Schäfer, 2012, S. 94) Die Lernenden eignen sich also im Selbststudium – i.d.R. auf einer Lernplattform – die Lerninhalte an, während in der Präsenzlehre eine Vertiefung des Gelernten stattfindet. „Kurz gesagt: Der Inhalt wird online vermittelt, die Präsenzphase dient zum zusätzlichen Üben. Das ‚Inverted Classroom Model‘ verbindet somit die Vorteile von Distance Learning und dem aktiven Lernprozess vor Ort.“ (Handke & Schäfer, 2012, S. 95) Dies bedeutet auch, dass Studierende bei der Erschließung neuen Wissens ihrem individuellen Lerntempo folgen können. Sie können sich so effizient auf den Präsenzunterricht vorbereiten, in dem nun komplexe Aufgaben individuell bearbeitet werden. Hier nimmt der/die Lehrende nun die Rolle eines Coaches bzw. „eines echten Tutors mit unterstützendem Charakter“ (Handke & Schäfer, 2012, S. 95) ein und kann den Studierenden individuell über Hürden hinweghelfen und sie somit individuell fördern, statt frontal Inhalte zu vermitteln (vgl. Handke & Schäfer, 2012, S. 22–24). Das Feedback der Studierenden an der HfM Detmold hierzu ist erfahrungsgemäß sehr positiv. Insbesondere wird wertgeschätzt, dass die im Präsenzunterricht erworbenen Fähigkeiten bzw. das Wissen in Ruhe zuhause aufgearbeitet und zunächst mit (einfachen) Übungen (oft auch im Sinne von richtig/falsch) erprobt werden können. Entscheidend ist dabei, dass die Lernmaterialien sinnvoll aufbereitet werden und behutsam auf die Präsenzphase abgestimmt sind.

Während der nunmehr zweijährigen Verwendung der Plattform haben sich neue methodische Ansätze ergeben, die ohne die Verwendung der Plattform nicht denkbar und im reinen Präsenzunterricht nicht durchführbar gewesen wären. Als zielführend hat sich eine klare, wiederkehrende Unterrichtsstruktur erwiesen, die sich an der aus der Didaktik bekannten Dreiteilung aus Einführung, Erarbeitung und Ergebnissicherung anlehnt:

1) Einführung in ein Thema mit Spielaufgabe bzw. Gesang eines geeigneten Werkausschnitts und vorläufigem Interpretationsansatz;
2) Erarbeitung des Gegenstands;
3) Ergebnissicherung
   a) einfache, aber methodisch reichhaltige Übungen unter Verwendung von Übungstools mit direktem, automatisierten Feedback für die Lernenden;
   b) Kreativaufgabe (kompositorische/improvisatorische Veränderungen des ursprünglichen Werkausschnitts sowie ggf. weiterer Werke).

Wenn alle Lernschritte für ein Thema auf der Plattform abgebildet sind, kann auch der Flipped-Classroom-Ansatz aufgegriffen werden, indem die Lernschritte 1–3a) als Vorbereitung zuhause absolviert werden und der letzte Lernschritt im Präsenzunterricht erfolgt.

Die technischen Hürden zur Anwendung von DetmoldMusicTools in der Lehre sind sehr gering: Im Klassenraum sind ein Computer und ein Beamer sowie eine Audioanlage Voraussetzung; Studierende benötigen lediglich einen Computer mit Internetanschluss, eine Audioanlage oder hochwertige Kopfhörer sowie idealerweise einen Drucker, um die Lerneinheiten auch als Dokument ausdrucken zu können. Besondere Computerkompetenzen oder Lernstrategien sind nicht notwendig, da die Struktur und die Inhalte auf der Plattform bei gründlicher Aufbereitung durch die Lehrenden selbsterklärend sind.

4 Ausblick

Um die Attraktivität von Lernplattformen zu steigern, müssen diese leicht zugänglich sein. Auch das Erstellen von Unterrichtsmaterial sollte einfach und schnell durchgeführt werden können. Es sollten verschiedene, aber nicht zu viele Funktionen zur Verfügung stehen, um den Ersteller/die Erstellerin und die Lernenden nicht durch die Software zu überfordern. Derzeitige Musiklernsoftware und -webseiten bieten zwar zum Teil hervorragende Werkzeuge, sie sind allerdings meist methodisch eindimensional, nicht auf Deutsch und verwenden häufig Musiktheorien und Fachtermini, die im deutschsprachigen Raum keine Anwendung finden. Darüber hinaus versammeln sie oft nur abstrakte Musikbeispiele, die Verbindung mit einem tatsächlichen Werk, ob als Notation oder als

Aufnahme, wird nicht hergestellt. Mittlerweile konkurrieren zahlreiche Internetlernangebote miteinander, im Musikbereich gibt es aber kaum deutschsprachige Angebote und insbesondere kein Vernetzungskonzept. Auf dieses Desiderat wurde mit der Entwicklung der Plattform DetmoldMusicTools reagiert, die den Ansatz des sinnlich vernetzen Musiklernens stark fördert.

Die Akzeptanz von Online-Lernplattformen im Musikbereich ist derzeit noch relativ verhalten, und so werden aktuell von den Nutzerinnen und Nutzern auch die Stärken von DetmoldMusicTools noch nicht vollständig ausgenutzt. Viele Lehrende verwenden die Plattform lediglich dazu, Unterrichtsskripte für die Studierenden hochzuladen. Das hat mit E-Learning, Blended Learning und dem vernetzten Musiklernen noch nichts zu tun und zeigt, dass Ideen und die enormen Vorteile von Blended-Learning-Konzepten bisher nicht im Bewusstsein vieler Lehrender angekommen sind.

Der entscheidende Grund für die Zurückhaltung bei der Verwendung von Lernplattformen, insbesondere im Musikbereich, ist vermutlich, dass Lehrende einen Anlass brauchen, um sich auf eine Lernplattform einzulassen. Bei vielen Lehrenden ist zu beobachten, dass häufig das Bedürfnis, den eigenen Unterricht strukturell weiterzuentwickeln dazu führt, auch auf digitale Unterstützung wie Lernplattformen zurückzugreifen. Entscheidend für die Verwendung einer Lernplattform ist demnach also weniger, welche und wie viele Funktionalitäten eine Plattform bietet, sondern vielmehr die unterrichts- bzw. lehrkonzeptionellen Ideen und Vorstellungen der Lehrenden.

Literatur

Baker, J. (2000). The ‚classroom flip': Using web course management tools to become the guide by the side. In J.A. Chambers (Hg.), *Selected papers from the 11th International Conference on College Teaching and Learning* (S. 9–17). Jacksonville, FL: Florida Community College at Jacksonville.

Bechtel, D. (2017). Digitale Medien in der Hochschullehre. In B. Clausen & H. Geuen (Hg.), *Qualitätsmanagement und Lehrentwicklung an Musikhochschulen. Konzepte – Projekte – Perspektiven* (S. 241–247). Münster: Waxmann.

e-teaching.org Redaktion (2015). *E-Learning-Förderung in Deutschland.* Zuletzt geändert am 22.09.2015. Leibniz-Institut für Wissensmedien. Verfügbar unter: https://www.e-teaching.org/projekt/politik/foerderphasen/index_html [24.10.2016].

FernUniversität in Hagen (2014). *White Paper Award erstmals verliehen.* Verfügbar unter: http://www.fernuni-hagen.de/universitaet/aktuelles/2014/04/29-am-campussource-tagung.shtml [24.10.2016].

Handke, J. & Schäfer, A.M. (2012). *E-Learning, E-Teaching und E-Assessment in der Hochschullehre. Eine Anleitung*. München: Oldenbourg Verlag.

Lage, M.J., Platt, G.J. & Treglia, M. (2000). Inverting the classroom: A gateway to creating an inclusive learning environment. *The Journal of Economic Education* 31 (1), 30–43.

Stärk, A. (2014). Plattform Musikalische Bildung. *eleed*, Iss. 10. Verfügbar unter: https: //eleed.campussource.de/archive/10/4037 [24.10.2016].

Personalentwicklung

Hans Bertels

Personalentwicklung an Musikhochschulen – Rahmenbedingungen, Strukturen und Akteure

Human Resources Development at Musikhochschulen *– Framework Conditions, Structures and Actors*

In view of the steadily increasing demands placed on both teaching staff and administrations, human resources development (HRD) has now come to be accepted as an important issue in higher education strategies by Musikhochschulen *as well. This highlights the need to devise a holistic HRD strategy tailored to the specific situation of the* Musikhochschule *and involving both teaching and administrative staff. Such a strategy would enable numerous HRD measures to be implemented.*

The basis for this is a definition of what HRD actually means from a perspective of higher music education institutions. The author deliberately uses a very broad definition of his own in order to be able to develop a comprehensive catalogue of possible HRD measures. He begins by identifying the external and internal framework conditions required for these HRD measures to evolve. To systematise these measures the author proposes using a SWOT analysis. Applied analogously to the portfolio method, the results of the SWOT analysis can be used to realise a valid strategy aimed at priority and time management.

The various human resources categories are systematised as addressees of HRD in order to subsequently assign them to the various HRD measures. A university of music HRD strategy will be successful if its translation into practice of the elaborated HRD measures is suitable for achieving the goals defined by the author. In this case it would form an important component of quality management.

1 Einleitung

Die Beschäftigung mit Personal impliziert stets die Auseinandersetzung mit dem Thema Personalentwicklung (PE) mit der Folge, dass PE nicht *nicht* betrieben werden kann (vgl. Neuberger, 1994, S. 157, zitiert von Schmidt, 2007, S. 126). Damit ist PE seit eh und je in allen Organisationsformen vorhanden, in denen Personal agiert – allerdings in unterschiedlichen Ausprägungsgraden und häufig eben auch lediglich unbewusst und damit unsystematisch, unkoordiniert, unreflektiert und schlussendlich strategisch nicht existent. Das gilt nicht alleine für Musikhochschulen, aber eben auch für sie. Die Folge der fehlenden bewussten Auseinandersetzung mit PE und ihrer möglichen Strategie ist zwar nicht eine kurzsichtige Personalpolitik, ihre Ausprägung droht jedoch stets eher eine formaljuristisch verwaltende als eine personalbetreuende zu sein.

Darüber hinaus führt eine fehlende PE-Strategie zu einem stetigen Defizitzuwachs des Personals[1] im Hinblick auf die an das Hochschulpersonal gestellten qualitativ und quantitativ steigenden Anforderungen. Den Anforderungen allerdings nachhaltig nicht gerecht zu werden, lähmt oder gefährdet die gesamte Hochschulentwicklung. So beklagte der Wissenschaftsrat im Jahr 2008, dass eine „systematische, wissenschaftlich fundierte universitäre Personalentwicklung im Bereich der Lehre [...] bisher kaum" (Wissenschaftsrat, 2008, S. 77) stattgefunden habe. Noch 2013 postulierte eben derselbe Wissenschaftsrat – als sei trotz seiner Warnung nichts passiert –, dass strategische Personalentwicklung für die „Profilierung von Hochschulen [...] dringend notwendig" (Wissenschaftsrat, 2013, S. 11) sei. Das gleiche Postulat wird auch vom Bundesministerium für Bildung und Forschung erhoben: „Hochschulen brauchen mehr strategische Personalentwicklung." (Bundesbildungs- und Forschungsministerium, 2016).

Diese Forderungen waren seitens der besorgten Absenderinnen und Absender natürlich fokussiert auf die Situation in den Universitäten und Fachhochschulen – und da eben auch meist nur auf die Lehre. An Musikhochschulen wurde und wird auch heute noch häufig dabei nicht gedacht. Während sich also die Universitäten und Fachhochschulen langsam auf den Weg zu einer Strategieentwicklung in der PE machten, vermutete man bei den Musikhochschulen die Fortsetzung des ihnen des Öfteren unbegründet vorgeworfenen Dornröschenschlafs.

Inzwischen aber ist dieser Aspekt auch bewusst von den Leitungen in den Musikhochschulen als originäres und fundamentales Themenfeld adaptiert worden. Mehr noch, Hochschulleitungen in Musikhochschulen erkennen die besondere Chance einer PE-Strategie sowohl als effizientes als auch als effektives Mittel gerade angesichts einer im Vergleich zu wissenschaftlichen Hochschulen und Fachhochschulen sehr dünnen Personalstruktur für sich.

Die Erkenntnis, dass eine ausgereifte PE-Strategie Effizienz und zugleich Effektivität erzielen kann, basiert auf der konkreten Vorstellung des Wirkungsgrades von PE. Dieser hängt von der Breite des zugrunde gelegten PE-Verständnisses ab. Strategietauglich ist dabei nur ein PE-Verständnis im weitesten Sinne, das von der Förderung der Mitarbeiterinnen und Mitarbeiter bis hin in die Organisationsentwicklung reicht und sich damit genau als Gegenteil der hinlänglich assoziierten besonders engen Definition von PE als ausschließliche Fortbildung identifiziert.[2] Auch muss im Hinblick auf die Definition von PE nicht zwischen Lehre und Verwaltung unterschieden werden, wohl aber im Hinblick auf die aus dieser Definition abgeleiteten PE-Maßnahmen. Aus diesem Verständnis heraus lässt sich die PE-Strategie in Musikhochschulen wie folgt definieren:

---

1 Fokus des vorliegenden Beitrages ist die PE bezogen auf sämtliche Beschäftigtengruppen einer Musikhochschule, sodass sowohl die Lehrenden als auch das Verwaltungspersonal impliziert werden. Wenn nicht besonders ausgewiesen, ist daher mit Personal stets sowohl das Lehr- als auch das Verwaltungspersonal gemeint.

2 Vgl. dazu die Ausprägungsgrade von PE bei Becker (Becker, 2005, S. 4).

> Die PE-Strategie einer Musikhochschule ist die eigene, die individuelle Situation der Hochschule zu Grunde legende Matrix ausgewählter personalwirtschaftlicher Handlungsfelder, Instrumente und Maßnahmen, die die Hochschulleitung nutzt, um ihre verschiedenen Statusgruppen – und damit auch deren individuellen Vertreterinnen und Vertreter – systemisch in die Lage zu versetzen, gute Arbeit zu leisten, damit dem Organisationssystem Musikhochschule weiterhin als qualifiziertes Personal zur Verfügung zu stehen und insofern einen Beitrag zur Aufgabenerledigung der Musikhochschule zu leisten.

Dass im Übrigen oder als Addendum zu der hier verwendeten Definition die PE-Strategie einer Musikhochschule untrennbar verbunden ist mit ihrer Strategie zur Organisationsentwicklung und *vice versa*, sei hier nur am Rande erwähnt.

2 Rahmenbedingungen

Wenn auch die einzelnen PE-Strategien der Musikhochschulen trotz ihrer Unterschiedlichkeit einem gewissen Grundmuster folgen, so kann gleichwohl konstatiert werden, dass keine PE-Strategie der anderen gleicht bzw. gleichen kann. Vielmehr liegt die Stärke der PE-Strategie – und damit zugleich ihr Risiko – in ihrer Individualisierung und Fokussierung auf die eigene Musikhochschule.

Um überhaupt eine geeignete PE-Strategie aufstellen zu können, bedarf es allerdings im Vorfeld einer intensiven Analyse der auf die Ausprägung derselben einwirkenden Rahmenbedingungen. Diese können weiter differenziert werden in einerseits externe Rahmenbedingungen, also jene, die ihre Verortung außerhalb der Musikhochschule haben und die von dieser wenig bis gar nicht beeinflussbar sind. Andererseits sind aber auch interne Rahmenbedingungen zu betrachten, die sich unmittelbar aus dem Inneren der Musikhochschule ergeben und zumeist direkt beeinflussbar sind. Die beiden Kataloge der genannten Rahmenbedingungen sind zumeist komplex und setzen sich aus folgenden Komponenten zusammen:

Externe Rahmenbedingungen:

- landespolitische Vorgaben wie z.B. Landeshochschulentwicklungsplan oder Zielvereinbarungen des Landes durch das Ministerium mit der Musikhochschule;
- die allgemeine finanzpolitische Situation des Landes;
- die regionalpolitische Einbindung der Musikhochschule;
- die Erreichbarkeit der Musikhochschule (Verortung im Ballungszentrum oder auf dem Land mit schlechter Verkehrsanbindung);
- die Reputation der Musikhochschule im In- und Ausland.

Interne Rahmenbedingungen:

- Qualifikationsniveau des Personals;
- Haushaltsdaten (insbesondere Personalhaushalt und Stellenplan);
- Altersstruktur des Personals;
- statusbezogene Besonderheiten (z.B. Beamten- oder Tarifbeschäftigtenverhältnis);
- befristete Beschäftigungsverhältnisse;
- genderbezogene Strukturen;
- familienpolitische Anforderungen;
- Arbeitszeitstrukturen (z.B. Teilzeitbeschäftigung);
- Krankenstand;
- vorhandene Schwerbehinderungen;
- technische und räumliche Infrastruktur sowie Ausstattung;
- Betriebsklima;
- Arbeitsbedingungen (Räume, Instrumente, Arbeitsmittel);
- Amtszeiten der Funktionsträgerinnen und -träger und der Hochschulleitung u.v.m.

Ein höherer Komplexitätsgrad wird zusätzlich dadurch erreicht, dass die externen und internen Rahmenbedingungen auch noch differenziert betrachtet werden hinsichtlich ihrer Relevanz für die Lehre einerseits und die Verwaltung andererseits.

Der hier nur exemplarisch dargestellte Katalog externer und interner Rahmenbedingungen bedarf einer Systematisierung, auf deren Ergebnissen sich erst eine strategische Ausrichtung aufbauen lässt. Hierfür ist die SWOT-Analyse geeignet (Herr, 2007, S. 6; vgl. auch Meifert, 2013, S. 476). Sie erlaubt es der Hochschule u.a. auch, defizitäre Rahmenbedingungen zu identifizieren und daraus Fehlentwicklungen der Hochschule sichtbar zu machen sowie durch die Implementierung geeigneter PE-Maßnahmen den identifizierten Fehlentwicklungen entgegenzusteuern. Sodann gilt es, die in der SWOT-Analyse aufgestellte Systematisierung in eine Agenda umzusetzen.

Die Gefahr einer auf diesem Wege aufgestellten Agenda besteht jedoch darin, dass deren Komplexität unterschätzt wird, was zu der Intention führt, möglichst viele Ziele der Agenda möglichst kurzfristig zu erreichen. Diese Gefahr ist angesichts der geringen Kapazitäten und Handlungsspielräume derer, die sich um PE in Musikhochschulen kümmern, gerade dort besonders ausgeprägt.[3] Es bedarf daher einer Methode, um die aufzustellende PE-Gesamtstrategie in ein Prioritäten- und Zeitmanagementraster zu integrieren. Hierfür ist die Aufstellung eines *PE-Strategie-Portfolios* hilfreich. Wenn

3 Sofern es diese speziell für PE Zuständigen überhaupt in den Musikhochschulen gibt. Während an vielen Universitäten und Fachhochschulen PE-Fachkräfte eingestellt werden, sind an den Musikhochschulen entsprechende Ressourcen nicht vorhanden, sodass für die operative Umsetzung von PE-Maßnahmen meist die Personalstelle zusätzlich in Anspruch genommen wird. Deren ohnehin bestehende kapazitäre Aus- und Überlastung birgt die Gefahr einer Verkümmerung der Umsetzungsintensität von PE-Maßnahmen.

auch die Methode des Portfolios traditionellerweise genutzt wird, um individuelle Kompetenzentwicklung zu analysieren (vgl. Schlüter & Winde, 2009, S. 47), so lässt sie sich quasi in analoger Anwendung idealerweise auch für die Priorisierung und Chronologisierung geeigneter PE-Maßnahmen innerhalb einer PE-Strategie nutzen. Erst die Aufstellung dieses Portfolios führt damit zu einer individuellen, auf die konkrete Situation der Musikhochschule abgestellten und damit nicht adaptierbaren PE-Strategie, die sich als belastungsfähig behaupten kann und die insofern Validität besitzt.

3 Strukturen

Der Versuch, die Strukturen einer PE-Strategie zu identifizieren, erfordert die Differenzierung der Zielgruppe jeder PE-Strategie, des Personals. Die Betrachtung der Zielgruppe einer PE-Strategie führt dabei zunächst zur Trennung von Lehrpersonal einerseits und Verwaltungspersonal andererseits. Darüber hinaus hat sich in den vergangenen Jahren eine zusätzliche Personalkategorie etabliert, die die bisherige bipolare Binnenordnung einer Hochschule mit akademischem und administrativem Bereich aufbricht und genau an der Schnittstelle dieser beiden Bereiche (oder genau dazwischen) im sogenannten *Third Space* arbeitet (Salden, 2013, S. 27). Derartige Einsatzbereiche sind beispielsweise im Fachbereichsmanagement, in der Funktion des/der sogenannten Bologna-Beraters/Beraterin oder auch im Künstlerischen Betriebsbüro vorzufinden.

Die in den wissenschaftlichen Hochschulen aufkommende PE konzentrierte sich interessanterweise bei der Zielgruppe Lehrpersonal weniger auf die Statusgruppe der Hochschullehrerinnen und Hochschullehrer[4], sondern vielmehr auf den sogenannten wissenschaftlichen Nachwuchs (vgl. Briedis, Jaksztat, Schneider, Schwarzer & Winde, 2013, S. 14). Eine Analogie zum sogenannten künstlerischen und wissenschaftlichen Mittelbau der Musikhochschulen mit der Folge, dass sich die PE der Musikhochschulen bewusst um diese Gruppe kümmert, kann nicht bestätigt werden. Vielmehr sind die dort verorteten sogenannten Lehrkräfte für besondere Aufgaben (LfbA) bislang nur in Ausnahmefällen Zielgruppe von PE-Maßnahmen gewesen.

Dies kann umso deutlicher auch für die zweite Statusgruppe im akademischen Mittelbau einer Musikhochschule festgestellt werden, nämlich die Lehrbeauftragten. Sie haben aufgrund ihrer rechtlichen Einordnung in zahlreichen Bundesländern nicht einmal den Status eines Mitglieds der Hochschule. Aufgrund ihrer *de iure* vorgegebenen Selbstständigkeit und Weisungsunabhängigkeit von der Hochschule könnte ihnen formaliter sogar die Eigenschaft als Zielgruppe von PE-Strategien abgesprochen werden.

Die Betrachtung des Verwaltungspersonals mit Blick auf adäquate PE-Maßnahmen führt zu einer anderen Differenzierung im Vergleich zum Lehrpersonal: Hier werden sowohl Ausbildungs- als auch Weiterbildungs- oder weitere Qualifizierungsmaßnahmen angesetzt. Insbesondere wird dabei differenziert zwischen Erwerb von Führungsqualifi-

4 Dieser Begriff ist in den meisten Hochschulgesetzen der *terminus technicus* für die Professorinnen und Professoren sowie Juniorprofessorinnen und Juniorprofessoren.

kation und fachlicher Qualifizierung am Arbeitsplatz. Darüber hinaus fokussiert die PE-Strategie im Verwaltungsbereich die Schaffung idealer Rahmen- und Arbeitsbedingungen.

Kernthema bei der bereits erwähnten Personalkategorie *Third Space* ist deren Qualifizierung. Bei dieser Personalkategorie handelt es sich nämlich um Mitarbeiterinnen und Mitarbeiter, die entweder durch einen Abschluss meist an einer Musikhochschule entsprechend musikalisch/musikwissenschaftlich qualifiziert sind und insofern administrativen Qualifizierungsbedarf haben, oder es sind Verwaltungsfachleute, denen die künstlerische/(musik-)wissenschaftliche Qualifizierung fehlt, wobei der Einsatz der zuletzt genannte Personengruppe im Alltag einer Musikhochschule meist zu scheitern droht und insofern seltener vorkommt.

4 Akteure

In diesem Kapitel sollen nun Elemente einer PE-Strategie, also die PE-Maßnahmen selbst, für die einzelnen genannten Zielgruppen exemplarisch behandelt werden. Sie können dabei nur skizziert, nicht *en detail* thematisiert werden. Den einzelnen PE-Maßnahmen vorgeschaltet sind für alle Beschäftigtengruppen Maßnahmen, die status- und zielgruppenunabhängig generell in Musikhochschulen als Maßnahmen einer PE-Strategie identifiziert werden können. Derartige Maßnahmen sind beispielsweise:

- Leitbilddiskussion und Aufstellung einer Compliance;
- Rahmenkodex für die arbeits- und dienstrechtliche Behandlung des Personals unter dem Aspekt *Gute Beschäftigungsbedingungen für das Hochschulpersonal*; darunter ist beispielsweise auch die Behandlung von befristeten Beschäftigungsverhältnissen zu subsumieren;
- Entwicklung und Aufstellung des Frauenförderplanes;
- organisatorische Aktivitäten mit personalwirtschaftlichem Fokus, z.B. die Implementierung eines ausgereiften Willkommensmanagements;
- grundsätzliche Angebote zum Coaching, sowohl im Hinblick auf die Durchführung der Lehre als auch bezogen auf die Wahrnehmung besonderer Funktionen.

4.1 Hochschullehrerinnen und -lehrer

Das Profil einer Musikhochschule steht und fällt mit der Qualität ihrer Professorinnen und Professoren. Umso verwunderlicher ist es, dass diese Zielgruppe erst allmählich in den Fokus für gezielte PE-Maßnahmen genommen wird. Dabei lässt sich gerade für sie ein inhaltlich besonders wichtiger Katalog einzelner PE-Maßnahmen zu einer PE-Strategie aufstellen, wenn folgende Themen reflektiert werden:

- Analyse, Optimierung und Professionalisierung des Berufungsverfahrens, beginnend mit dem in Aussicht stehenden Freiwerden der Professorenstelle bis hin zum Abschluss der Berufungsgespräche mit dem/der designierten Professor/-in;[5]
- Vorbereitung auf und Begleitung bei der Übernahme von Aufgaben in der Selbstverwaltung;
- Aufstellung eines Dual-Career-Konzeptes, das gerade für Hochschulen im ländlichen Bereich einer Rufannahme sehr förderlich sein kann;
- Konzept zur Einführung von Zielvereinbarungen, ggf. auch zur Gewährung von Leistungsprämien und besonderen Leistungsbezügen;
- Teilnahme an Weiterbildungsangeboten (beispielsweise den konkret hierzu erstellten Angeboten des *Netzwerk der Musikhochschulen für Qualitätsmanagement und Lehrentwicklung*).

Die Hochschulleitung wird insbesondere nicht nur mit gutem Beispiel vorangehen, sondern vor allem auch überzeugen müssen, dass auch Hochschullehrerinnen und -lehrer selbstverständliche Zielgruppe einer PE-Strategie sind.

4.2 Lehrkräfte für besondere Aufgaben und Lehrbeauftragte

LfbA an Musikhochschulen werden – anders als der wissenschaftliche Mittelbau an Universitäten und Fachhochschulen – selten als mögliche professorale Nachfolgerinnen und Nachfolger identifiziert. Insofern gerät auch diese Zielgruppe nur selten in den Fokus von PE-Maßnahmen.

LfbA haben einerseits eine spezifische unterstützende Funktion (zum Beispiel im Bereich Korrepetition), andererseits nehmen sie etwa im Nebenfachunterricht auch eigenständige Lehraufgaben wahr. Zudem verfügen sie durch ihre Bindefunktion zwischen der Professorenschaft und den Studierenden über einen ganz besonderen Erfahrungsschatz. Daher liegt ihre Implikation in die PE-Strategie nahe, wie an folgenden Maßnahmen exemplarisch gezeigt werden kann:

- Aufstellung von Programmsträngen zur Nachwuchsförderung ähnlich dem tenure-track-Verfahren an wissenschaftlichen Hochschulen;
- Übertragung einer Tätigkeit als Mentor/-in an erfahrene und lebensältere LfbA zur Begleitung neu eingestellter jüngerer LfbA;
- Vorbereitung auf die und Begleitung bei der Übernahme von Aufgaben in der Selbstverwaltung;
- Teilnahme an Weiterbildungsangeboten (beispielsweise den konkret hierzu erstellten Angeboten des *Netzwerk der Musikhochschulen für Qualitätsmanagement und Lehrentwicklung*).

---

5 Siehe dazu den Beitrag von Jann Bruns (2017) in diesem Band.

Strittig ist immer wieder, ob auch Lehrbeauftragte überhaupt aufgrund ihrer rechtlichen Stellung als selbstständig wahrnehmende Lehrende in den Genuss von PE-Maßnahmen kommen dürfen. Nicht selten wird dabei argumentiert, dass das Angebot an diese Klientel, an PE-Maßnahmen zu partizipieren, eine juristische Begründung für eine Scheinselbstständigkeit mit den sich daraus ergebenden juristischen Konsequenzen darstelle. Jedoch ist dabei stets zu bedenken, dass angesichts der Tatsache, dass in den meisten Musikhochschulen der Anteil der Lehrbeauftragten an der Lehre bis zu deutlich über 50 Prozent beträgt, eine Ablehnung der Partizipation dieser Statusgruppe an PE-Maßnahmen der Musikhochschule einer unverantwortlichen Ausblendung eines Großteils der Lehrenden und ihres Lehrangebotes gleichkäme und damit einen besonders zynischen Beigeschmack erhielte. Insofern ist es nur folgerichtig, wenn die Musikhochschule diese Gruppe in ihre PE-Strategie mit einbezieht. Dann hat sie folgende exemplarische Möglichkeiten zur PE-Strategie zu überdenken:

- Konzept zur Entsendung zu Konferenzen und Tagungen, gegebenenfalls sogar im Rahmen einer offiziellen Entsendung in Vertretung der Hochschule;
- Vorbereitung auf die und Begleitung bei der Übernahme von Aufgaben in der Selbstverwaltung;
- Existenzsicherung durch Prüfen der Möglichkeit der Übernahme als LfbA für besonders langjährig an der Musikhochschule tätige bzw. besonders leistungsstarke oder beide Aspekte erfüllende Lehrbeauftragte – Programm *Lehrbeauftragte zu LfbA*;
- Teilnahme an Weiterbildungsangeboten.[6]

4.3 Verwaltungspersonal

War bislang die Rede von PE an Musikhochschulen, so wurde meistens damit PE in der Verwaltung assoziiert. So verwundert es nicht, wenn es bereits ausgereifte oder zumindest fragmentarisch ausgearbeitete PE-Strategien der Verwaltung in Musikhochschulen gibt. Eine ausgereifte PE-Strategie für den Verwaltungsbereich ist schon alleine deshalb besonders vonnöten, weil die Anforderungen an die Mitarbeiterinnen und Mitarbeiter in der Verwaltung von Musikhochschulen besonders hoch sind. Angesichts einer besonders dünnen Personaldecke müssen sie gleichzeitig zahlreiche, auch qualitativ stets anspruchsvollere Sachgebiete abzudecken wissen. Das mittlerweile in den Musikhochschulen implizite Anforderungsprofil kann am besten metaphorisch mit der *eierlegenden Wollmilchsau* beschrieben werden. Dies führt zu einer gravierenden Belastung des in der Regel nicht auskömmlichen Verwaltungspersonals. Eine PE-Strategie muss ins-

6 Auch die Teilnahme von Lehrbeauftragten an Fortbildungsmaßnahmen mit Kostenübernahme durch die Hochschule ist nicht in allen Musikhochschulen in den verschiedenen Bundesländern aufgrund des rechtlichen Status der Lehrbeauftragten selbstverständlich. Die Tatsache, dass diese Möglichkeit hier als potenzielle PE-Maßnahme vorgeschlagen wird, gibt die Auffassung des Verfassers zur Einbindung dieser Personalkategorie wieder.

besondere auch dieser Belastungssituation Rechnung tragen. Insofern liegt der Fokus nicht alleine auf der individualisierten Förderung, sondern auch auf der Optimierung von Rahmenbedingungen.

Der mittlerweile sich stets erweiternde Katalog möglicher PE-Maßnahmen für das Verwaltungspersonal ist aufgrund der beschriebenen schon längeren Beschäftigung mit dem Thema naturgemäß ausgiebig:

- Einführung des Mitarbeitergespräches;
- Konzept von Führung über Zielvereinbarungen;
- Erstellung von Grundsätzen für die Zusammenarbeit und Führung;
- System der leistungsorientierten Bezahlung;
- Durchführung von Mitarbeiterbefragungen;
- Gestaltung flexibler Arbeitszeitmodelle;
- Qualifikation von Führungskräften, Vermittlung von Führungskompetenz;
- Unterstützung bei der berufsbegleitenden Weiterbildung;
- Einführung der alternierenden Telearbeit;
- Teamentwicklungsprozesse;
- Coachingangebote;
- Überlegungen zur Rotation;
- Integration neuer Mitarbeiterinnen und Mitarbeiter;
- Ausbildungsmanagement;
- betriebliches Gesundheitsmanagement;
- Optimierung der Auswahlverfahren;
- Konzept altersgerechter Einsatz (vgl. Lorse, 2012, S. 6–16);
- Gewährung flexibler Arbeitszeitmöglichkeiten
  u.v.m.

In jüngster Zeit ist die Diskussion im Hinblick auf mögliche PE-Strategien zum Verwaltungspersonal weiter vorangeschritten. Mittlerweile fokussiert diese auf eine im wahrsten Sinne ganzheitliche Betrachtung der PE und nimmt die gesamte Lebenslage in die Betrachtung ein. Damit wird nunmehr nicht alleine nur die bisher im Rahmen der PE Berücksichtigung findende derzeitige Lebensphase betrachtet, sondern ergänzend auch Lebensform und sogar Lebensstil (Becker, 2014, S. 1). Von der Umsetzung dieser Betrachtungsweise sind allerdings die Verwaltungen der Musikhochschulen noch weit entfernt, was seitens des Autors nicht unbedingt als Nachteil eingeschätzt wird.

4.4 Personal des *Third Space*

Die Entstehung dieser besonderen Personengruppe im sogenannten *dritten Raum* ist der Tatsache geschuldet, dass die Anforderungen an das Verwaltungspersonal in den Hochschulen qualitativ derart angestiegen sind, dass zahlreiche bestimmte administrative Vorgänge nur noch von jenen Mitarbeiterinnen und Mitarbeitern erledigt werden können, die zugleich eine hohe musikfachliche Kompetenz vorweisen können, die nicht einfach nur durch langjährige Tätigkeit auf dem Arbeitsplatz entstehen konnte. Angesichts der in Musikhochschulen typisch dünnen Personaldecke wiegt diese sich auf immer mehr Verwaltungsbereiche ausbreitende Anforderung besonders schwer. Während also zunächst zumeist junge Mitarbeiterinnen und Mitarbeiter aus der Fachebene, denen man aufgrund ihrer Gesamtpersönlichkeit die Fähigkeit zusprach, neben der Befriedigung der fachlichen Anforderungen auch die gröbsten impliziten operativen Arbeiten erledigen zu können, eingestellt wurden, hat sich hier mittlerweile eine feste Statusgruppe herausgebildet.[7] So verfügen heute die meisten Musikhochschulen über entsprechende Arbeitsplätze im sogenannten dritten Raum, die von dieser Personengruppe besetzt werden sollten.

Besondere Herausforderung für die Musikhochschulen ist dabei, geeignetes Personal hierfür zu finden, denn sie benötigen Mitarbeiterinnen und Mitarbeiter sowohl mit Verwaltungserfahrung als auch mit geeigneten und adäquaten Studienabschlüssen (Salden, 2013, S. 33). Da es sich bei diesen Mitarbeiterinnen und Mitarbeitern häufig – wie bereits beschrieben – um künstlerisch qualifizierte handelt, besteht ein besonderer nicht zu unterschätzender Nachholbedarf in deren Qualifizierung auf der administrativen Ebene. Der häufig etwas hilflos vorgetragene Lösungsversuch eines Hinweises auf den Besuch vereinzelter Fortbildungsveranstaltungen zu Verwaltungsthemen greift dabei zu kurz. Ausgehend von den Ergebnissen einer Potenzialanalyse bedarf es vielmehr eines konkret auf die einzelne Person abgestellten Qualifizierungskonzeptes, das seitens der Hochschule gemeinsam mit der Mitarbeiterin oder dem Mitarbeiter aufgestellt werden muss. Solange allerdings in Musikhochschulen[8] das Anforderungsniveau administrativer Aufgaben bagatellisiert oder gar nicht ernst genommen wird, werden auch die erforderlichen Qualifizierungsprogramme für das Personal des *Third Space* auch von den Vertreterinnen und Vertretern dieser Personalkategorie selbst nicht ernsthaft erarbeitet und schon gar nicht ausgefüllt.

4.5 Funktionsträgerinnen und -träger

Auch Musikhochschulen müssen strategisch den ständig steigenden Anforderungen an die Funktionsträgerinnen und Funktionsträger Rechnung tragen, wollen sie nicht riskieren, dass die Wahrnehmung dieser Ämter ausschließlich als Bürde und insofern notwendiges Übel, von dem man sich möglichst früh wieder trennt, verstanden wird. Während mittlerweile eine breite Palette zielgruppengerechter Qualifizierungsmaßnahmen auch für diese Personengruppe extern angeboten wird, wird die Notwendigkeit einer nicht nur kurzfristigen und nicht nur zufälligen Besetzung der einschlägigen Funktionen allmählich auch als PE-Strategie identifiziert.

7 Nur am Rande sei hier an die Entstehung der Statusgruppe Wissenschaftsmanager/-innen in den Universitäten und Fachhochschulen verwiesen. Zur Identität und Verortung siehe Nickel (2011, S. 30–34).

8 Wie natürlich auch in Universitäten und Fachhochschulen.

Als mögliche PE-Maßnahme ist beispielsweise ein Mentoring denkbar, das gerade den jüngeren Lehrenden die Möglichkeit eröffnet, allmählich an Funktionen in der Selbstverwaltung herangeführt und nicht unvorbereitet und ungewollt in eine entsprechende Funktion hineingedrängt zu werden. Die Bereitschaft zur Übernahme von Funktionen in der Selbstverwaltung kann damit zielgerichtet und insofern über Zielvereinbarungen angesteuert werden. Auf die Möglichkeit, derartige Bereitschaften durch monetäre Leistungsanreize oder Deputatsreduzierung zu be- und entlohnen, sei nur am Rande hingewiesen.

Von besonderer Relevanz ist die Kultivierung der Zusammenarbeit im Präsidium oder Rektorat im Allgemeinen und zwischen Präsident/-in bzw. Rektor/-in und der Verwaltungsleitung im Besonderen. An dieser besonderen, sehr sensiblen Schnittstelle innerhalb der Hochschule die Zusammenarbeit dem Zufall zu überlassen, ist unverantwortlich. Hier lassen sich durch begleitendes Teamcoaching oder gemeinsame Supervision erarbeitete Codices zu einer Professionalisierung der gemeinsamen Zusammenarbeit entwickeln. Auch gemeinsame Trainings bzw. Fortbildungsveranstaltungen, die auf die Zusammenarbeit im Team, sowohl im gesamten, als auch innerhalb der originären Hochschulleitung, abstellen, sind denkbar.

5 Fazit

An Musikhochschulen ist die Erforderlichkeit zur Aufstellung einer PE-Strategie mittlerweile anerkannt. Auch werden selbstverständlich zahlreiche PE-Maßnahmen praktiziert. Allerdings fehlt häufig eine Gesamtstrategie zur PE, die die einzelnen PE-Maßnahmen zielgruppengerecht und geordnet zur Wirksamkeit bringt. Die Aufstellung einer solchen Gesamtstrategie ist besonders aufwendig. Zahlreiche interne und externe Rahmenbedingungen müssen dafür analysiert werden. Hierzu eignet sich die SWOT-Analyse. Für die Umsetzung der aus der SWOT-Analyse gewonnenen Erkenntnisse in konkrete Handlungsfelder und Maßnahmen der Personalentwicklung eignet sich die Portfoliomethode. Sie hilft insbesondere, die zahlreichen möglichen PE-Maßnahmen der eigenen PE-Strategie zu einer nachvollziehbaren und auf die Hochschule abgestellten Systematik zu ordnen. Damit besteht die Chance, dass die PE-Strategie der Musikhochschule auch tatsächlich ein neuerer und wesentlicher Baustein ihres Qualitätsmanagements wird.

Literatur

Becker, M. (2005). *Personalentwicklung, Bildung, Förderung und Organisationsentwicklung in Theorie und Praxis* (4. Auflage). Stuttgart: Schäffer-Poeschel.

Becker, M. (2014). Für jede Lebenslage – Personalentwicklung ganzheitlich betrachten. *Behördenspiegel* (Ausgabe Oktober), 1.

Briedis, K., Jaksztat, St., Schneider, J., Schwarzer, A. & Winde, M. (2013). *Personalentwicklung für den wissenschaftlichen Nachwuchs – Bedarf, Angebote und Perspektiven – eine empirische Bestandsaufnahme.* Essen: Stifterverband für die Deutsche Wissenschaft.

Bruns, J. (2017). Berufungsverfahren als Element der Personalentwicklung. In B. Clausen & H. Geuen (Hg.), *Qualitätsmanagement und Lehrentwicklung an Musikhochschulen. Konzepte – Projekte – Perspektiven* (S. 297–303). Münster: Waxmann.

Bundesbildungs- und Forschungsministerium (2016). *Mehr Planbarkeit für den wissenschaftlichen Nachwuchs.* Pressemitteilung 010/2016, 29.01.2016. Verfügbar unter: https: //www.bmbf.de/de/mehr-planbarkeit-fuer-den-wissenschaftlichen-nachwuchs-2409.html [31.08.2016].

Herr, M. (2007). *Instrumente für eine strategische Personalentwicklung.* Online veröffentlicht am 18.04.2007. Verfügbar unter: http://www.die-bonn.de/doks/herr0701.pdf. [31.08.2016].

Lorse, J. (2012). Personalentwicklung im öffentlichen Dienst – vor der Herausforderung des demographischen Wandels. *Der Personalrat* 5 (1), 6–16.

Meifert, M. (2013). *Strategische Personalentwicklung – ein Programm in acht Etappen* (3. Auflage). Berlin [u.a.]: Springer.

Neuberger, O. (1994). *Personalentwicklung* (2. Auflage). Stuttgart: Enke.

Nickel, S. (2011). Zufällig Wissenschaftsmanager? Systematischere Karriereförderung nötig. *Wissenschaftsmanagement* 2, 30–34.

Salden, P. (2013). Der „Third Space“ als Handlungsfeld in Hochschulen: Konzept und Perspektive. In M. Barnat, S. Hofhues, A.C. Kenneweg, M. Merkt, P. Salden & D. Urban, *Junge Hochschul- und Mediendidaktik. Forschung und Praxis im Dialog* (S. 27–36). Hamburg: Zentrum für Hochschul- und Weiterbildung der Universität Hamburg.

Schlüter, A. & Winde, M. (2009). *Akademische Personalentwicklung.* Essen: Edition Stifterverband.

Schmidt, B. (2007). Personalentwicklung an der Hochschule – Zehn Wege in ein unentdecktes Land. *die hochschule: journal für wissenschaft und bildung* 16 (2), 120–153.

Wissenschaftsrat (2008). *Empfehlungen zur Qualitätsverbesserung von Lehre und Studium,* Drs. 8639-08.

Wissenschaftsrat (2013). *Perspektiven des deutschen Wissenschaftssystems,* Drs. 3228-13.

Claudia Krämer

Führungskräfte als Zielgruppe strategischer Personalentwicklung

Managers as a Target Group of Strategic Human Resources Development

Human resources development for managers in teaching and administration at Musikhochschulen *that is tailored to the realisation of goals in higher music education is becoming increasingly important in the face of growing qualitative and quantitative demands and accelerated processes of change. Managers and supervisors play a key role in these processes of change, yet as a rule they are insufficiently prepared for them. The complexity and heterogeneity of the various managerial and supervisory roles in the context of* Musikhochschulen *require systematic and specially tailored support if these people are to be able to tackle their tasks in a professional manner that takes adequate account of person-specific and organisation-specific conditions. In this context, a consultative approach to human resources development for managers will be presented as a possible way of meeting these specific requirements.*

Einleitung

Durch den Rückzug staatlicher Regulation und die Zunahme institutioneller Autonomie wächst das Spektrum an Managementaufgaben in Hochschulen. Die Steuerung von Hochschulen ist heute geprägt von Profilbildung, Zielvereinbarungen, leistungsorientierter Mittelvergabe und Legitimation der Leistungserstellung. Diese in der Autonomie verankerten Aufgaben beinhalten nicht nur eine Chance zur Entwicklung, sondern auch eine Verpflichtung dazu und sie setzen voraus, dass in der Hochschule Governance- und Entscheidungsmodi dahin gehend gestaltet sind, dass sie auch in der Lage ist, sich selbst zu steuern. Da Führungs- und Leitungskräfte in der akademischen Selbstverwaltung und im administrativen Bereich in der Umsetzung der Hochschulziele eine wichtige Steuerungsrolle einnehmen, wird das jeweilige Führungssystem einer Hochschule zum Erfolgsfaktor der sich selbst steuernden Hochschule (vgl. Zechlin, 2012).

Das historisch-kulturelle Erbe von Musikhochschulen bietet in dieser Hinsicht keine leichten Startbedingungen für einen Wandel. Das Führungssystem war bis in die 1980er-Jahre stark patriarchal geprägt. Ein „fachlich allseits gebildeter Patriarch auf dem Direktorensessel“ (Hufen, 1982, S. 529) leitete die Geschicke der Hochschule und ihrer Mitglieder. Er vereinte in sich alle dafür notwendigen künstlerischen, pädagogischen, wissenschaftlichen und administrativen Fähigkeiten. Die Komplexität des Musikhochschulalltags und die rechtlichen Rahmenbedingungen sind heute andere. Rektorate oder Präsidien stehen bei der Bewältigung ihrer Managementaufgaben vor der Frage, wie sie mit Gremien, Fachbereichen und Fakultäten sowie der Verwaltung kooperieren, Möglichkeiten der Partizipation schaffen und Eigenverantwortung stärken.

Selten sind die vielfältigen Anforderungen an Führungskräfte explizit benannt und sie liegen je nach Fachkultur teilweise quer zu persönlichen Vorstellungen über die Führungsrolle. Dazu kommt, dass die notwendigen Führungskompetenzen nicht zwingend *per se* vorhanden sind. In diesem Zusammenhang gewinnt eine differenzierte Unterstützung für Führungskräfte im Rahmen einer strategischen Personalentwicklung zunehmend an Bedeutung.

Der vorliegende Aufsatz nimmt die wachsende Bedeutung der Professionalisierung von Führungskräften in Lehre und Verwaltung sowie bedarfsorientierte Angebotsformate in den Blick. Zunächst wird eine Begriffsbestimmung für strategische Personalentwicklung an Hochschulen eingeführt und ein Bezug zur Organisationsentwicklung hergestellt. Danach werden Führung und Leitung in der Hochschule nach Fachkulturen verortet sowie der Begriff der Führungskompetenz als zentrale Kategorie des Führungshandelns beleuchtet. Darauf aufbauend werden bedarfsorientierte Personalentwicklungsmaßnahmen für Führungskräfte skizziert und an zwei Beispielen, die in der Führungskräfteentwicklung an Hochschulen verstärkt zur Anwendung kommen und Bestandteil des Workshopprogramms des *Netzwerk Musikhochschulen* sind, abschließend veranschaulicht.

Strategische Personalentwicklung als Teil von Organisationsentwicklung

Personalentwicklung wird als ein Teilbereich des Personalmanagements verstanden. Es gibt in der wissenschaftlichen Literatur keine allgemeingültige Definition.[1] Klassischerweise steht Personalentwicklung für Anpassungsqualifizierung und wird nicht selten mit Weiterbildung gleichgesetzt. Diese Sicht greift in einem ganzheitlichen Verständnis von Personalentwicklung jedoch zu kurz, da es nicht nur um qualifikationsorientierte, sondern auch um positionsorientierte Entwicklungen im Sinne der Karriereförderung und Laufbahnentwicklung geht. Weiterbildung kann folglich als ein Subsystem von Personalentwicklung bezeichnet werden.

Neuberger versteht Personalentwicklung als eine Unterstützungsfunktion, die den Zweck hat, das System Personal an neue Herausforderungen anzupassen (vgl. Neuberger, 1991, S. 12). Zusätzlich zum Aufbau von Fachkompetenz ist auch die Erweiterung der personalen sowie der Sozial- und der Methodenkompetenz von großer Bedeutung. Die angestrebte Entwicklung bezieht sich formal auf drei Ebenen:

a) Auf das Individuum, wenn es um Veränderungen von Fähigkeiten, Wissen, Bedürfnissen, Werten, Einstellungen, Emotionen, Belastbarkeit, Stress- und Frustrationstoleranz sowie Identität geht.

1 Neuberger verweist auf 18 verschiedene Definitionen (vgl. Neuberger, 1991, S. 4–5).

b) Auf die Gruppe, wenn es um Veränderungen von Beziehungen, Konstellationen, Interaktionen, Rollen, Grenzen, Wir-Gefühl, Interessen und Macht geht.
c) Auf die Organisation, wenn es um Veränderungen struktureller, organisationaler Aspekte geht, wie z.B. Hierarchie, Vernetzung von Gruppen, Entscheidungszentralisation, Standardisierung, Kultur, Vision, Ziele, Wandel, Konflikte, Interessen, Macht, Politik (vgl. Neuberger, 1991, S. 24–34).

Auf diese Unterscheidung kann bei der Auswahl geeigneter Formate für eine zielgruppenspezifische und bedarfsorientierte Personalentwicklung für Führungskräfte zurückgegriffen werden. Es muss jedoch beachtet werden, dass Maßnahmen der Personalentwicklung im Prozess der Leistungserbringung nicht allein entscheidend sind. So geschaffene Potenziale können nur entfaltet und wirksam werden, wenn sie auf Zustände und Prozesse der Organisation ausgerichtet sind. Jedes Geschehen in der Organisation steht in einer Abhängigkeit zu den drei oben genannten Ebenen. Eine Handlung sowie ihr Erfolg oder Misserfolg erklärt sich folglich nicht nur unter Rückgriff auf eine einzelne Perspektive (vgl. Neuberger, 1991, S. 19). Hier wird die Wechselbeziehung von Personal- und Organisationsentwicklung deutlich: Organisationsentwicklung geht davon aus, dass Menschen über die Organisation lernen, indem sie Erfahrungen austauschen und reflektieren. Sie ist ein dauerhafter, interaktiver Prozess, in dem Veränderungen systematisch geplant und Partizipation betont werden (vgl. Pellert & Widmann, 2008, S. 136).

Eine an den Hochschulkontext adaptierte Definition von Personalentwicklung formuliert das Netzwerk für Personalentwicklung an Universitäten, UninetzPE.[2] Sie zeichnet sich dadurch aus, dass sie explizit und systematisch alle Beschäftigtengruppen in Lehre und Verwaltung adressiert und eine Strategieorientierung an den Zielen der Hochschule berücksichtigt:

> „Personalentwicklung an Universitäten bedeutet eine wissenschaftlich fundierte und praktisch erprobte systematische Förderung und Weiterentwicklung der Kompetenzen von Beschäftigten in Wissenschaft, Wissenschaftsmanagement, Administration und Technik. Sie trägt zur Erfüllung der Aufgaben der Universität, zur Erreichung und Sicherung ihrer strategischen Ziele sowie zur individuellen beruflichen Entwicklung bei. Dabei berücksichtigt sie die Konzepte der Universität zur Personalstrukturentwicklung und Personalplanung." (UninetzPE, 2014)

Die im Zitat erwähnte strategische Dimension von Personalentwicklung untersucht Meifert, wenn er in seinem gleichnamigen Aufsatz die Frage stellt: „Was ist strategisch an der strategischen Personalentwicklung?" (Meifert, 2013). Er sieht die Aufgabe von Personalentwicklern darin, alle Maßnahmen der Personalentwicklung konsequent und nachhaltig an der Unternehmensstrategie zu orientieren und spricht angesichts der

---

2 Das Netzwerk für Personalentwicklung an Universitäten wurde im Oktober 2014 gegründet. Die Mitglieder haben die folgende Definition verabschiedet.

Komplexität von Strategieumsetzungsprozessen *in praxi* auch von einer strategieorientierten Personalentwicklung. Wenn Personalentwicklung zufällig und ohne roten Faden erscheint, läuft sie aus organisationaler Perspektive ins Leere (vgl. Meifert, 2013, S. 15). Die Verantwortung der Personalentwickler liegt darin, dass sie ihr Handeln fundieren, indem sie ihre Personalentwicklungsstrategie aus der Managementstrategie ableiten und in zeitlicher sowie enger inhaltlicher Nähe agieren. In diesem Sinne verstandene Personalentwicklung kann den übergreifenden Führungs- und Steuerungsprozess unterstützen. Dies begründet das besondere Augenmerk, das eine strategische Personalentwicklung auf Führungskräfte, gerade auch auf der mittleren Ebene legen sollte, da sie eine Schlüsselrolle einnehmen.[3] Die vorherigen Ausführungen werfen die Frage nach der Zuständigkeit für Personalentwicklung in Hochschulen auf. Das Thema wird in Hochschulorganisationen von drei Funktionen verantwortet bzw. bearbeitet:

1.) Der Leitung, die die strategische Ausrichtung der Personalarbeit, Grundsatzentscheidungen und Leitlinien verantwortet.
2.) Von Einheiten für Personalentwicklung, die institutionalisiert sind, Personalentwicklungsinstrumente entwickeln und eine zentrale Koordinationsstelle für Angebote für alle Beschäftigten in Lehre und Verwaltung sind.
3.) Von den Führungskräften, weil sie die Schnittstelle von Organisationszielen und den Wünschen der Mitarbeiter bilden und Personalentwicklung operativ durchführen (vgl. Pellert & Widmann, 2008, S. 104).

An Musikhochschulen sind Einheiten ausschließlich für Personalentwicklung, wie unter (2) aufgeführt, in der Regel nicht anzutreffen. Dort, wo Mitarbeitergespräche nicht zum festen Repertoire des Personalmanagements gehören, gibt es folglich für Führungskräfte der mittleren Ebene wenig strukturelle Anreize, selbst die Rolle des Personalentwicklers anzunehmen. So sind an Musikhochschulen formal zunächst die Kanzler für Verwaltungsmitarbeiter und die Rektoren für die Professorenschaft und länderabhängig auch für die Lehrbeauftragten sowie den künstlerisch-wissenschaftlichen Mittelbau zuständig, auch wenn sie persönlich zuweilen von deren alltäglichen Aufgaben weiter entfernt sind und die erbrachten Leistungen oftmals nicht unmittelbar beurteilen können. Im Folgenden sollen Führung und Leitung an Hochschulen näher betrachtet werden, um in einem späteren Schritt Ableitungen für zielgruppenspezifische Angebote für Führungskräfte vorzunehmen.

3 Diez, Hotz, Klink und Barnstedt (2016) erläutern am Beispiel des Personalentwicklungskonzepts des Karlsruher Instituts für Technologie die Schlüsselposition von Führungskräften zur Umsetzung einer nachhaltigen Personalentwicklung.

Führungs- und Leitungsaufgaben

An Hochschulen gibt es eine große Vielfalt an Positionen, die zusätzlich zur Leitung als oberster Führungsebene mit Führungs- und Leitungsaufgaben betraut sind. Die sogenannten Leistungsprozesse Lehre, Verwaltung und Forschung – für Musikhochschulen ist der Bereich der künstlerischen Praxis noch zu ergänzen – stellen unterschiedliche Anforderungen an Führung und an die jeweiligen Führungspersonen.[4] Sie zeichnen sich durch differente Logiken aus und finden unter unterschiedlichen Rahmenbedingungen statt. Die Spannweite umfasst die klassische disziplinarische Vorgesetztenfunktion, die projektbasierte Führungsaufgabe sowie das Wahlamt. Selbst diejenigen Professorinnen und Professoren, die kein Wahlamt mit Steuerungsfunktion haben, führen z.B. künstlerische oder wissenschaftliche Mitarbeiter oder studentische Hilfskräfte, leiten Institute oder koordinieren Studiengänge (vgl. Symanski & Grün, 2013, S. 13–15).

Im Bereich der Forschung und Wissenschaft, der durch einen geringen Organisationsgrad und ein hohes Maß der Selbstorganisation gekennzeichnet ist, haben Führung und Leitung historisch betrachtet keine Tradition. Für den Einzelnen gibt es hohe Freiheitsgrade. Symanski und Grün identifizieren hier eine Tendenz zu vagabundierender Verantwortung für Prozesse und zu fehlender Eindeutigkeit in der Zusammenarbeit mit Kollegen. Wahlämter wie z.B. das des Dekans sind schwierig zu besetzen, denn die Übernahme temporärer Führungsaufgaben wird oftmals als unliebsame Pflicht gesehen. Für diese Ämter wird ohne die Formulierung eines klaren Anforderungsprofils das Prinzip des *primus inter pares* aufrechterhalten, das jedoch für die Ausübung der übertragenen Steuerungsrolle aus organisationaler Sicht auch dysfunktional sein kann, wenn Führungsanforderungen nicht erfüllt werden (vgl. Symanski & Grün, 2013, S. 16–17).

Der Bereich der künstlerischen Praxis kennt ebenfalls spezifische Führungsrollen wie z.B. die des Dirigenten. Die Ausübung dieser eindeutigen Führungsaufgabe ist umso erfolgreicher, wenn der Dirigent als fachliche Autorität geschätzt wird und gleichzeitig unter den Orchestermusikern ein guter Teamgeist vorherrscht (vgl. Boerner & Krause, 2002; Boerner, 2006).

Der administrative Bereich ist als Abbild eines Bürokratiemodells ebenfalls hierarchisch organisiert und durch hohe Standardisierung und geringe Individualisierung gekennzeichnet (vgl. Symanski & Grün, 2013, S. 17). Führung ist hier entlang der arbeitsteiligen Zuständigkeit klarer erkennbar und akzeptiert. Dennoch stehen Führung und Leitung angesichts der Heterogenität der Beschäftigten und sich wandelnder Qualifikationsanforderungen in diesem Bereich vor großen Herausforderungen.[5]

Auch in Musikhochschulen werden die Stellenprofile für Führungs- und Leitungskräfte im Wesentlichen unter der Perspektive inhaltlicher Aufgaben gedacht. Die erforderlichen Kompetenzen zur Aufgabenbewältigung werden in der Regel nicht formuliert. Dazu zählen auch die sogenannten Führungskompetenzen, die nicht nur für die oberste

4 Siehe dazu den Beitrag von Govinda Wroblewsky (2017) in diesem Band.

5 Zur Heterogenität der Beschäftigten an Musikhochschulen siehe den Beitrag von Hans Bertels (2017) in diesem Band.

Führungsebene, sondern sowohl für die mittlere Ebene in der Verwaltung als auch für Leitungspositionen in der akademischen Selbstverwaltung zunehmend an Bedeutung gewinnen.

Führungskompetenzen

Als Führungskraft sind viele Fähigkeiten und Fertigkeiten gefragt. Führung ist ein abstrakter Begriff, der die Bedeutung der dahinterliegenden Aufgaben und damit verbundenen notwendigen fachlichen, methodischen, sozialen und persönlichen Kompetenzen nicht auf den ersten Blick erkennen lässt.[6] Je nach Führungsposition in der obersten oder mittleren Ebene differieren diese Anforderungen.[7]

Seliger beschreibt in ihrer Landkarte (leadership map) drei Dimensionen von Führung (vgl. Seliger, 2014, S. 39–44):

1.) Führung als Praxis (Selbstführung, Menschen führen, Organisation führen);
2.) Führung als Profession (Theorie/Wissen, Rollenklarheit, Instrumente);
3.) Führung als Prozess (Wachsamkeit, Wertschätzung, Wirksamkeit).

Die Führung von Menschen ist die offensichtlichste Führungsaufgabe mit dem Ziel, ihre Bedürfnisse mit den Zielen der Organisation zu koppeln und dabei die Leistungsprozesse sicherzustellen. Kommunikation ist dabei das Medium von Führung. Selbstführung im Sinne von Selbstbeobachtung und Selbstmanagement ist notwendig, weil das individuelle Führungsverhalten ein entscheidender Faktor in der Kommunikation ist. Das Führen der Organisation manifestiert sich im Wesentlichen darin, bezogen auf den eigenen Verantwortungsbereich Entscheidungen zu treffen und zu kommunizieren. Die daraus ableitbaren notwendigen Kompetenzen sind unter anderen Kommunikationsstärke, Konfliktfähigkeit, Veränderungsbereitschaft zur Sicherung der Zukunftsfähigkeit der Organisation und Selbstreflexion.

Im Bild der *Führung als Profession* muss sich Führung an Qualitätsstandards messen lassen, da sie als ein Hauptbetätigungsfeld mit hoher Relevanz für den Erfolg der

---

6 Der Kompetenzbegriff in der Personalentwicklung wird zumeist unter Nutzen- und Anforderungsaspekten der jeweiligen Position betrachtet. In Ergänzung dazu sind im Rahmen der beruflichen Qualifizierung noch die sogenannten Schlüsselqualifikationen oder -kompetenzen zu nennen, u.a. Interkulturelle Kompetenz, Prozesskompetenz, Unternehmerische Kompetenz, Selbstkompetenz und Verantwortungsfähigkeit. Die meisten Schlüsselkompetenzen sind Voraussetzung, um die vier genannten übergeordneten Kompetenzen auszubilden (vgl. Pielorz, 2009, S. 52–55).

7 Mittels Unterscheidung von Management und transaktionaler Führung sowie Leadership und transformationeller Führung entwickelt Dubs ein Führungsmodell für Schulen, das für andere Bildungseinrichtungen wie Hochschulen eine Orientierungshilfe sein kann. Dubs identifiziert fünf Leadership-Kräfte, die das Führungshandeln der Schulleitung charakterisieren: die administrative-organisatorische Kraft, die human-soziale Kraft, die fachlich-inhaltliche Kraft, die politisch-moralische Kraft und die symbolische Kraft (vgl. Dubs, 2005, S. 164–167).

Organisation gesehen wird (vgl. Seliger, 2014, S. 44). An dieser Stelle wird das systemimmanente Konfliktpotenzial zum Thema Führung in Hochschulen sichtbar, wenn es um das Selbstverständnis einer Führungskraft geht, die sich selbst in erster Linie als Professor oder Professorin respektive Künstler oder Künstlerin versteht. Ihre Professionalität bezieht eine Führungskraft aus den drei Säulen *Rollenklarheit, Wissen* und *Instrumente.* Die Säule *Wissen* bzw. *Theorie* steht für die Frage nach dem Warum des eigenen Tuns. Warum mache ich etwas so und nicht anders? Welche Theorie ist relevant und hilfreich für mein praktisches Handeln? Die Säule *Rollenklarheit* beantwortet die Frage danach, wer ich im Augenblick des Handelns bin und was ich in dieser Situation tun darf und bzw. soll. Die letzte Säule, *Instrumente,* fragt danach, wie ich professionell handele und welche Methoden und Instrumente ich einsetze (vgl. Seliger, 2014, S. 45–46).[8] Die Frage danach, wie Führungskräfte führen und mit welchen Herausforderungen sie konfrontiert sind, beschreibt Neuberger in Form von Dilemmata von Führung. Er geht davon aus, dass Führungskräfte in ihrer Führungsrolle ständig in Widersprüchen leben müssen, aus denen es keinen eindeutigen Ausweg gibt (vgl. Neuberger, 1990, S. 90–96.). Diese sind in der Regel im persönlichen Alltagshandeln der Führungskraft nicht vergegenwärtigt. Dazu gehören beispielsweise *Distanz und Nähe.* Wie tritt die Führungskraft auf? Was zeigt sie von sich als Mensch? Verschwindet die Person hinter der Funktion? Im Dilemma *Zielorientierung und Verfahrensorientierung* geht es um die Gegenüberstellung von Vertrauen und Kontrolle oder auch von Kontrolle und Selbstständigkeit. Prüfen Vorgesetzte im Vertrauen auf die Expertise, Fähigkeiten und Loyalität ihrer Mitarbeiter die vorgelegten Ergebnisse und kontrollieren ansonsten nur auf expliziten Wunsch der Mitarbeiter zu deren Entlastung oder Beratung? Oder kontrollieren sie grundsätzlich und riskieren damit eine Entmutigung und Demotivation?

In der bewussten Gestaltung des individuellen Führungsstils und der Reflexion der individuellen Führungsrolle erkennt Neuberger die Lösung für einen konstruktiven und gesundheitserhaltenden Umgang mit diesen Dilemmata. Es geht darum, dass Führungskräfte in der Reflexion Alternativen und Handlungsspielräume erkennen (vgl. Neuberger, 1990, S. 103). Professionell zu führen setzt voraus, dass Führungskräfte einerseits die beschriebenen Anforderungen kennen und andererseits die notwendigen Kompetenzen zur Aufgabenerfüllung und Stressbewältigung entwickeln und aufbauen.

Führungskräfteentwicklung

Die Ansprüche, die an die Veränderungsbereitschaft und Umsetzungskompetenz von Führungskräften an Hochschulen gestellt werden, sind hoch, und es kommen fortlaufend neue hinzu, ebenso erhöht sich die Veränderungsgeschwindigkeit. Vor diesem Hintergrund wird Führungskräfteentwicklung zu einer wesentlichen Bedingung von

8 Auf die ausführliche Beschreibung der Dimension *Führung als Prozess* wird hier verzichtet, wenngleich diese für das Verständnis von Führung als eine komplexe Daueraufgabe ein bedeutender Aspekt ist.

Hochschulentwicklung. Zentrales Element ist die Frage der Bedarfsorientierung und Passung. Dorando und Kerbst beschreiben mit ihrem Modell der beratungsorientierten Führungskräfteentwicklung einen passgenauen Ansatz (vgl. Dorando & Kerbst, 2013). Ihre Ausgangsüberlegungen sind, dass das Angebot die Spezifität der jeweiligen Hochschule stärken sollte, den Ausbau der Wettbewerbsfähigkeit unterstützt und zur Umsetzung der Leitlinien beiträgt (vgl. Dorando & Kerbst, 2013, S. 58).

Praxisrelevanz und nachhaltige Wirksamkeit sind zentrale Anforderungen, die von standardisierten Programmen externer Anbieter jedoch nicht für alle Teilnehmenden gleichermaßen erfüllt werden. Der Fokus der beratungsorientierten Führungskräfteentwicklung liegt einerseits auf der Person in der Führungsrolle, um Klarheit in der eigenen Rollenausübung zu erhalten und glaubwürdig zu führen, andererseits auf organisationsbezogenen Kompetenzen wie z.B. Steuerung von Prozessen, Teamarbeit, Kooperation und Netzwerken. Führungskräfte lernen in einem modular aufgebauten und ganzheitlichen Programm für sie persönlich anwendbare Instrumente kennen und werden in ihren Kompetenzen und Rollen im Rahmen von Gruppen- und Einzelsettings gestärkt. Dabei wird Altbewährtes mit Neuem verknüpft und systematisiert (vgl. Dorando & Kerbst, 2013, S. 60).[9]

Exemplarisch werden im Folgenden zwei Angebote, die helfen die geforderten Führungskompetenzen auszubilden und zu stärken sowie das individuelle Führungshandeln zu reflektieren, vorgestellt. Das Führungskräftecoaching und die Kollegiale Fallberatung sind Angebote, die im Rahmen des Projektes *Netzwerk Musikhochschulen für Qualitätsmanagement und Lehrentwicklung* erprobt werden.

Coaching für Führungskräfte als Instrument der Personalentwicklung

Das aus dem Spitzensport bekannte Instrument hat seinen Weg über die Wirtschaft mittlerweile auch in die Hochschulen gefunden. Es wird als Instrument der Personalentwicklung verstanden, da es darauf abzielt, die Problemlösungs- und Lernfähigkeit eines Mitarbeiters zu verbessern, die individuelle Veränderungsfähigkeit zu erhöhen und auch Spannungen und Konflikte zwischen der eigenen Rolle und den Organisationszielen auszuhalten oder auszubalancieren (vgl. Thommen, 2007, S. 135).

Coaching ist ein prozess- und dialogorientiertes Beratungsverfahren, das Raum für alle mit der beruflichen Rolle und Identität im Zusammenhang stehenden Fragen gibt (vgl. Coachingnetz Wissenschaft, 2016). Damit grenzt es sich von einer Expertenbera-

9 Einige Hochschulen bieten bereits systematisch spezielle Programme für Führungskräfte an. Als Beispiel sei hier die Initiative der Goethe Universität Frankfurt erwähnt. Sie hat im Zuge der Verwaltungserneuerung und Ausgestaltung der Stiftungsuniversität ein hochschulweites Konzept zur Führungskräfteentwicklung eingeführt. Es wurden Führungs- und Leitungspositionen identifiziert, Anforderungsprofile beschrieben, Teilnehmer ausgewählt und am jeweiligen Führungsalltag ausgerichtete Module konzipiert. Ziel war es, die gesamte Führungsebene der Universität mit ca. 55 Personen an dieser systematischen Fortbildung teilnehmen zu lassen, um einen Prozess in Richtung eines gemeinsamen Führungsverständnisses anzustoßen (vgl. Herr, 2013).

tung ab. Klinkhammer beobachtet, dass der steigende Druck von außen auf die Hochschulen, die Arbeitsverdichtung und Beschleunigung auch auf die Ebene des Individuums übertragen werden und sich dort verstärkt auswirken (vgl. Klinkhammer, 2014, S. 75–77). So können folgende Anlässe für Führungskräftecoaching identifiziert werden:

- Reflexion der individuellen Führungsrolle, Führungsstil, Selbstverständnis, Führung als *primus inter pares;*
- Umgang mit Konflikten im Team, im Projekt;
- Unklarer Auftrag, unklare Verantwortlichkeiten;
- Umgang mit Rollenerwartungen;
- Stärkung und Klärung der professionellen Identität;
- Life-Work-Balance.

Da Coaching kein geschützter Begriff ist, sollte an die Qualifikation potenzieller Coachs hohe Anforderungen gestellt werden. Neben einer zertifizierten Ausbildung, die Standards der Coachingverbände berücksichtigt, ist auch eine feldspezifische Beratungskompetenz für den Hochschulkontext allgemein sowie für das jeweilige Fach notwendig, nicht zuletzt um die Akzeptanz seitens des Coachee zu erhöhen und die Beratungsbeziehung auch über Statusgefälle hinweg professionell zu gestalten (vgl. Klinkhammer, 2014, S. 81).[10]

Die Implementierung und Inanspruchnahme von Coaching ist an Hochschulen noch nicht selbstverständlich. Eine assoziative Verknüpfung zu persönlichem Versagen mag einerseits vereinzelt bei Skeptikern noch eine Rolle spielen genauso wie die mit einem Angebot verbundenen Kosten. Andererseits hat sich Coaching für Führungskräfte auch in manchen Branchen bereits zu einer Art Statussymbol entwickelt, das auf Wunsch als individuelle Einzelmaßnahme gewährt wird. Das Coachingangebot für Führungskräfte des *Netzwerk Musikhochschulen* ist in der laufenden Erprobung eine solche Einzelmaßnahme, die in der Regel auf individuellen Wunsch in Anspruch genommen wird. Erste Ansprechpartner sind die lokalen Koordinationspersonen des Projektes in den Hochschulen, die auch bei Bedarf mit den Personalabteilungen vor Ort in Kontakt stehen. Sie können potenzielle Coachs in der Region benennen und diese den Coachees zum Erstkontakt übermitteln. Die Kontraktgestaltung wird zur Gewährung der Vertraulichkeit so wenig komplex wie möglich gehalten und zwischen Coach und Coachee erfolgen, wobei diese aber auch vom Auftraggeber abhängt. Wenn die Hochschule das Coaching mit einem eigenen Ziel beauftragt, so spricht man von einem Dreieckskontrakt zwischen der Hochschule, dem Coach und der Führungskraft (vgl. Klinkhammer, 2014, S. 85–86).

Seit einigen Jahren sind Coachingmaßnahmen auch Gegenstand der Wirksamkeitsforschung. Wie alle Personalentwicklungsmaßnahmen unterliegt Coaching verstärkt einem Legitimationsdruck. Greif weist auf die Problematik hin, dass die Ergebnisse der

10 Siehe auch die Studie *Karriereförderung im Wissenschaftsmanagement* von Nickel und Ziegele (2010) zu Trends und Akzeptanz von Coaching in der Wissenschaft.

bisherigen Studien zur Wirksamkeit sehr heterogen sind, da es sehr schwer ist, Coachs und Coachees für eine Teilnahme an Studien zu gewinnen, und da die bislang untersuchten Coachings und die dabei erfassten Kriterien sehr heterogen sind (vgl. Greif, 2014, S. 171). Eine explorative Studie, die in diesem Zusammenhang hervorsticht und die die Kosten-Nutzen-Relation von Coaching in den Blick nimmt, um der Frage nachzugehen, inwieweit Coaching ein wirksames Instrument der Personalentwicklung ist, hat Kopatz 2013 vorgelegt. Sie untersucht den materiellen und immateriellen Nutzen von Coaching u.a. in Bezug auf Selbstreflexion, Selbstorganisation und Veränderungskompetenz sowie die Auswirkung auf die Personal- und Organisationsentwicklung, die in den drei Clustern kognitiver, emotionaler und verhaltensbezogenen Nutzen abgebildet werden können. Möglichkeiten der Qualitätsverbesserung, die sich zur Steigerung des Nutzens hieraus ableiten lassen, sind eine systematische Implementierung von Coaching in der Organisation, eine differenzierte Auswahl von Coachinganlässen sowie eine Durchdringung aller Führungsebenen mit Coaching, um somit eine Verstärkung von Einzeleffekten zu erhalten (vgl. Kopatz, 2013, S. 145).

Kollegiale Fallberatung

Ein Instrument, das sowohl auf der Ebene des Individuums als auch auf der Ebene der Organisation Wirkung entfalten kann, ist die Kollegiale Fallberatung. Dabei handelt es sich um ein systematisches Beratungsgespräch von ca. 45 bis 90 Minuten Dauer, in dem sich die Anwesenden nach einer vorgegebenen Gesprächsstruktur wechselseitig zu herausfordernden beruflichen Fragestellungen, im vorliegenden Anwendungsfall aus ihrem Führungsalltag, beraten und gemeinsam Lösungen entwickeln (vgl. Tietze, 2016a). Es kann sich hierbei um eine regelmäßige hochschulinterne Beratungsgruppe von Kollegen oder auch um einen organisationsübergreifenden Kreis von ca. 5–10 Personen mit ähnlichen Funktionen und Aufgabenstellungen handeln.

Brandenburg (vgl. 2012, S. 95) beschreibt die Ziele und den Nutzen der Methode folgendermaßen:

- Das Expertentum und die Reflexionsfähigkeit der Teilnehmenden werden gestärkt.
- Ressourcen und Handlungsmöglichkeiten werden aktiviert und Anreize geschaffen, diese in den beruflichen Alltag zu transferieren.
- Soziale Kompetenzen werden durch die Durchführung der kollegialen Beratung gefördert.
- Auf organisationaler Ebene leistet sie einen Beitrag, eine kooperative Lernkultur zu entwickeln und zu festigen.

Dorando und Kerbst sehen einen Vorteil in einer abteilungsübergreifend zusammengesetzten Gruppe. Insbesondere eine Beteiligung z.B. von Führungskräften aus Lehre und Verwaltung kann das gegenseitige Verständnis und Kooperationen fördern. Direkte Abhängigkeitsbeziehungen zwischen den Teilnehmenden sind hingegen zu vermeiden (vgl. Dorando & Kerbst, 2013, S. 75).

Das charakteristische Merkmal der Kollegialen Beratung sind die vorstrukturierten Phasen, die in der Literatur in verschiedenen Varianten beschrieben werden (vgl. Tietze 2016b; Brandenburg 2012), aber letztlich nach einem bestimmten Grundmuster zusammengefasst wie folgt ablaufen:

1. *Casting:* Im Casting werden die Rollen des Settings – Moderator, Falleinbringer, Kollegiale Berater und Protokollant – vergeben.
2. *Fallerzählung:* Der Fallgeber schildert sein Anliegen. Der Moderator steuert die Erzählung durch fokussiertes Fragen, damit das Anliegen von allen verstanden wird und als Schlüsselfrage vom Fallerzähler formuliert werden kann.
3. *Methodenwahl:* Zur Beratung eignen sich je nach Fragestellung und Erfahrungshintergrund der kollegialen Berater unterschiedliche Methoden, wie z.B. Brainstorming, Perspektivwechsel, Resonanzrunde, Rollenübernahme und andere. Der Moderator achtet auf eine geeignete Auswahl.
4. *Beratungsphase mit Problemanalyse und Hypothesenbildung:* Die Berater bilden Hypothesen zur Schlüsselfrage nach den Prinzipien der zuvor ausgewählten Methode. Die Beiträge werden protokolliert. Der Fallerzähler hört in dieser Phase nur zu und lässt die Ideen der Berater auf sich wirken.
5. *Lösungsvorschläge:* Für die Hypothesen, die ggf. vorab vom Fallerzähler bestätigt wurden oder als weniger relevant identifiziert wurden, werden konkrete Lösungsvorschläge entwickelt und protokolliert.
6. *Abschluss:* Der Moderator fragt den Fallerzähler, welche Ideen aus der Beratung er bedenkenswert und hilfreich in Bezug auf seine Schlüsselfrage findet. Der Fallerzähler nimmt Stellung zu den aus seiner Sicht hilfreichen Anregungen und bedankt sich abschließend für die Unterstützung. Sinnvoll ist im Prozess auch eine Gelegenheit des Sharings, in der die Anwesenden davon berichten können, wenn sie ähnliche Situationen kennen und somit zur Entlastung des Fallerzählers beitragen. Des Weiteren ist auch eine Reflexion des Beratungsprozesses insgesamt sinnvoll.

Eine erfolgreiche Durchführung setzt einen in der Methode geschulten Moderator sowie ein stabiles Vertrauensverhältnis und Verschwiegenheit voraus. Wenn ein gutes kollegiales Verhältnis vorhanden ist, kann bei entsprechendem Know-how die Rolle der Moderation auch intern besetzt werden.

Fazit

Führungskräfte in Lehre und Verwaltung nehmen eine Schlüsselrolle ein, da sie als Agenten des Wandels wichtige Multiplikatoren zur Umsetzung von Veränderungen und zur Erreichung der Hochschulziele sind. Vielfach sind die Anforderungen an die verschiedenen Führungsrollen einer Hochschule nicht explizit benannt und Kompetenzprofile sind zum zielgerichteten Soll/Ist-Abgleich nicht vorhanden. Der Aufbau von Führungskompetenzen ist jedoch eine wichtige Voraussetzung zur Bewältigung der steigenden Anforderungen. Dazu gehören einerseits ein gewisses Maß an theoriegeleiteter Auseinandersetzung mit Führungsthemen, die sichere Anwendung von Instrumenten und Methoden, Rollenklarheit, andererseits aber genauso Reflexionsfähigkeit und Veränderungsbereitschaft.

Passgenaue Angebote der Führungskräfteentwicklung, die sowohl auf der individuellen Ebene als auch auf der Ebene der Organisation Wirkung entfalten, können Führungskräfte unterstützen ihr Führungshandeln zu professionalisieren, ihre Führungsrolle aktiv zu gestalten und gleichzeitig die Veränderungsfähigkeit der Organisation insgesamt zu stärken. Beispielhaft wurde dies an den Personalentwicklungsmaßnahmen Coaching und Kollegiale Fallberatung aufgezeigt.

Musikhochschulen stehen in diesem Zusammenhang vor der Herausforderung ein individuelles Führungsleitbild, das von der gesamten Hochschule getragen wird, zu entwickeln und im Zusammenspiel mit einer ganzheitlichen Personalstrukturplanung bedarfsorientierte Personalentwicklungsangebote für Führungskräfte in Lehre und Verwaltung zu schaffen, um diese in ihrer Aufgabenerfüllung und -bewältigung zu unterstützen und zu stärken.

Literatur

Bertels, H. (2017). Personalentwicklung an Musikhochschulen – Rahmenbedingungen, Strukturen und Akteure. In B. Clausen & H. Geuen (Hg.), *Qualitätsmanagement und Lehrentwicklung an Musikhochschulen. Konzepte – Projekte – Perspektiven* (S. 259–270). Münster: Waxmann.

Boerner, S. (2006). Autorität, Charisma und Teamgeist. Zur Kunst der Führung im Orchester. In K. Götz (Hg.), *Führung und Kunst* (S. 101–110). München und Mering: Rainer Hampp Verlag.

Boerner, S. & Krause, D. (2002). Führung im Orchester: Kunst ohne künstlerische Freiheit? Eine empirische Untersuchung. *Zeitschrift für Personalforschung* 16/2002, 90–106.

Brandenburg, T. (2012). *Kollegiale Fallberatung als Beratungsformat für Fach- und Führungskräfte*. Verfügbar unter: http://www.thielsch.org/download/wirtschaftspsychologie/brandenburg_2012.pdf [30.09.2016].

Coachingnetz Wissenschaft (2016). *Coaching*. Verfügbar unter: http://www.coachingnetz-wissenschaft.de/coaching/ [17.09.2016].

Diez, A., Hotz, N., Klink, K. & Barnstedt, E. (2016). Nachhaltige Personalentwicklung an einer Universität/Forschungsorganisation. *Personal- und Organisationsentwicklung in Einrichtungen der Lehre und Forschung* 2/2016, 41–46.

Dorando, M. & Kerbst, R. (2013). Beratungsorientierte Führungskräfteentwicklung. In U. Symanski & M. Dorando (Hg.), *Führungspraxis in Forschung und Lehre* (S. 57–79). Bonn: Lemmens Medien GmbH.

Dubs, R. (2005). *Die Führung einer Schule. Leadership und Management* (2. Auflage). Wiesbaden: Franz Steiner Verlag.

Greif, S. (2014). Wie wirksam ist Coaching? In R. Wegener, M. Loebbert & A. Fritze (Hg.), *Coaching-Praxisfelder. Forschung und Praxis im Dialog* (S. 159–177). Wiesbaden: Springer Verlag.

Herr, M. (2013). Führungskräfteentwicklung in Universitäten am Beispiel der Goethe-Universität Frankfurt. In U. Symanski & M. Dorando (Hg.), *Führungspraxis in Forschung und Lehre* (S. 81–95). Bonn: Lemmens Medien GmbH.

Hufen, F. (1982). *Die Freiheit der Kunst in staatlichen Institutionen. Dargestellt am Beispiel der Kunst- und Musikhochschulen.* Baden-Baden: Nomos Verlagsgesellschaft.

Klinkhammer, M. (2014). Coaching für Wissenschaftler/innen. In R. Wegener, M. Loebbert & A. Fritze (Hg.), *Coaching-Praxisfelder. Forschung und Praxis im Dialog* (S. 73–94). Wiesbaden: Springer Verlag.

Kopatz, A.-C. (2013). *Kosten-Nutzen-Analyse von Coachingmaßnahmen: Tools, Prozess und Wertschöpfung.* Aachen: Shaker Verlag.

Meifert, M.T. (2013). Was ist strategisch an der strategischen Personalentwicklung? In M.T. Meifert (Hg.), *Strategische Personalentwicklung* (3. korrigierte Auflage) (S. 3–28). Wiesbaden: Gabler.

Neuberger, O. (1990). *Führen und geführt werden* (3. völlig überarbeitete Auflage). Stuttgart: Ferdinand Enke.

Neuberger, O. (1991). *Personalentwicklung.* Stuttgart: Ferdinand Enke.

Nickel, S. & Ziegele, F. (2010). *Karriereförderung im Wissenschaftsmanagement. Nationale und internationale Modelle.* Eine empirische Vergleichsstudie im Auftrag des BMBF. Verfügbar unter: http://www.che.de/downloads/Studie_Karrierefoerderung_im_Wissen schaftsmanagement_Band_1.pdf [17.09.2016].

Pellert, A. & Widmann, A. (2008). *Personalmanagement in Hochschule und Wissenschaft.* Münster: Waxmann.

Pielorz, M. (2009). *Personalentwicklung und Mitarbeiterführung in Weiterbildungseinrichtungen.* Studientexte für Erwachsenenbildung. Bielefeld: W. Bertelsmann Verlag.

Seliger, R. (2014). *Das Dschungelbuch der Führung. Ein Navigationssystem für Führungskräfte* (5. Auflage). Heidelberg: Carl-Auer-Systeme.

Symanski, U. & Grün, J. (2013). Führung und Leitung an Hochschulen. Leadership ist gefragt. In U. Symanski & M. Dorando (Hg.), *Führungspraxis in Forschung und Lehre* (S. 13–21). Bonn: Lemmens Medien GmbH.

Thommen, J.-P. (2007). Coaching als Instrument der Personalentwicklung. In N. Thom, R. Zaugg (Hg.), *Moderne Personalentwicklung. Mitarbeiterpotenziale erkennen, entwicklen und fördern* (2. aktualisierte Auflage) (S. 135–156). Wiesbaden: Gabler Verlag.

Tietze, K.-O. (2016a). *Kollegiale Beratung. Die Methode.* Verfügbar unter: http://www. kollegiale-beratung.de/Ebene1/methode.html [30.09.2016].

Tietze, K.-O. (2016b). *Kollegiale Beratung. Ablaufübersicht und Aufgaben der Beteiligten.* Verfügbar unter: http://www.kollegiale-beratung.de/Ebene2/ablauf.html [30.09.2016].

UninetzPE – Netzwerk für Personalentwicklung an Universitäten (2014). *Kodex für gute Personalentwicklung an Universitäten.* Verfügbar unter http://uninetzpe.de/personalentwicklung/kodex/ [12.09.2016].

Wroblewsky, G. (2017). Musikhochschulen organisieren und entwickeln. Fünf Thesen zur Qualitätsentwicklung. In B. Clausen & H. Geuen (Hg.), *Qualitätsmanagement und Lehrentwicklung an Musikhochschulen. Konzepte – Projekte – Perspektiven* (S. 49–70). Münster: Waxmann.

Zechlin, L. (2012). *Führung als Erfolgsfaktor der autonomen Hochschule. Hierarchie, Partizipation, Selbstorganisation.* Vortrag am Institut für Universitätsrecht der Johannes Kepler Universität, Linz. Verfügbar unter: http://www.uni-due.de/imperia/md/content/politik/zechlin/f__hrung_als_erfolgsfaktor_der_autonomen_hochschule.pdf [12.09.2016].

Christine Baus, Maika Dübler, Maria Saulich

Personalentwicklung in der Lehre

Hintergründe, konzeptioneller Ansatz und Ideen zu einem musikhochschulspezifischen Zertifikatsprogramm zur Professionalisierung von Lehrkompetenz

Human Resources Development in Teaching

Background, Conceptual Approach and Ideas for a Teaching Certificate Programme for the Professionalisation of Teaching Competence at Musikhochschulen

The development of a teaching certificate specifically for Musikhochschulen *is aimed at furthering teaching competence as an integral component of human resources and organisational development. The experience of the* Netzwerk Musikhochschulen *and comparable programmes in other European countries underlines the need for such a certificate to be tailored to the context of the* Musikhochschule. *The specific features of* Musikhochschulen, *such as individual musical tuition, the focus on practice, their international profile and their emphasis on forming and promoting a musical identity form the basis for designing the content of such a certificate. Here, proven didactical methods and formats for higher education in general, such as observing colleagues' lessons, collegial consultation, theme-specific workshops and individual coaching, can be used. In addition, the conception and execution of a teaching project and the preparation of a teaching portfolio offer space for self-reflection and individual needs. Above and beyond its use for intensive didactic training, the implementation of a teaching certificate also offers strategic potential for* Musikhochschulen, *for example as part of a welcome culture or as a criterion in the appointments procedure. The creation of an incentive system is a precondition for strengthening the didactic aspect of teaching at higher music education institutions as opposed to artistic excellence, which has been the main focus to date.*

1 Lehrezertifikate als Instrument von Personalentwicklung für Lehrende – Hintergründe zur Eignung des Instruments

Hochschuldidaktische Weiterbildung gehört inzwischen zum festen Bestandteil der Qualitätssicherung. Allerdings zeigt sich bei der Sichtung des Ist-Zustands, dass empirische Forschungen zum studentischen Lernen kaum verbreitet und erprobte Verfahren und Methoden für den *Shift from Teaching to Learning* weitgehend unbekannt sind (vgl.

Berendt, 2006). Dies ist u.a. auch der noch relativ jungen Geschichte der Hochschuldidaktik und ihrer Erforschung geschuldet. So entstanden in der Bundesrepublik in den frühen 1970er-Jahren erste hochschuldidaktische Zentren, zu denen im Laufe der Zeit weitere Neugründungen sowie hochschuldidaktische Netzwerke hinzukamen. In diesen Einrichtungen standen zunächst Einzelmaßnahmen im Weiterbildungsbereich im Vordergrund, bei denen die Optimierung der individuellen Lehre in den Blick genommen wurde. Einschlägige Teilnahmebescheinigungen und Ergebnisse von Lehrveranstaltungsevaluationen wurden als positive Aspekte im Rahmen von Besetzungs- und Berufungsverfahren ins Feld geführt. Sie fungierten zunehmend bei Personalfindung, aber auch bei Zielvereinbarungen als Qualifikationsmerkmal (vgl. Brendel, Kaiser & Macke 2005, S. 95). So wurde der Ruf nach einer Strukturierung und Standardisierung der Weiterbildungsangebote für die Vergleichbarkeit über Hochschul- und Bundeslandgrenzen hinweg laut, der schließlich 1971 in der Gründung der Arbeitsgemeinschaft für Hochschuldidaktik (AHD) mündete. Angestrebt wurde eine bundesweite Anerkennung von Teilleistungen und Zertifikaten (vgl. Brendel, Kaiser & Macke, 2005, S. 95–101). Nach der Wiedervereinigung ging aus der AHD nun für den gesamtdeutschen Raum die Deutsche Gesellschaft für Hochschuldidaktik (dghd) hervor. Für das Jahr 2012 stellen Heiner und Wildt fest, dass „ca. 85 % aller staatlichen Universitäten über eigene hochschuldidaktische Dienstleistungen verfügen oder in Netzwerken solche betreiben“ (Heiner & Wildt, 2013, S. 42). Es stellt sich also die Frage, warum die Musikhochschulen diesen Weg der anderen Hochschulen nicht miteingeschlagen haben.

Hierfür scheint es diverse Gründe zu geben. Die Inhalte der sogenannten Bologna-Reform fußen auf den Bedürfnissen und Notwendigkeiten von Universitäten, die sich sowohl auf inhaltlicher als auch auf organisatorischer Ebene erheblich von Musikhochschulen unterscheiden. Ein besonders prägendes Unterscheidungsmerkmal ist der künstlerische Einzelunterricht oder der Unterricht in Kleingruppen mit einer engen Beziehung zu den Lehrenden (vgl. Jacob, 2009, S. 59–61). Betrachtet man den organisatorischen Aspekt, fallen noch weitere Spezifika ins Gewicht. Zum einen sind Musikhochschulen kleine Einrichtungen. Ihre Studierendenzahlen bewegen sich zwischen ca. 400 und 1600 Studierenden. Für jede einzelne Hochschule ein Hochschuldidaktikzentrum zu schaffen, erscheint schon aus kapazitären Gründen wenig sinnvoll. Zum anderen ist nur wenigen Musikhochschulen ein Anschluss an universitäre Hochschuldidaktikzentren vor Ort gelungen und begrenzt sich dann auf wissenschaftliche Fächer. Der Grund dafür liegt in den sich deutlich von wissenschaftlichen Hochschulen unterscheidenden Lehrbedingungen an Musikhochschulen, die insbesondere von einem dichten Beziehungsgefüge zwischen Lehrenden und Studierenden sowie im Beratungs- und Prüfungswesen geprägt sind (vgl. Baus, Dübler & Wessel, 2017).

Die an künstlerischen Hochschulen häufig gehörte Aussage „Wir *sind* Qualität, wir brauchen kein Qualitätsmanagement“ zeigt einen Aspekt auf, der auf den ersten Blick eine Hürde für jede hochschuldidaktische Weiterbildung darstellt. Die mitunter ausgeprägte Zentrierung auf das eigene Fach und die des Öfteren anzutreffende Meinung von Lehrenden, dass künstlerische Exzellenz didaktische Kompetenz miteinschließe, erschwert die Akzeptanz hochschuldidaktischer Weiterbildungsangebote an Musikhochschulen sehr. Ein wesentliches Gelingensmoment liegt folglich in der Klärung der miteinander verwobenen künstlerischen und didaktisch-methodischen Ebenen.

Auch die Zielgruppe, insbesondere für die hochschuldidaktischen Zertifikate, unterscheidet sich je nach Hochschultyp. An Wissenschaftlichen Hochschulen tritt die Förderung des wissenschaftlichen Nachwuchses in den Fokus der hochschuldidaktischen Bemühungen. Diese konzentrieren sich vorrangig auf den Teil des sogenannten Mittelbaus (wissenschaftliche Mitarbeiterinnen und Mitarbeiter), der am Beginn einer Hochschulkarriere steht. Diese Gruppe soll weitergebildet werden, um sie über ihre wissenschaftliche Expertise hinaus für die Lehre zu professionalisieren, aber auch um sie beispielsweise auf zukünftige Leitungspositionen vorzubereiteten.

Die hierarchische Klimax aus Doktorand/in, Postdoc, Professor/in an Wissenschaftlichen Hochschulen findet sich an den Musikhochschulen nicht, u.a. weil künstlerische Mittelbaustellen auf sehr unterschiedliche Weise – z.B. eher abhängig lehrend als Korrepetitor/innen oder selbstständig lehrend im Nebenfachunterricht – mit Professor/innen interagieren. Zudem entwickeln sich akademische Karrierewege an Musikhochschulen selten innerhalb der Institution, sondern führen aus ihnen hinaus, um dann ggf. aus der Praxis kommend wieder zurückzuführen. Für viele Professorinnen und Professoren und auch für nicht wenige Lehrende aus der Gruppe der Lehrbeauftragten sind parallele Karrierewege typisch und damit ein ständiges Wechselspiel zwischen künstlerischer Profession und Lehre.

In einem hochschuldidaktischen Zertifikat für Lehrende an Musikhochschulen gilt es diese Spezifika in der Lehre und in der Personalstruktur zu berücksichtigen. Ein bloßes Partizipieren an vorhandenen universitären Hochschulzertifikaten ist demnach wenig sinnvoll. Vielmehr ist ein auf die Bedürfnisse und die Anforderungen für Lehrende an Musikhochschulen abgestimmtes Lehrezertifikat erforderlich. Hierfür muss eine Kombination geeigneter Methoden der Hochschuldidaktik und der Beratung für die Bedarfe an Musikhochschulen gefunden werden.

2 Ein musikhochschulspezifisches Zertifikatsprogramm zur Professionalisierung von Lehrkompetenz – Idee, Struktur und Inhalte des Pilotvorhabens

Die Notwendigkeit, ein musikhochschulspezifisches Lehrezertifikat zu entwickeln, ergibt sich aus den über die reine Fachexpertise hinausragenden zunehmend anspruchsvolleren Anforderungen an Lehrkompetenz. So stellt der Eintritt in eine Hochschulprofessur einen professionellen Paradigmenwechsel dar, der mangels Vorbereitung und Erfahrung nicht selten zu Problemen in der Lehre führt. Der Übertritt vom Konzertleben in die akademische Lehre und die Wahrnehmung der damit verbundenen systemischen Aufgaben (Prüfungen, Gremienarbeit, Studiengangentwicklung etc.) kann durchaus zu einer Art Praxisschock führen, der allenfalls durch vorausgehende Erfahrung im Lehrauftrag aufgefangen wird. Hinzu kommt, dass insbesondere bei Instrumentalistinnen und Instrumentalisten in Bezug auf eine professionelle akademische Lehre neues Repertoire, interdisziplinäre Lehrformate und methodische Verfahren entwickelt und beherrscht werden müssen, die über die eigene künstlerisch-pädagogische Sozialisation hinausreichen. Besonders für das Format des Einzelunterrichts ist nicht nur höchste künstlerische Exzellenz gefordert, sondern auch die Fähigkeit, die künstlerische Entwicklung der Studierenden zu diagnostizieren und zu begleiten, Projekte zu betreuen und intensiv in die professionelle Musikszene hineinzuarbeiten (z.B. durch Probespieltraining, Repertoireberatung, Wettbewerbsvorbereitung). Professorale künstlerische Lehre an einer Musikhochschule stellt folglich eine akademische Profession *sui generis* dar, die insbesondere angesichts der sich stetig veränderten Anforderungen des Musiklebens der spezifischen Eignung und der Vorbereitung bedarf.

Das *Netzwerk Musikhochschulen* verfolgt daher mit der Entwicklung eines Lehrezertifikats konsequent den Ansatz einer Förderung der Lehrkompetenz als integralen Bestandteil der Personal- und Organisationsentwicklung an Musikhochschulen. In der Ausrichtung des Lehrezertifikats als deutschlandweites Kooperationsprojekt von elf Musikhochschulen verfolgt es zudem die Absichten,

- die hochschulübergreifende Kommunikation und Vernetzung auszubauen,
- Teilnehmenden das Hineindenken in unterschiedliche Musikhochschulen in Deutschland zu ermöglichen sowie
- zum Aufbau eines externen und somit neutralen Beratungspools für Musikhochschulen, der sich aus den Teilnehmenden zusammensetzt und im Sinne eines Mentoring bei zukünftigen hochschuldidaktische Fragestellungen fungieren kann, beizutragen.

3 Aufbau und Struktur von hochschuldidaktischen Lehrentwicklungsprogrammen im außermusikhochschulischen Kontext

Wic cinleitend erläutert, stellen Lehrezertifikatsprogramme in der Universitäts- und Fachhochschullandschaft kein Novum dar. Ohne die inhaltlichen Spezifika von Musikhochschulen damit außer Acht zu lassen, kann daher bei der Konzeption eines Zertifikats für Musikhochschulen durchaus grundsätzlich auf Leitlinien zur Modularisierung und Zertifizierung hochschuldidaktischer Weiterbildung sowie auf die Qualitätsstandards für die Anerkennung von Leistungen in der hochschuldidaktischen Weiterbildung der Deutschen Gesellschaft für Hochschuldidaktik (vgl. dghd, 2005 und dghd, 2013) zurückgegriffen werden. Die darin aufgeführten wesentlichen Prinzipien, Themenfelder und Modulelemente von Weiterbildungsprogrammen bieten hochschulübergreifend – und somit auch für Musikhochschulen – relevante Orientierungsstandards für die Ausgestaltung von Programmen zur Lehr- und Personalentwicklung. So umfassen maßgebende Prinzipien und Inhalte (vgl. dghd, 2013, S. 4)

1. die Ausrichtung auf die Hochschullehre,
2. die Förderung der Entwicklung eines eigenen Lehrstils,

3. die Förderung von Lernerzentrierung (*Shift from Teaching to Learning*),
4. Teilnehmendenzentrierung,
5. Kompetenzorientierung, Handlungsorientierung und Praxisbezug,
6. Transfersicherung,
7. die Unterstützung bei kontinuierlichen Evaluations-, Reflexions- und methodisch-didaktischen Weiterentwicklungsprozessen im Rahmen individueller Lehrveranstaltungen,
8. die Anregung zu Innovations- und Experimentierfreude bei der Gestaltung von Lehrveranstaltungen sowie
9. die Förderung und Unterstützung kollegialen Lernens.

Darüber hinaus definiert die dghd die Themenfelder Lehren und Lernen, Prüfen, Beraten, Evaluieren und innovatives Entwickeln von Studium und Lehre als zentrale Aufgabenbereiche von Hochschullehrenden. Eine Bearbeitung dieser Themen in Form eines modularen Aufbaus, bestehend aus einem Basismodul, einem Erweiterungsmodul sowie einem Vertiefungsmodul, werden u.a. im Bielefelder Zertifikat für Hochschullehre oder dem Zertifikat Hochschullehre der Bayerischen Universitäten der Technischen Universität München praktiziert. Dabei sind in den Modulen die folgenden Elemente enthalten:

- Workshops und Trainings, die durch den Austausch von Dozentinnen und Dozenten und Teilnehmenden geprägt sind,
- kollegiale Beratung, mit und ohne professioneller Anleitung,
- individuelle Beratung in Form von Unterrichtshospitationen,
- Einzelcoaching,
- Praxis in Lehrveranstaltungen oder Entwicklungsvorhaben in der Lehre im Rahmen eines persönlichen Lehrprojekts – beides begleitet durch eine hochschuldidaktische Beratung,
- Lehr-/Lernportfolio,
- Selbststudium, in dem in individuellen oder gruppenbasierten Studien hochschuldidaktische Themen erarbeitet werden sowie
- die Präsentation des Lehrprojekts mit anschließender Urkundenübergabe im Rahmen einer Abschlussveranstaltung.

Ein Transfer dieser Modulelemente in ein musikhochschulspezifisches Lehrezertifikatskonzept macht Sinn, haben sich doch einzelne Formate, wie z.B. Workshops, die Methode der kollegialen Beratung, kollegiale Hospitationen und Coachings als Weiterbildungsangebote der ersten Förderphase des *Netzwerk Musikhochschulen* bewährt (siehe Abbildung 1).

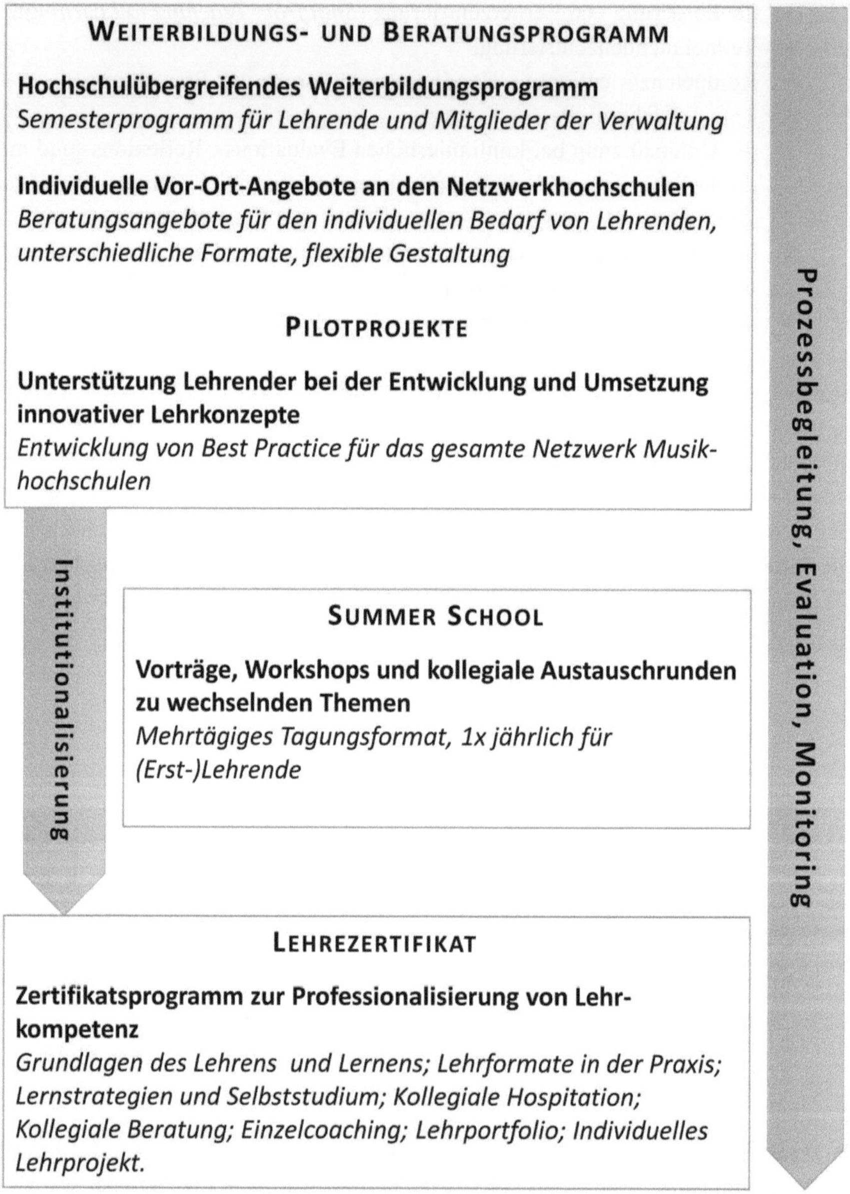

WEITERBILDUNGS- UND BERATUNGSPROGRAMM
Hochschulübergreifendes Weiterbildungsprogramm
Semesterprogramm für Lehrende und Mitglieder der Verwaltung
Individuelle Vor-Ort-Angebote an den Netzwerkhochschulen
Beratungsangebote für den individuellen Bedarf von Lehrenden, unterschiedliche Formate, flexible Gestaltung
PILOTPROJEKTE
Unterstützung Lehrender bei der Entwicklung und Umsetzung innovativer Lehrkonzepte
Entwicklung von Best Practice für das gesamte Netzwerk Musikhochschulen
Institutionalisierung
SUMMER SCHOOL
Vorträge, Workshops und kollegiale Austauschrunden zu wechselnden Themen
Mehrtägiges Tagungsformat, 1x jährlich für (Erst-)Lehrende
LEHREZERTIFIKAT
Zertifikatsprogramm zur Professionalisierung von Lehrkompetenz
Grundlagen des Lehrens und Lernens; Lehrformate in der Praxis; Lernstrategien und Selbststudium; Kollegiale Hospitation; Kollegiale Beratung; Einzelcoaching; Lehrportfolio; Individuelles Lehrprojekt.
Prozessbegleitung, Evaluation, Monitoring

Abbildung 1: Konzeptioneller Ansatz im Bereich Lehr- und Personalentwicklung des *Netzwerk Musikhochschulen* (Maika Dübler)

Ebenso bietet sich eine Orientierung an den von der dghd benannten Themenfeldern Lehren und Lernen, Prüfen, Beraten, Evaluieren und innovatives Entwickeln von Studium und Lehre als relevante Aufgabenbereiche für Lehrende an Musikhochschulen an. Gleichwohl ist zu überlegen, welche Unterscheidungen zwischen einem Zertifikatsprogramm für Lehrende an Musikhochschulen und einem Lehrezertifikatsprogramm im außermusikhochschulischen Kontext getroffen werden müssen.

4 Anknüpfungspunkte und Besonderheiten einer musikhochschulspezifischen Ausrichtung

Mehrere Module umfassende musikhochschulspezifische Personalentwicklungsprogramme für Lehrende an Musikhochschulen werden im europäischen Raum aktuell nur vereinzelt angeboten. Neben der Musikhochschule Oslo kann das Zentrum für Weiterbildung der Universität für Musik und darstellende Kunst Wien in diesem Kontext beispielhaft aufgeführt werden. Seit vier Jahren wird dort ein, den Lehreinstieg unterstützendes Startmodul für Lehrende angeboten. Zudem weist das Königliche Konservatorium Den Haag ein breites Lehrentwicklungsportfolio auf, darunter das halbjährig angelegte Programm *The Artist as Teacher*.

Erfahrungsaustausche mit Mitgliedern der Entwicklungsteams dieser musikhochschulspezifischen Zertifikatsprogramme unterstreichen die Notwendigkeit eines spezifischen Zuschnitts dieser Angebote auf den Kontext Musikhochschule sowie einer bedachten Auswahl an begleitenden, für den selbigen Kontext sensibilisierten Dozentinnen und Dozenten. Die Einbettung eines musikhochschulspezifischen Profils sowie die Frage, wie dieses inhaltlich abgebildet werden kann, stellen folglich Leitlinien in der Ausarbeitung eines Lehrezertifikatprogramms des *Netzwerk Musikhochschulen* dar. Der künstlerische Einzelunterricht, der Praxisfokus, die internationale Studierendenschaft sowie Fragen zur Findung, Entwicklung und Förderung von künstlerischer Identität als Spezifika von Musikhochschulen stehen hierbei im Mittelpunkt der Konzeption.

4.1 Künstlerischer Einzelunterricht

Die Initierung des Bologna-Prozesses an Musikhochschulen hatte auch eine Überarbeitung des 1999 in Berlin verabschiedeten Grundsatzpapiers der Rektorenkonferenz der deutschen Musikhochschulen (RKM) „Musikhochschulen an der Schwelle zum 21. Jahrhundert“ zur Folge. Die interdisziplinäre Annäherung verschiedener Lehr- und Lernkonzepte sowie neue Perspektiven zur Entwicklung künstlerischer Persönlichkeiten gewinnen im Kontext der Studienreform besondere Bedeutung. Dieser Zentralaspekt wird 2011 in einem RKM-Positionspapier erneut thematisiert und in der HRK-Schriftenreihe „Beiträge zur Hochschulpolitik“ publiziert. Darin werden die Unterrichtsform betreffende Spezifika von Musikhochschulen wie folgt festgehalten:

> „Künstlerische Lehre unterscheidet sich stark von der Lehre an Universitäten und Fachhochschulen. Sie verbindet im künstlerischen Einzelunterricht und in der Ensemblearbeit an vielfältigen musikalischen Genres Elemente von Forschung und Lehre. [...] Studium und Lehre werden geprägt durch das Miteinander des künstlerischen Einzelunterrichtes im Hauptfach und der Fächer des Hauptfachmoduls, des

Projektunterrichts in größeren und kleineren künstlerischen Ensembles sowie des Unterrichts in musikwissenschaftlichen, musiktheoretischen, musikpädagogischen und musikpraktischen Modulen." (HRK, Beschluss der Mitgliederversammlung vom 16.01.2011, S. 19–20)

Mit der Nennung des künstlerischen Einzelunterrichts wird hier auf eine prägende, für Musikhochschulen typische Unterrichtsform hingewiesen. Diese spezielle Lehr-/ Lernsituation bedarf auf der Seite der Lehrenden spezifische, methodisch-didaktische, aber auch sozial-kommunikative Kompetenzen. Sie erfordert eine Beschäftigung mit Fragen wie Lehrende sich professionell im Verhältnis von Nähe und Distanz verhalten oder konstruktives Feedback in künstlerischen Prozessen – in denen seitens der Studierenden ein Abhängigkeitsverhältnis zu ihnen besteht – geben und erhalten können. Zudem sind über die reine fachliche Kompetenz hinaus breit gefächerte Kenntnisse unterschiedlicher Übestrategien und -techniken und deren Vermittlung für künstlerisch-pädagogische Lehrkräfte an Musikhochschulen unabdingbar. Gemeinsam mit den Aspekten Musikergesundheit und Selbstfürsorge sowie Prüfen und Bewerten künstlerischer Darbietungen sollen diese Themen als feste Bestandteile des musikhochschulspezifischen Lehrezertifikats in den Modulen aufgegriffen werden. Neben dem künstlerischen Einzelunterricht stellen Vorlesungen, Seminare sowie Gruppen- und Projektunterricht weitere Lehr-/Lernformen an Musikhochschulen dar. Eine Differenzierung methodisch-didaktischer Inhalte erscheint in diesem Zusammenhang sinnvoll und ist mittels der Zusammenstellung passgenauer, von der Unterrichtsform abhängigen *Methodenkoffer* als weitere Lehrezertifikatselemente geplant. Den individuellen Bedarf der Teilnehmenden weiter aufgreifend bietet ein Wahlpflichtbereich, der Veranstaltungen des hochschulübergreifend ausgetragenen Weiterbildungsprogramms des *Netzwerk Musikhochschulen* beinhaltet, als ergänzender Baustein des Zertifikats vielfältige thematische Vertiefungsmöglichkeiten. Inhalte umfassen u.a. multimediale Lehre, Zeitmanagement und Zeitsouveränität, die Ausgestaltung von Führungspositionen, das Betreuen und Bewerten von wissenschaftlichen Arbeiten, mentales Training und Bühnenpräsenz, Artistic Leadership oder Grundlagen ökonomischer Atemabläufe und deren Auswirkungen auf die Klangqualität (vgl. Netzwerk Musikhochschulen, 2016).

4.2 Praxisfokus

Musikhochschulen zeichnen sich durch einen hohen Praxisanteil in der Lehre als Grundbaustein der künstlerischen Weiterentwicklung der Studierenden aus (vgl. AEC, 2010, S. 13–14). Hieran knüpft – gegenüber Lehrezertifikaten anderer universitärer Fachrichtungen – die Stärkung der Praxisformate im musikhochschulspezifischen Zertifikatsprogramm an. Kollegiale Beratungsgruppen und mehrfache kollegiale Hospitationsmöglichkeiten sollen als zentrale Elemente des Lehrgangs den hochschulübergreifenden, interdisziplinären Erfahrungsaustausch intensivieren und Teilnehmende zu Multiplikatoren qualifizieren. Die Integration eines individuellen Lehrprojekts in das Zertifikatprogramm stellt ein wichtiges praxisfokussiertes Element dar. Hierbei kann eine mit der eigenen Lehre verbundene Problemstellung Ausgangspunkt für die Ausarbeitung einer individuellen praxistauglichen Lösung sein.

4.3 Internationalität

Eine Studie des Deutschen Musikinformationszentrums aus dem Wintersemester 2014/2015 zu Studierenden in Studiengängen für Musikberufe legt einen Anteil von ausländischen Studierenden von insgesamt 25 Prozent, in der Studienrichtung Instrumental-/Orchestermusik überdies von 58 Prozent dar (vgl. MIZ, 2015). In Anbetracht eines ebenso international zusammengesetzten Lehrkörpers wird deutlich, dass „Internationalität [...] ein Charakteristikum der deutschen Musikhochschulen" ist (Wintermantel, 2011). Das Zusammentreffen unterschiedlich geprägter kultureller Hintergründe und Lehr-/Lernerfahrungen erfordert Offenheit sowohl von Lehrenden als auch von Studierenden sowie bewusste Kommunikation. Diese Situation aufgreifend wurden interkulturelle Kompetenztrainings für Lehrende bereits im Rahmen des Weiterbildungsprogramms des *Netzwerk Musikhochschulen* in den vergangenen Jahren erprobt. Sie stellen einen weiteren inhaltlichen Aspekt des geplanten Zertifikats dar.

4.4 Künstlerische Identität

Die Forderung nach einem Herausbilden und Fördern von individuellen Künstlerpersönlichkeiten als zentrale Aufgabe von Musikhochschulen wird in folgendem Ausschnitt aus dem Beschluss der Mitgliederversammlung der Hochschulrektorenkonferenz aus dem Jahre 2011 deutlich:

> „Weil Musik eine Form von Kunst ist, steht die künstlerische Ausbildung auch im Mittelpunkt von Lehre, Forschung und Kunstpraxis einer Musikhochschule. Es gilt, jungen Menschen nicht nur die Fertigkeiten für eine meisterliche Beherrschung ihres Instruments oder ihrer Stimme zu vermitteln, sondern sie auch zu Persönlichkeiten reifen zu lassen, die sich jederzeit der Verantwortung bewusst sind, die die Aufführung künstlerischer Werke mit sich bringt." (HRK, Beschluss der Mitgliederversammlung vom 16.01.2011, S. 23)

Hierbei stellt sich die Frage, wie Lehrende neben ihrer Rolle als Fachexpertin bzw. Fachexperte diesen Reifeprozess optimal unterstützen können. Eine professionelle Begleitung der Persönlichkeitsentwicklung von Studierenden im Sinne einer Mentorin bzw. eines Mentors erfordert seitens der Lehrenden sowohl die Definition des eigenen Rollenverständnisses als Künstlerpersönlichkeit als auch die Klärung des Rollenverständnisses als Lehrperson. Selbstreflexion, die eigene Lernbiografie sowie die Entwicklung von Lösungen zu individuellen Fragestellungen bzw. Konflikten sollen daher im Lehrezertifikat des *Netzwerk Musikhochschulen* in Form von Einzelcoachings im Mittelpunkt stehen. Darüber hinaus soll das Erstellen eines Lehr-/Lernportfolios beim

Erkennen und Bewusstwerden eigener Handlungsmuster und -strategien sowie der Darstellung des eigenen Lehransatzes behilflich sein und zudem als Prozessdokumentation dienen. Unter Einbezug der aufgeführten Spezifika von Musikhochschulen sowie von Bausteinen allgemeiner hochschuldidaktischer Lehrentwicklungsprogramme, die sich im *Netzwerk Musikhochschulen* bewährt haben, gestalten sich Struktur und Inhalte des musikhochschulspezifischen Lehrezertifikatvorhabens wie in Abbildung 2 zusammenfassend dargestellt.

Übergeordnete Themenfelder: Planen – Durchführen – Beraten – Prüfen – Entwickeln
Module mit Workshops, Trainings und kollegialen Beratungseinheiten Inhalte entsprechend Spezifika von Musikhochschulen: künstlerische Identität, Methodenwerkstatt, Selbstfürsorge und Übetechniken sowie -strategien, Nähe und Distanz im künstlerischen Einzelunterricht, Feedback geben und nehmen, Prüfen und Bewerten künstlerischer Darbietungen, interkulturelles Kompetenztraining
Wahlpflichtbereich aus dem Weiterbildungsangebot des *Netzwerk Musikhochschulen* Themenbeispiele: Multimediale Lehre, Zeitmanagement und Zeitsouveränität, Ausgestaltung von Führungspositionen, Bewerten und Betreuen von wissenschaftlichen Arbeiten, mentales Training und Bühnenpräsenz, Artistic Leadership, Atem- und Klangschulung
Einzelcoaching Selbstreflexion, Entwicklung von Lösungen zu individuellen Fragestellungen bzw. Konflikten
Kollegiale Hospitation Praxisfokussierter Austausch
Lehrprojekt als Teil eines Lehr-/Lernportfolios Reflexion der eigenen Lernbiografie, Darstellung des eigenen Lehransatzes

Abbildung 2: Inhalte und Struktur des musikhochschulspezifischen Zertifikatprogramms des *Netzwerk Musikhochschulen* (Maria Saulich)

Hinsichtlich der Zielgruppe richtet sich das Zertifikat neben Neulehrenden auch an Lehrende mit breiter Lehrerfahrung, die ihre hochschuldidaktischen Kenntnisse erweitern möchten. Aufbauend auf Erfahrungsberichten von Teilnehmenden sowie Leitenden anderer Lehrezertifikate wird eine interdisziplinäre, alle Lehrbereiche sowie Statusgruppen umfassende Zielgruppe angestrebt. In der Zusammensetzung der Pilotgruppe wird im Sinne des hochschulübergreifenden Austauschs das Ziel verfolgt, Lehrende aller elf Verbundhochschulen in den Pilotdurchlauf im Zeitraum von 2017–2020 zu integrieren. Hierbei ist eine Teilnahme als Tandem mit jeweils zwei Lehrenden derselben Hochschule angedacht, um Unterrichtshospitationen zu erleichtern und Reisewege zu minimieren. Teilnahmevoraussetzungen stellen eine aktuelle Lehrtätigkeit und Zugehörigkeit zu einer der Verbundhochschulen des *Netzwerk Musikhochschulen* zum Zeitpunkt der Anmeldung dar. Zusätzlich zur inhaltlichen Weiterbildung soll Teilnehmenden im Rahmen eines Zertifikatdurchlaufs zudem das Kennenlernen verschiedener Musikhochschulen und eine Weiterbildung in einem neutralen Umfeld ermöglicht werden. Wechselnde Verbundhochschulen des *Netzwerk Musikhochschulen* dienen in diesem Zusammenhang als Austragungsorte für die unterschiedlichen Module.

5 Ausblick und Perspektiven

Das Lehrezertifikat für Musikhochschulen des *Netzwerk Musikhochschulen* ist nicht nur mit der Perspektive konzipiert, einen didaktisch wertvollen sowie auf Musikhochschulspezifika zugeschnittenen Intensivlehrgang auf den Weg zu bringen. Für die Institution Hochschule kann die Einführung eines Lehrezertifikats vielmehr weitergehende Auswirkungen auf verschiedenste Bereiche haben. Das Zertifikat ist als Instrument der Qualitätssicherung in der Lehre zu nutzen oder es kann als Service für Lehrende in die Willkommenskultur der Hochschule einbezogen werden, um Erstlehrende bzw. neu an der Hochschule Lehrende zu unterstützen und zu professionalisieren. Mittelfristig ist das Lehrezertifikat auch als Bestandteil von Berufungsprozessen denkbar. Darüber hinaus ist es unerlässlich, Wirkung und Qualität eines solchen Zertifikats durch ein netzwerkinternes Monitoring zu gewährleisten.

Die strategische Implementierung eines Lehrezertifikats stärkt den hochschuldidaktischen Aspekt gegenüber dem bislang im Fokus stehenden Primat künstlerischer Exzellenz. In diesem Zusammenhang ist die Einführung eines Anreizsystems als Teil dieser Strategie sinnvoll, um Lehrende für hochschuldidaktische Weiterbildung zu motivieren. Hierbei können Anreize nach Möglichkeiten der jeweiligen Gesetzgebung des Landes monetärer Art sein, aber auch eine Verringerung des Deputats für die Dauer der Weiterbildung bzw. die Unterstützung durch eine Assistenz beinhalten. Musikhochschulen fördern durch den strategischen Einsatz von Lehrezertifikaten die Ausbildung von Mentorinnen und Mentoren in der Hochschuldidaktik. Durch deren Hineinwirken in den Hochschulalltag kann ein Kulturwandel in Bezug auf die Reflexion und Weiterentwicklung von Lehre an Musikhochschulen angestoßen werden.

Literatur

AEC – Association Européenne des Conservatoires, Académies de Musique et Musikhochschulen (Hg.) (2010). *Quality Assurance an Accreditation in Higher Music Education. Polifonia Accreditation Working Group.* Verfügbar unter: http://www.anvur.org/attachments/article/472/AEC%20Quality%20Assurance%20and~.pdf [26.08.2016].

Baus, D., Dübler, M. & Wessel, K. (2017). Gestaltung von Lehre. Lehre aus Sicht der Lehrenden auf Grundlage einer Bedarfs- und Machbarkeitsstudie. In B. Clausen & H. Geuen (Hg.), *Qualitätsmanagement und Lehrentwicklung an Musikhochschulen. Konzepte – Projekte – Perspektiven* (S. 167–178). Münster: Waxmann.

Berendt, B. (2006). Academic Staff Development als Teil von Qualitätssicherung und -entwicklung im Kontext des Bologna-Prozesses – Entwicklungen hochschuldidaktischer Aus- und Weiterbildung 2008–2013 in Deutschland. In B. Berendt, H.P. Voss & J. Wildt (Hg.), *Neues Handbuch Hochschullehre* (L 2.2, S. 1–51). Stuttgart: Raabe.

Brendel, S., Kaiser, K. & Macke, G. (Hg.) (2005). *Hochschuldidaktische Qualifizierung. Strategien und Konzepte im internationalen Vergleich*. Bielefeld: Bertelsmann.

dghd – Deutsche Gesellschaft für Hochschuldidaktik (Hg.) (2005). *Leitlinien zur Modularisierung und Zertifizierung hochschuldidaktischer Weiterbildung.* Verfügbar unter: http://dghd.h2321805.stratoserver.net/wordpress/wp-content/uploads/2015/05/Downloads_AHD_Leitlinien.pdf [19.12.2016].

dghd – Deutsche Gesellschaft für Hochschuldidaktik (Hg.) (2013). *Qualitätsstandards für die Anerkennung von Leistungen in der hochschuldidaktischen Weiterbildung.* Verfügbar unter: http://dghd.h2321805.stratoserver.net/wordpress/wp-content/uploads/2015/05/Downloads_Qualitaetsstandards_Hochschuldidaktik_11.11.2013b.pdf [19.12.2016].

Heiner, M. & Wildt, J. (Hg.) (2013). *Professionalisierung der Lehre. Perspektiven formeller und informeller Entwicklung von Lehrkompetenz im Kontext der Hochschulbildung.* Bielefeld: Bertelsmann.

HRK – Hochschulrektorenkonferenz (2011). Beschluss der Mitgliederversammlung vom 16.01.2011. In: Hochschulrektorenkonferenz (Hg.), *Die deutschen Musikhochschulen. Positionen und Dokumente. Beiträge zur Hochschulpolitik 3/11*. Verfügbar unter: http://www.miz.org/dokumente/BA_029_Hochschulrektorenkonferenz_Musikhochschulen_an_der_Schwelle_des_21.Jahrhunderts_2011.pdf [29.11.2016].

Jacob, A.K. (2009). Musikhochschule und Studienreform: Besonderheiten und Probleme. In *die hochschule. journal für wissenschaft und bildung* 2/2009, 59–70.

MIZ – Deutsches Musikinformationszentrum (2015). *Studierende in Studiengängen für Musikberufe – nach Frauen und Ausländern an Musikhochschulen, Universitäten, Pädagogischen Hochschulen und Fachhochschulen.* Verfügbar unter: http://www.miz.org/downloads/statistik/10/statistik10.pdf [13.12.2016].

Netzwerk Musikhochschulen (2016). *Downloads*. Verfügbar unter: http://www.netzwerk-musikhochschulen.de/downloads [26.08.2016].

Wintermantel, Margret (2011). Vorwort. In: Hochschulrektorenkonferenz (Hg.), *Die deutschen Musikhochschulen. Positionen und Dokumente. Beiträge zur Hochschulpolitik 3/11* (S. 7). Verfügbar unter: http://www.miz.org/dokumente/BA_029_Hochschulrektorenkonferenz_Musikhochschulen_an_der_Schwelle_des_21.Jahrhunderts_2011.pdf [29.11.2016].

Jann Bruns

Berufungsverfahren als Element der Personalentwicklung

Appointment Procedures as an Element in Human Resources Development

Few people now doubt the importance of appointment procedures in building higher music education institutions as a benchmark, the Netzwerk Musikhochschulen *collaborated with the* Deutsches Zentrum für Hochschulforschung und Wissenschaftsforschung (DZHW) *– the German Centre for Higher Education Research and Science Studies – in Hanover to produce recommendations for appointment procedures at* Musikhochschulen. *The design of the appointment procedure is accorded particular significance with respect both to the profile of the vacant post and to the way the appointment procedure is administered. At the* Hochschule für Musik, Theater und Medien Hannover – *Hanover University of Music, Drama, and Media – these elements were specifically linked with human resources development measures. The essay explains that initial measures are already implemented during the appointment negotiations that become binding with the conclusion of an appointment agreement. These are continued in further negotiations about special benefits.*

1 Vorbemerkungen

Der Prozess der Personalentwicklung (PE) umfasst in Anlehnung an Becker (2005) das Aufeinanderabstimmen von Bildung, Förderung und Organisationsentwicklung auf Basis der individuellen Unternehmensbedürfnisse sowie das Ableiten geeigneter Maßnahmen und Strategien, die eine Qualifizierung von Humanressourcen zum Ziel haben. Die Entwicklung erfolgreicher Personalentwicklungsmaßnahmen verlangt dabei die Berücksichtigung mehrerer Aspekte: Ableitung der Entwicklungsziele von den Unternehmenszielen, Herstellung eines Bezugs zur Organisationsentwicklung und Abstimmung der Maßnahmen auf die verschiedenen Anspruchsgruppen des Unternehmens (bspw. Berufseinsteiger, Fachkräfte, High-Potentials).

Diese Definition, die sich seit mehr als zehn Jahren etabliert hat, ist in aller Regel fester Bestandteil personalentwicklerischer Tätigkeit vieler Betriebe. In diesem Begriffssinne hat sie auch Einzug in Hochschulen gehalten. Allerdings ist zu konstatieren, dass sie in Bezug auf Professorinnen und Professoren unter einem anderen Blickwinkel betrachtet werden kann bzw. muss. Die profilbildende Biografie eines Hochschullehrers bzw. einer Hochschullehrerin findet in aller Regel vor dem Eintritt in die jeweilige Hochschule statt. Es ist deshalb nicht verwunderlich, dass Berufungsverfahren im Vergleich mit üblichen Einstellungsverfahren in anderen Organisationsformen gänzlich anders beschaffen und in aller Regel sowohl inhaltlich als auch zeitlich grundverschieden organisiert sind. Denn es gilt Kompetenzen des Bewerbers, Ziele der jeweiligen Hochschule sowie die Entwicklungsmöglichkeiten zueinander in Bezug zu setzen: Hochschulen entscheiden mit einem ausgeschriebenen Profil einer Professur maßgeblich über zukünftige Entwicklungsperspektiven in der Hochschule und damit auch über die Außendarstellung eines Studienangebots. Gleichzeitig trägt die Stelleninhaberin bzw. der Stelleninhaber kraft seiner Persönlichkeit maßgeblich zur Profilbildung der Organisation bei. Damit kommt der Besetzung einer Professur in einer Hochschule eine erhebliche Bedeutung zu.

Dieser komplexe Zusammenhang der gegenseitigen Beeinflussung führt dazu, dass Berufungsverfahren in den letzten zwanzig Jahren im Schrifttum deutlich mehr Aufmerksamkeit erfahren haben (vgl. Schmitt & Rüde, 2004). Neben den Anforderungen an die Durchführung juristisch korrekter Verfahren ist eine intensive Diskussion um die Optimierung der Gewinnung von Professorinnen und Professoren getreten. Dabei konkurrieren nicht nur Bewerberinnen und Bewerber um eine Professur, sondern auch Hochschulen um die sogenannten High-Potentials in den jeweiligen Fachgebieten (Mallich, Domayer & Gutiérez-Lobos, 2012, S. 311–326). Aktuell gibt es kaum eine deutsche Hochschule, die keine Handreichungen für die Durchführung von Berufungsverfahren erarbeitet hat. Neben einer qualitativen Standardisierung der Verfahren steht dabei u.a. auch die Professionalisierung von Berufungskommissionsmitgliedern im Mittelpunkt. Dabei rücken u.a. Themen wie das Erkennen guter Lehre, die Herstellung von Gendergerechtigkeit und die Frage der Bewertung von Nahverhältnissen in den Fokus. Künstlerische Hochschulen stehen in diesem Kontext vor besonderen Herausforderungen, weil die allseits etablierten Standards für Berufungsverfahren sich nur teilweise auf diesen Hochschultyp übertragen lassen. Denn künstlerische Professorinnen und Professoren haben in aller Regel ihr persönliches Profil außerhalb des Hochschulsystems entwickelt, sei es als erfolgreiche Solokünstlerin, als Orchestermusiker oder in einem Ensemble z.B. als Kammermusiker. Damit entfallen die in Berufungsverfahren gewöhnlich üblichen Kriterien wie Publikationen, Forschungsprofil oder Drittmitteleinwerbungen. An ihre Stelle treten andere Anforderungen, die abhängig vom Profil der Hochschule und der zu besetzenden Professur stark differieren können.

Aufgrund des Fehlens entsprechender Grundlagenarbeiten haben sich 2013 acht deutsche Musikhochschulen in einem sogenannten Benchmarkingclub organisiert und unter der Federführung von Thomas Schröder und Frank Dölle vom *Deutschen Zentrum für Hochschul- und Wissenschaftsforschung* (DZHW) in Hannover Kriterien für Berufungsverfahren an Musikhochschulen entwickelt. Das Ergebnis dieses Projekts wurde dokumentiert und von den Projektleitern publiziert (Dölle & Schröder, 2014). Insgesamt wurden 15 Empfehlungen zur Optimierung eines Berufungsverfahrens entwickelt, die sich sowohl auf formale Erfordernisse als auch auf personalentwicklerische Aspekte beziehen. Insbesondere letztere werden nachfolgend skizziert.

2 Durchführung von Berufungsverfahren

2.1 Strategieplanung und Profilpapier

In aller Regel haben Hochschulen eine Entwicklungsplanung, die im Wesentlichen die Ausrichtungen der nächsten drei bis fünf Jahre bestimmt. Hier hat es sich als sinnvoll erwiesen, vor der Ausschreibung einer Stelle für die zu besetzende Position ein Profilpapier zu erstellen und zu kommunizieren. Damit wird in aller Regel vorgegeben, welche Funktion die zu besetzende Professur für die weitere Entwicklung der Hochschule haben soll. Insbesondere bei der Besetzung sogenannter Eckprofessuren, also Stellen, die das Profil einer Hochschule maßgeblich mitgestalten, erscheint ein solches Profilpapier unerlässlich. Denn diese Beschreibung legt bereits fest, welche Inhalte eine Professur vertreten soll und über welche Kompetenzen die Bewerberin oder der Bewerber unbedingt verfügen sollte. Dabei kann das Papier Muss-, Soll- und Kann-Kriterien enthalten. Scheinbar schränkt ein solches Profilpapier zunächst die Quantität der Bewerbungen ein, jedoch hat es sich in der Praxis erwiesen, dass sich die Qualität der Bewerbungen durch die Spezialisierung signifikant verbessert. Insbesondere die High-Potentials in den jeweiligen Fachgebieten fühlen sich häufig gezielter angesprochen. Zudem definiert ein Profilpapier auch innerhalb der Hochschule den Stellenwert der zu besetzenden Professur deutlicher. Damit wird der Person in der Hochschule eine Position zugewiesen, die dann zwar noch ausgefüllt, aber nicht mehr unbedingt errungen werden muss. Deshalb kann auch die Schlussfolgerung getroffen werden, dass sich dieses Verfahren insbesondere in bedeutsamen Berufungsverfahren bewährt hat.

2.2 Besetzung der Berufungskommission

Der Besetzung der Kommission kommt in einem Berufungsverfahren eine besondere Bedeutung zu. Einerseits räumt der ungeschriebene Grundsatz der kollegialen Selbstrekrutierung der Professorenschaft den Fakultäten oder entsprechenden Organisationseinheiten einen hohen Freiraum ein, andererseits muss sichergestellt sein, dass das Profilpapier von der Kommission mitgetragen wird. Insbesondere an künstlerischen Hochschulen sind die Rektorate und Präsidien besonders gefordert, hier mit den ihnen zur Verfügung stehenden Einflussmöglichkeiten diese Deckungsgleichheit mit dem Profilpapier zu erreichen. Dass es hier sehr unterschiedliche Strategien gibt, die sich an den Gegebenheiten der jeweiligen Hochschulen, aber auch an den jeweils handelnden Personen ausrichten, ist naheliegend. Im oben erwähnten Benchmarking hat sich jedoch gezeigt, dass es hierfür keine verbindliche Empfehlung als Königsweg geben kann, die Notwendigkeit eines abgestimmten Verfahrens war jedoch unstrittig. Als sinnvoll hat es sich in allen Fällen erwiesen, Berufungskommissionen bzw. Personen, die in der Berufungskommission mitwirken sollen, bereits bei der Erarbeitung des Profilpapiers zu beteiligen, ihre Stellungnahmen einzuholen und diese in diesem Sinne einzupflegen.

2.3 Design des Vorstellungsverfahrens

Die Ausführungen von Dölle und Schröder (2014) zum Thema Lehrprobe und pädagogische Eignung sind zwar immer noch zutreffend, wurden aber insbesondere an einigen Musikhochschulen zwischenzeitlich qualitativ fortentwickelt und verfeinert, weil deutlich geworden ist, dass die zahlreichen Facetten und Anforderungen an eine Professur nur in einem mehrstufigen Verfahren beurteilbar gemacht werden können. Damit wird die Zahl der Zufälligkeitselemente, die in einem Berufungsverfahren entscheidungsrelevant sein können, deutlich reduziert. Zwar wird der ohnehin nicht unbedeutende Zeitaufwand eines Berufungsverfahrens damit noch einmal weiter ausgedehnt, allerdings haben erste Erfahrungen mit diesem Bewerbungsdesign gezeigt, dass die Kommissionen einen deutlich sichereren Eindruck gewonnen haben und die Berücksichtigung sowie Listung der Bewerbungen weitaus konsensualer geschehen ist. Damit schaffen Kommissionen in aller Regel eine hohe Identifikation mit den ausgewählten Bewerberinnen und Bewerbern, was sich allgemein auch integrationsfördernd auswirkt.

2.4 Berufungsverhandlungen

Zentrales Element der Personalentwicklung sind jedoch die Berufungsverhandlungen. Vielfach jedoch werden die Möglichkeiten an dieser Stelle von Verantwortlichen noch deutlich unterschätzt. Im Normalfall beschränken sich die Verhandlungen auf Ausstattungswünsche, Regelung von Arbeitsbedingungen und insbesondere die Verhandlung über die Gewährung von Zulagen aus Anlass der Berufung, d.h. Verhandlungsgegenstand sind vorwiegend rechtliche Positionen und finanzielle Rahmenbedingungen einer Berufung. Manchmal werden diese durch eine Vereinbarung ergänzt, in der die Ziele, z.B. Einwerbung von Drittmitteln etc., festgelegt werden, die die Grundlage einer Gewährung von besonderen Leistungszulagen sein können. Tatsächlich sind die Möglichkeiten jedoch weitaus umfangreicher, die an dieser Stelle des Berufungsverfahrens thematisiert werden können.

An der *Hochschule für Musik, Theater und Medien Hannover* werden bspw. nach Ruferteilung die berufenen Personen gebeten, möglichst vor Aufnahme der Berufungsverhandlungen ein Konzept vorzulegen, aus dem sich ergibt, wie die im Profilpapier beschriebenen Entwicklungsperspektiven erreicht werden sollen. Diese sind in aller Regel Grundlage für die Verhandlungen über Ressourcen. Häufig sind diese Perspektiven mehrjährig angelegt, sodass Ressourcenzugeständnisse vom Erreichen erkennbarer Zwischenschritte abhängig gemacht werden können. Es können auch Kennzahlen vereinbart werden, die für die berufene Person erreich- und messbar sind. Dabei hat es sich als äußerst hilfreich erwiesen, Rahmenbedingungen festzuschreiben. Hierzu können sowohl definierte Lehrpräsenzen gehören als auch die Teilnahme an der Hochschulselbstverwaltung. Weiterhin hat es sich als förderlich erwiesen, dass die Denomination in den Berufungsverhandlungen noch einmal ausführlich erläutert und erörtert wird.

Dabei sind insbesondere ggf. auch Fragen zu behandeln, für welche Studiengänge Lehrleistungen zu erbringen sind.

Begleitet werden diese Ergebnisse in Hannover von einer fortlaufenden Lehrevaluation sämtlicher Lehrveranstaltungen in einem dreijährigen Rhythmus. Damit wird der berufenen Person die Möglichkeit gegeben, bereits von Anbeginn ihrer Tätigkeit ein studentisches Feedback zu erhalten und ggf. Korrekturen vorzunehmen. Derzeit ist im *Netzwerk Musikhochschulen für Qualitätsmanagement und Lehrentwicklung* geplant, ein Lehrezertifikat zu etablieren, das sowohl angebotsorientiert als auch bedarfsgerecht ausgerichtet sein soll. Ziel ist ein Gesamtkonzept, dass den Kernbereich Lehre einer Professur im Blick hat und die Verbesserung der Lehre zu einer dauerhaften Aufgabe an einer Hochschule erklärt.

Weitere Elemente der Personalentwicklung sind gezielte Maßnahmen zur Integration der berufenen Person in die Hochschule. Hierzu gehören nicht nur die üblichen Presseerklärungen, Vorstellungen auf den Internetseiten der Hochschule sowie Beiträge in der offiziellen Hochschulzeitschrift, sondern auch persönliche Vorstellungen in Vollversammlungen, in den Hochschulgremien und auf geeigneten hochschulinternen Foren. Ziel ist dabei nicht nur, neuberufene Kollegen persönlich vorzustellen, sondern ihnen auch die Möglichkeit zu geben, sich im Rahmen ihrer Denomination möglichst schnell in der Hochschule oder am Hochschulort vernetzen zu können. An dieser Stelle kommt auch immer ein spannungsvoller *Doublebind* ins Spiel, da einerseits das jeweilige Fach in der Hochschule vertreten wird, andererseits insbesondere bei künstlerischen Professuren eine möglichst große Außenwirkung erreicht werden soll, sei es durch künstlerische Projekte oder durch eigene künstlerische Vortragstätigkeit. Auch die Tätigkeit in internationalen Jurys ist hierbei von Bedeutung, dient sie doch häufig insbesondere auch zur Rekrutierung herausragender junger Musikerinnen und Musiker für ein künstlerisches Studium an einer deutschen Musikhochschule.

Zugegebenermaßen ist die Bandbreite der zu verhandelnden Themen im Einzelfall nicht zu unterschätzen, allerdings zeigt die Erfahrung, dass die frühzeitige Thematisierung bereits in den Berufungsverhandlungen dem Entstehen evtl. zukünftiger Konfliktfelder äußerst wirkungsvoll begegnen kann. Die Festlegung schafft auch in der Gemeinschaft der Lehrenden eine hohe konsensuale Wirkung und ist somit auch ein wichtiges Element der Entwicklung einer Organisationskultur in einer Hochschule. Das Ergebnis der Berufungsverhandlungen wird in einer gemeinsamen Vereinbarung schriftlich fixiert und ist formaler Gegenstand des Ernennungsverfahrens, womit ein hohes Maß an Verbindlichkeit symbolisiert wird.

2.5 Leistungsbezugsverhandlungen aus personalentwicklerischer Sicht

Die Einführung der sogenannten W-Besoldung vor ca. 15 Jahren war in den Hochschulen nicht unumstritten. Auch heute noch werden die Regelungen von den betroffenen Professorinnen und Professoren als reale Absenkung des Besoldungsniveaus empfunden. Diese Kritik hat sicherlich durch die Entscheidung des BVerfG vom 14.02.2012 –

2 BvL 4/10 – in gewisser Weise auch eine Bestätigung erfahren. Trotzdem darf das personalentwicklerische Potenzial der Gewährung von Leistungszulagen nicht verkannt werden. Die Option, in aller Regel nach einem Zeitraum von drei Jahren, über Leistungszulagen zu verhandeln, ermöglicht sowohl den jeweiligen Professorinnen und Professoren als auch den zuständigen Verhandlungsführern der jeweiligen Hochschule, ein gegenseitiges Feedback zu erhalten. Als modellhaft hat sich dabei ein Selbstbericht bewährt, der die Erfolge in der Lehre, durchgeführte Forschungs- bzw. künstlerische Projekte sowie die Mitarbeit in der Hochschulselbstverwaltung dokumentiert. Im Selbstbericht von künstlerischen Professuren wird erfahrungsgemäß auch der erfolgreiche Übergang von Studierenden ins Berufsleben aufgeführt. Anhand dieser Dokumentationen werden in aller Regel die Stärken von Professorinnen und Professoren deutlich. Sofern noch nicht erkannte Entwicklungsmöglichkeiten bestehen, können diese in den Zulagenverhandlungen thematisiert werden und ggf. Unterstützungen angeboten werden, die bisher nicht thematisiert worden sind oder nicht bekannt waren. In diesem Kontext kommt dem Bildungsangebot des *Netzwerk Musikhochschulen* u.U. eine besondere Bedeutung zu, sind diese doch häufig auch unter personalentwicklerischen Aspekten konzipiert worden. Hierzu gehört auch das bereits o.a. Lehrezertifikat, dass ab dem Jahr 2017 in einer Pilotphase erprobt werden soll. Sofern es sich bewähren sollte, wird das Zertifikat als Instrument der Personalentwicklung im Rahmen von Berufungsverhandlungen eine nicht unwesentliche Rolle spielen können.

3 Zusammenfassung

Künstlerische Professorinnen und Professoren an Musikhochschulen unterliegen in besonderer Weise der Ambivalenz von professioneller Karriere, pädagogischer Arbeit und institutioneller Rolle als Hochschullehrerinnen und -lehrer. Dem Berufungsverfahren kommt daher für die Profilbildung von Musikhochschulen eine große Bedeutung zu. Es ist deshalb sinnvoll, diesem Prozess eine besondere Aufmerksamkeit zu widmen und Standards zur Qualitätssicherung zu etablieren. Auf der Grundlage eines Benchmarkings von acht deutschen Musikhochschulen wurden in Zusammenarbeit mit dem *Deutschen Zentrum für Hochschulforschung und Wissenschaftsforschung* (DZHW) in Hannover Empfehlungen für die Durchführung von Berufungsverfahren an Musikhochschulen entwickelt. Dem Design des Berufungsverfahrens wird dabei eine besondere Bedeutung beigemessen. Dieses bezieht sich sowohl auf das Profil der zu besetzenden Stelle als auf die Durchführung des Verfahrens. An der *Hochschule für Musik, Theater und Medien Hannover* werden diese Elemente gezielt mit Maßnahmen der Personalentwicklung verknüpft. Bereits in den Berufungsverhandlungen werden daher erste Maßnahmen implementiert, die durch den Abschluss einer Berufungsvereinbarung verbindlich festgelegt werden. Diese finden in den weiteren Verhandlungen über besondere Leistungsbezüge ihre Fortsetzung. Auch wenn sicher nicht alle Eventualitäten und Risiken von Berufungsverfahren an Musikhochschulen durch begleitende Maßnahmen gemildert oder gar beseitigt werden können, so bietet die Verbindung formalisierter Prozesse in der Profilbildung der zu besetzenden Stelle mit Maßnahmen der Personalentwicklung eine wichtige Basis für die Qualitätsentwicklung in diesem wichtigen Bereich.

Literatur

Becker, M. (2005). *Personalentwicklung: Bildung, Förderung und Organisationsentwicklung in Theorie und Praxis* (4. Auflage). Stuttgart: Schäffer-Poeschel.

BVerfG (2012). Urteil des Zweiten Senats vom 14. Februar 2012 – 2 BvL 4/10 – Rn. (1–196). Verfügbar unter: http://www.bverfg.de/e/ls20120214_2bvl000410.html [21.10. 2016].

Dölle, F. & Schröder, T. (2014). *Wer sucht, der findet – wer besser sucht, findet besser.* Wiesbaden: Deutscher Universitätsverlag.

Mallich, K., Domayer, E. & Gutiérez-Lobos, K. (2012). Einschätzen von Kandidatinnen und Kandidatenkompetenzen in Berufungsverfahren an Universitäten. In G. Niedermayr, *Kompetenzen entwickeln, messen und bewerten* (S. 311–326). Linz: Trauner.

Schmitt, A. & Rüde, M. (2004). *Berufungsverfahren im internationalen Vergleich* (=CHE Arbeitspapier Nr. 53). Gütersloh: Schriftenreihe CHE.

Bernd Clausen, Heinz Geuen

Qualitätsmanagement und Lehrentwicklung an Musikhochschulen

Ausblicke und Perspektiven

Quality Management and Teaching Development in German Higher Music Education
Perspectives and Prospects

The formulation „Many differences – comparable challenges" was already used in the initial application to describe the situation of German Musikhochschulen *in comparison with the two other kinds of higher education institutions – both in general and with respect to the specific issues of quality assurance and the development of teaching. Many of the contributions to this volume have addressed the ambivalent situation of the* Musikhochschulen *as an educational institution between individuality on the one hand and conformity on the other. This final contribution presents the architecture of the Network in its early phase as well as plans for how it might look in the future. It also explores perspectives on the expected sphere of action of the Network and outlines plans for the fields of teaching development, internationalisation and monitoring and hence focuses on the consolidation of quality management and teaching development at* Musikhochschulen. *The underlying argumentation addresses not the apparently obvious question of how we should understand quality, given that this cannot be answered normatively but at most in terms of meaning, but the much more important issue of the qualification goals to which we should devote more intensive attention: in other words, to support the* Musikhochschulen *in the Network not only at the curricular level (e.g. with taxonomy or standards-oriented module descriptions), but above all to focus more strongly on the strategic level (internal quality guidelines, mission statement).*

1 Einleitung

Mit der Formulierung *Vieles anders und doch vergleichbare Herausforderungen* wurde bereits im ersten Verbundantrag des *Netzwerk Musikhochschulen für Qualitätsmanagement und Lehrentwicklung* (HfM Detmold, 2011) die Situation der deutschen Musikhochschulen im Vergleich mit den anderen beiden Hochschulformen allgemein und in Hinsicht auf die Themen Qualitätssicherung und Lehrentwicklung im Besonderen beschrieben.[1] Zahlreiche Beiträge in diesem Band adressieren diese im bildungsinstitutionellen Sinne ambivalente Situation der Musikhochschulen zwischen Individualität auf der einen und Konformität auf der anderen Seite. Spezifika der individuellen Sachlage der Musikhochschulen im Unterschied zu Wissenschaftlichen Hochschulen sind u.a. ein hoher Anteil an Lehrbeauftragten, eine Fokussierung der künstlerischen Ausbildung vor der wissenschaftlich-pädagogischen Ausbildung, eine erhebliche Dichte performativer Praxen, ein komplexes Ausleseverfahren, eine hohe Quote an internationalen Studierenden sowie – *cum grano salis* – eine nebengeordnete Rolle von Forschung und Drittmittelfinanzierung. Zugleich sind Musikhochschulen mit curricularen und strukturellen Herausforderungen ebenso konfrontiert wie Wissenschaftliche Hochschulen und Fachhochschulen (Hochschulen für Angewandte Wissenschaften). Veränderte Karrierewege und Einstellungschancen sowie sich stark verändernde Berufsbilder erfordern neue Modi der Überprüfung und Justierung von Studienarchitekturen; knappe Budgetierungen verlangen nach intelligenten Methoden in der Strategieplanung und der Hochschul- und Personalentwicklung. Hier sind sie also den gleichen Umständen ausgesetzt wie die beiden anderen Hochschulformen. Diese auch als Stärkung der Hochschulautonomie zu interpretierende Gegebenheit geht einher mit der Anforderung, interne Verfahren zur Evaluation, zur Rechenschaftslegung und zur Stärkung systematischer Entscheidungswege zu etablieren. Damit beginnen die deutschen Musikhochschulen, an einem bei den anderen Hochschularten bereits seit einiger Zeit bestehenden Diskurs zu Qualitätsmanagement und Lehrentwicklung teilzunehmen. Ist der musikbezogene Qualitätsdiskurs seit den ersten Institutionsgründungen an den Musikhochschulen eine durchaus selbstverständliche Erscheinung, so sieht sich diese Institution jetzt sehr differenzierten und unter anderen Rahmenbedingungen entwickelten Modellen, Konzepten und Konzeptionen aus anderen Fachrichtungen gegenüber (vgl. Clausen, 2017). Diesen ist in korrespondierender, adaptierender oder ablehnender Haltung gegenüberzutreten.

Als eine in der Geschichte der deutschen Musikhochschulen in Art und Umfang bisher einzigartige Kooperation stellt sich das Verbundprojekt *Netzwerk Musikhochschulen für Qualitätsmanagement und Lehrentwicklung* (nachfolgend Netzwerk) seit 2012 diesen Herausforderungen. Mit zunächst zwölf, ab 2017 dann elf, über das Bundesgebiet verteilten Musikhochschulen ermöglicht diese Form der Zusammenarbeit eine strukturierte und kontinuierliche Entwicklungsarbeit in Qualitätssicherung und Lehrentwicklung. An dem Ansinnen, d.i. aus bisheriger und zukünftiger Praxis im kollegial-kritischen Austausch voneinander zu lernen, diese Erfahrungen zu systematisieren und in allgemein zugängliche Expertisen zu überführen, wird auch mit Beginn der zweiten Förderphase (2017–2020) festgehalten.

Anders als in der Bezeichnung des Netzwerks (Qualitätsmanagement und Lehrentwicklung) indiziert, wird Qualitätsmanagement nachfolgend als Oberbegriff für externe wie auch interne Instrumente, Verfahren und Expertisen sowohl der Qualitätssicherung als auch der Qualitätsentwicklung bezogen auf Studium, Lehre und Verwaltung ge-

1 Diesem Beitrag liegen Textteile des Erstantrages (HfM Detmold, 2011) sowie des Nachfolgeantrags (HfM Detmold, 2015) zugrunde.

braucht. Dies umfasst etwa Lehrentwicklung, wechselseitige Begutachtung, Evaluation, Serviceprozesse in Studium und Lehre sowie deren Überprüfung und Integration in die hochschulische Steuerungsarchitektur etc.

Die nachfolgenden Ausführungen stellen zum einen die Architektur des Verbundes in seinen Anfängen sowie als Ausblick in seinen zukünftigen Planungen dar. Zum anderen werden Perspektiven skizziert, die es aus Sicht des Netzwerks mit Blick auf eine Konsolidierung von Qualitätsmanagement und Lehrentwicklung an den deutschen Musikhochschulen zukünftig zu adressieren gilt.

2 Rückblick mit Ausblick: Netzwerkarchitektur und Zusammenarbeit

Angesichts der facettenreichen und komplexen Ausgangslage für den Auf- und Ausbau von Verfahren und Instrumenten eines sach- und fachangemessenen Qualitätsmanagements sowie der Lehrentwicklung bieten sich für die Verbundpartnerinnen mit dem kooperativen Format des Netzwerks erhebliche Chancen. Denn ungeachtet regionaler und lokaler Merkmale wird an den deutschen Musikhochschulen ein überschaubarer Kanon von künstlerischen, künstlerisch-pädagogischen, lehramtsbezogenen sowie kunstwissenschaftlichen und Kulturmanagement betreffenden Studienprogrammen angeboten, die an den jeweiligen Standorten einer ähnlichen Grundkonzeption folgen. Die Vergleichbarkeit der Organisationskulturen, der gegenwärtigen Herausforderungen sowie des Grundverständnisses der Ausbildungsziele erleichtern daher die netzwerkförmige Kollaboration.

Eine im *Handlungsfeld BP* (Beratung und Projekte) erstellte detaillierte Strukturübersicht versucht die Heterogenität der Verbundhochschulen synoptisch abzubilden, stieß jedoch bei den einzelnen Organisationselementen sowohl in der Nomenklatur als auch in den Aufgabenzuschnitten auf Darstellungsschwierigkeiten. Abbildung 1 ist ein für diesen Beitrag hergestelltes Kondensat ausgewählter Items dieser Übersicht, die sowohl Ähnlichkeiten als auch Unterschiede dokumentieren sollen, wobei allerdings spezifische Begrifflichkeiten aus den genannten Gründen an semantischer Genauigkeit verlieren. Organisationselement 1 bezieht sich im Wesentlichen auf Formate, die die Lehre strukturieren. Während bei Fachbereichen, Fakultäten oder Studienkommissionen zu einem Großteil ein inhaltliches Kriterium, z.B. Instrumentengruppen, zugrunde gelegt wird, ist eine Unterteilung nach Studienzyklen, also Bachelor, Master und postgradual, eher die Ausnahme. Beim Organisationselement 2 wird der Versuch unternommen, die hochschulpolitischen Gremien, deren Zusammensetzung sich nach den jeweiligen Ländergesetzen resp. den standortspezifischen Grundordnungen richtet, darzustellen. Schließlich werden unter Organisationselement 3 all jene Einrichtungen zusammengefasst, die die Hochschulen entweder unterstützen oder strukturelle Elemente ihres Profils sind.

		Bremen	Detmold	Düsseldorf	Frankfurt/M.	Freiburg	Hamburg
Organisationselement 1	**Lehre**	Fachbereiche (2) *(Dekanat)*	Fachbereiche (3)	Fachbereiche (2)	Fachbereiche (3)	Studienkommissionen (4)	Dekanate (4)
	Kriterium	inhaltlich	inhaltlich	inhaltlich	inhaltlich	inhaltlich	inhaltlich
Organisationselement 2	**Gremien 1**	Fachbereichsrat	Fachbereitsrat	Fachbereichsrat	Fachbereitsrat	Fachgruppen	Fachgruppen
	Gremien 2	Senat	Senat	Senat	Senat	Senat	Senat
	Hochschulleitung	Rektorat	Rektorat	Rektorat	Präsidium	Rektor	Präsidium
	Aufsichtsgremien		Kuratorium, Kunsthochschulbeirat*	Kunsthochschulbeirat*	Hochschulrat	Hochschulrat	Hochschulrat
Organisationselement 3	**(Fach-)Institut, Zentrum, Akademie**	8	4	5	3	5	k.A.
	Begabtenförderung	ja	ja	ja	ja	ja	k.A.
	assoziierte Einheiten	Freundeskreis	Alumni-, Förderverein	Gesellsch. d. Freunde, Förderer	Gesellsch. d. Freunde, Förderer	Gesellschaft z. Förderung, Stiftungen	Förderverein, Stiftungen

		Hannover	Köln	Lübeck	Saarbrücken	Weimar	Würzburg
Organisationselement 1	**Lehre**	Studienkommissionen (3)	Fachbereiche (6)	Studienleitung und Studienkommissionen (2)	Fachbereiche (2)	Fakultäten (3), Institute (10)	Studienkommissionen (2)
	Kriterium	inhaltlich	inhaltlich	inhaltlich-beratend	inhaltlich	inhaltlich	zyklisch
Organisationselement 2	**Gremien 1**	Fachgruppen	Fachbereichsrat	Fachgruppen (8)	Fachbereichsrat, Fachgruppen	Fakultätsräte (Institutsräte)	Fachgruppen, Fachgebiete
	Gremien 2	Senat	Senat	Senat	Senat	Senat	Senat
	Hochschulleitung	Präsidium	Rektorat	Präsdium	Rektorat	Präsidium	Präsidium
	Aufsichtsgremien	Hochschulrat	Kunsthochschulbeirat*	Hochschulrat		Hochschulrat	Hochschulrat
Organisationselement 3	**(Fach-)Institut, Zentrum, Akademie**	10	8	2	3	2	1
			Außenstandorte (2)				
	Begabtenförderung	ja	ja	ja	ja	ja	ja
	assoziierte Einheiten	Förderkreis, Stiftungen	Förderverein, Stiftungen	Alumniverein, Fördergesellschaft	Gesellsch. d. Freunde u. Förderer	Gesellsch. d. Freunde, Stiftung	Musikalische Akademie, Stiftungen

* ohne Entscheidungsbefugnis

Abbildung 1: Strukturübersicht (Nico Thom, Bernd Clausen)

Die Größenunterschiede der Musikhochschulen sind zudem moderat ausgeprägt, d.h. Befindlichkeiten, die sich beispielsweise bei der Kooperation zwischen einer großen, in der Exzellenzinitiative erfolgreichen Wissenschaftlichen Hochschule und einer kleinen Einrichtung mit eher regionaler Ausstrahlung ergeben könnten, entfallen bei Musikhochschulen weitgehend. Nicht zuletzt bilden die staatlichen Kunst- und Musikhochschulen im deutschen Hochschulwesen eine insgesamt kleine Gruppe, sodass sich mit einer institutionellen Kooperation innerhalb dieser Gruppe auch im Gesamtbild des Hochschulsystems Vorteile und Synergien erzielen lassen.

Die erste Förderphase (2012–2016) ermöglichte eine auf Qualitätsmanagement und Lehrentwicklung gerichtete Kooperation von Kunst- und Musikhochschulen aus zehn Bundesländern mit dem verbindenden Merkmal der musikbezogenen Ausbildung und dem gemeinsamen Ziel, für alle am Verbund teilnehmenden Hochschulen Verfahren, Angebote und Instrumente des Qualitätsmanagements und der Lehrentwicklung zu entwickeln und bereitzustellen, die zur spezifischen Situation dieser Hochschulform passen und durch den Netzwerkcharakter eine gemeinschaftliche Erprobung und Nutzung ermöglichen. Ausgehend von einer im Vorfeld der ersten Antragsstellung an allen interessierten Hochschulen parallel durchgeführten Situations- und Bedarfsanalyse zu Maßnahmen im Bereich des lehrbezogenen Qualitätsmanagements und der Lehrentwicklung wurden im genannten Zeitraum zahlreiche Projekte in verschiedenen Handlungsfeldern gemeinschaftlich durchgeführt. Dabei folgte der Zusammenschluss dieser Institutionen in seinem Aufbau der Netzwerkidee, d.h. alle Standorte sind hinsichtlich Leistungen und Angeboten grundsätzlich gleichberechtigt, beteiligen sich nach Maßgabe der jeweiligen standortspezifischen Gegebenheiten gleichrangig an den geplanten Unternehmungen und werden organisatorisch durch je eine Netzwerkstelle an den jeweiligen Verbundhochschulen unterstützt.

In drei Handlungsfeldern wurden in der ersten Förderphase unterschiedliche Maßnahmen entworfen und ausgeführt. *Handlungsfeld BP* (Beratung und Projekte) war mit dem Aufbau und der Bündelung von Expertise in definierten Themenbereichen zur individuellen bedarfsorientierten Beratung und Projektbegleitung und mit der Bereitstellung punktuell ergänzender externer Beratungskompetenz beauftragt. *Handlungsfeld Q* (Qualitätsmanagement) befasste sich mit der Herstellung und Erprobung von gemeinschaftlich nutzbaren Instrumenten und Evaluationsformaten des lehrbezogenen Qualitätsmanagements und *Handlungsfeld L* (Lehrentwicklung) fokussierte auf eine personen-, veranstaltungs- sowie studiengangspezifische Lehrentwicklung. Über dieser operativen Ebene steht eine Struktur von Entscheidungsträgern, die den kooperativen Charakter abbildet.

Jede der derzeit beteiligten zwölf Hochschulen entsendet eine Vertreterin bzw. einen Vertreter ihrer Leitung in den *Netzwerkrat*. Dieser trifft sich zwei Mal im Jahr an einem der Hochschulstandorte und übernimmt eine Aufsichtsfunktion gegenüber den Aktivitäten des Netzwerks. Aus seinen Reihen wird alle zwei Jahre ein dreiköpfiger *Vorstand* gewählt. Den oben genannten *Netzwerkstellen* an den zwölf Verbundhochschulen obliegt einerseits die Entwicklung von Maßnahmen und Angeboten nach Maßgabe des Antrages und den Entscheidungen des Netzwerkrates. Andererseits sind sie im Bereich

Qualitätsmanagement an ihrer jeweiligen Hochschule beschäftigt, nutzen die im Netzwerk entwickelten Instrumente und Planungsentwürfe und nehmen entsprechende Angebote nach hochschulindividuellem Bedarf für ihren Standort wahr.

Zur Bündelung, Koordination und Durchführung von Unternehmungen wurde an der Hochschule für Musik Detmold eine Geschäftsstelle, das *Zentrum für Qualitätsmanagement und Lehrentwicklung* (nachfolgend Zentrum), eingerichtet. Es besteht aus einer Geschäftsführung, zwei Verwaltungsstellen, einem Mitarbeiter für die IT, einer wissenschaftlichen Mitarbeiterin im sogenannten *Handlungsfeld Netzwerk* (N) (bis zum Ende der ersten Förderphase) sowie *Koordinatoren*, ebenfalls wissenschaftliche Mitarbeiter, für die drei bereits genannten Handlungsfelder BP, Q und L. Alle Tätigkeiten werden in sogenannten *Arbeitsgruppen*, bestehend aus einer Koordinatorin bzw. einem Koordinator sowie vier Netzwerkstellen, entwickelt. Sie verantworten die konzeptionelle sowie operative Umsetzung der geplanten Maßnahmen.

Die gemeinsame Arbeit in den vergangenen Jahren machte sowohl Stärken als auch Schwächen dieser Konstruktion sichtbar, sie hat sich aber durchweg als stabiles Fundament einer gemeinsamen Zusammenarbeit bewährt. Für die zweite Phase wurden allerdings zwei wesentliche strukturelle Veränderungen in den Blick genommen. Auf der Basis der Ergebnisse einer von Oktober 2014 bis Ende Februar 2015 durchgeführten externen Evaluation sowie einer seit Herbst 2014 erfolgten intensiven Beratungs- und Auswertungsarbeit des Vorstands unter Einbeziehung der Statusgruppen des Netzwerks wurde der Empfehlung des Gutachters gefolgt, bei der Konzeption für die zweite Förderphase „in übergeordneten Prozessen der Qualitätsentwicklung, d.h. in Qualitätskreisläufen“ (Schröder, 2015, S. 27) zu denken. Daher sollen zukünftig neben der Fortführung und Verstetigung der validierten und positiv evaluierten Kernaufgaben insbesondere die stärkere Verzahnung von Aktivitäten und Kompetenzen sowie der systematische Einsatz von Qualitätssicherungsverfahren in Studium, Lehre und Verwaltung weiter vorangebracht werden. Dies führt für die anstehende zweite Phase zu einer leicht modifizierten Netzwerkarchitektur. Die in den Handlungsfeldern mit ihren Akteuren in den vergangenen Jahren entwickelten Fähigkeiten und Fertigkeiten werden nun als Kompetenzen verstanden, die bedarfs- und projektorientiert eingesetzt werden und damit zugleich die in den letzten Jahren entstandenen standortspezifischen Qualitätskreisläufe konsolidieren sollen. Dies führt zu einer Umstrukturierung auf insgesamt vier Kompetenzfelder (Abbildung 2).

Die in den Handlungsfeldern aufgebaute Expertise wird in der zweiten Förderphase in *Kompetenzfelder* (Kf) gebündelt und strukturiert mit dem Ziel einer Verzahnung durch Ergebnissicherung und durch eine auf das jeweilige Kompetenzfeld bezogene Aufbereitung von Ergebnissen. Dieses Vorgehen führt einerseits zu Umbenennungen: Handlungsfeld Q wird zum *Kompetenzfeld Evaluation* (Kf E) und Handlungsfeld L wird zum *Kompetenzfeld Lehr- und Personalentwicklung* (Kf LPE). Um den Qualitätskreislauf zu schließen, werden andererseits die Kompetenzen des Handlungsfeldes BP auf zwei neue Felder verteilt: *Kompetenzfeld Wechselseitige Begutachtung* (Kf WB) und *Kompetenzfeld Monitoring* (Kf M).

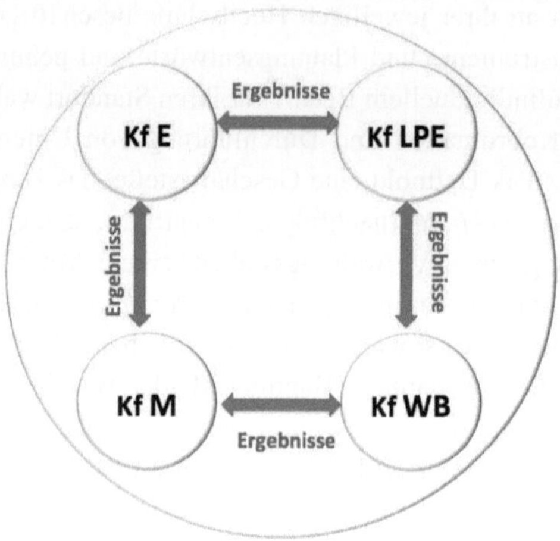

Abbildung 2: Grafische Darstellung der vier Kompetenzfelder

Zur Stärkung des Zentrums und des Verbundes insgesamt sowie mit Blick auf die Herausforderungen, etwa in Hinsicht auf Lehr-/Lern- und Evaluationsformate an Musikhochschulen, ist die Einrichtung einer wissenschaftlichen Leitung des Zentrums vorgesehen. Damit wird auch die musikhochschulspezifische Partizipation an bisher vor allem von anderen Hochschulformen bestimmten Fachdiskursen befördert. Verknüpft damit ist zugleich die Erwartung einer größeren Außenwirkung der Bemühungen des Verbundes sowohl innerhalb als auch außerhalb der Fachcommunity. Denn es hat sich gezeigt, dass eine anwendungsbezogene Forschung zu Qualitätsmanagement an Musikhochschulen notwendig ist, um zum einen eine vorhandene Lücke im wissenschaftlichen Diskurs zu schließen und zum anderen, um die Akzeptanz der musikhochschulspezifischen Maßnahmen und Instrumente an den jeweiligen Standorten (und darüber hinaus) zu erhöhen. Musikpädagogische und musikwissenschaftliche Untersuchungen zum künstlerischen Einzelunterricht, zum Lehren und Lernen an Musikhochschulen etc. sind – vor allem im angloamerikanischen Bereich – sehr zahlreich. Die Verbindung der Ergebnisse und Modelle dieser Forschungen mit einem auf die Institution bezogenen Qualitätsmanagementdiskurs steht jedoch noch aus.

Auf der Basis dieser strukturellen Modifikationen wurden für die zweite Förderphase unterschiedliche Maßnahmen in zahlreichen Meilensteinen taxiert, wobei drei zentrale Aspekte die Arbeitsweise des Netzwerks grundsätzlich bestimmen:

> ***Wechselseitige Unterstützung***: Die am Verbundprojekt teilnehmenden Hochschulen kooperieren mit dem Ziel der Erforschung und Entwicklung qualitätsdeterminierender und -sichernder Elemente musikhochschulspezifischer Lehr-/Lernsituationen. Sie unterstützen sich gegenseitig bei der Professionalisierung des Aufbaus individueller und selbstlernender QM-Systeme in Lehre, Studium und Verwaltung.

Projekt- und Bedarfsorientierung: Zur Erreichung dieses Zieles verpflichten sich die Verbundpartner, die Expertisen der sowohl im Netzwerk als auch an ihren jeweiligen Häusern mit Qualitätsmanagement befassten Mitarbeiterinnen und Mitarbeiter in spezifischen Kompetenzfeldern und zugleich im Zentrum in regelmäßigen Abständen projekt- und bedarfsorientiert zu bündeln sowie für Maßnahmen des Netzwerks einzusetzen.

Beratungsfunktion: Das Netzwerk hat ausschließlich beratende Funktion, d.h. es trifft keine die einzelnen Standorte berührenden Entscheidungen (z.B. über leistungsorientierte Mittelvergabe, über die Einrichtung oder Schließung von Studienprogrammen, über die Einstellung oder Vertragsgestaltung bestimmter Personen) und ist in seiner gesamten Arbeit zur Neutralität verpflichtet. Hinsichtlich der Gestaltung und Durchführung der vom Netzwerk zu verantwortenden Aufgaben (u.a. Fragebogeninstrumente, der Lehrentwicklung dienende Veranstaltungen, Tagungen) agiert das Netzwerk hingegen autonom und ist hierbei über die jährlichen Arbeitsberichte (inkl. Datenschutzbericht) und Arbeitspläne den Verbundpartnern rechenschaftspflichtig.

Stellen die oben genannten Veränderungen wie die Schließung des Qualitätskreislaufes im Netzwerk sowie die Einsetzung einer wissenschaftlichen Leitung zentrale Bausteine der zukünftigen Zusammenarbeit dar, so sind darüber hinaus inhaltliche Perspektiven avisiert, die zum Teil in der Antragskonzeption genannt, zum Teil aber weitere Desiderata sind, die für zukünftige Aufgabenstellungen leitend sein können. Vier davon werden nachfolgend näher erläutert.

Perspektive 1: Weitung des Wirkungsbereiches des Netzwerks

In der zweiten Förderphase setzt sich der Verbund aus elf Musikhochschulen zusammen. Der Netzwerkrat hat sich in seiner Sitzung im Frühjahr 2015 bei der Präsentation des Evaluationsberichtes (Schröder, 2015) sehr intensiv mit der Frage einer kontrollierten Netzwerkerweiterung in der zweiten Förderphase beschäftigt. Dabei stellte das Argument einer ausgeprägten Heterogenität und Individualität zwischen den Verbundhochschulen, die bei einer Erweiterung den schon bestehenden Komplexitätsgrad erhöhen könnte, einen Pol der Diskussion dar. Dieser wurde abgewogen mit dem Wunsch nach qualitativer Verdichtung der Anliegen mit weiteren Partnern. Die quantitative Erweiterung zu diesem Zeitpunkt wurde mehrheitlich als konfliktträchtig wahrgenommen. Einig waren sich die Mitglieder des Netzwerkrates in ihrem Resümee, die Herstellung größerer Stabilität sei eine notwendige Voraussetzung, um dem von allen geteilten Ziel näherzukommen, nach Ende der zweiten Förderperiode ein tendenziell alle deutschen Musikhochschulen umfassendes QM-Zentrum zu betreiben. Um diese Öffnung, auch unter Einbezug der *Rektorenkonferenz der deutschen Musikhochschulen* (RKM), voranzutreiben, setzt der Netzwerkrat mit Beginn der zweiten Förderphase eine dreiköpfige, aus Mitgliedern des Netzwerkrates und des Zentrums bestehende Arbeitsgruppe ein. Sie soll unter den beiden Prämissen *Verbreiterung der Kompetenzbasis* und *Erweiterung des Themenspektrums* Modelle für eine partielle und zeitlich begrenzte thematische Partizipation weiterer deutscher Musikhochschulen am Verbundprojekt entwerfen, um die Grundlagen für die Fortführung des Zentrums als dauerhafte Einrichtung aller deutschen Musikhochschulen zu sondieren. Gleichzeitig werden die Bemühungen verstärkt, die anderen Musikhochschulen über Veranstaltungsangebote und Einladungen zu Tagungen enger mit dem Verbund in Kontakt zu bringen.

Perspektive 2: Lehrentwicklung

Die anstehende Transformation des Handlungsfeldes Lehrentwicklung zu einem Kompetenzfeld, in dem Lehr- und Personalentwicklung zusammengeführt werden, bedeutet, dass hochschuldidaktische und auf Entwicklung personaler Kompetenz gerichtete Angebote zukünftig stärker inhaltlich verzahnt werden. Lehrkompetenz soll so nicht nur punktuell gestützt, sondern mit Personalentwicklungsfragen verbunden werden. Lehrende, die sich bislang eher akzidentiell mit didaktisch-methodischen Fragestellungen in den spezifischen Settings von Lehre an Musikhochschulen befasst hatten, bekommen so die Möglichkeit, eine breite hochschuldidaktische Expertise zu erwerben, insbesondere, um für eine nachhaltige Qualitätsentwicklung in der Lehre als Multiplikatoren zu agieren. Modularisierte Fortbildungsangebote werden dafür zu einem *Lehrezertifikat* gebündelt, das in Personalentwicklungsstrategien für die Lehre eingebunden werden kann (vgl. Baus, Dübler & Saulich, 2017). Dies schließt punktuelle, breit gestreute Angebote für die Lehre nicht aus, sondern erweitert das bisherige Workshopprogramm. Als ergänzendes Feld im Bereich Personalentwicklung sind spezifische, gegebenenfalls aufbauend modularisierte Weiterbildungsangebote für Führungskräfte in Lehre und Verwaltung vorgesehen.

Parallel zu diesen Maßnahmen nach innen ist der Ausbau und die Pflege der Internetplattform *Lehreportal Musikhochschule* projektiert, um in der gesamten Musikhochschullandschaft Lehrmethoden und Best-Practice-Beispiele sowie Texte und Videos zu musikhochschulspezifischen didaktisch-methodischen Themenfeldern zugänglich zu machen.

Hinsichtlich der Einbeziehung digital gestützter Lehre sieht der Folgeantrag eine Erprobung von Lehrformaten des *Blended Learning* für die Lehre an Musikhochschulen vor. Es ist jedoch offensichtlich, dass der Kernbereich künstlerischer Lehre, der Einzelunterricht, nicht *digitalisiert* werden kann. Gleichwohl bietet die Einbeziehung videogestützter Verfahren neue Möglichkeiten, z.B. um Feedbackprozesse zu professionalisieren (vgl. Heiden, 2017). Insgesamt kann die verstärkte Zusammenarbeit mit künstlerisch Lehrenden genutzt werden, um, unter Berücksichtigung unterschiedlichster didaktisch-methodischer Settings, an der Entwicklung von Qualitätsstandards für Einzel- und Gruppenunterricht zu arbeiten.

Perspektive 3: Internationalisierung

Die bildungspolitischen Entwicklungen auf bundesrepublikanischer und europäischer Ebene nicht nur im Blick zu haben, sondern sich aktiv mit eigenen Angeboten zu positionieren, ist für den Verbund eine weitere notwendige Perspektive. Nachdem das Netzwerk sich konstituiert, eigene Verfahren entwickelt und erprobt hat, ist es nun vonnöten, an die Diskurse, insbesondere an jene, die in der *Association Européene des Conservatoires, Académies de musique et Musikhochschulen* (AEC) unter der Thematik *Quality Assurance and Enhancement* geführt werden, aktiv und mitgestaltend anzuknüpfen. Verfolgt man insbesondere die Diskussionen um die mittlerweile als Stiftung institutionalisierte Einrichtung *MusiQuE* (*Musi*c *Qu*ality *E*nhancement), so wird zum einen erkennbar, dass die im Laufe der vergangenen Jahre erarbeiteten und vor zwei Jahren überarbeiteten Standards nun mehrfach erprobt wurden und prinzipiell eine gute Grundlage, mindestens aber Impulse für die nationale Arbeit bieten. Zum anderen wurde auf dem vergangenen Kongress in Göteborg (2016) deutlich gemacht, dass die AEC-*Polifonia Learning Outcomes* für den ersten, zweiten und dritten Studienzyklus von 2009 gegenwärtig einer Überarbeitung unterzogen werden. Die bewährte Gliederung in *practical (skill-based)* und *theoretial (knowledge-based)* sowie *generic outcomes* bleibt zwar erhalten, wird aber aller Voraussicht auf der Ebene der Fähigkeiten und Fertigkeiten (*skills*) weiter ausdifferenziert. Nun ist die Formulierung der zuletzt Genannten und insbesondere die von Lernergebnissen, etwa in den Modulhandbüchern und anderen Ordnungsmitteln, sowohl an den deutschen Musikhochschulen als auch im Netzwerk eine zukünftig genauer in den Blick zu nehmende Thematik. Eine aktive Teilnahme an diesen Entwicklungen durch das Netzwerk bringt daher die europäische Perspektive stärker in die deutschen Diskurse hinein und vice versa.

Musikhochschulspezifische Belange und d.h. insbesondere die bereits erwähnte sach- und fachangemessene Modellierung von Qualitätssicherungssystemen im Rahmen von Kunst- und Wissenschaftsfreiheit über die Bundesländer und die KMK stärker in den deutschen Diskurs einzubringen, hat das Netzwerk bisher nicht unternommen. Um aber als Experte für diese Thematik wahrgenommen zu werden, muss – und das steht auch im Folgeantrag – dieser Blickwinkel und die Kommunikation von Wissen und Fertigkeiten deutlich verstärkt werden.

Perspektive 4: Monitoring

Die Herstellung eines geschlossenen QM-Kreislaufes im Netzwerk ergänzt ab 2017 die bisherigen Arbeitsbereiche durch ein umstrittenes und in der *scientific community* terminologisch multipel konnotiertes Kompetenzfeld. Es wird im Folgeantrag als *Monitoring* bezeichnet. Dahinter steht nicht nur eine spezifische Auffassung, die nachfolgend zumindest skizziert werden soll, sondern ebenfalls eine klare Zielbestimmung:

> „In der 2. Förderphase soll durch das neue Kompetenzfeld ‚Monitoring' (M) die Wirkung der mit der 1. Förderphase entwickelten und erprobten Angebote im Qualitätsmanagement überprüft werden. Hier entsteht die größte und zugleich offensichtlichste Zusammenarbeit zwischen den einzelnen Kompetenzfeldern." (HfM Detmold, 2015, S. 26)

Obwohl die hier formulierte Wirkungsorientierung ein zentrales Schlüsselwort für dieses Kompetenzfeld ist, bleiben sowohl die Konturen und das Begriffsverständnis von Monitoring als auch das Zusammenspiel mit den anderen Kompetenzfeldern, mithin seine Funktion im Netzwerk und im Zentrum insgesamt noch unklar, da die dahinterstehenden Überlegungen bisher nur in Ansätzen dargestellt werden konnten. Die Zurückhaltung einiger Akteure im Netzwerk gegenüber *einem* Monitoring überrascht nicht. Denn der Blick in die einschlägige Fachliteratur zeigt, dass es unterschiedliche Perspektiven auf diesen Terminus gibt, die u.U. als Dopplung zu den Aktivitäten in den anderen Kompetenzfeldern (z.B. Kompetenzfeld E) oder als Kontrollausübung aufgefasst werden und das kooperative Miteinander empfindlich stören könnten. Eine Ursache dafür ist die oftmals synonyme Verwendung der Bezeichnungen Monitoring und Evaluation, die auch bei den Akteuren im Netzwerk zu einer heterogenen, mithin individualisierten Vorstellung von dem was Monitoring bedeutet, führt. Die nachfolgende kursorische Literaturschau soll den Begriff des Monitorings in Abgrenzung zum Evaluationsbegriff näher erfassen.

Anhand von E-Learning stellt Reinhard Stockmann (2004) ein Konzept der wirkungsorientierten Evaluation vor und beschreibt die Zielfunktionen und das Aufgabenprofil von Programmevaluationen (Stockmann, 2004, S. 25–29). Dabei weist er darauf hin, dass die „Evaluation von E-Learning [...] sich nicht nur auf Lernwirksamkeitsmessungen oder Usability-Prüfungen beschränken [dürfe], sondern [...] den gesamten Implementationsprozess und vor allem die Frage der Nachhaltigkeit in den Blick nehmen" (Stockmann, 2004, S. 41) müsse. Um die „Validität der Evaluationsergebnisse" zu erhöhen, sei eine „starke Partizipation der evaluierten Organisationen und Zielgruppen des Programms an der Durchführung der Evaluation" (Stockmann, 2004, S. 39) notwendig. Die Verfahren der wirkungsorientierten Programmevaluation stellen für ihn die zentralen Instrumente dar, wobei *mixed methods* ebenso Anwendung finden wie die Verknüpfung von Einzelevaluationen: „Bei der Durchführung von Evaluationen ist darauf zu achten, dass möglichst miteinander vergleichbare Evaluationen entstehen, die sich im Rahmen von Meta-Evaluationen auswerten lassen" (Stockmann, 2004, S. 41). Dieser Beitrag fokussiert insgesamt ein Evaluationsverständnis, das die von Stockmann bereits in anderen Veröffentlichungen dargelegten Zielfunktionen (Gewinnung von Erkenntnissen, Ausübung von Kontrolle, Schaffung von Transparenz und Dokumentation des Erfolgs) dem Aufgabenprofil einer Programmevaluation zugrunde legt.

An anderer Stelle weist der Autor auf einen Unterschied zwischen den beiden Begrifflichkeiten hin: „Anders als bei einer Evaluation, die singulär zu einem bestimmten Zeitpunkt durchgeführt wird, ist Monitoring eine Daueraufgabe, eine fortlaufende, routinemäßige Tätigkeit" (Stockmann, 2013, S. 73). Monitoring kontrolliere den „planmäßigen Vollzug. Dabei werden der Programmplan und die ihm zugrunde liegenden Entwicklungshypothesen nicht in Frage gestellt“ (Stockmann, 2013, S. 73). Mithilfe von Monitoring ließen sich Wirkungsdaten sowie Input- und Outputdaten erfassen, wobei auch hier die an einem Projekt oder einer Maßnahme beteiligten Akteure aktiv, etwa bei der Festlegung von Bewertungskriterien, Indikatoren und Messgrößen, einbezogen werden (vgl. Stockmann, 2006). In dem bereits genannten Beitrag weitet Stockmann die Akteursbeteiligung als *partizipativen Evaluationsansatz* (Stockmann, 2013, S. 75–81) aus und wiederholt drei Jahre später die Prämisse, die davon ausgeht, „dass die Einbeziehung der verschiedenen Stakeholder bereits in die Planungsphase zu einer erhöhten Akzeptanz und Unterstützung der Evaluation führt. Dadurch wird nicht nur sichergestellt, dass unterschiedliche Perspektiven und Sichtweisen in die Konzipierung der Evaluation einfließen, sondern auch, dass wertvolle Wissensbestände der unterschiedlichen Akteure genutzt werden können“ (Stockmann & Hennefeld, 2016, S. 126). Es sei in diesem Zusammenhang überdies auf Gaus und Müller (2013) hingewiesen, die sich der von Stockmann in verschiedenen Aufsätzen problematisierten kausalen Wirkungsmessung in einer bestimmten Veranstaltungsform, der *themenspezifischen Sensibilisierung*, zuwenden. Da der Einfluss von Prädispositionen, also von „anderen Faktoren, die ebenfalls für die gemessenen Veränderungen verantwortlich sein könnten“ (Stockmann, 2006, S. 105), nur durch Pretest-Posttest-Designs oder Vergleichsgruppen in den Griff zu bekommen ist, ist deren Anwendung bei einem informellen Setting wie der *themenspezifischen Sensibilisierung* kaum möglich. Anhand eines Beispiels zieht das Autorenpaar folgendes Fazit:

> „Letztendlich ist es für die Wirkungsevaluation von Veranstaltungen zur themenspezifischen Sensibilisierung von entscheidender Bedeutung, dass sich die Evaluatoren über die mit der Umsetzung der gewählten Versuchsanordnung verbundenen Unsicherheiten im Klaren sind und diese realistisch einschätzen können. Denn nur durch die Fähigkeit, die Bandbreiten der gegebenen Unsicherheit abschätzen zu können, ist es möglich, die Güte und Belastbarkeit geschätzter Wirkungen zu bewerten und die Sensitivität gegenüber unbeobachteter oder unkontrollierter Störfaktoren zu beurteilen.“ (Gaus & Müller, 2013, S. 217)

Folgt man der Trennung zwischen einerseits Evaluation als systematischer Bewertung und andererseits Evaluation als Wirkungsmessung, dann wird die synonyme Begriffsverwendung augenscheinlich. Dieter Filsinger stellt fest, dass bei einer „wirkungsorientierten Evaluation [...] im Kern zur Debatte [steht], ob bzw. inwieweit die empirisch beobachteten Ergebnisse einer Intervention kausal auf diese zurückzuführen sind. Das ‚ideale‘ Design muss deshalb zumindest (quasi-)experimentell angelegt sein und auf einem theoretisch begründeten Wirkungsmodell (Wirkungshypothesen) auf Grundlage einer Programmtheorie ruhen“ (Filsinger, 2014, S. 12).

Alexandra Caspari fasst diese terminologischen Unschärfen treffend zusammen, wenn sie schreibt, „Begriffe wie Wirkungsorientierung, Wirkungsbeobachtung, Wirkungsmessung scheinen teils synonym verwendet zu werden. Auch werden teilweise

Diskussionen um Untersuchungsdesigns mit Erhebungsmethoden vermengt“ (Caspari, 2012, S. 11).

Für die Passung in die Anliegen des Netzwerks scheint es daher zielführender, die jeweiligen Auffassungen vor dem Hintergrund der Zielsetzungen der Projektstruktur des Verbundes zu selektieren und sich schließlich auf ein Begriffsverständnis zu einigen. Denn es wird bei der Literaturrecherche augenfällig, dass die Terminologien mit den jeweiligen Verwendungskontexten eng zusammenhängen. Es sind begriffliche Nuancen auszumachen, je nachdem,

- ob das datenorientierte *Monitoring* als Teil von politischen Berichtssystemen (vgl. Filsinger, 2014; 2016) mit Indikatoren im Blick ist, die „über Vergleiche mit kritischen Schwellenwerten (Grenzwertperspektive), früheren Messwerten (Entwicklungsperspektive), ex-ante bestimmten Zielwerten (Zielerreichungsperspektive) oder den Ergebnissen anderer Beobachtungseinheiten (Bilanzierungsperspektive) Bewertungen“ (Meyer, 2004, S. 7) ermöglichen;
- oder ob die *wirkungsorientierte Evaluation*, ebenfalls in gesellschaftlich-politischen Zusammenhängen im Blick ist, wo nicht selten der Staat der Auftraggeber ist (vgl. Beywl, Speer & Kehr, 2004);
- oder ob das *wirkungsorientierte Monitoring* von Projekten in edukativen (DAAD, 2016), ökonomischen oder entwicklungspolitischen Zusammenhängen (vgl. Caspari, 2012; Sckeyde & Wagner, 2008) im Blick ist.

Dieser Befund hat zur Folge, dass bei einem wirkungsorientierten Monitoring nicht nur die einzelnen Maßnahmen und die Zielexplikation, sondern die Verbundstruktur mit ihren in mehrfachen Rollen eingebundenen Akteuren ins Blickfeld zu rücken sind.

Geoffrey D. Doherty fokussiert in Anlehnung an eine Arbeit von Myron Tribus aus den 1990er-Jahren, bei der Demings Ideen in qualitätssichernde Erwägungen und Maßnahmen an einer Schule in Alaska Eingang fanden, die Bedeutung des Prozesshaften wie folgt:

> „In other words, take care of the process and the quality will look after itself. This means all the processes which affect the functioning of an educational institution, not merely those obviously connected with teaching and research. This also means involving all the people, administrative, technical, support, maintenance staff and students as well as academics.“ (Doherty, 1997, S. 244)

Dieser Gedanke ist für Qualitätssicherung an Musikhochschulen zweifellos anschlussfähig, wird vermutlich auch schon als solcher gelebt. Er gilt aber in gleicher Weise für das Netzwerk als selbstlernendes System, weil es im Kern ebenfalls um die (qualitätssichernden Betrachtungen von) Voraussetzungen und Bedingungen musikbezogenen Lernens und Lehrens geht. Doherty fährt fort und schreibt, „fundamental to this theory of continuous improvement is the principle that the only people fully capable of measuring the characteristics of a process are those involved in carrying it out" (Doherty, 1997, S. 244). Aus diesen Überlegungen leiten sich auch grundsätzliche Erwägungen für das Verständnis von wirkungsorientiertem Monitoring als Kompetenzfeld ab, in deren Mittelpunkt – erkenntnistheoretisch gesehen – nicht Wirkungen, sondern Wirkungskonstruktionen stehen.

Ditzel und Suwalski (2016) weisen in ihrer Studie darauf hin, dass der „Blick in die Hochschulpraxis [...] unterschiedliche Ausprägungsformen des dichotomen Spannungsfelds [offenbart], welches sich zwischen der Steuerungsnotwendigkeit und einem damit verbundenen Steuerungsoptimismus auf der einen Seite und der Skepsis gegenüber der Steuerbarkeit der Hochschule auf der anderen Seite aufspannt" (Ditzel & Suwalski, 2016, S. 47). Daraus leiten die Autoren jedoch nicht ab, „Definition, Messung und Steuerung der Qualität an Hochschulen" (Ditzel & Suwalski, 2016, S. 47) seien unmöglich. Sie plädieren vielmehr für eine Verschiebung des Fokus auf den Umgang der Akteure mit diesem Spannungsfeld und bezeichnen diesen dritten Weg als Kontextsensibilisierung:

> „Diese Kontextsensibilität wird über die handelnden Akteurinnen und Akteure hergestellt, die sich als kompetente Akteure [...] präsentieren. Sie sind in der Lage, sich sensibel auf den jeweiligen organisationalen und situativen Kontext ihres Handelns einzustellen und nach geeigneten Bewältigungsstrategien für die Komplexität und Widersprüchlichkeit unterschiedlicher Perspektiven auf Qualität zu suchen. Abhängig vom spezifischen Kontext entscheiden sie sich zwischen qualitativen und quantitativen, zwischen einheitlichen und individualisierten, zwischen formalen und informellen Erhebungsmethoden oder zwischen rigiden und flexiblen Interventionsstrategien." (Ditzel & Suwalski, 2016, S. 48)

Die Wirksamkeit von qualitätsbezogenen Maßnahmen und Instrumenten aller Art werden von verschiedenen Akteursgruppen bzw. Stakeholdern einer Hochschule unterschiedlich eingeschätzt. Je nachdem, wer von ihnen die Wirksamkeit des Qualitätsmanagements beurteilt, fallen die Einschätzungen sehr verschieden aus. Daher kann die Wirksamkeitsbetrachtung eines QM-Systems einer Hochschule niemals im engeren Sinne objektiv sein. Allerdings kann Wirksamkeitsbetrachtung – hier verstanden als Controlling oder Monitoring – den eigenen QM-Ansatz reflektieren helfen und Hinweise dazu liefern, wie unterschiedliche Akteure der eigenen Hochschule mit der hausinternen QM-Logik umgehen bzw. ob die QM-Maßnahmen oder Instrumente für sie Sinn machen oder eben nicht. Für die Annäherung an ein Begriffsverständnis von wirkungsorientiertem Monitoring für das Netzwerk ergeben sich aus der soeben dargestellten Betrachtungsweise zwei unterschiedliche QM-Logiken (vgl. Ditzel, 2017[1]):

- eine *managerielle Logik* (Raynaud & Arrow, 2011), die sich auch als formales Controlling beschreiben lässt;

1 Vom Autor freundlicherweise als Working Paper zur Verfügung gestellt.

- eine *wissenschaftlich-fachliche Logik*, die das Ideal einer diskursiven Steuerung anstrebt.

Beide QM-Logiken können mit denselben Dimensionen beschrieben werden, zu denen unter anderem *Praktiken der Beobachtung* und *Praktiken der Beeinflussung* zählen sowie deren jeweilige Wirksamkeit. Folgt man der *manageriellen Logik*, dann beruht Qualitätsbeobachtung hauptsächlich auf quantifizierten Indikatoren und Evaluationsergebnissen, wobei u.U. Qualitätsprobleme identifiziert werden. Die *wissenschaftlich-fachliche Logik* hat zur Konsequenz, dass Qualitätsbeeinflussung an Follow-Up-Maßnahmen sowie den Dialog und gemeinsame Reflexion geknüpft ist.

Es sollte offensichtlich sein, dass für die im Antrag avisierten vier Maßnahmen im Kompetenzfeld M unter den Bedingungen, denen sich die Akteursgruppen im Zentrum, in den Kompetenzfeldern und an den Verbundhochschulen stellen, für die weitere Entwicklungsarbeit nur eine *wissenschaftlich-fachliche Logik* zugrunde gelegt werden kann. Denn im Sinne einer internen Qualitätssicherung würde ein auf Dialog und gemeinsame Reflexion ausgerichtetes prozessorientiertes Monitoring eine wichtige Lücke im Qualitätskreislauf des Netzwerks schließen. So könnte beispielsweise bei komplexeren Vorhaben, wie etwa der Entwicklung eines Lehrezertifikats (vgl. Baus, Dübler & Saulich, 2017), die Überprüfung von Maßnahmen (z.B. Workshops, Angebote kollegialer Beratung sowie Coaching- oder Supervisionsinstrumente) bereits im Entwicklungs- und Erprobungsprozess hinsichtlich Passgenauigkeit, Zieladäquatheit oder organisatorischer Einbettung befragt und gegebenenfalls modifiziert werden. Ähnlich einem Peer-Review-Verfahren ist ein solches wissenschaftlich-fachliches Monitoring geeignet, den externen Blick mit der Vertrautheit in der Sache zu verbinden.

3 Schlussbemerkung

Der anfängliche Widerstand gegen eine durchzuführende Studienreform an den deutschen Musikhochschulen nach 1999 ist rückblickend verständlich, weil sich diese Hochschulart in ihren Organisationformen, Prozessabläufen und den seit dem 19. Jahrhundert bestehenden Lehr-/Lernkulturen sowie in vielen weiteren Aspekten von Wissenschaftlichen Hochschulen unterscheidet bzw. in dieser Weise ihr Selbstverständnis seit Jahrzehnten konstruiert. Mit der in den Ländergemeinsamen Strukturvorgaben seit der ersten Fassung von 2003 im Teil B (*Besondere Regelungen für einzelne Studienbereiche*) bestehenden Möglichkeit, in Abhängigkeit von der Ländergesetzgebung an den Musikhochschulen vierjährige Bachelorstudiengänge einzurichten, wurde beispielsweise eine Sondersituation hergestellt, die zur Regel wurde. Es wurde bereits dargelegt, dass eine Sichtweise, bei der Musikhochschulen sich als *besonders* oder *anders* inszenieren, eine allzu verengte Sicht auf diese Institution und ihre Stellung in der deutschen Bildungslandschaft ist, sie sich mithin damit noch weiter an den Rand der Bildungs- und Kulturpolitik zu bringen droht.

Die seit den späten 1960er-Jahren hergestellte Gleichwertigkeit zwischen allen drei Hochschularten (vgl. KMK, 1967 sowie das Hochschulrahmengesetz seit 1976) trägt durch die Reformen im Zuge der Bologna-Deklaration und die nationalen bildungspolitischen Entwicklungen, wie z.B. das Urteil des Bundesverfassungsgerichtes vom 17. Februar 2016 (1 BvL 8/10), auch die Musikhochschulen stärker als je zuvor in die Debatten um Qualitätsmanagement und Lehrentwicklung. Denn einerseits sind auch die Musikhochschulen Elemente der deutschen und europäischen Hochschullandschaft und haben sich den geänderten und politisch beanspruchten Bedingungen anzuschließen, um sich nicht ins Abseits zu stellen. Andererseits besteht nun die Chance, auf die sich stark umformenden musikbezogenen Berufsfelder und die sich dramatisch verändernde Musikkultur einzugehen und einen kritischen Blick in die eigenen Studienangebote zu werfen. Letzteres ist insofern ein folgenreiches Diktum, da die Musikhochschulen zwischen der Bewahrung und Weitergabe des musikkulturellen Erbes und den Veränderungen der Gegenwart einen Spagat zu vollziehen haben, der sie zugleich auf die Suche nach einer eigenen Identität bringt (vgl. Clausen, 2014). Diese ist sicher nicht abgeschlossen und noch immer recht spannungsgeladen.

Die in zahlreichen Landesgesetzen in ganz ähnlicher Formulierung zu findende Forderung an die Hochschulen, „ein System zur Sicherung der Qualität ihrer Arbeit“ (Art. 10 Abs. 2 Satz 1 BayHSchG) zu entwickeln, kann insofern als Aufruf zu einer Introspektion verstanden werden. Der Zeitpunkt dafür ist deshalb günstig, weil durch das bereits erwähnte Urteil des Bundesverfassungsgerichtes externe Kontrollverfahren und deren staatliche Legitimierung auf dem Prüfstand stehen. Sigrun Nickel schließt sich beispielsweise in ihrer CHE-Stellungnahme einer 2012 verabschiedeten und im Mai 2016 noch einmal verstärkten Position der HRK an und schreibt: „Systemakkreditierung“ sei als „‚Zwischenschritt‘ von der kontrollorientierten Programmakkreditierung zur ‚entwicklungsorientierten Auditierung‘ anzusehen [...] und mittelfristig an die Stelle des jetzigen Akkreditierungswesens das Verfahren des ‚institutionellen Qualitätsaudits‘ treten sollte. [...] Dieser Ansatz sollte durch die Wissenschaftsministerien befördert werden, da er nach Auffassung des CHE dazu geeignet ist, Hochschulen stärker zu motivieren, Qualitätsmanagement als ihre eigene, selbstgesteuerte Aufgabe anzusehen“ (Nickel, 2016, S. 5). Die Hochschulen dazu anzuhalten „Systeme aufzubauen, die ihrer eigenen Strategie und Situation entsprechen“ (Nickel, 2016, S. 5) mag zwar als Forderung an Kultus- und Wissenschaftsministerien formuliert werden, die ihren staatlich finanzierten Hochschulen und damit der öffentlichen Hand, rechenschaftspflichtig nachweisbar einerseits ein formales Verfahren auferlegen. Andererseits – und das geht allem Formatdenken wie Akkreditierung und Audit voraus – unterstützt eine solche Auffassung das aus einer selbstbewusst artikulierten Kunstfreiheit heraus gespeiste Selbstverständnis der Musikhochschulen. Dieser Freiraum, Qualitätskreisläufe sach- und fachangemessen, d.h. ausgerichtet am Kerngeschäft des Übens, Neuschaffens und Pflegens von kulturellen, musikbezogenen Praxen zu modellieren, zu erproben und nachhaltig zu implementieren, bietet ein solches Verbundprojekt. Den bisher ignorierten oder mit Abkehr begegnetem blinden Fleck zwischen Individualität und Konformität als Verbund zu vermessen, sich darüber hinaus auch als Netzwerk einem geschlossenen

Qualitätskreislauf zu verpflichten, sind die zentralen Aufgaben der kommenden Jahre. Dabei sollte nicht versucht werden, die auf den ersten Blick naheliegende Frage nach einem Qualitätsverständnis zu beantworten, schon gar nicht normativ, sondern allerhöchstens bedeutungsorientierend. Wichtiger wäre es vielmehr, sich intensiver den Qualifikationszielen zuzuwenden, d.h. auch die Verbundhochschulen darin zu unterstützen, diese nicht nur auf der curricularen Ebene (z.B. an Taxonomien oder an Standards orientierte Modulbeschreibungen), sondern vor allem auf hochschulstrategischer Ebene (interne Qualitätsrichtlinien, Leitbild) stärker in den Blick zu nehmen, mithin zu erarbeiten. Mit anderen Worten, einem Qualitätsbestimmungsdiskurs ist ein Zielbestimmungsdiskurs vorzuschalten. Nur auf einer solchen Basis kann zu einem gemeinsamen Qualitätsverständnis gelangt werden.

Literatur

Baus, C., Dübler, M. & Saulich, M. (2017). Personalentwicklung in der Lehre. Hintergründe, konzeptioneller Ansatz und Ideen zu einem musikhochschulspezifischen Zertifikatsprogramm zur Professionalisierung von Lehrkompetenz. In B. Clausen & H. Geuen (Hg.), *Qualitätsmanagement und Lehrentwicklung an Musikhochschulen. Konzepte – Projekte – Perspektiven* (S. 285–296). Münster: Waxmann.

Beywl, W., Speer, S. & Kehr, J. (2004). *Wirkungsorientierte Evaluation im Rahmen der Armuts- und Reichtumsberichterstattung.* Perspektivstudie. Köln: Univation – Institut für Evaluation.

Caspari, A. (2012). Chancen der Wirkungsorientierung für die entwicklungspolitische Bildungsarbeit. *ZEP: Zeitschrift für Internationale Bildungsforschung und Entwicklungspädagogik* 35 (2), 11–17.

Clausen, B. (2014). Was tragen Musikhochschulen zur kulturellen Identität bei? In Deutscher Musikrat (Hg.), *Musik und Identität. Ein Blick hinter die Maske* (=Musikforum 3/14), S. 14.

Clausen, B. (2017). Musik, Staat, Institution – Musikhochschule. Zum Qualitätsdiskurs als Denkstil. In B. Clausen & H. Geuen (Hg.), *Qualitätsmanagement und Lehrentwicklung an Musikhochschulen. Konzepte – Projekte – Perspektiven* (S. 11–36). Münster: Waxmann.

DAAD (Hg.) (2016). *Handreichung zum Wirkungsorientierten Monitoring* (=Anlage 5 zum Merkblatt des Programms Bilaterale SDG-Graduiertenkollegs, gültig ab 1.9.2016). Verfügbar unter: https://www.daad.de/downloads/foerderprogramm/file.php?id=2806 [10. 12.2016].

Ditzel, B. (2017). Die Steuerungslogik des Qualitätsmanagements von Studium und Lehre. In S. Harris-Huemmert, L. Mitterauer & P. Pohlenz (Hg.). *Third Space revisited: Jeder für sich oder alle für ein Ziel?* Bielefeld: UniversitätsverlagWebler (i.V.).

Ditzel, B. & Suwalski, P. (2016). Kontext-sensible Interventionsstrategien im Umgang mit unterschiedlichen Perspektiven auf die Qualität von Studium und Lehre. In M. Hofer, K. Ledermüller, H. Lothaller, L. Mitterauer, G. Salmhofer & O. Vettori (Hg.), *Qualitätsmanagement im Spannungsfeld zwischen Kompetenzmessung und Kompetenzentwicklung* (S. 27–52). Bielefeld: Universitätsverlag Webler.

Doherty, G.D. (1997). Quality, standards, the consumer paradigm and developments in higher education. *Quality Assurance in Education* 5 (4), 239–248.

Filsinger, D. (2014). *Monitoring und Evaluation. Perspektiven für die Integrationspolitik von Bund und Ländern.* Expertise im Auftrag der Abteilung Wirtschafts- und Sozialpolitik der Friedrich-Ebert-Stiftung (=WISO Diskurs, November 2014).

Filsinger, D. (2016). Integrationsmonitoring. In H. Brinkmann & M. Sauer (Hg.), *Einwanderungsgesellschaft Deutschland. Entwicklung und Stand der Integration* (S. 117–143). Wiesbaden: Springer.

Gaus, H. & Müller, C. (2013). Wirkungsevaluation von Veranstaltungen zur themenspezifischen Sensibilisierung. In V. Hennefeld & R. Stockmann (Hg.), *Evaluation in Kultur und Kulturpolitik. Eine Bestandsaufnahme* (S. 193–219). Münster: Waxmann.

Heiden, M. (2017). Feedback aus Distanz. Studierende reflektieren und kommentieren Videos aus ihrem künstlerischen Einzelunterricht. In B. Clausen & H. Geuen (Hg.), *Qualitätsmanagement und Lehrentwicklung an Musikhochschulen. Konzepte – Projekte – Perspektiven* (S. 197–205). Münster: Waxmann.

HfM Detmold (2011). *Verbund Kompetenznetzwerk QM & LE – Kompetenznetzwerk für Qualitätsmanagement und Lehrentwicklung.*

HfM Detmold (2015). *Verbund Kompetenznetzwerk QM & LE – Kompetenznetzwerk für Qualitätsmanagement und Lehrentwicklung.*

KMK (1967). *Status der Kunsthochschulen. Beschluß der Kultusministerkonferenz (KMK 1618) vom 26.9.1967.*

Meyer, W. (2004). *Indikatorenentwicklung. Eine praxisorientierte Einführung* (=CEval Arbeitspapiere, 10) (2. Auflage). Saarbrücken: Centrum für Evaluation. Verfügbar unter: http://www.ceval.de/modx/fileadmin/user_upload/PDFs/workpaper10.pdf [11.12.2016].

Nickel, S. (2016). *Stellungnahme des CHE zum Antrag der Fraktion der PIRATEN „Urteil des Bundesverfassungsgerichtes sofort umsetzen. Akkreditierung rechtssicher gestalten und staatliche Verantwortung für die Hochschulen endlich wahrnehmen“* Drucksache 16/11690. Verfügbar unter: http://www.che.de/downloads/CHE_Stellungnahme_NRW_Akkreditierung_September_2016.pdf [24.10.2016].

Raynaud, H. & Arrow, K.J. (2011). *Managerial logic.* London: Wiley & Sons-ISTE.

Schröder, T. (2015). *Externe Evaluation des Verbundprojektes Netzwerk Musikhochschulen für Qualitätsmanagement und Lehrentwicklung.* Ergebnisdokumentation. Hannover: HIS (Manuskript).

Sckeyde, A. & Wagner, K. (Hg.) (2008). *Wirkungsorientiertes Monitoring. Leitfaden für die technische Zusammenarbeit.* Eschborn: Gesellschaft für Technische Zusammenarbeit (GTZ).

Stockmann, R. (2004). Wirkungsorientierte Programmevaluation. Konzepte und Methoden für die Evaluation von E-Learning. In D.M. Meister, S.O. Tergan & P. Zentel (Hg.), *Evaluation von E-Learning. Zielrichtungen, Methodologische Aspekte, Zukunftsperspektiven* (S. 23–42). Münster: Waxmann.

Stockmann, R. (2006). *Evaluation und Qualitätsentwicklung. Eine Grundlage für wirkungsorientiertes Qualitätsmanagement.* Münster: Waxmann.

Stockmann, R. (2013). Zur Methodik von Evaluationen in der Kultur und Kulturpolitik. In V. Hennefeld & R. Stockmann (Hg.), *Evaluation in Kultur und Kulturpolitik. Eine Bestandsaufnahme* (S. 53–86). Münster: Waxmann.

Stockmann, R. & Hennefeld, V. (2016). Evaluation und Publikumsforschung. In P. Glogner-Pilz & P.S. Föhl (Hg.), *Handbuch Kulturpublikum. Forschungsfragen und -befunde* (S. 105–140). Wiesbaden: Springer VS.

Autorinnen und Autoren

Dr. Christine Baus, Hochschule für Musik Saar
Nach dem Studium der Europäischen Kunstgeschichte, Neueren und Mittleren Geschichte sowie Geodäsie an der Ruprecht-Karls-Universität Heidelberg und der Rheinischen Friedrich-Wilhelms-Universität Bonn begann sie 2004 mit ihrer Dissertation zur Methodologie informeller Malerei an der Freien Universität Berlin. 2008 wurde sie an der Ruprecht-Karls-Universität Heidelberg promoviert. Seit 2012 ist sie die lokale Koordinatorin des *Netzwerk Musikhochschulen für Qualitätsmanagement und Lehrentwicklung* an der Hochschule für Musik Saar. Ihr Arbeitsschwerpunkt liegt im Bereich Lehrentwicklung, dabei insbesondere in der Entwicklung von musikhochschulspezifischen Weiterbildungsangeboten, ebenso administrative sowie organisatorische Betreuung von didaktischen Angeboten vor Ort. Außerdem führt sie im Rahmen des hochschulinternen Qualitätsmanagements qualitative bzw. quantitative Befragungen durch und übernimmt Tätigkeiten im Wissenschaftsmanagement der Hochschule für Musik Saar.

Dr. Dirk Bechtel, Hochschule für Musik und Tanz Köln
Lehrer und Ausbildungsbeauftragter am Gymnasium Rösrath und teilabgeordnet an die Hochschule für Musik und Tanz Köln. Er studierte Musik und Geografie für das Lehramt an Gymnasien, ist diplomierter Instrumentallehrer und promovierte über das Thema „Gelingende Fortbildung. Professionelles Lernen aus der Sicht von Musiklehrerinnen und -lehrern." Seine Arbeitsschwerpunkte sind neben der Unterrichtstätigkeit die Lehrerbildung (insbesondere Fortbildung) und der Einsatz digitaler Medien im Unterricht. An der Hochschule ist er u.a. für Koordination und Konzeption des „Zentrums für MusiklehrerInnenbildung im Beruf" (zfmb-koeln.de) verantwortlich.

Hans Bertels, Hochschule für Musik Detmold
Seit 2007 Kanzler der Hochschule für Musik Detmold und seit 2012 Vorstandsvorsitzender des *Netzwerk Musikhochschulen für Qualitätsmanagement und Lehrentwicklung*. Vor seiner Qualifizierung in der Verwaltungslaufbahn im Landesdienst Nordrhein-Westfalen, die er mit der Staatsprüfung zum Diplom-Verwaltungswirt abschloss, absolvierte er ein Lehramtsstudium der Fächer Katholische Theologie, Anglistik und Pädagogik an der Universität Münster und schloss dieses mit dem Staatsexamen ab. Zusätzlich studierte er von 2004–2006 im Studiengang Hochschul- und Wissenschaftsmanagement an der Hochschule Osnabrück und schloss dieses Studium mit dem Master of Business Administration (MBA) ab. In seiner heutigen Funktion als Kanzler erstre-

cken sich seine Arbeitsschwerpunkte auf alle Bereiche des Hochschulwesens. Seit über 20 Jahren ist er darüber hinaus als Referent und Dozent im gesamten Bundesgebiet zu zahlreichen personalrechtlichen Themen sowohl zum Arbeits- als zum Beamtenrecht tätig.

Jann Bruns, Hochschule für Musik, Theater und Medien Hannover
Diplom-Verwaltungswirt (FH für Verwaltung und Rechtspflege Hildesheim), seit 2004 Hauptberuflicher Vizepräsident für Finanzen und Verwaltung an der HMTMH; davor Referatsleiter im niedersächsischen Ministerium für Wissenschaft und Kultur. Arbeitsschwerpunkte sind Finanzen, Personal, Infrastrukturmanagement sowie Hochschulplanung und -organisation.

Prof. Dr. Bernd Clausen, Hochschule für Musik Würzburg
Professor für Musikpädagogik/Musikdidaktik an der Hochschule für Musik Würzburg, seit 2013 ihr Präsident. Nach einem Studium der Musikwissenschaft und Sinologie in Göttingen Studium Lehramt Musik und Germanistik in Hannover. Von 1998–2003 Dozent an einer japanischen Universität auf Hokkaido/Japan, 2003 mit einer Arbeit zur trans- und interkulturellen Musikpädagogik promoviert. Von 2003–2008 Juniorprofessor an der Universität Bielefeld. 2008 habilitierte er sich mit einer Studie zu traditioneller japanischer Musik an japanischen Schulen (Doppelvenia Musikpädagogik und Ethnomusikologie). Forschungsschwerpunkte liegen vor allem im Bereich der komparativen sowie historischen musikpädagogischen Forschung. Zahlreiche musikpädagogische Projekte und Studien führen ihn nach Indien und Südkorea sowie Japan. Clausen ist Vorstandsmitglied des *Netzwerk Musikhochschulen für Qualitätssicherung und Lehrentwicklung* von 12 Musikhochschulen, Vorstandsmitglied in *MusiQuE*, Mitglied im Beirat Musik des Goethe-Instituts und in zahlreichen internationalen Projekten im Bereich Hochschulbildung und -forschung tätig.

Maika Dübler, Hochschule für Musik und Tanz Köln
Studium der Politischen Wissenschaft, Soziologie und Volkswirtschaftslehre an der RWTH Aachen mit dem Abschluss Magistra Artium. 15-jährige Erfahrung im Hochschulwesen im Qualitätsmanagement, Controlling und Studierendenservice an der Rheinisch-Westfälischen Technischen Hochschule Aachen und der Hochschule für Musik und Tanz Köln; seit 2012 ist sie die lokale Koordinatorin an der HfMT Köln im *Netzwerk Musikhochschulen* und hier Mitglied in der Arbeitsgruppe Lehrentwicklung. Ihre Arbeitsschwerpunkte liegen in der Entwicklung von hochschuldidaktischen Weiterbildungsangeboten besonders für den musikhochschulspezifischen Bereich, im hochschulinternen Qualitätsmanagement (qualitative und quantitative Evaluation, Akkreditierung von Studiengängen) und der Gremienarbeit (Senatskommission Qualitätsmanagement, Senatskommission Leitbild und ethische Grundsätze).

Melanie Franz-Özdemir, Hochschule für Künste Bremen
Seit 2012 Wissenschaftliche Mitarbeiterin für Qualitätsmanagement und Evaluation an der Hochschule für Künste Bremen. Einen Arbeitsschwerpunkt bildet dort die Entwicklung und Durchführung von musikhochschulspezifischen Evaluationsverfahren und Lehrentwicklungsangeboten. Davor leitete sie von 2009–2012 ein Forschungsprojekt der empirischen Bildungsforschung an der TU Braunschweig. Sie studierte Kultur- und Musikwissenschaft sowie Germanistik (M.A.) an der Universität Bremen und übt seit neun Jahren verschiedene freiberufliche Tätigkeiten im Bereich Evaluationsforschung, Musikvermittlung und Kulturmanagement aus.

Prof. Dr. Heinz Geuen, Hochschule für Musik und Tanz Köln
Professor für Musikpädagogik an der Hochschule für Musik und Tanz Köln, seit 2013 Rektor. Studium der Schulmusik an der Hochschule für Musik und Theater Hannover sowie der Wissenschaft von der Politik, Soziologie und Französische Philologie an der Universität Hannover. Nach seiner Tätigkeit als Gymnasiallehrer in Niedersachsen und Hessen war er Akademischer Rat an der Universität Kassel. Dort promovierte er 1996 mit einer Arbeit über die Musiktheaterkonzeption Kurt Weills. Von 2007–2009 war er Dekan, danach Prorektor für Studium, Lehre und Forschung. Im *Netzwerk Musikhochschulen für Qualitätsmanagement und Lehrentwicklung* ist er seit 2012 Mitglied des Vorstands und vertritt dort das Handlungsfeld Lehrentwicklung. Schwerpunkte der wissenschaftlichen Arbeit liegen im Bereich der Musikdidaktik und der Lehrerbildung sowie in musik- und medienwissenschaftlichen Schnittfeldern zur Musikpädagogik.

Prof. Aristotelis Hadjakos, Hochschule für Musik Detmold
Professor für Musikinformatik an der Hochschule für Musik Detmold. Er leitet das Zentrum für Musik- und Filminformatik, das eine gemeinsame Einrichtung der Hochschule für Musik Detmold und der Hochschule Ostwestfalen-Lippe ist. Sein Forschungsgebiet ist die musikalische Mensch-Maschine-Interaktion. Seine Interessen umfassen u.a. Digitale Partituren, Be-Greifbare Musikinterfaces (Tangible Music Interfaces) und Digital Humanities. Aristotelis Hadjakos hat im Bereich Informatik promoviert und verfügt über Diplomabschlüsse in Klavierpädagogik und Informatik.

Marianne Heiden, Universität Augsburg
Lehrbeauftragte für Elementare Musikpädagogik am Leopold-Mozart-Zentrum der Universität Augsburg im Fach „Musikalische Gruppenarbeit“, unterrichtet außerdem angehende Erzieherinnen und Erzieher im Fach Musik an der Fachakademie für Sozialpädagogik Maria Stern. Sie absolvierte ein Studium im Hauptfach Klavier sowie in Elementarer Musikpädagogik und promoviert aktuell zum Thema „Videoreflexion im künstlerischen Einzelunterricht an Hochschulen“. Ihre Arbeitsschwerpunkte sind implizites Wissen und Reflexion im Kontext Musik, die didaktische Unterstützung von (Video-)Reflexion und reflexivem Lernen sowie die Analyse und Reflexion videografierten (Musik-)Unterrichts.

Judith Kestler, Hochschule für Musik Würzburg

Judith Kestler ist lokale Koordinatorin des *Netzwerk Musikhochschulen für Qualitätsmanagement und Lehrentwicklung* an der Hochschule für Musik Würzburg. Sie studierte Europäische Ethnologie/Volkskunde, Musikwissenschaft und Germanistik in Würzburg und Wien. Im Jahr 2015 promovierte sie im Fach Kulturanthropologie/Volkskunde an der Universität Hamburg. Vor ihrer Tätigkeit für das *Netzwerk Musikhochschulen* war sie wissenschaftliche Mitarbeiterin am Lehrstuhl für Europäische Ethnologie/Volkskunde der Universität Würzburg.

Claudia Krämer, Hochschule für Musik Detmold

Diplom-Ökonomin und seit 2013 Geschäftsführerin des Zentrums des *Netzwerk Musikhochschulen für Qualitätsmanagement und Lehrentwicklung* sowie seit 2012 Koordinatorin des Handlungsfeldes Beratung und Projekte an der HfM Detmold. Von 2005–2012 lehrte und forschte sie als Wissenschaftliche Mitarbeiterin an der Universität Hildesheim und an der Universität Siegen im Fach Wirtschaftswissenschaften und ihre Didaktik und war darüber hinaus für die Fachstudienberatung in Lehramtsstudiengängen verantwortlich. Sie verfügt über eine langjährige Berufserfahrung in Fach- und Führungsfunktionen in einem Konzern der Informationstechnologiebranche sowie über Zusatzausbildungen als Coach und Organisationsentwicklerin.

Frederic Neuß, Hochschule für Musik Detmold

Arbeitet an der Hochschule für Musik Detmold im Bereich Qualitätsmanagement. Einen Arbeitsschwerpunkt bildet dort die Evaluation von Studium und Lehre. Nach dem Studium der Soziologie in Duisburg-Essen und Bielefeld mit Schwerpunkten in den Bereichen Organisations- und Hochschulforschung hat er bei CHE Consult in mehreren Forschungs- und Beratungsprojekten u.a. zum Qualitätsmanagement und zu Hochschulzukunftstrends mitgewirkt. Zwischen Mitte 2014 und Ende 2016 war er zudem als Bologna-Koordinator an der Hochschule für Musik Detmold tätig.

Signe Pribbernow, Hochschule für Musik Franz Liszt Weimar

Als Mitarbeiterin der Stabsstelle für Lehre und Qualitätsentwicklung an der Hochschule für Musik Franz Liszt Weimar lagen ihre Schwerpunkte neben der Arbeit als lokale Koordinatorin des *Netzwerk Musikhochschulen für Qualitätsmanagement und Lehrentwicklung* im Bereich der Studiengangentwicklung. Vor ihrer Tätigkeit für das *Netzwerk Musikhochschulen* studierte sie an der Universität Rostock die Fächer Musik und Deutsch für das Lehramt und sammelte seit 2008 Praxiserfahrungen im Bereich der akademischen Studierendenverwaltung.

Jürgen Reimann, Robert-Schumann-Hochschule Düsseldorf

Studium an den Universitäten Heidelberg und Bonn. Evangelischer Diplomtheologe, M.A. der Erziehungswissenschaften und Psychologie. Von 1999–2002 Pfarrer z.A. in der Evangelischen Kirche im Rheinland. Diplom in Themenzentrierter Interaktion (Ruth Cohn Institut International), systemischer Coach (DGfC) und Organisationentwickler

(ARS). Seit über zehn Jahren freiberuflich tätig als Supervisor, Coach und Organisationsberater. Seit 2012 Stabsstelle für Qualitätsmanagement und Lehrentwicklung an der Robert Schumann Hochschule Düsseldorf. Arbeitsschwerpunkte sind Werteorientiertes Qualitätsmanagement und analoge Evaluationsverfahren, Coaching im Third Space, Entwicklung und Begleitung von Qualitätsmanagement an Musikhochschulen; Mitglied im Coachingnetz Wissenschaft e.V.

Maria Saulich, Hochschule für Musik Detmold
Wissenschaftliche Mitarbeiterin und Koordinatorin des Bereichs Lehr- und Personalentwicklung im *Netzwerk Musikhochschulen für Qualitätsmanagement und Lehrentwicklung* an der Hochschule für Musik Detmold. Sie studierte Instrumentalpädagogik und Konzertfach Klavier an den Hochschulen für Musik Würzburg und Budapest sowie Management an der englischen Fernuniversität Open University. Neben ihrer Lehrtätigkeit an der Städtischen Musikschule Bayreuth war sie als Stellvertreterin des Kulturbeauftragten für Musik und Theater im Rahmen der Jubiläen Liszt (2011) und Wagner (2013) für die Konzeption und Durchführung begleitender Musikvermittlungsprogramme verantwortlich. Als freischaffende Pianistin ist sie u.a. als Kammermusikpartnerin in den Bereichen Lied und Klavierduo tätig.

André Stärk, Hochschule für Musik Detmold
Seit 2001 Professor für Künstlerischen Tonsatz und seit 2004 Prorektor für Studium und Lehre an der HfM Detmold. Studium Lehramt Musik und Germanistik, Aufbaustudiengang Musiktheorie und Gehörbildung. Arbeitsschwerpunkte liegen vor allem in der Entwicklung von Curricula für künstlerisch-pädagogische Studiengänge, von neuen Lehrformaten in den Bereichen Musiktheorie und Gehörbildung, Digitalisierung an Musikhochschulen sowie Entwicklung von Online-Lehrangeboten für Musik.

Nico Thom, Hochschule für Musik Lübeck
Seit 2012 als Lokaler Koordinator im *Netzwerk Musikhochschulen für Qualitätsmanagement und Lehrentwicklung* an der Musikhochschule Lübeck tätig. Studium Musikwissenschaft und Philosophie an den Universitäten in Leipzig, Halle/Saale, Jena sowie an der Hochschule für Musik Weimar. Anschließend arbeitete er als Wissenschaftlicher Mitarbeiter am Lehrstuhl für Systematische Musikwissenschaft der Universität Leipzig (2005–2007), als Universitätsassistent am Lehrstuhl für Angewandte Musikwissenschaft der Universität Klagenfurt in Österreich (2007–2009) und als Wissenschaftlicher Mitarbeiter am Lehrstuhl für die Geschichte des Jazz und der populären Musik der Hochschule für Musik Weimar (2009–2011). Zudem hatte er einen Lehrauftrag an der Hochschule für Musik und Theater Rostock (2011–2012). 2014–2016 studierte Nico Thom die berufsbegleitenden Masterstudiengänge Wissenschaftsmanagement (Universität Oldenburg) und Hochschuldidaktik (Universität Hamburg). Seine Arbeitsschwerpunkte liegen in der Popularmusikforschung, Didaktik und Management der Musikausbildung an Hochschulen und Universitäten.

Dr. Karin Wessel, Hochschule für Musik, Theater und Medien Hannover
Dipl. Wirtschaftsgeographin (1985) und Dr. rer. nat. (1989); 25-jährige Forschungs- und Lehrtätigkeit in der Wirtschaftsgeographie an der Leibniz Universität Hannover (1985–1990), der Seoul-National-University (1988–1989) und der Humboldt-Universität zu Berlin (1993–2012) sowie Leitung des Ost-West-Zentrums der Industrie- und Handelskammer Hannover (1990–1993). Seit 2012 zuständig für die Lehrentwicklung an der HMTM Hannover sowie lokale Koordinatorin im *Netzwerk Musikhochschulen für Qualitätsmanagement und Lehrentwicklung* und Mitglied in der Arbeitsgruppe Lehrentwicklung des *Netzwerk Musikhochschulen.* Arbeitsschwerpunkte: Bedarfsermittlung, zielgruppenspezifische und kooperative Entwicklung, Umsetzung und Evaluation von hochschuldidaktischen Angeboten (individuell und gruppenbezogen) sowie Maßnahmen zur Personal- und Organisationsentwicklung und Prozessbegleitungen.

Govinda Wroblewsky, Hochschule für Musik Detmold
Seit 2012 Koordinator des Arbeitsbereichs Qualitätsmanagement im Zentrum des *Netzwerk Musikhochschulen für Qualitätsmanagement und Lehrentwicklung.* Er studierte Soziologie mit den Schwerpunkten Organisationssoziologie, Systemtheorie sowie Wissens- und Technologiepolitik und den Nebenfächern Sozialpsychologie und qualitative Methoden der empirischen Sozialforschung an der Universität Bielefeld. Vor dem Studium legte er sein Abitur mit dem Schwerpunktfach Musik und dem Instrument Gitarre am Oberstufenkolleg an der Universität Bielefeld ab und kann damit auf Musikerfahrungen in Theorie und Praxis zurückgreifen. Vor dem Projekt *Netzwerk Musikhochschulen* sammelte er u.a. Praxiserfahrung im Kulturamt Bielefeld und bei CHE Consult. Berufsbegleitend studiert er gegenwärtig im MBA Hochschul- und Wissenschaftsmanagement an der Hochschule Osnabrück. Arbeitsschwerpunkte liegen in der Entwicklung und Umsetzung von Evaluationsmaßnahmen für Musikhochschulen sowie in der Deskription und Analyse von Spezifika der Institution Musikhochschule aus Sicht organisationssoziologischer Forschung.